회사법총설

Company Law

오성근 저

박영사

머리말

　이 책은 「회사법총설」이라는 명칭을 사용하고 있지만, 회사법 전 분야를 다루지는 못하고 있다. 오히려 입문서에 가깝다고 할 수 있다. 수년 전부터 조그마한 강의교재를 집필하고자 하는 노력을 기울여 왔으나, 이제 겨우 걸음마를 떼게 되었다.

　회사법은 현대 경제사회에서 중요한 역할을 담당하고 있다. 그런 연유인지는 모르겠으나, 최근 개정이 빈번하다. 이에 따라 기본서를 간행한 적이 없었던 저자는 회사법의 방대한 분량을 완성하여 집필하는데 어려움을 느끼곤 했다. 물론 무엇보다도 저자의 노력과 재능이 완성본을 집필하기에는 많이 부족함을 절감하고 있다.

　회사법을 이해하기 위하여는 회사법의 성격, 회사의 종류, 회사의 설립 및 주식과 주주에 대한 기본지식을 습득하는 것이 불가결하다.

　이 책은 이러한 기본지식을 습득하는데 필요한 요소를 중심으로 집필되었다. 그리고 중요하다고 판단되는 학설과 판례에 대하여는 비교적 상세히 소개하였다. 앞으로 연구성과가 쌓이는 대로 집필범위를 확대하여 보고자 하는 희망을 가지고 있다.

　이 책을 간행하는 데에는 박영사의 안종만 회장님의 배려와 조성호 이사님의 믿음이 있었다. 깊이 감사드린다. 그리고 편집과 교정을 하는데 애를 써주신 한두희 선생님께도 매우 고마운 마음을 표한다. 또한 저자와 함께 마지막까지 최선을 다하여 교정을 보느라고 고생하신 제주대학교 법학전문대학원의 박준선 교수님께도 고마움을 전한다. 이제 임용된 지 1년이 된 박준선 교수님의 앞날에 행운이 있기를 빈다.

2017년 8월

吳 性 根

차 례

제1장 서 론

제 2 장 회사통칙

제 3 장 합명회사

제 4 장　합자회사

제 5 장　유한책임회사

제 1 장

서   론

제1절 회사의 경제적 기능

Ⅰ. 기업의 의의와 종류

1. 객관적 의의의 기업 및 주관적 의의의 기업

기업이란 일정한 목적을 가지고 재화와 서비스의 생산, 유통, 분배 내지 공급을 하는 경제활동의 단위를 말한다. 따라서 기업이라는 어휘는 일반적으로 ① 경제활동의 주체 또는 ② 경제활동자체를 의미하는데 사용된다. 전자는 일정한 목적을 위하여 계속적, 반복적 그리고 계획적으로 활동하는 독립적인 경제단위이며, 목적달성을 위하여 제공되는 포괄적이고 계속적인 재산으로 구성된다. 이러한 조직적 재산을 객관적 의의의 기업이라고 할 수 있다. 이에 비하여 후자는 주관적 의의의 기업이라고 할 수 있다.

2. 공기업과 사기업

광의의 기업에는 공기업과 사기업이 포함된다. 공기업은 국가 또는 지방공공단체가 출자하고 직접 혹은 간접적으로 기업활동을 하는 조직체를 말한다. 그리고 공기업에는 국가와 지방공공단체가 사업을 할 목적으로 스스로 경영주체가 되어 기업활동을 하는 형태 예를 들면, 버스운행사업이나 수도사업 등이 있다. 또한 특별법에 의하여 독립적인 특수법인으로 설립하여 이에 기업활동을 위임하는 형태가 있다. 예를 들면, 한국전력공사법[1]에 의한 한국전력공사, 한국수자원공사법[2]에 의한 한국수자원공사 등이 이에 해당한다.

사기업은 사인이 출자하여 기업활동을 하는 조직체를 말한다. 사기업은 그 존재 목적에 따라 영리기업과 비영리기업으로 나뉜다. 영리기업은 사인이 기업활동에 의하여 창출되는 이익 내지 이윤의 분배에 참여할 목적으로 출자하고, 최대이익의 획득을 목적으로 하여 기업활동을 한다. 이러한 점에서 영리기업은 자본주의사회에 있어서 경제활동의 중심적인 존재라고 할 수 있다. 비영리기업은 영

---

1) 법률 제3304호.
2) 법률 제3997호.

리를 목적으로 하지 않고 구성원의 상호부조 등을 목적으로 하여 기업활동을 한다. 각종 협동조합이 이에 해당한다. 다만, 협동조합은 비영리기업이지만, 기업활동 자체에는 영리기업의 영리활동과 질적으로 구분할 수 없는 면도 있어 실질적으로는 경쟁관계에 놓이는 경우도 있다.

사기업은 개인기업과 공동기업으로 대별된다. 공동기업에는 민법상의 조합(민법 제703조 내지 제724조)과 상법상의 익명조합(제78조 내지 제86조)이 있고, 해상기업에 특유한 선박공유(제753조 내지 제764조) 및 회사 등이 있다.

한편 협의로 기업이라고 할 때에는 영리를 목적으로 하는 사기업을 말한다.

Ⅱ. 개인기업과 회사의 경제적 기능

협의의 기업, 즉 영리를 목적으로 하는 사기업에는 개인기업과 회사가 있다.

1. 개인기업의 경제적 기능

개인기업의 주체는 개인인 기업소유자이다. 기업주는 타인의 제약을 받지 아니하고 자기의 경영능력을 충분히 발휘하고 이익을 자기에게 귀속시킬 수 있다. 그리고 기업의 의사결정이 기동성 있게 이루어지는 장점도 있다.

그러나 개인에게는 자본적·노력적 측면 그리고 기업활동의 규모면에서 한계가 있다. 다만, 개인이라고 할지라도 소비대차를 통하여 타인자본을 이용할 수 있고, 고용인을 둠으로써 어느 정도 기업규모의 확대를 꾀할 수 있다. 그러나 그 경우에는 기업활동의 성과와는 관계없이 약정이자와 보수를 지급하여야만 하고, 상대방으로서도 예를 들면, 기업활동이 호황일지라도 수령할 수 있는 것은 약정이자와 일정한 보수액에 그치기 때문에 기업활동을 보조할 묘미가 그다지 없다고 할 수 있다.

개인기업의 경우에는 기업의 모든 채무에 대하여 기업자 1인이 무한책임을 지므로 기업활동에 따른 위험을 분산시키거나 경감시킬 수 없다. 또한 개인기업은 기업주의 개인적 사정 예를 들면, 질병·사망·파산 등으로부터 지대한 영향을 받기 때문에 기업유지에도 어려움이 있다. 나아가 개인기업의 경우에는 기업주 개인의 경영능력에 한계가 있으므로 경영이 조직화될 수 없다. 이러한 결점은 개

인기업에게는 숙명적인 것으로서 이를 극복하고 우월한 경쟁력을 갖추고자 할 때
에는 공동기업의 형태를 취하여야 한다.

2. 회사의 경제적 기능

가장 단순한 공동기업의 형태로는 민법상의 조합(민법 제703조 내지 제724조)과 상
법상의 익명조합(제78조 내지 제86조)이 있다. 그리고 해상기업에 특유한 선박공유(제
753조 내지 제764조)가 있다. 그러나 이러한 공동기업들은 법인격이 없다. 이 때문에
개인기업의 한계에서 완전히 벗어나지 못한다. 그러므로 보다 완비된 형태의 공
동기업을 원할 때에는 회사형태를 선택하여야 한다.

회사는 공동기업의 전형이라고 할 수 있는데, 상법은 합명회사·합자회사·주
식회사·유한책임회사·유한회사의 다섯 종류를 인정하고 있다. 회사는 영리를
목적으로 하는 복수인의 결합체로서 법인격을 향유한다(제169조). 그리고 회사는
공동기업주로서의 다수의 자가 자본과 노력을 결합하고, 손익에 참가하기 때문에
개인기업에서는 실현할 수 없는 규모와 효율성이 있다. 그리하여 대규모의 이익
을 얻을 수 있고, 기업의 유지도 기대할 수 있다.

회사는 손실이 발생하더라도 다수의 공동기업주가 손실을 분담하므로 각자
의 부담은 경감된다. 그리하여 위험이 큰 기업도 비교적 용이하게 경영할 수 있
다. 다만, 회사의 종류에 따라 자본과 노력의 결합기능은 서로 다르다. 인적회사
의 전형인 합명회사(제178조 이하)의 경우는 노력의 결합이 중시되고, 자본의 결합
은 중시되지 아니한다. 물적회사의 전형인 주식회사는 주식발행을 통하여 일반대
중으로부터 자본금을 모으고 결합할 수 있다. 다만, 1인주주로 설립되는 1인회사
와 같이 개인기업에 상당하는 회사도 적지 아니한 실정이다.

경제발전에 의하여 기업의 경영형태는 개인기업에서 공동기업으로 바뀌고
있다. 공동기업도 민법상의 조합, 상법상의 익명조합·선박공유 및 회사 등 다양
하지만, 자본주의의 발전은 주식회사제도에 결정적으로 기여하여 왔다. 자본주의
의 고도화에 따라 카르텔(cartel), 트러스트(trust) 및 콘체른(concern) 등의 새로운 기
업결합형태도 탄생하고 있는데, 이것도 주식회사제도를 기초로 한다.

이와 같이 회사제도는 자본과 노력의 결합, 위험의 분산 또는 경감, 기업유지
라는 요청에 가장 부합하는 제도로써 중요하다. 다만, 본래의 목적이 사적 이익의

획득에 있기 때문에 위법한 활동을 하더라도 타인의 이익을 희생하여 자기의 이익을 추구하고자 하는 경향을 띠기도 한다. 일부의 자본가와 경영자가 회사내부에서 이기적인 이익추구에 몰두하거나 또는 회사자체가 대외적으로 채권자의 이익을 침해하기도 하며, 때로는 각종의 회사범죄를 저지르는 등 사회적 폐해를 야기하기도 한다.

오늘날 회사는 인간의 경제활동에서 매우 중요한 역할을 담당하면서 깊이 뿌리내리고 있다. 그리고 회사는 국민재산의 관리자이자 국민의 근로의 장으로서, 상품 또는 서비스의 제공자로서의 기능을 수행하고 있다. 이처럼 회사는 17세기 초 서구의 식민회사시에는 사적 이익의 획득과 분배의 도구로서 출발하였지만, 현대의 대규모 주식회사는 주주뿐만이 아니라 종업원, 소비자, 지역사회 및 환경을 포함한 다양한 이해관계자(stakeholder)간의 이해조정을 추구하여야 할 역할을 요청받고 있다.

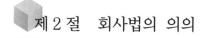

제 2 절   회사법의 의의

I. 실질적 의의와 형식적 의의

1. 실질적 의의

회사법은 실질적으로 공동기업의 형태인 회사를 규율하는 법이다. 기능적으로는 근대기업의 전형적 형태인 회사의 종류, 조직 및 활동에 대하여 규율하는 법규의 전체가 실질적 의의의 회사법이다. 단계적으로는 회사의 성립에서 소멸에 이르기까지의 회사의 설립, 운영, 해산 및 청산에서 회사의 조직과 그 구성원의 권리의무를 규율하는 법이다.

회사는 일반적으로 복수인이 참가하는 기업운영조직이다. 회사는 회사를 구성하는 각 구성원의 인격으로부터 독립적인 법인격을 가지고 기업거래의 주체성을 갖는 데서 회사법이라고 하는 특유한 법적 규제를 받게 된다. 따라서 회사법은 일응 일반 개인의 결합체인 민법상의 법인규정에 대하여 특유한 지위를 가진다.

회사법은 광의로 회사에 관계되는 모든 법규정을 포함한다. 회사법은 그 대부분이 사법적 법규이지만, 그 밖에도 그 사법적 법규를 실현하기 위하여 다수의 공법적 법규도 포함하고 있는데, 이러한 법규들도 실질적 의의의 회사법이다. 예를 들면, 행정법 또는 형법에 속하는 규정 및 회사소송에 관한 여러 법규가 이에 해당한다. 이러한 실질적 의의의 회사법 중에서 사법적 법규를 협의의 회사법이라고 하고, 통상 회사법학의 대상은 이 사법적 법규, 이른바 회사사법이며, 편의적으로 공법적 규정도 포함한다.

2. 형식적 의의

형식적 의의의 회사법은 독일, 미국, 영국 및 일본과 같은 회사법, 우리나라와 같이 상법 중 회사편 등으로 불리는 성문법전을 말한다. 형식적 의의의 회사법은 규정 내용의 실질적인 관계가 회사에 특유한 것인가를 묻지 않고, 오직 그 규정의 형식에 착안하여 그 명칭을 회사법이라고 한다. 우리나라는 모두 제6편으로 구성된 상법 중에서 제3편에 규정된 법규를 형식적 의의의 회사법이라고 한다.

3. 양 의의의 관계

회사법은 공동기업의 형태인 회사의 종류, 조직 및 활동에 관한 법률관계를 정한 법이다. 회사법은 기업의 주체에 관한 법으로서 실질적으로는 기업법인 상법의 중요한 일부를 구성하고 있다. 성문법전을 의미하는 형식적 의의의 회사법은 실질적 의의의 회사법과 대부분 일치하나 반드시 그 전부가 일치하는 것은 아니다. 그것은 실질적 의의의 회사법 가운데는 형식적 의의의 회사법 이외에도 자본시장과 금융투자업에 관한 법률(약칭 '자본시장법')[3] 등과 같은 회사특별법령, 정관과 같은 회사자치법 및 회사관습법 등이 있기 때문이다.

형식적 의의의 회사법에는 실질적 의의의 회사사법적 법규뿐만이 아니라 그 밖의 여러 공법적 규정도 포함되어 있다. 예를 들면 ① 회사설립무효의 소, 회사합병무효의 소, 주주총회결의취소의 소, 주주총회결의무효확인의 소, 주주총회부존재확인의 소 및 주주총회부당결의취소·변경의 소 등과 같은 회사소송법규, ②

---

3) 2007. 8. 3. 법률 8035호.

회사등기 및 기타 법원의 명령에 관한 규정 등 비송사건절차법규, ③ 회사에 관한 행정적 단속규정, ④ 회사형벌규정 등 회사형법규정 등이 이에 해당한다.

Ⅱ. 기업의 사회적 책임

1. 의의

국가의 경제규모가 커지고 산업화가 진전되는 시대에는 기업 특히 대기업은 사회경제적으로 중요한 지위를 차지하게 된다. 그리고 회사의 극단적인 이윤추구는 부의 불평등을 심화시키는 등 여러 가지 병리적 현상의 원인이 된다. 따라서 회사는 산업사회에 있어서 한층 더 사회성과 공공성을 띠게 되므로 축적된 부의 일부를 사회에 환원하는 등 회사 스스로가 사회에 공익적 기여를 하도록 해야 한다는 사회적 책임론이 주장되고 있는 것이다.

그러나 기업의 사회적 책임론은 아직 명확히 정립된 개념도 아니며, 입법상의 개념은 더욱 아니다.

2. 외국의 입법현황

1920년대부터 독일의 일부의 회사법학자들은 '기업자체(Unternehmen an sich)'란 이론에 의하여 기업의 사회적 책임론을 주장하여 왔다. 기업자체이론이란 기업은 그 자체가 독립적인 존재이므로 구성원의 이해관계를 떠나 국민경제의 입장에서 회사를 보호·유지하여야 하며, 그에 상응하는 책임을 부담한다는 이론이다. 즉 회사에 대하여 공공적 성격을 부여하는 것이 기업자체이론의 핵심이다. 기업자체이론은 나치정권 하에서 이사의 책임에 관한 규정으로 입법에 반영되기도 하였으나(1937년 구독일주식법 제70조 제1항), 1965년 현행 주식법에서는 삭제되었다.

미국의 회사법상 사회적 책임론은 주로 회사가 사회·국가에 대하여 기부행위를 할 수 있도록 하는 데에 중점을 두고 있다. 즉 대부분의 州회사법은 회사가 '공공복지, 자선 및 과학과 교육을 위한 기부'를 할 수 있다고 규정하고 있다. 이는 회사의 경영자가 이러한 기부를 하더라도 회사에 대한 신인의무(fiduciary duty)를 위반하는 것이 아니라는 점을 밝힌 것으로써 사회적 책임론의 본질과는 다소 거리가 있다.

일본의 경우는 주로 독일의 사회적 책임론과 1937년 주식법의 규정을 연구하여 학설을 전개하여 왔고, 중의원에서 두 차례[4]에 걸쳐 기업의 사회적 책임을 입법에 반영하도록 연구한다는 附帶決議까지 하였으나, 입법에는 이르지 못하고 있다.

이와 같이 오늘날 선진외국에서 기업의 사회적 책임론의 본질을 입법화하거나 지도해석원리로 삼고 있는 곳은 거의 없다. 다만, 영국의 2006년 회사법(Company Act of 2006)은 이사들에게 기업행동의 높은 평판을 유지하도록 의무지우는 이외에 근로자들의 이익을 고려하고 고객, 하도급업자들과의 유대의 확장에 노력하고 회사의 사업이 지역사회 및 환경에 미치는 영향을 고려하도록 하는 의무를 부여함으로써(동법 제172조 제1항) 기업의 사회적 책임론에 관하여 명시하고 있다.

3. 기업의 사회적 책임론의 한계

우리나라는 물론 대부분 선진국에서는 사회적 책임론을 입법에 반영하는 데 대하여 대체로 소극적이다. 그 이유는 다음과 같다.

첫째, 기업의 사회적 책임은 그 개념이 불명확하기 때문에 일반적 규정을 두더라도 실효성이 없고, 재판관 또는 경영자의 자의와 재량권의 확대를 초래하기 때문에 무익·유해하다.[5]

둘째, 이사가 공공의 이익을 명분으로 하여 주주의 이익을 해칠 우려가 있다.[6]

셋째, 사회적 책임에 관한 규정을 두었을 때 이것은 훈시적·선언적 규정에 불과하므로 재판규범으로서의 실효성이 없다.[7]

넷째, 독일의 나치정권이나 이탈리아의 파시즘같이 사회가 극단적인 우익이나 좌익으로 기울었을 때 정치적 권력에 의하여 악용될 우려가 있다. 왜냐하면 이 경우에는 기업활동의 대부분이 해당정치권력의 이념을 구현하는데 활용될 것이기 때문이다.

---

4) 1973. 7. 3; 1981. 5. 13.
5) 石山卓鷹, 『現代会社法講義』 第2版, 成文堂(2013), 6면.
6) 鈴木竹雄, "歴史はくり返す", ジュリスト No.578, 10-11면.
7) 竹内昭夫, 会社法の根本的改正の問題点, ジュリスト No.573, 19면.

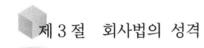

제3절 회사법의 성격

Ⅰ. 서

회사법은 공동기업의 형태인 회사의 종류, 조직 및 활동에 관한 법률관계를 정한 법으로서 상법의 주요 부분이다. 그리고 회사법은 상법의 일부분으로서 일반사법과 구별되는 상법일반에 공통되는 성격, 이른바 기업의 생성·존속·강화의 지원, 기업활동의 원활 보장 및 기업의 거래안전의 보호를 위한 여러 가지 규정을 반영하고 있다. 다만, 회사법은 공동기업경영의 조직에 관한 법이라는 점에서 상법일반에 공통되는 성격으로부터 구분되는 다양한 성격을 가지고 있다.

먼저, 회사법은 기업조직에 관한 법이라는 점에서 행위법인 상행위법과는 구별되는 단체법 또는 조직법적인 성격을 가진다. 그리고 그 단체는 항상 영리성을 추구하는 상인으로 의제되므로, 회사법은 이를 촉진하기 위한 여러 가지 영리보장규정을 두고 있다. 또한 회사법은 그 단체가 영리추구의 정당한 한계를 벗어나지 않도록 법의 후견적 작용, 즉 강행법적 성격을 가지고 있다.

Ⅱ. 단체법성

회사법의 대부분의 규정은 단체법의 속성을 지니고 있다. 다만, 회사법의 규정 가운데는 주식의 양도나 사채에 관한 규정과 같이 개인법적 성질을 가지는 것도 있다. 그러나 대부분의 규정은 회사라는 단체의 내부적인 구성과 조직 및 활동을 정하는 규정, 즉 단체와 그 존재의 기초인 구성원과의 관계 및 단체와 그 활동의 기초인 기관관계를 정하는 것으로서 단체법적인 범주에 포함된다.

이러한 단체법의 영역에서는 개인간의 대등관계를 전제로 하는 개인법리와는 달리 구성원 상호간 그리고 단체와 구성원간의 수직적 관계를 규율하는 법리가 적용된다. 구체적으로는 단체와 기관의 관계를 정하는 기관원리, 각 구성원의 권리의무평등의 원칙, 구성원의 의사와 행동방향을 결정하는 다수결의 원리, 각 구성원의 의결권행사를 통한 회사운영에의 참여 규정, 법률관계의 획일적 확정원리, 회사기관에 대한 벌칙규정 및 손해배상책임에 관한 규정 등을 두고 있다. 이 점에서 회사법은 민법의 사단법인에 관한 규정과 같이 어떤 의미에서는 국가의 조직법이라고 할 수 있는 헌법이나 행정법과 같은 공법과 유사한 성질을 갖는다.

Ⅲ. 영리법성

회사는 구성원 경제적 이윤획득을 목적으로 설립된다. 따라서 회사법은 회사 자체의 영리목적달성과 구성원인 사원의 이익분배에 대하여 많은 규정을 두고 있다. 이러한 점에서 회사법은 영리성을 가지며, 공공의 이익을 목적으로 하는 공법 또는 비영리법인의 조직과 활동에 관한 민법과는 성질을 달리한다. 그리하여 회사법은 영리성을 회사의 기본개념으로 명시하고 있으며(제169조), 그 설립에 있어서도 민법이 비영리법인에 대하여 허가주의를 채택하고 있는 것과는 달리 준칙주의를 채택하여 설립절차와 영리성추구를 상대적으로 수월하게 하고 있다.

이 밖에도 회사법은 구성원인 사원이 회사조직을 자기의 수입원천으로 이용할 수 있도록 하는 여러 규정을 두고 있다. 회사법상 이익배당, 잔여재산의 분배 및 주식의 양도를 자유롭게 할 수 있는 규정 등이 그에 해당한다.

Ⅳ. 강행법성

회사는 상법 제46조의 기본적 상행위를 하는지의 여부를 불문하고 영리성을 추구하는 상인이므로 회사조직의 대외관계에서 대립을 초래할 가능성이 있다. 그리하여 회사법은 구성원 개인의 영리추구에 대한 한계와 공익성을 중시하여 강행법성을 띤다.

회사법은 기업경영의 조직에 관한 법으로서 그 조직에 관하여 각 개인의 자의가 아닌 일반적 기준에 대한 명확한 기준을 확정할 것이 요구된다. 즉 회사법은 거래의 주체인 회사의 법률관계에 있어서는 안전성과 명확성이 요구되기 때문에 대부분의 경우 당사자의 자유의사와 무관하게 간섭주의와 엄격주의가 반영되어 강행성을 띤다. 판례법을 중심으로 하는 영미법계 국가에서도 회사에 관한 성문법을 제정하는 것은 이러한 필요성에서 기인한다.

한편 회사법의 강행법성은 크게 효력적 규정과 명령적 규정으로 나눌 수 있는데, 특히 전자의 경우 법문에서는 "할 수 있다.", "하여야 한다." 또는 "하지 못한다." 등으로 기술되고 있으나, 이러한 표현만을 기준으로 강행법성을 구별하는 것은 올바르지 않다. 따라서 회사법의 강행법성은 그 표현, 입법취지 및 학설의 해석에 의존할 수밖에 없는 한계가 있다.

V. 거래법성

회사법 중에는 회사와 제3자의 거래, 사원과 회사채권자의 관계와 같은 거래법적인 성질을 띠는 규정들도 적지 않다. 이러한 법률관계에 대하여는 민법과 같은 개인법상의 거래와 같이 사적 자치의 원칙, 거래안전의 보호와 같은 사법상의 원리가 적용된다. 이에 관한 대표적인 것으로는 회사가 대표기관의 권한을 제한하더라도 善意의 제3자에게 대항하지 못하게 하는 규정(제209조 제2항 · 제389조 제3항), 대표자인 듯한 외관을 가진 자가 대표행위를 하는 경우, 이른바 표현대표이사에 관하여는 회사가 책임을 지게 하는 규정(제395조) 등이 있다. 이러한 규정들은 거래의 안전이라는 거래법적 이념에서 마련된 것이다.

한편 단일한 법률관계가 일부에는 거래법적 원리가 지배하고 또 다른 일부에는 단체법적 원리가 지배하는 규정도 있다. 예를 들면, 주주가 주식을 양도할 때에 양도의 합의 외에 주권의 교부를 요하고(제336조 제1항), 주권의 점유에 권리추정력을 인정하는 규정(제336조)은 거래법적 성격을 가진 것이다. 이에 비하여 주식의 이전은 명의개서를 하지 않으면 회사에 대항하지 못하게 하는 규정(제337조)은 단체법적 원리에 기초한 것이다.

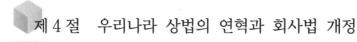

제 4 절   우리나라 상법의 연혁과 회사법 개정

현행 회사법은 법전편찬위원회가 1960년 11월 29일 확정한 상법제정안을 기초로 한다. 동 법안은 각종 정치적 사건으로 제정·시행에 이르지 못하고 있던 중 1962년 1월 19일 당시 국회기능을 대신하던 국가재건최고회의에서 상법이 어음법·수표법과 함께 통과되어 1963년 1월 1일부터 시행되고 있다.

상법은 제정 당시 건국 후의 우리나라의 법제를 빠르게 정비하는 데 중점을 둔 까닭에 우리의 기업현실을 반영하는 데에는 다소 소홀히 한 문제점이 있었다. 특히 1960년대에 들어 경제가 빠르게 발전함에 따라 다수의 기업이 설립되고 대규모화되면서 회사법분야에서 법과 현실의 괴리가 심하였다. 이에 따라 회사법은 1963년 1월 1일 상법시행 후 수차례에 걸쳐 개정되었는데, 그 주요 내용을 살펴보면 다음과 같다.

첫째, 1984년 법개정시에는 1963년 제정당시 도입을 주저하였던 미국과 일본의 회사법제를 대폭 수용하는 개정을 하였다는 특색이 있다.[8]

둘째, 1991년 법개정시에는 보험법과 해상법을 크게 개정하였다는 특색이 있다.[9] 이후 1995년 법개정시에는 경제계의 규제완화요구를 반영하기 위하여 회사법을 크게 개정하였다는 특색이 있다.[10]

셋째, 1997년에는 우리나라가 IMF경제위기라는 심각한 상황에 봉착하게 되자, 우리나라 회사기업들의 지배구조를 개선하기 위한 제도적 기반이 요구되었다. 이와 더불어 경제위기를 극복하기 위한 기업의 자구노력의 일환으로 구조개편이 광범위하게 이루어졌으므로 이를 지원하기 위한 법적 기반조성에 필요한 규정을 대폭 도입하였다.

넷째, 1998년 말[11]과 1999년 말[12] 법개정시에는 주로 기업의 지배구조 개선과 구조개편을 지원하는데 필요한 규정을 도입하였으나, 아직 미흡하다는 평가가 있어 2001년 7월[13]에 또 한 차례 개정하는 등 수차례의 개정과 보완작업이 이루어졌다.

다섯째, 2011년 법개정[14]은 조문수와 관계없이 개정내용의 중요성과 변화의

---

8) 1984. 4. 10, 법률 제3724호.
9) 1991. 12. 31, 법률 제4470호.
10) 1995. 12. 29, 법률 제5053호.
11) 1998. 12. 28, 법률 제5591호.
12) 1999. 12. 31, 법률 제6086호.
13) 1999. 7. 24, 법률 제6488호.
14) 2011. 4. 14, 법률 제10600호.

크기로 보아 1962년 상법제정 이후 가장 큰 개정이었다고 할 수 있다.[15] 동 개정은 개정사항이 많아 기업에게 대처할 시간을 주기 위하여 시행시기를 공포 후 1년 뒤인 2012년 4월 15일로 하였다. 동 개정의 기본방향은 경영자 편의주의와 정관자치의 확대 등에 있었다.

여섯째, 2016년 법개정[16]시에는 기업조직재편이 주된 사항이었고, 삼각주식교환, 삼각분할합병, 간이영업양도·양수·임대, 소규모주식교환 요건완화, 증자합병의 허용에 관한 규정 등이 도입되었다.

〈연도별 주요 개정사항〉

1. 1984년 개정

1984년의 주요 개정사항으로는 ① 주식회사의 최저자본제의 도입(제329조 제1항), ② 감사에게 업무감사권(제412조) 부여, ③ 주식배당제도의 도입(제462조의 2), ④ 주식양도방법의 개정(株券의 交付만으로 가능), ⑤ 자회사의 모회사주식취득 금지(제342조의 2), ⑥ 상호주소유에 대한 의결권 제한(제369조 제3항) 등을 들 수 있다.

2. 1995년 개정

1995년의 주요 개정사항으로는 ① 각종 문서의 서명제도 도입(제179조, 제289조, 제302조, 제349조, 제373조, 제413조의 2, 제474조, 제478조, 제515조, 제516조의 5, 제543조, 제589조), ② 주식회사 설립절차의 간소화(제299조의 2, 제310조 제2항), ③ 정관에 의한 주식의 양도제한 허용(제335조 제1항 단서), ④ 타회사주식취득의 통지(제342조의 3), ⑤ 우선주에 대한 배당률의 확정(제344조 제2항), ⑥ 전환주식 등 신주의 배당기준일 조정(제423조 제1항 후단, 제461조 제6항, 제462조의 2 제4항, 제516조 제2항, 제516조의 9), ⑦ 불소지신고된 주권의 임치허용(제358조의 2 제3항), ⑧ 주주총회결의 요건의 완화(제368조 제1항, 제434조), ⑨ 반대주주의 주식매수청구권제도의 신설(제374조의 2, 제530조), ⑩ 결의취

---

15) 이에 관한 상세한 내용은 이철송(2011 축조), 2011.
16) 2016. 3. 2. 법률 제13523호.

소 · 무효사유의 변경(제376조 제1항), ⑪ 결의취소 등 판결의 소급효 인정(제376조 제2항, 제380조 · 제190조 본문), ⑫ 경업의 승인기관 변경(제397조 제1항), ⑬ 감사의 지위 · 권한 강화(제410조, 제409조의 2, 제412조의 2, 제412조의 4, 제411조), ⑭ 설립 후 수권자본의 제한 철폐(개정 전 제437조 삭제), ⑮ 수종의 주식배당 허용(제462조의 2 제2항) 등을 들 수 있다.

3. 1998년 개정

1998년의 주요 개정사항으로는 ① 채권자의 이의기간 단축(제232조 제1항), ② 주식의 최저액면가 인하(제329조 제4항), ③ 주식분할제도의 신설(제329조의 2), ④ 주주제안제도의 신설(제363조의 2), ⑤ 소수주주권 행사요건의 완화(제366조 등), ⑥ 집중투표제도의 도입(제382조의 2), ⑦ 이사의 충실의무규정 신설(제382조의 3), ⑧ 이사의 수 자율화(제383조 제1항 단서), ⑨ 업무집행지시자의 책임제도 도입(제401조의 2), ⑩ 신주발행시의 현물출자 검사제도 변경(제422조 제1항 후단), ⑪ 중간배당제도의 신설(제462조의 3), ⑫ 소규모합병절차(제527조의 3), ⑬ 신설합병시 공고로써 주주총회에 대한 보고 갈음(제527조 제4항), ⑭ 회사분할제도의 신설(제530조의 2 내지 제530조의 11), ⑮ 간이합병제도의 도입(제527조의 2) 등을 들 수 있다.

4. 1999년 개정

1999년의 주요 개정사항으로는 ① 주식매수선택권제도의 도입(제340조의 2 내지 제340조의 5), ② 자기주식취득제한의 완화(제341조의 2), ③ 총회의장의 지위 명문화(제366조의 2 제2항 · 제3항), ④ 총회의 서면 투표제도 도입(제368조의 3), ⑤ 이사회의 畵像會議 허용(제391조 제2항), ⑥ 이사회 의사록의 공시제한(제391조의 3 제4항), ⑦ 감사위원회 등 위원회제도 신설(제393조의 2, 제415조의 2), ⑧ 소규모분할합병의 신설(제530조의 11 제2항), ⑨ 유한회사규정의 개정(제565조, 제572조, 제581조 내지 제583조) 등을 들 수 있다.

5. 2001년 7월 개정

2001년 7월의 주요개정 사항으로는 ① 1인회사 설립의 허용(제288조, 제543조 제1항, 제609조 제1항 제1호), ② 모자회사의 요건 개정(제342조의 2 제1항), ③ 이익소각의 요건 완화(제343조의 2), ④ 주식의 포괄적 교환과 포괄적 이전의 신설(제360조의 2 내지 제360조의 23), ⑤ 전자문서에 의한 주주총회 소집허용(제363조 제1항), ⑥ 회사의 영업에 중대한 영향을 미치는 다른 회사의 영업 일부의 양수에 특별결의 강제(제374조 제1항 제4호), ⑦ 주식매수청구에 의한 매수주식의 가격산정방법의 개선(제374조의 2 제4항), ⑧ 이사의 비밀유지의 신설(제382조의 4), ⑨ 개별 이사의 이사회 소집권 명문화(제390조 제2항), ⑩ 이사회 권한의 구체화(제393조 제1항), ⑪ 이사의 정보접근권 명문화(제393조 제3항·제4항), ⑫ 대표소송비용의 명문화(제405조 제1항), ⑬ 주주의 신주인수권의 강화(제418조 제2항, 제513조 제3항 후단, 제516조의 2 후단), ⑭ 순자산의 용어정리(제462조 제1항, 제462조의 3 제2항·제3항·제4항) 등을 들 수 있다.

6. 2001년 말 개정

2001년 말의 주요 개정사항으로는 합명회사와 합자회사의 업무집행사원에 대하여 업무집행정지가처분 및 업무집행대행자제도 도입(제183조 2, 제200조의 2) 등을 들 수 있다.

7. 2007년 8월 개정

2007년 8월에는 제5편 해상편을 전면개정하였다.

8. 2009년 1월 개정

2009년 1월의 주요 개정사항으로는 ① 사외이사를 회사법상의 개념으로 수용하고 관련선임절차를 규정(제382조·제542조의 8), ② 소수주주권에 관한 구증권거래법상의 특례를 상법으로 수용(제542조의 6·제542조의 7), ③ 주요주주와의 거래에 관한 특례를 상법으로 수용(제542조의 9), ④ 상근감사 및 감사위원회관련 특례를 상법으로 수용(제542조의 10·제542조의 11)한 것 등을 들 수 있다.

9. 2009년 5월 개정

2009년 5월의 주요 개정사항으로는 ① 회사가 하는 공고(제289조 제3항), ② 주주명부의 작성(제352조의 2), ③ 소수주주에 의한 주주총회의 소집청구(제366조의 2 제1항), ④ 의결권의 행사(제368조의 4), ⑤ 소수주주에 의한 집중투표의 청구(제368조의

2), ⑤ 최저자본제의 폐지(제329조 제1항), ⑥ 소규모회사(자본금 10억원 미만의 회사의 설립절차를 간소화(제292조 단서, 제318조 제3항)), ⑦ 소규모회사의 기관운영방법을 간소화(제363조 제5항, 제383조 제1항 단서, 제409조 제4항)한 것 등을 들 수 있다.

10. 2011년 4월 개정

2011년 4월 주요 개정사항으로는 ① 합자조합(LP), 유한책임회사 등 새로운 기업형태의 도입(제86조의 2·제287조의 2 이하), ② 주식종류의 다양화(제344조 이하), ③ 무액면주식의 도입(제329조 제1항), ④ 현물출자시 검사인의 조사보고절차 축소(제299조 제2항), ⑤ 주금납입시 상계금지 폐지(제334조 삭제), ⑥ 자기주식취득의 원칙적 허용(제341조·제341조의 2), ⑦ 준비금제도의 유연화(제458조·제459조), ⑧ 이익배당 결정절차 완화(제462조 제2항 단서), ⑨ 현물배당(제462조의 4), ⑩ 사채종류의 다양화 및 사채발행총액제한 폐지(제470조), ⑪ 사채발행절차의 완화(제469조 제4항), ⑫ 이사의 회사에 대한 책임감면제도의 도입(제400조 제2항), ⑬ 이사의 자기거래범위 확대(제398조), ⑭ 이사의 회사기회유용금지 제도의 도입(제397조의 1), ⑮ 집행임원제도의 도입(제408조의 2), ⑯ 준법지원인제도의 도입(제542조의 3) 등이 있다.

11. 2014년 5월 : 무기명주식제도 폐지

12. 2015년 12월 개정 후 2016년 3월 시행

이에 관한 주요 개정사항으로는 ① 주식의 포괄적 교환에 의한 완전모회사의 설립내용 변경(제360조의 2 제2항 후단), ② 주식교환계약서의 내용변경(제360조의 3 제1항 제8호), ③ 모회사주식을 이용한 삼각조직재편의 허용(정삼각합병(제523조의 2), 역삼각합병(제523조의 2), 삼각주식교환(제360조의 3 제6항·제7항)), ④ 주식교환계약서 등의 공시(제360조의 4 제1항), ⑤ 완전모회사의 자본금 증가의 한도액 제한(제360조의 7 제1항), ⑥ 소규모주식교환의 개정(제360조의 10 제1항·제2항), ⑦ 주식교환무효의 소의 판결 확정으로 인한 주식이전(제360조의 14), ⑧ 주주총회에 의한 주식이전의 승인(제360조의 16), ⑨ 설립하는 완전모회사의 자본금의 제한(제360조의 18), ⑩ 주식매수청구권의 행사에 따른 의결권 없는 주주에 대한 주주총회소집통지(제363조 제7항), ⑪ 반대주주의 주식매수청구권행사시 의결권이 없거나 제한되는 주주를 포함하고(제

374조의 2 제1항) 매수기간에 관한 표현 수정(동조 제2항), ⑫ 주식매수청구기간일자의 명확화(동조 제4항), ⑬ 간이영업양도, 양수, 임대 등의 신설(제374조의 3), ⑭ 합병계약서공시 문구 수정(6월→6개월)(제522조의 2 제1항), ⑮ 합병반대주주의 주식매수청구권에 의결권이 없거나 제한되는 주주 포함(제522조의 3 제1항), ⑯ 흡수합병시 합병계약서의 내용변경(제523조 제2호·제3호), ⑰ 신설합병시 합병계약서의 내용수정(제524조 제4호·제5호), ⑱ 소규모합병시의 요건변경(제527조의 3 제1항), ⑲ 분할에 의한 회사의 설립시 검사인의 조사 보고의 비적용(제530조의 4), ⑳ 분할계획서의 기재사항의 변경(제530조의 5 제1항), ㉑ 분할합병계약서의 기재사항 및 분할합병대가가 모회사주식인 경우의 특칙의 변경(제530조의 6 제1항·제2항), ㉒ 분할 및 분할합병에 관한 계산규정 삭제(제530조의 8), ㉓ 분할 및 분할합병 후의 회사책임규정의 수정(제530조의 9), ㉔ 분할 또는 분할합병의 효과규정의 수정(제530조의 10) 등이 있다.

13. 2016년 3월 개정

이에 관한 주요 개정사항으로는 ① 유가증권 준용규정(제65조 제2항), ② 주식의 전자등록(제356조의 2 제1항 및 제4항) 등이 있다.

제 2 장

회사통칙

제1절 회사의 개념

Ⅰ. 개념요소

상법 제169조는 회사라 함은 상행위 그 밖에 영리를 목적으로 하여 설립한 법인을 말한다고 규정하고 있다. 따라서 회사는 영리성·법인성을 개념요소로 하여 '영리를 목적으로 하는 법인'이라고 정의할 수 있다. 2011년 4월 개정 전 상법 제169조는 "회사는 상행위 기타 영리를 목적으로 하는 사단을 이른다."라고 규정하고, 제171조 제1항에서는 "회사는 법인으로 한다." 라고 하여 회사의 개념요소로 사단성을 명시하고 있었으나, 2011년 개정시 1인사원만으로도 회사를 설립할 수 있도록 한 유한책임회사(제287조의 2 이하) 제도의 도입, 주식회사 및 유한회사에서의 1인회사의 인정 등으로 사단성을 삭제하게 되었다.

그러나 회사란 기본적으로 복수의 사원이 인적 또는 자본적으로 결합하는 방법으로서 인정하는 법인형태이므로 그 본질은 사단이라고 보아야 한다. 따라서 회사는 '영리를 목적으로 하는 사단법인'이다.

사법상 人(사람)은 자연인과 법인으로 분류된다. 법인이란 법인격이 부여된 단체이다. 이러한 단체에는 재단과 사단이 있다. 즉 사단법인과 재단법인이 있는 것이다. 재단법인은 반드시 비영리이어야 한다. 이에 비하여 사단법인은 민법의 규율을 받는 비영리사단법인과 상법의 규율을 받는 영리사단법인이 있다.

이러한 점에서 보면 회사의 개념 요소는 여전히 사단성, 법인성 및 영리성이라고 할 수 있다.

Ⅱ. 사단성

1. 사단의 의의

법률상 단체에는 정관으로 구성원의 자치를 인정하는 사단과 일정한 목적에 의거 제공받은 재산을 중심으로 결합한 단체인 재단으로 구별할 수 있다. 회사는 사단에 속한다. 이와 같이 사단은 인적 결합체이기 때문에 재산의 집합체인 재단과 구별된다. 상법상 회사조직을 이룰 수 있는 실체는 人(자본가)的 결합체이므로 재단은 회사가 될 수 없다. 회사가 사단이어야 한다는 것은 회사라는 단체가 복수의 사람, 즉 사원에 그 존립의 기반을 두고 있음을 뜻한다.

2. 사단성의 특징

2011년 개정 전 상법은 회사를 사단이라고 명시하였었다(개정 전 제169조). 이러한 의미의 사단은 공동의 목적을 갖는 복수인의 결합체, 즉 人의 단체로써, 그 단체의 구성원을 사원이라고 부른다. 같은 사단일지라도 그 사회학적 성질은 하나의 형태가 아니다. 예를 들면, 주식회사의 경우에는 단체의 조직적 일체성이 두드러져 구성원의 개성이 몰각되고, 그 이합집산이 자유롭고 단체의사결정에도 다수결원칙이 지배한다. 이에 비하여 합명회사인 경우에는 사원의 개성이 중시되고, 사원이 변동이 어렵고 다수결원칙이 지배하는 범위가 좁기 때문에 단체로서의 조직적 일체성이 비교적 희박하다.

이와 같이 종래의 상법은 회사를 인적 결합체라는 의미에서 사단으로 정의하였었는데, 현행 상법은 이 규정을 삭제하였다. 이전부터 주식회사 및 유한회사에 대하여는 1인회사를 인정하여 왔는데, 현행 상법은 유한책임회사에 대하여도 1인의 사원만으로도 회사를 설립할 수 있도록 하고 있다(제287조의 2). 현행 회사법이 회사의 정의로부터 사단이라는 문언을 삭제한 것은 이러한 배경이 있었다고 할 수 있다.

그러나 앞에서 기술한 바와 같이 회사는 법률상 구성원에 의한 자치, 이른바 정관을 인정하는 사단에 속한다는 사실은 부정할 수 없다. 그리고 1인회사의 경우에도 주식 또는 지분을 양도함으로써 복수의 사원이 존재할 수 있는 가능성이 있기 때문에 회사는 잠재적인 인적 결합체로서의 사단성을 갖고 있다.

3. 조합과의 비교

일반적으로 人(사람)이 공동의 목적을 위하여 결합한 단체로는 사단과 조합이 있다. 이 중에서 일반적으로 어느 결합체의 단체성이 우월하여 구성원으로부터의 독립성이 인정될 때에는 사단이라고 한다. 반면 그 결합체의 단체성보다는 구성원들의 개성이 뚜렷할 때에는 조합이라고 한다.

사단과 조합은 양자는 실정법상의 취급에서도 차이가 있다. 우선, 사단은 단체법적인 조직원리에 의하여 규율된다. 이에 반하여 조합은 구성원들의 계약관계일뿐이므로 기본적으로 구성원들의 합의 및 관련 계약법(민법 제703조 이하)에 의하여 규율된다.

상법규정에 의하여 설립된 회사는 일단 사단이라고 할 수 있다. 그러나 회사의 종류에 따라서는 조합적 성질을 갖는 것도 있다. 예를 들면, 합명회사, 합자회사, 유한책임회사와 같은 인적회사가 이에 해당한다. 이러한 회사의 법률관계를 규율하는 때에는 형식적 사단성과 조합적 실질을 어떻게 조화시킬 것인지의 여부가 문제된다.

상법은 대외적인 문제에 있어서는 법형식적 사단성에 따라 법률관계를 규율하는 한편, 사원과 회사 및 사원 상호간의 법률관계에 있어서는 조합의 실질에 따라 조합적 원리에 입각한 법규율을 마련하고 있다. 이에 부족한 부분은 민법상 조합의 법리에 따라 해결하고 있다(제195조, 제269조, 제287조의 18 등).

Ⅲ. 법인성

1. 법인의 의의

상법상 회사는 모두 법인이다(제169조). 법인이란 단체의 법률관계를 간명하게 처리하기 위한 입법기술로서 권리의무의 주체가 될 수 있는 지위(자격)이다. 사단성은 단체의 내부관계에서 구성원의 결합관계를 의미하는데, 법인격은 단체의 외부관계에서 인격자로 나타나는 문제이다.

2. 법인의 속성

회사의 법인성은 사원재산과 법인재산을 분리시켜 법인자체의 채권자에 대한 배타적인 책임재산을 조성하는 데에 그 의의가 있다. 그리하여 법인의 일반적 속성으로는 ① 법인자체의 명의로 권리의무의 주체가 되고, ② 법인자체의 명의로 소송당사자가 되며, ③ 법인의 재산에 대하여는 법인자체에 대한 집행권원(채무명의)에 의하며만 강제집행할 수 있고, ④ 법인의 재산은 법인 구성원(사원)의 재산과 구별되므로, 구성원의 채권자의 책임재산(강제집행의 대상)이 되지 아니하고,

⑤ 법인의 채권자에 대하여는 법인자체의 재산만이 책임재산이 되고, 법인의 구성원(사원)의 재산은 책임재산이 되지 아니하는 것 등이 있다.

이러한 법인의 속성은 조합적 성질이 있는 합명회사·합자회사에서는 희박하고 주식회사에서 가장 뚜렷하다. 그리하여 합명회사와 합자회사의 경우에는 사원의 채권자가 사원의 지분을 압류하여 그 사원을 퇴사시킬 수 있다(제223조, 제224조, 제269조). 이 경우에는 퇴사에 의한 지분반환청구권에 지분압류의 효력이 미치므로 ④의 속성이 없다. 그리고 합명회사·합자회사의 사원은 회사채권자에 대하여 직접책임을 지므로(제212조, 제268조), ⑤의 속성도 없다.

주식회사의 경우에는 채권자가 사원을 퇴사시킬 수 있는 제도가 없고, 사원의 유한책임원칙이 확립되어 있기 때문에 ① 내지 ⑤의 속성을 모두 갖고 있다. 이 주식회사형태의 남용을 방지하기 위한 목적에서 발전한 이론이 法人格否認論이다.

이와 같이 같은 법인일지라도 재산관계의 독립성에는 회사마다 차이가 있다. 그리고 비법인단체일지라도 사안에 따라서는 법인의 속성을 갖는 경우도 있다. 비법인사단(unincorporated association)[1] 등의 당사자능력이 이에 속한다(민사소송법 제52조). 대표적으로는 동창회, 정당, 종중, 학회 또는 설립 중의 회사 등을 들 수 있다.[2]

3. 회사와 법인성

법인의 속성은 회사마다 차이가 있지만, 공통적인 요소도 있다. 이에 해당하는 것으로는 ① 회사는 자기 스스로 법률상 모든 권리의무의 주체가 되고, ② 자연인과 같이 자기를 나타내는 상호가 있어야 하며, ③ 회사활동의 중심지로서 회사 스스로의 주소인 본점, 즉 주된 영업소를 가져야 한다(제171조).

회사를 법인으로 할 것인지 여부는 입법정책의 문제이다. 그리하여 각국은 입법례에 따라 약간의 차이가 있다. 프랑스법과 일본법은 우리나라와 같이 모든

---

1) 비법인사단이라고 함은 일정한 목적을 가지고 조직된 계속성이 있는 다수인의 결합체로서 그 의사결정과 구성에 관한 내부규약과 그에 의하여 자격이 인정되는 업무집행기관 및 대표자 등의 정함이 있는 법인 아닌 단체이다. 즉 일정한 목적을 달성하기 위하여 결합한 사람의 단체로서 법인격이 없는 사단이다.
2) 대법원 1967. 1. 31. 선고 66다2334 판결; 1991. 5. 28. 선고 91다7750 판결.

회사를 법인으로 규정하고 있다. 독일법이나 영미법은 회사에 따라 법인성이 인정되는 것과 인정되지 않는 것이 있다. 독일법에서는 주식회사(AG)와 주식합자회사(KGaA) 및 유한회사(GmbH)는 법인이지만 합명회사(OHG)와 합자회사(KG)는 법인이 아니고 단순한 조합에 불과하다. 영미법에서는 물적회사인 company(영국)와 corporation(미국)은 법인이지만 인적회사인 partnership과 limited partnership은 법인이 아니다.

Ⅳ. 영리성

1. 의의

회사는 상행위 기타 영리를 목적으로 하는 법인이다(제169조, 민법 제32조 참조). 영리성은 회사를 설립하는 동기이다. 그리고 영리성은 회사의 존재와 활동을 성격지우는 표상이므로 회사가 존속하는 동안 항상 요구되는 개념요소이다.

회사는 항상 영리를 추구하여야 하므로 정관에는 회사가 경영하는 사업으로서의 영리사업이 명시되어야 한다. 다만, 이러한 영리를 목적으로 하는 것은 대외적인 활동에 의하여 회사자신의 이익을 추구하는 것만으로는 부족하고, 대내적으로는 회사사업에서 발생한 이익을 사원에게 분배하는 구조를 갖추어야 한다.

2. 영리추구

회사가 영리를 추구하여야 한다는 것은 대외적인 거래에서 이익을 추구하여야 한다는 뜻이다. 이 점에서 단체내부에서 구성원의 이익을 추구하는 상호보험회사, 중소기업협동조합, 새마을금고 또는 회원조직인 각종 거래소나 협회 등과 구별된다. 즉 이들 단체는 사단법인이고 잉여금을 구성원들에게 분배하지만(보험업법 제63조, 중소기업협동조합법 제71조, 새마을금고법 제35조) 대외적인 수익활동을 하지 아니하므로 상법 제169조상의 영리활동을 하는 것이 아니다. 따라서 상법상 회사가 아니다.

회사는 대외적으로 기본적 상행위(제46조)를 할 때에는 당연상인(제4조)이지만, 기본적 상행위를 하지 않더라도 그 영리성으로 인하여 상인으로 본다(제5조 제2항). 이러한 회사를 의제상인 또는 설비상인이라고 한다. 따라서 회사에 대하여는 상법총칙과 상행위편이 일반적으로 적용된다. 그리고 그 활동에 있어서도 사업을 직접 영위하지 아니하고 이를 임대하여도 무방하다.

3. 이익의 분배

회사가 영리를 목적으로 하기 위하여는 영리행위를 목적으로 할 뿐 아니라 영리행위에 의하여 얻은 이익을 내부적으로 그 사원에게 분배하는 것까지를 그 목적으로 하여야 한다. 이 점에서 일반자선단체나 민법상의 비영리법인과 구별되며, 공법인이 그 수단으로서 영리사업을 하는 경우에도 영리법인, 즉 회사로 인정되지 아니한다. 예를 들면, 한국마사회가 시행하는 경마의 개최(한국마사회법 제3조), 한국방송공사의 상업방송 수익사업(방송법 제54조 제1항 제11호) 등이 이에 해당한다.

이익의 분배라 함은 이익배당, 지분증가 또는 잔여재산분배 등의 방법에 의하여 회사가 얻은 이익을 사원에게 귀속시키는 것을 말한다. 이익배당에 관한 상법 제462조 및 제583조, 중간배당에 관한 제462조의 3의 규정 등이 이에 해당한다. 그리고 회사가 정관에 영리성을 정하고 있는 한 항상 현실적인 이익을 분배할 필요는 없다. 예를 들면, 결산시 결손으로 인하여 이익배당을 하지 못하거나 또는 자선단체나 학교에 기부함으로써 이익분배를 일시 중지하더라도 영리성이 부정되지 아니한다.

제 2 절 회사의 종류

I. 상법전상의 분류

1. 회사법정주의

상법은 회사를 그 신용의 기초인 사원의 책임에 따라 합명회사, 합자회사, 주식회사, 유한회사 및 유한책임회사 등 5종류의 회사를 인정하고 있다(제170조). 상법 제170조의 규정은 회사의 종류를 밝힘과 동시에 회사를 5종류로 한정한다는 점을 명시하고 있다. 상법이 회사를 5종류로 한정한 것은 기업의 주체인 회사는 다수의 이해관계인이 있기 때문에 회사의 범위와 그 법률관계를 명확히 하여 회사, 주주 및 채권자 등 제3자의 이익을 보호하기 위함이다.

2. 구별기준 : 사원의 책임형태

(1) 유한책임과 무한책임

회사의 사원의 책임이란 넓은 의미에서는 사원이 그 사원자격에 기초하여 부담하는 모든 지급의무를 말한다. 그 내용에는 ① 사원이 회사에 대한 출자의무, ② 회사의 채무를 사원이 변제할 의무, ③ 사원 상호간의 손실분담의무, ④ 다른 사원의 현물출자의 가격부족액 또는 출자미필액을 회사에 대하여 塡補할 의무 등이 포함된다.

회사의 분류의 기준이 되는 책임은 위의 ②에서 말하는 협의의 책임인데, 이는 회사의 채무를 변제할 책임에 한계가 있느냐의 여부에 따라서 무한책임과 유한책임으로 나뉜다. 무한책임이란 사원이 회사의 채무를 변제할 무제한의 책임을 부담함을 뜻한다. 유한책임이란 사원이 각자의 출자액을 한도로 책임짐을 뜻한다. 이와 관련하여 합명회사는 2인 이상의 무한책임사원만으로 구성되는 회사이며(제212조), 합자회사는 무한책임사원과 유한책임사원 각 1인 이상으로 구성되는 회사이다(제268조). 이에 대하여 주식회사의 사원, 즉 주주의 책임은 유한책임이다(제331조). 유한회사의 사원의 책임도 유한책임이다(제553조). 다만, 회사에 대한 資本塡補責任이 있다는 점[3])에서 주식회사와 다르다(제550조, 제551조). 유한책임회사는 유한회사와 유사하나 회사에 대한 자본전보책임이 없다는 점이 다르다.

(2) 직접책임과 간접책임

회사의 종류는 사원이 직접 회사채권자에 대하여 변제책임을 지는 직접책임 또는 회사재산으로 책임을 지는 간접책임인지의 여부에 따라 구별된다. 간접책임이란 회사의 사원은 회사채무에 대하여 어떠한 변제의무를 부담하지 아니하고 단순히 회사에 대하여 출자의무만을 부담하는 것을 말한다. 즉 그 출자가 회사를

---

3) 1. 현물출자 등에 따른 사원의 책임 : 현물출자 또는 재산인수의 목적인 재산의 實價가 증자결의에 의하여 정한 가격에 현저하게 부족할 때에는 그 결의에 동의한 사원은 회사에 대하여 그 부족액을 연대하여 지급할 책임이 있다(제593조 제1항).

2. 미인수출자 또는 출자미필액에 대한 이사의 책임 : 증자 후 아직 인수되지 아니한 출자가 있는 때에는 이사와 감사가 이를 공동으로 인수한 것으로 본다(제594조 제1항).

통하여 간접적으로 회사채권자에 대한 변제의 담보가 되기 때문에 그러한 의미에서 간접책임이라고 한다.

(3) 회사별 책임분류

사원의 책임형태를 상법상 5종류의 회사에 적용하면, 주식회사는 간접적이고 유한책임을 지는 사원, 즉 간접·유한책임을 지는 주주로만 구성되는 회사이다. 유한회사도 간접적이고 유한책임을 지는 사원, 즉 출자금액을 한도로 회사에 대하여만 책임을 지고 회사채권자에 대하여는 직접책임을 부담하지 아니하는 간접·유한책임을 지는 지분권자로만 구성되는 회사이다. 유한책임회사는 유한책임사원만으로 구성된다. 사원의 유한책임이란 주식회사의 주식인수인의 책임(제331조)과 같이 회사에 대한 출자이행책임만을 뜻하므로, 유한책임회사 역시 간접·유한책임사원으로 구성되는 회사이다.4)

이에 비하여 합명회사는 그 구성원이 무한책임사원이므로 회사채무에 대하여 채권자에게 직접적이고 무한·연대책임을 지는 직접·무한·연대책임 사원만으로 구성되는 회사이다(제212조). 합자회사는 무한책임사원과 유한책임사원으로 구성된다. 무한책임사원은 회사의 채무에 대하여 합명회사의 사원책임과 동일하나, 유한책임사원의 책임은 그 출자가 재산출자에 한정되고(제272조), 회사채무에 대하여는 출자액을 한도로 직접 책임을 지는데 그치므로(제279조) 직접·유한책임사원이라고 할 수 있다.

3. 인적회사와 물적회사

(1) 인적회사

상법상 인적회사는 그 실질이 개인상인의 조합적 결합체로서 인적 신뢰관계에 있는 구성원만으로 이루어진 인적 집단기업의 법적 형태이다. 따라서 회사의 내부관계로서 회사와 사원간의 관계와 아울러 사원 상호간의 법률관계가 성립할 실질적 기초를 갖는다. 회사의 의사결정은 頭數主義를 취한다.

각 사원은 개인상인처럼 회사의 운영에 관한 의사결정 및 업무집행에 관한 권리를 가지고, 기업의 소유·지배·경영의 3자는 원칙적으로 각 사원에게 분속한다. 즉 소유와 경영이 일치하여 회사는 자기기관에 의하여 운영된다. 이 점에

---

4) 이철송(2015), 205면.

서 인적회사는 개인주의적 회사라고 할 수 있다. 그리고 대외적 신용면에 있어서도 사원이 회사의 채권자에게 직접·무한책임을 지므로 각 사원의 인적 신용이 중시된다. 이러한 책임구조로 인하여 물적회사에서 강하게 요구되는 자본충실이 인적회사에서는 큰 의미를 갖지 못하고, 출자에 있어서도 재산출자 외에 노무출자·신용출자가 인정된다.

합명회사의 사원의 지위는 원칙적으로 이전이나 상속에 제한을 받고(제197조·제218조 제3호), 사원이 1인이 된 때에는 해산한다.

(2) 물적회사

물적회사는 사원의 개성보다는 회사재산이 중시되는 회사형태이다. 즉 물적회사는 각 사원의 조합적 결합체라기보다는 제공된 자본의 집중체이다. 따라서 회사의 내부관계에서는 회사와 사원간의 관계 외에 사원 상호간의 관계는 희박하다. 출자자는 단순히 자본이윤에의 참가만을 목적으로 하여 결합한다. 즉 사원은 유한책임만을 부담하며, 중요한 사항의 결정에는 참여하지만, 직접 업무집행에는 관여하지 아니하므로 소유와 경영이 분리된다. 이 점에서 물적회사는 단체주의적 회사라고 할 수 있다. 회사의 의사결정은 원칙적으로 인적회사에서와는 달리 頭數主義가 아닌 출자액의 크기에 비례한 다수결의 원칙을 따른다. 사원은 회사채권자에 대하여 간접·유한책임을 지므로 회사재산이 대외적 신용의 유일한 기초가 된다. 그리하여 출자의 종류도 금전 기타 담보가치가 있는 재산출자에 한하고, 회사의 채무에 대한 책임재산을 확보하기 위하여 資本充實責任이 강조된다. 그리고 회사의 조직개편시 채권자보호절차에 관한 규정도 정비되어 있다(제527조의 5·제530조의 9·제530조의 11).

한편 물적회사는 사원의 개성을 중시하지 아니하므로 사원수가 많은 것이 일반적이고, 사원의 지위는 원칙적으로 자유로이 양도할 수 있으며, 1인회사도 인정된다.

(3) 회사별 비교

인적회사와 물적회사의 특징에 비추어 보면 인적회사의 典型은 합명회사이다. 합명회사는 회사채무에 관하여 회사채권자에게 직접·연대·무한의 변제책임을 지는 반면에 각 사원은 회사의 업무를 집행하고 회사를 대표할 권한을 갖기 때문에 전 사원이 회사의 소유자이기 때문이다. 그리고 회사채권자에 대한 관계와 사원들 상호간의 관계에서도 사원 개인의 신용이 중시되고, 사원수가 다수일 필요는 없다. 그 지분의 양도도 다른 사원 전원의 동의를 요하는 등(제197조) 자유롭지 못하다. 이 점에서 장부상 회사재산은 상대적으로 덜 중요하다. 따라서 합명회사는 인적회사의 전형이다.

물적회사의 전형은 주식회사이다. 주식회사의 주주는 그가 가지고 있는 주식의 인수가액을 한도로 하는 출자의무를 부담할 뿐이고, 회사채무에 대하여는 어떠한 책임도 부담하지 아니한다. 동시에 주주인 자격에서 회사의 업무를 집행하는 권한을 가지는 것도 아니기 때문에 소유와 경영이 분리된다. 회사의 신용은 오로지 회사재산이 중심이 되므로 회사재산을 보전하는 것이 중요하다. 사원수는 일반적으로 다수이지만, 사원이 누구인지 그리고 사원개인의 재산은 중요하지 않다. 사원의 지위의 양도도 원칙적으로 자유롭다.

이 밖에 합자회사와 유한책임회사·유한회사는 두 가지 특징을 아울러 가지고 있다. 다만, 합자회사는 인적회사의 기초에 유한책임사원제도가 있기 때문에 물적회사의 요소를 가미한 회사이다. 유한회사는 물적회사의 기초에 조직의 폐쇄성이 있는 점 등에서 인적회사의 요소를 가미한 회사이다. 유한책임회사는 사원의 성명을 정관에 기재하는 점 등(제287조의 3 제1호, 제179조 제1호 내지 제3호·제5호·제6호)에서 기본적으로 인적회사에 사원의 유한책임이라고 하는 물적회사(주식회사)의 요소를 부분적으로 반영한 회사이다. 즉 대내적으로는 인적회사이고, 대외적으로는 사원의 책임부담 측면 등에서 물적회사의 성격을 띠고 있다.

한편 합명회사 및 합자회사는 사원이 1인이 되면 해산한다(제227조·제285조). 그러나 유한책임회사는 1인회사도 인정된다. 청산은 임의청산을 원칙으로 하고(제247조 제1항), 임의청산방법으로 할 수 없는 때에는 법정청산절차에 의한다(제250조). 다만, 유한책임회사가 해산한 때에는 임의청산(제247조 내지 제249조)이 허용되지 아니한다(제287조의 45). 그러므로 회사가 해산하면 총사원의 과반수로 청산인을 선임하여야 하며, 청산인을 선임하지 않은 때에는 업무집행자가 청산인이 된다(제287조의 45·제251조). 기타 청산절차는 합명회사의 경우와 같다(제251조 내지 제257조, 제259조 내지 제267조).

(4) 구별의 실익

회사를 그 성격에 따라 분류하는 것은 상법상 각종 회사의 기본적 특색을 파악할 수 있는데 그 의의가 있다. 즉 인적회사의 전형인 합명회사와 물적회사의 전형인 주식회사에 대하여 양자의 기본적 특색을 비교분석 하는 데에 그 실익이 있다. 사원의 개성이 회사에 어느 정도 몰입될 수 있는지에 따라 출자의 종류와 정도, 사원수의 다소, 사원의 책임의 종류와 정도, 회사재산의 독립성, 회사업무에 관여하는 정도, 지분양도의 용이성 여부, 회사의 의사결정의 방법 및 회사해산의 사유 등 회사의 법률관계 전반에 걸친 차이를 야기하기 때문에 회사의 기본적 특질을 규명함에 있어 도움이 된다는 점에서 그 실익이 있는 것이다.

4. 모회사 · 자회사

상법상 모회사라고 함은 다른 회사(乙회사)의 발행주식총수의 100분의 50을 초과하는 주식을 가진 회사(甲회사)를 말하고, 자회사는 그 다른 회사(乙회사)를 뜻한다(제342조의 2 제1항 본문). 상법은 모자회사 관계를 확대하여 ① 자회사가 다른 회사(丙회사)의 발생주식총수의 100분의 50을 초과하는 주식을 갖거나, ② 자회사와 모회사가 가진 것을 합산하여 다른 회사(丙회사)의 주식을 100분의 50을 초과하는 경우 그 다른 회사(丙회사)는 모회사(甲회사)의 자회사로 본다(제342조의 2 제3항). 이를 孫會社라고 부르기도 한다.

5. 비모자회사

상법상 회사(甲), 母會社(乙) 및 子會社(丙) 또는 子會社(丙)가 다른 회사(丁)가 발행한 주식총수의 10분의 1을 초과하는 주식을 가진 경우, 그 다른 회사(丁)가 가지고 있는 회사(甲) 또는 母會社(乙)의 주식은 의결권이 없다. 이를 비모자회사 관계라고 한다.

Ⅱ. 법원상의 분류

상법을 근거로 하여 성립 · 존속하는 회사를 「상법상의 회사」 또는 「일반법상의 회사」라 하고, 상법규정 외에 특별법의 규율을 받는 회사를 「특별법상의 회사」

라 한다. 특별법상의 회사는 다시 일반적 특별법에 의한 회사와 특수회사로 구별
된다.

「일반적 특별법에 의한 회사」는 특정업종을 목적으로 하는 회사에 일반적으
로 적용되는 특별법의 규제를 받는 회사로서 은행(은행법), 보험회사(보험업법), 자산
운용회사(혹은 투자신탁운용회사 또는 에셋매니지먼트회사, 자본시장법) 등을 예로 들 수 있다.
「특수회사」는 특정의 회사를 위하여 특별히 제정된 특별법에 의하여 설립된 회
사로서 한국전력공사(동법), 한국토지주택공사(동법), 한국방송광고공사(동법), 한국
도로공사(동법), 한국조폐공사(동법) 등이 대표적인 예이다. 이들은 자본의 일부 또
는 전액이 정부출자인 공기업들이다.

Ⅲ. 민사회사 · 상사회사

영리를 목적으로 하는 사단은 상사회사 설립의 조건에 따라 이를 법인으로
할 수 있으며(민법 제39조 제1항), 이 법인에는 상사회사에 관한 규정을 준용한다(동조
제2항). 이로부터 상행위를 하는 「상사회사」와 상행위를 하지 아니하고 영리를 목
적으로 하는 「민사회사」5)(의제상인)를 구분하는 것이 일반적인 설명이다.

그러나 상법상의 회사는 영리를 목적으로 하면 족하고(제169조), 상행위를 하
든지 아니면 그 반대의 경우일지라도 상인으로 보므로(제5조 제2항) 양자를 구별할
실익이 없다.

Ⅳ. 내국회사 · 외국회사 · 합작회사

내국회사는 우리나라의 법률에 의하여 설립된 회사를 말한다. 이에 대하여
외국법에 의하여 설립된 회사를 외국회사라고 한다. 외국회사도 상법상의 회사와
같은 실질을 가진 영리사단이어야 한다. 외국회사이더라도 국내에 그 본점을 설
치하거나 국내에서 영업할 것을 주된 목적으로 하는 때에는 국내에서 설립된 회
사와 동일한 규정의 적용을 받는다(제617조).

합작회사(joint company)는 두 개 이상의 회사가 특정사업을 공동으로 수행하기

---

5) 대표적인 예로는 농업, 축산업, 수산업 등 원시사업을 목적으로 하는 회사를 들 수 있다.

위하여 자본 또는 기술을 출자하여 설립한 회사를 말한다. 오늘날은 주로 내국인이 외국인과 공동으로 출자하여 설립한 회사를 일컫는다.

V. 상장회사 · 비상장회사

주식이 한국거래소에 상장되어 있느냐의 여부에 따라 구분하는 방식이다. 상장회사는 발행주식이 증권시장에서 거래될 수 있는 회사를 말하며(자본시장법 제542조의 2 제1항), 그렇지 아니한 회사를 비상장회사라고 한다.

VI. 공개회사 · 폐쇄회사

이는 회사의 규모 · 운영실태에 따라 회사법의 일부 규정의 적용을 달리해야 할 것이라는 발상에서 나온 구분이다. 미국의 경우는 publicly held corporation, closely held corporation, 영국의 경우는 public company, private company라고 한다.

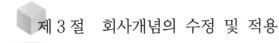

제 3 절   회사개념의 수정 및 적용

I. 1인회사

1. 사단성의 입법적 수정

(1) 의의

1인회사(one man company)라고 함은 주식회사의 경우 1인의 주주가 회사가 발행한 주식의 전부를 소유하는 회사를 말한다. 그리고 회사의 주식 중 일부는 회사가 소유하고 잔여주식은 1인이 소유하는 때에도 1인회사이다. 유한회사는 회사의 모든 지분을 1인의 사원이 소유하는 때에 1인회사라고 할 수 있다. 유한책임회사의 경우도 같다.

(2) 학설 및 판례

종래에는 1인회사가 회사의 사단성에 반하고 유한책임의 개인기업을 인정하는 결과가 된다는 점을 근거로 부정하는 입장도 있었다. 그러나 통설과 판례6)는 주식회사의 설립 후의 1인회사의 존재를 인정하여 왔다.

(3) 상법의 규정

회사는 사단이므로 기본적으로 복수의 사원이 필요하다. 상법은 합명회사·합자회사의 경우 모두 2인 이상의 사원이 있어야 성립할 수 있도록 하고 있으며(제178조, 제268조, 제543조 제1항), 사원이 1인으로 된 때에는 해산사유로 하고 있다(제227조 제3호, 제269조, 제609조 제1항 제1호). 따라서 합명회사와 합자회사의 경우에 2인 이상의 사원은 회사의 성립요건이자 존속요건이다.

이에 대하여 상법은 주식회사, 유한책임회사(제287조의 12)나 유한회사와 같은 물적회사 또는 물적회사의 성격을 겸비한 회사에 관하여는 1인회사의 설립과 존속을 허용하고 있다(제288조, 제543조 제1항). 다만, 회사가 자기주식을 전부 소유하고, 그 밖의 주주가 없는 경우는 1인회사를 인정할 수 없다. 자기주식은 의결권이 없으므로(제369조 제2항) 의사결정기관인 주주총회가 기능할 수 없기 때문이다.

2. 1인회사의 법률관계

(1) 서

1인회사의 경우는 원칙적으로 주식회사, 유한회사 및 유한책임회사에 관한 규정, 특히 기업의 유지와 회사채권자의 보호에 관한 모든 규정이 적용된다. 다만, 제3자와 이해관계가 없는 내부의 법률관계에 대하여는 복수사원의 존재를 전제로 하는 회사법규정을 적용하거나 법률관계에 대한 수정이 불가피하다. 판례와 통설이 1인회사에 대하여 수정되어야 할 법리로 예시하는 것은 다음과 같다.

(2) 주주총회소집 및 결의에 관한 규정

1) 서

이사회의 결의 없이 주주총회를 개최하거나 1인주주가 주주총회를 열지 않고 의사록을 작성하는 등 주주총회의 운영에 관한 규정을 위반한 경우 해당주주총회

---

6) 대법원 1966. 9. 20. 선고 66다1187·1188 판결; 1967. 2. 28. 선고 63다981 판결.

결의의 효력에 관한 규정의 적용여부에 관하여 다툼이 있다.

2) 학설

가) 적용긍정설　이 학설은 1인회사라 하여 명문의 규정이 없이 조직법적 통제를 완화하는 것은 법적 안정의 측면에서 바람직하지 않다고 한다.[7]

나) 적용부정설　이 학설은 1인회사의 의사는 주주 1인의 의사에 의하여 결정되므로 주주총회의 소집과 결의에 관한 상법과 정관의 규정은 사단성이 없는 1인회사에는 적용되지 않고 그 효력이 일시적으로 정지된다고 한다(통설).[8]

다) 사견　1인회사는 복수의 사원이 존재하여야 하는 사단성이 없으므로 1인주주에 의한 총회의 경우에는 이사회 소집결정이 반드시 필요하지 아니하고, 총회결의의 성립과 결의의 방법에 관한 하자를 이유로 하는 결의의 취소나 부존재는 문제되지 아니한다고 본다(적용부정설).

3) 판례

판례는 주주총회소집절차가 위법하여 소집권한이 없는 자가 소집하거나 소집결정을 위한 이사회결의에 하자가 있더라도 총회개최에 동의하고, 1인주주가 참석하여 이의 없이 결의한다면 적법한 주주총회의 결의가 있었다고 본다.[9] 그리고 1인회사의 경우에는 ① 그 주주가 총회에 참석하면 전원총회로서 성립하므로 따로 총회소집절차가 필요 없고, 나아가 ② 실제로 총회를 개최한 사실이 없고 단지 1인주주에 의하여 결의가 있었던 것처럼 주주총회 의사록이 작성되었더라도 특별한 사정이 없는 한 결의가 있었던 것으로 본다(적용부정설).[10]

이 밖에도 판례는 영업양도를 하는 때에 1인주주이자 대표이사인 자의 동의가 있었다면 상법(제374조 제1항)이 요구하는 특별결의를 대신할 수 있다고 한다.[11]

(3) 1인회사와 이사의 자기거래

1) 서

1인회사의 경우에도 이사와 회사간의 거래에 관한 상법 제398조에 따라 이사회의 승인이 필요한지 문제된다.

---

7) 이철송(2015), 45면.
8) 강위두(2000), 35면.
9) 대법원 1966. 9. 20. 선고 66다1187·1188 판결.
10) 대법원 1976. 4. 13. 선고 74다1755 판결; 1993. 6. 11. 선고 93다8702 판결.
11) 대법원 1976. 5. 11. 선고 73다52 판결.

2) 학설

가) 승인필요설   이 학설에 따르면 회사의 재산은 주주 이외에 회사채권자에 대한 담보가 되므로 1인주주라고 하더라도 회사와 이해관계가 일치된다고 할 수 없기 때문에 제398조에 의한 이사회승인이 필요하다고 한다(다수설).

나) 승인불요설   이 학설은 1인주주와 회사간에는 이해의 충돌이 없기 때문에 1인회사에서의 이사의 자기거래는 이사회의 승인이 없더라도 1인주주의 동의가 있으면 유효하다고 본다(소수설).

다) 사견   소수설과 같이 해석하는 것은 기관의 분화를 본질로 하는 주식회사제도의 이념에 반하는 것이다. 그리고 회사채권자를 보호하기 위하여도 1인회사의 경우에도 이사와 회사간의 거래에는 이사회의 승인이 필요하다(승인필요설). 다만, 이사가 1인만 있는 회사가 자기거래를 행하는 때에는 주주총회의 승인이 필요하기 때문에(제383조 제4항) 1인주주겸 1인이사는 이사회의 승인 없이 자기거래를 할 수 있다.

3) 판례

1인회사와 이사의 자기거래시 이사회의 승인이 필요한지에 대한 직접적인 판례는 없다. 다만, 간접적으로 승인불요설의 입장을 취하고 있다. 그리하여 판례는 상법 제398조는 회사와 주주의 이익을 보호하기 위한 규정이므로 1인회사가 아닌 경우에도 이사회의 승인을 요하는 채무부담행위에 대하여 사전에 주주전원의 동의가 있었다면 회사는 이사회의 승인이 없었다는 점을 이유로 책임을 회피할 수 없다고 판시하였다(승인불요설).[12]

(4) 의결권의 제한

상법상 주주총회의 의안에 특별한 이해관계가 있는 주주는 의결권을 행사할 수 없다(제368조 제4항). 그러나 1인회사에 동조를 적용한다면 주주총회의 결의가 행하여질 수 없다. 그리고 상법상 감사의 선임시 100분의 3 이상을 가진 주주의 의결권은 100분의 3으로 제한된다(제409조). 그러나 동 규정은 총주식을 1인이 소유하고 있는 1인회사에 적용하는 것은 의미가 없다.

---

12) 대법원 1992. 3. 31. 선고 91다16310 판결.

(5) 주식의 양도제한 규정

주식의 양도는 정관의 규정에 따라 이사회의 승인을 얻도록 할 수 있다(제335조 제1항 단서). 이 규정은 1인회사에도 적용된다. 그러나 이사가 1인 또는 2인인 회사에서는 이사회의 승인에 갈음하여 주주총회의 승인을 받아야 하므로(제383조 제4항, 제335조 제1항 단서) 1인주주는 임의로 주식을 양도할 수 있다.

(6) 1인회사와 업무상 배임·횡령

1인주주라고 해서 바로「주주=회사」라는 등식은 성립하지 아니한다. 그러므로 1인주주겸 대표이사인 자가 범죄적인 방법으로 회사에 손해를 가한 경우에는 배임죄가 성립한다.[13] 그리고 1인회사의 경우에도 회사와 주주는 별개의 인격을 가지고 있기 때문에 1인회사의 재산이 곧 1인주주의 것으로 볼 수 없으므로 1인주주가 회사재산을 영득한 경우에는 횡령죄가 성립한다.[14]

(7) 법인격부인론과의 관계

1인회사는 개인주주의 재산과 회사의 재산이 혼용되어 그 법인격이 形骸에 불과한 경우가 많다. 따라서 1인회사에 대하여는 법인격부인론을 적용할 소지가 크다.

(8) 수탁주주지위와의 관계

종래의 판례는 형식상으로는 복수의 주주(사원)가 존재하더라도 실질상으로는 1인주주(甲)가 주식(지분)을 전부 소유하고 다른 주주(乙)는 단지 그 1인주주(甲)의 株主名義受託者에 불과한 경우에도 甲의 1인회사로 보았다.[15]

그러나 최근의 주주의 확정에 관한 판례에서는 과거의 實質說에서 形式說로 종래의 입장을 변경함에 따라 乙의 1인회사가 된다.[16]

---

13) 대법원 1983. 12. 13. 선고 83도2330 판결; 2005. 10. 28. 선고 2005도4915 판결.
14) 대법원 1989. 5. 23. 선고 89도570 판결.
15) 대법원 1993. 6. 11. 선고 93다8702 판결.
16) 대법원 2017. 3. 23. 선고 2015다248342 판결(전원합의체 판결); 이 판결은 수탁주식에 대한 1인주주의 확정의 문제뿐만이 아니라 ① 이사 및 감사 등 임원의 지위확정시기, ② 명의개서미필주주의 지위, ③ 하자있는 주주총회에 대한 제소권자, ③ 타인명의에 의한 주식인수시의 주주의 확정 등 여러 가지 분야에 영향을 미치고 있다. 이에 대한 상세한 내용은 박수영, "형식주주의 주주권 – 대법원 2017. 3. 23. 선고," 2017년 한국경제법학회 하계학술대회 발제자료(2017. 6. 9), 67면 이하.

Ⅱ. 법인격부인론

1. 의의

법인격부인론(the doctrine of the disregard of the corporate entity)이란 회사가 법인제도를 남용하는 경우에 회사와 특정한 제3자간에 문제된 법률관계에 한하여 그 법인격을 부인하고 회사와 그 배후에 있는 사원을 동일시하여 회사의 책임을 사원에게 묻는 것을 말한다.

본래 회사는 법인이므로 구성원인 사원과는 별개의 인격을 갖는다. 그러나 회사 법인격의 인정에 따른 형식적 독립성을 관철하는 것이 회사제도의 목적에 어긋나고 정의와 형평에 반한다고 인정되는 경우 회사의 법인격을 부분적으로 박탈하여 회사와 사원이 별개의 인격이라는 대원칙을 부인하는 것이 법인격부인의 법리이다. 예를 들면, A회사가 자기의 채무를 변제할 능력이 없고 소정의 요건을 구비하는 때에 A회사의 채권자 B는 A회사의 존재를 부인하고 그 배후에 있는 지배주주 C에게 책임을 묻는 것을 말한다.

법인격부인론은 주로 주식회사에서 주주가 유한책임제도를 악용함으로써 생겨나는 弊端을 해결하기 위하여 등장한 이론이다.

2. 법인격부인론의 적용

법인격부인론은 사업으로 인한 위험부담을 줄이기 위하여 회사의 형식만 빌렸을 뿐이고 실제 사업의 운영은 주주의 개인사업과 다름이 없는 경우, 회사의 법인격은 오로지 제3자에 대한 책임을 회피하는 데만 이용되는 경우에 나타날 수 있다. 이러한 현상은 모자회사와 같이 주주가 법인인 경우에도 나타날 수 있다. 그리고 이 법리는 소규모회사나 콘체른과 제3자와의 법률관계에서 회사와 주주를 동일시하여 제3자를 보호하려는 데에 이용될 수 있다. 또한 소규모 주식회사가 도산한 경우 그 실질적인 1인주주의 개인책임을 추궁하기 위하여 원용될 수 있다. 이른바 유한책임을 배제할 수 있는 것이다.

3. 법인격부인론의 발전

법인격부인론은 19세기 후반부터 미국의 판례와 학설에서 생성·발달되었다.

그리하여 회사가 그 배후에 있는 지배주주의 대리인 또는 수단에 지나지 아니하는 경우 회사의 법인격 또는 기업의 실체를 부인하거나(disregard of the corporate fiction) 회사의 베일을 벗긴다(Piercing the corporate veil)는 데에서 연유한다. 독일에서는 1920년대부터 미국과 같은 취지의 투시이론(Durchgriffslehre)이 발전하였다.

제2차 세계대전 이후에는 프랑스와 영국 등 많은 국가에서 본격적으로 법인격부인론이 발전하였다. 일본은 1969년 최고재판소 판결이 이를 채택한 이래 회사법의 해석원리로 삼고 있다. 우리나라에서도 1974년 서울고법판례[17] 및 1988년에 대법원판례[18]에서 법인격부인론을 적용한 이후 현재는 판례이론으로 정착되어 있다.

4. 법인격부인의 이론적 근거

독일과 일본에서는 법인격부인론의 법리적 근거를 주로 權利濫用禁止에서 찾고 있다. 우리나라의 학설과 판례도 법인격부인론의 근거를 신의칙(민법 제2조 제1항)[19] 내지는 권리남용금지(민법 제2조 제2항)[20]의 위반에서 구하는 것이 일반적이다. 예를 들면, A라는 개인이 완전히 지배하고 있는 B회사가 오피스텔을 신축하여 분양하였는데, 자금난으로 공사를 계속하지 못하자, 분양계약자들이 분양계약을 해제하고 분양대금의 반환을 청구하였다.

이 사건에서 대법원은 "회사가 실질에 있어서 배후에 있는 타인의 개인기업에 불과하거나 그것이 배후자에 대한 법률적용을 회피하기 위한 수단으로 함부로 쓰여지는 경우에는 외견상으로는 회사의 행위라고 할지라도 회사와 그 배후자가 별개의 인격체임을 내세워 회사에게만 그로 인한 법적 효과가 귀속됨을 주장하면서 배후자의 책임을 부정하는 것은 신의성실의 원칙에 위반되는 법인격의 남용으로서 허용될 수 없다."는 이론을 전개하였다.[21]

---

17) 서울고법 1974. 5. 8. 선고 72나2582 판결.
18) 대법원 1988. 11. 22. 선고 87다카1671 판결.
19) 대법원 2011. 5. 13. 선고 2010다94472 판결; 2004. 11. 12. 선고 2002다66892 판결.
20) 대법원 1988. 11. 22. 선고 87다카1671 판결.
21) 대법원 2001. 1. 19. 선고 97다21604 판결.

5. 적용요건

(1) 구비시점

법인격부인론의 적용요건에는 객관적 요건과 주관적 요건이 있다. 판례는 이러한 요건의 구비시점과 관련하여 "회사가 그 법인격의 배후에 있는 사람의 개인기업에 불과하다고 보려면, 원칙적으로 문제가 되고 있는 법률행위나 사실행위를 한 시점을 기준"으로 판단하여야 한다고 해석하고 있다.[22]

(2) 객관적 요건

1) 의의

객관적 요건은 법인격부인론의 적용여부가 문제되는 채무를 회사가 부담하는 시기에 갖추어야 한다.[23] 국내 및 외국의 판례가 공통적으로 제시하는 법인격부인을 위한 객관적 요건은 다음과 같다.

2) 지배의 완전성

지배의 완전성이란 회사가 그 자체의 독자적인 의사 또는 존재를 상실하고 지배주주가 자신의 사업의 일부로서 회사를 운영한다고 할 수 있을 정도로 완전한 지배력(complete domination)을 행사하고 있는 것을 의미한다. 지배의 완전성 요건을 요구하는 것은 법인격을 부인하기 위하여는 회사가 별개의 인격체로서의 존재의의를 상실하였다고 볼 수 있어야 하기 때문이다.

3) 업무 및 재산의 혼용

업무의 혼용이란 회사의 존재가 외견상 인정되기 어렵거나 또는 주주와 회사가 동종영업을 수행하는 경우 등을 말한다. 재산의 혼용이란 주주 및 회사간 영업소의 공동이용 또는 양자의 회계구분이 없는 경우 등을 말한다. 그리하여 지배주주와 회사 양자가 업무 및 재산 등이 서로 혼용되어 있어 그 주체를 구분하기 어려워야 한다. 완전한 지배가 행해진다고 하더라도 업무와 재산이 혼용되지 아니한다면, 회사채권자가 책임의 주체에 오인을 하지 아니하고 회사의 책임재산도 보존될 수 있다.

---

22) 대법원 2008. 9. 11. 선고 2007다90982 판결.
23) 대법원 2008. 9. 11. 선고 2007다90982 판결.

4) 사업규모대비 과소자본

법인격부인이론을 적용한 판례 중에는 사업규모에 비하여 자본이 과소하다는 점을 지적한 사례도 있다.[24] 그러나 이 판례는 단지 보조적인 판단자료에 불과하고, 법인격부인의 요건으로 삼고 있지는 않다.

(2) 주관적 요건

1) 서

법인격부인이론을 적용하기 위하여는 객관적 요건 이외에도 회사의 법인격을 이용하여 계약상의 의무 내지 법의 적용을 회피하려고 하는 위법 또는 부정한 목적, 즉 주관적 요건이 있어야 하는지에 관하여 견해가 나누어지고 있다.

2) 학설

가) 불요설   이 학설은 법인격을 남용하고자 하는 주관적인 의사 내지 목적을 입증하기가 사실상 용이하지 않으므로 주관적 요건을 요구하여서는 아니 된다고 한다(다수설). 주관적 남용의사가 불필요하다고 해석하면 법인격 남용의 입증책임이 완화되는 효과가 있다.

나) 필요설   이 학설은 법인격부인이론은 그 적용상의 남용을 방지하고 법적 안정성을 위하여 주관적 요건이 필요하다고 한다. 특히 위법 또는 부정한 목적의 요건에 대한 입증은 회사설립의 경과, 지배상황 등 객관적인 사실에서 추정될 수 있는 것이므로 입증을 하는 것이 반드시 어려운 것은 아니라고 한다(소수설).

다) 사견   주관적 요건, 즉 남용의사를 요구한다면 입증의 어려움으로 법인격부인이론의 효용은 반감될 것이다. 회사의 사업이 특정주주의 개인사업처럼 운용된다는 사실 자체만으로도 회사제도의 이익을 누릴 가치가 없으므로 주주의 남용의사는 필요하지 않다고 본다. 따라서 불요설이 타당하다.

3) 판례

판례 중에는 법인격을 부인하기 위하여는 회사의 법인격이 지배주주에 대한 법률 적용을 회피하기 위한 수단으로 함부로 사용되거나 채무면탈이라는 위법한 목적 달성을 위하여 회사제도를 남용하는 등의 주관적 의도가 있어야 한다고 본 사례가 있다.[25]

---

24) 대법원 2001. 1. 19. 선고 97다21604 판결.
25) 대법원 2006. 8. 25. 선고 2004다26119 판결.

6. 부인효과

(1) 실체법적 효과

법인격부인의 이론이 적용된다고 하더라도 회사의 법인격이 일반적으로 부정되는 것은 아니다. 다만, 문제된 특정사안에 한정하여 채권자는 지배주주로부터 회사의 법적 독립성을 부정할 수 있는 것이다. 이 경우에도 회사의 책임이 소멸하는 것은 아니다. 이와 같이 법인격부인의 효과는 회사의 문제된 채무가 바로 주주의 그것으로 인정되는 것이 주된 효과이나, 공평의 원칙상 문제된 거래의 부수적인 효과, 즉 이행되지 않은 회사의 권리는 주주가 취득하며 각종 항변권도 주주가 행사한다고 본다.[26]

(2) 소송법적 효과

회사의 채권자가 회사를 상대로 한 소송에서 승소한 경우 법인격부인의 요건을 충족하는 그 회사의 지배주주에 대하여 기판력과 집행력 등 판결의 효력을 미치게 할 수 있는지 문제된다. 다수설은 집행절차의 형식성, 명확성 및 안정성의 요청에 따라 이를 부정한다.

판례 역시 법인격부인을 위하여는 별도의 사실인정과 법해석이 필요하므로 회사에 대한 승소판결의 기판력이 당연히 주주에게 미친다고 볼 수 없다고 한다.[27] 즉 A라는 사실행위로 인하여 회사의 법인격이 부인되었더라도 B라는 사실행위로 인한 법인격을 부인하기 위하여는 별도의 사실인정과 법해석이 필요하다.

7. 적용범위

(1) 서

법인격의 부인은 주주의 유한책임을 부정하는 결과를 초래한다. 주주의 유한책임은 상법이 명문으로 규정하는 기본원리 중의 하나이므로 법인격부인론을 적용하는 것은 성문법상의 기본질서를 무시하는 것이 되고 법률관계의 불안정을 야기한다. 그러므로 우리나라와 같은 성문법국가에서는 종래의 법이론으로 해결할 수 없는 극히 예외적인 법률관계에 한하여만 동 이론을 적용하여야 한다. 법인격

---

26) 이철송(2016), 59면; 최준선(2016), 74면.
27) 대법원 1995. 5. 12. 선고 93다44531 판결.

부인론의 적용대상과 관련하여 특히 문제가 되는 것은 다음과 같은 사항이다.

(2) 불법행위에서의 적용

회사가 제3자에게 부담하는 거래상의 채무를 지배주주에게 귀속시키는 것이 법인격부인론의 당초 취지이나, 이와는 별개로 회사가 제3자에게 부담하는 불법행위책임도 법인격을 통하여 주주에게 귀속시킬 수 있는지 문제된다.

이러한 문제는 최근 중화학·운송·해운·항공·건설과 같이 타인에게 가해할 위험이 상존하는 사업 또는 자동차·전기기구 등과 같이 우발적으로 가해할 위험이 높은 사업이 증가함에 따라 제기되고 있다. 그리고 일반인들의 이러한 위험에 대한 접촉빈도는 갈수록 높아지고 있다. 이 경우 해당사업자들은 손해배상책임으로 인한 손실을 제한하고자 소자본으로 회사를 설립하여 사업을 개시하는 때에는 피해자에 대한 보상이 불충분할 수 있다. 이러한 점에서 법인격부인론은 법인격이 남용된 경우에 적용되는 것과 같은 논리로 불법행위에 대하여도 적용되어야 한다.

하급심판례 중에는 회사의 불법행위책임에 관하여 법인격부인론을 적용하여 지배주주의 책임을 물은 사례가 있다.[28]

(3) 부인론의 역적용

채무자가 강제집행을 면탈하기 위하여 회사를 설립하고 이에 출자하는 경우에는 주주가 소유하는 주식자체가 회사재산의 간접적 표현이므로 주주의 채권자는 주주의 소유주식에 대하여 강제집행을 하면 족하다. 따라서 이 경우는 법인격부인론의 적용대상이 아니다(반대설 있음). 그리하여 이 경우에는 사해행위취소와 같은 기성의 법리에 의하여 해결하여야 할 것이다.

그러나 판례는 기존회사가 채무를 면탈할 목적으로 기업의 형태·내용이 실질적으로 동일한 신설회사를 설립하였다면, 신설회사의 설립은 기존회사의 채무면탈이라는 위법한 목적달성을 위하여 회사제도를 남용한 것이므로, 기존회사의 채권자에 대하여 위 두 회사가 별개의 법인격을 갖고 있음을 주장하는 것은 신의성실의 원칙상 허용될 수 없다 할 것이어서 기존회사의 채권자는 위 두 회사 어느 쪽에 대하여서도 채무의 이행을 청구할 수 있다고 한다.[29] 즉 판례는 기존의

---

28) 부산지법 1997. 8. 20. 선고 96가합23873 판결.
29) 대법원 2006. 7. 13. 선고 2004다36130 판결; 2004. 11. 12. 선고 2002다66892 판결; 2010. 1. 14. 선고 2009다77327 판결.

채무를 면탈한 목적으로 신설회사를 설립한 경우에는 법인격부인론을 적용하여 회사의 재산을 주주의 재산으로 보고 강제집행할 수 있다고 한다.

(4) 비지배회사에 대한 확장

법인격부인론은 변제자력이 부족한 회사의 채무를 그 지배주주에게 책임지우기 위하여 발전한 이론이다. 그러나 최근 지배종속의 관계에 있지 않은 회사간에 법인격부인론을 통하여 책임을 전가한 판례가 있다. 동 사례에서는 A라는 건설회사가 B에 대하여 임차보증금채무를 지고 있었는데, A의 주주와 임원들이 이 채무를 면탈할 목적으로 A'라는 새로운 회사를 설립하여 A의 건설업면허를 양수받아 A와 동일한 회사인 것으로 홍보하며 A와 관련된 건설공사를 受注하였다.

법원은 A'의 설립은 법인격의 남용에 해당한다고 하고, B는 A'에게도 채권을 행사할 수 있다고 판시하였다.[30] 이 판례는 법인격부인론의 적용요건인 지배의 완전성이라는 요건은 무시하고, 법인제도의 남용을 이유로 A'의 법인격을 부인함으로써 법인격부인론의 적용범위를 넓히고 있다.

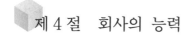

제4절 회사의 능력

I. 권리능력

회사는 모두 법인이므로(제169조) 일반적인 권리·의무의 주체가 될 수 있는 능력인 일반적인 권리능력을 갖는다. 그러나 회사는 자연인이 아니고, 법인격은 生來的이 아닌 법에 의하여 인정되는 것이며, 또 회사는 그 목적에 따라 설립·유지되기 때문에 회사의 개별적인 권리능력은 그 성질과 목적에 의하여 다음과 같은 제한을 받는다.

1. 성질에 의한 제한

회사는 그 성질상 자연인임을 전제로 하는 권리를 향유하거나 의무를 부담하

---

30) 대법원 2004. 11. 12. 선고 2002다66892 판결.

지 아니한다. 그리하여 신체·생명에 관한 권리 또는 친족권·부양권·상속권 등
을 향유할 수 없다. 육체적인 노무를 제공하지 못하기 때문에 지배인이나 그 밖
의 상업사용인은 될 수 없다.

그러나 노무의 제공이 요구되지 않는 대리인은 될 수 있으며, 명예권·상호
권·사원권과 같은 인격권도 향유할 수 있다. 그리고 보통의 재산권을 가지며,
유증을 받을 수 있다. 발기인, 유한책임사원 및 주주가 될 수 있는 것은 당연하
다. 다만, 주식회사의 이사는 될 수 없다.

2. 법령에 의한 제한

회사의 법인격은 법률에 의하여 부여되는 것이므로 법령상 제한이 있으면,
개별적인 권리능력은 그에 규율된다(민법 제34조 참조). 이에 따라 회사는 다른 회사
의 무한책임사원이 될 수 없다(제173조). 회사가 다른 회사의 무한책임사원이 되어
자기의 운명을 다른 회사의 운명에 의하여 좌우되도록 하는 것은 각 회사의 독립
운영을 전제로 한 회사법의 원칙에 반하기 때문이다. 다만, 자본시장법상 집합투
자기구의 일종인 투자합자회사와 私募投資專門會社는 합자회사의 형태를 취하
는데, 다른 회사도 이러한 회사의 무한책임사원이 될 수 있다(동법 제214조 제1항·제
277조 제2항). 하지만 이들 회사에서 허용의 입법취지와 그 배경은 회사법상의 회사
와는 다르다.

청산중인 회사의 권리능력은 청산의 목적범위 내로 한정되며(제245조, 제269조,
제542조 제1항, 제613조 제1항), 파산회사도 파산의 목적범위 내에서는 존속한다(채무자
회생및파산에관한법률 제328조).

회사는 민법상 조합원이 될 수 있다. 그리고 특별법은 특정한 회사에 대하여
일정한 행위를 제한하는 경우가 있다.[31] 이러한 특별법상의 규정은 해당회사의
권리능력을 제한한다고 풀이하는 견해가 있다.[32] 그러나 이 규정들은 효력법규가
아닌 개별적인 특별법상의 행정규제목적에 따른 단속법규로 볼 수 있다. 따라서
회사의 권리능력과는 관계없고, 관련 제한규정의 위반행위 역시 사법상의 효력에
는 영향이 없다고 보아야 한다. 예를 들면, 금융기관이 업무용부동산 취득행위의

---

31) 예를 들어, 은행법 제27조·제38조 제2호는 금융기관에 대하여 업무용 이외의 부동산의
    취득을 금하고 있다. 이 밖에 보험업법 제10조·제11조, 상호저축은행법 제18조의 2 등.
32) 정찬형(2007), 433면.

사법상 효력은 유효하지만, 정부의 행정규제대상이 된다.

3. 목적에 의한 제한

(1) 개요

회사의 정관에는 목적이 기재되어야 한다. 이는 등기사항이다(제179조 제1호, 제180조, 제269조, 제289조 제1항 제1호, 제317조 제2항 제1호, 제543조 제2항 제1호, 제549조 제2항 제1호). 회사는 이 목적사업을 위하여 설립되고, 사원은 목적에 따른 사업이 수행될 것을 예상하고 출자한다. 그리고 그 목적사업의 사회적 가치가 인정되어 법인격이 주어진다. 여기서 회사의 권리능력을 그 목적의 범위 내에서 이를 제한할 것인지의 여부에 대하여는 견해가 대립한다.

만약 회사의 권리능력에 대하여 목적에 의한 제한을 인정한다면 회사의 목적 외의 행위는 절대적으로 무효이고, 제한을 부정한다면 정관상 목적 외의 행위라고 하더라도 유효한 행위가 된다.

이러한 대립이 발생하는 이유는 민법 제34조에 의거한다. 동조는 「법인은 법률의 규정에 좇아 정관으로 정한 목적의 범위 내에서 권리와 의무의 주체가 된다.」고 규정하고 있다. 이에 따라 민법상 법인의 권리능력을 목적의 범위 내로 제한하고 목적 외의 행위를 영미법상 능력 외의 법리(ultra vires doctrine) 의거하여 무효가 된다. 그런데 우리 상법에서는 이와 같은 취지의 규정을 두지 않고 있고, 그리하여 민법 제34조를 유추적용하여 회사도 정관의 목적에 의하여 권리능력의 제한을 받는지의 여부가 문제되는 것이다.

(2) 학설
1) 서

회사에 대하여도 민법 제34조를 類推適用하여 목적에 의한 제한을 인정하는 소수설도 있으나, 통설은 목적에 의한 제한을 부정한다. 대법원은 제한설의 입장을 유지하고 있다.[33]

2) 제한긍정설 : 법인의제설에 입각한 학설

이 학설은 자연인만이 본래의 법적 주체이고, 법인은 자연인으로 의제되어 인정되는 인격자에 지나지 아니한다는 설이다. 제한긍정설의 주된 논지는 다음과

---

33) 대법원 1975. 12. 23. 선고 75다1479 판결.

같다.

첫째, 민법 제34조는 법인 일반에 관한 기본원칙이므로 영리법인인 회사에 한하여만 이를 배제할 상법상의 근거가 없다(제1조 참조).

둘째, 법인은 자연인과는 달리 특정한 목적을 위하여 설립되는 인격체이다. 그러므로 그 목적 범위 내에서만 권리능력을 갖는 것은 법인의 본질에 속한다. 이러한 법인의 본질은 영리법인인 회사에 있어서도 같다.

셋째, 회사의 목적은 정관의 필요적 기재사항이고(제179조, 제270조, 제289조, 제543조), 또 등기되어 공시되는데(제180조 제1호, 제271조, 제317조 제2항, 제549조 제2항 제1호), 그 목적에 의한 제한을 받지 않는다면 상법상 등기제도의 근본원칙(제37조)이 거래의 안전 때문에 배척되는 결과가 된다.

넷째, 주주는 회사재산이 특정한 목적을 위하여 이용될 것으로 기대하고 있다. 그러므로 회사설립의 기본이 되는 주주의 이익을 소홀히 하게 되면, 상법의 기본이념인 회사의 설립자체가 어려워진다.

다섯째, 회사의 권리능력을 목적에 의하여 제한하지 않는다면 회사가 비영리사업을 영위할 수 있게 된다. 이는 민법상 비영리법인의 설립을 허가주의(민법 제32조)를 택한 제도적 기능을 상실시킬 수 있다.

여섯째, 제한부정설이 하나의 근거로 들고 있는 '회사의 권리능력은 목적에 의하여 제한되지 않거나 또는 그 제한이 완화되어 가고 있다는 비교법적 고찰'은 입법론으로서는 참고할 만한 가치가 있겠지만 이로써 우리 상법의 해석론을 좌우할 수는 없다.

3) 제한부정설 : 법인실재설에 입각한 학설

이 학설은 법인은 법의 의제가 아니고 사회적 실재라고 한다. 이 학설은 회사의 권리능력이 목적에 의하여 제한되지 아니한다고 한다. 그 주요 논지는 다음과 같다.

첫째, 민법상 법인에 대한 규정 제34조는 공익법인이나 비영리법인에 관한 것으로서 私法人 一般에 관한 통칙은 아니다. 그리하여 이윤을 추구하기 위하여 넓은 범위의 활동을 하는 회사와 같은 영리법인에 유추적용할 것은 아니다.

둘째, 상법상 민법 제34조를 준용한다는 명문의 규정이 없는 이상 회사의 권리능력이 목적에 의하여 제한된다고 해석할 근거가 없다.

셋째, 회사의 권리능력을 그 목적에 의하여 제한하면 거래의 안전을 해치게 된다. 회사의 활동범위가 매우 넓은 오늘날의 현실을 감안하면 거래의 안전을 희생하면서까지 사원을 보호할 수는 없다.

넷째, 회사의 권리능력을 그 목적에 의하여 제한하면 목적 외의 행위를 하여 회사가 유리하면 회사의 이익으로 하지만, 손실이 있으면 그 행위의 효력을 부인할 수 있다. 즉 불성실한 회사가 책임을 회피할 구실을 갖게 되고, 불필요한 분쟁이 발생하여 거래의 안전을 해할 위험성이 있다.

다섯째, 회사의 목적은 등기되지만, 제3자가 거래할 때마다 이를 확인한다는 것은 용이하지 않고, 확인했다고 하더라도 목적범위에 속하는지 여부에 대한 판단이 쉽지 아니하여 거래의 실정에도 맞지 않는다. 따라서 회사의 목적이 등기된다는 사실만으로 제3자에 대하여 대항력이 발생한다고 하면, 회사와 거래하는 제3자로 하여금 不測의 손해를 입힐 우려가 있다.

여섯째, 비교법적으로도 대륙법에서는 전혀 목적에 의한 권리능력의 제한을 인정하지 아니하고 있으며, 영미법 등에도 목적에 의한 회사의 권리능력제한은 점차 완화 내지는 폐지되고 있다(영국 2006년 회사법 제39조 참조).

한편 상법규정의 형식에서 볼 때에도 제한부정설로 해석할 수 있다. 과거 합명회사에 관한 依用商法(舊商法) 제72조는 「정관의 변경 기타 회사의 목적의 범위 내에 들지 않는 행위를 함에는 총사원의 동의가 있어야 한다.」고 규정하였었다. 이에 해당하는 현행 상법규정은 제204조인데, 동조는 「정관을 변경함에 있어서는 총사원의 동의가 있어야 한다.」라고만 규정하고 있다. 즉 상법 제204조는 회사의 목적범위 내에 포함되지 아니하는 행위에 관한 부분은 삭제하고 있는데, 이는 현행법이 회사의 권리능력은 목적에 의하여 제한되지 않는다는 입장을 취하였기 때문인 것으로 이해된다.

4) 사견

제한부정설의 견해에 동의한다. 그 이유는 다음과 같다. 첫째, 민법 제34조의 규정은 그 성질상 비영리법인에게만 적용된다. 그리고 정관의 목적이 등기된다고 하여 회사의 모든 거래상대방에 대하여 악의를 의제하는 것은 거래의 안전을 해하게 된다. 그것은 상법의 기본이념이 사원의 이익보다는 거래상대방인 제3자의 이익을 중시하는 데에 있기 때문이다.

둘째, 비교법적으로 보더라도 전통적으로 독일주식법(제82조 제1항) 및 프랑스 상사회사법(제98조 제2항)은 제한부정설을 취하여 왔다. 제한긍정설의 모법이라고 할 수 있는 영국도 2006년 회사법을 통하여 제한긍정설의 입장을 사실상 철회하고 있다(2006년 회사법 제39조). 미국에서도 많은 주가 무제한설의 입장을 규정하고 있다(RMBCA 제3.04조, Cal.Corp.Act 제208조).

셋째, 제한긍정설은 목적의 범위를 목적수행에 직접·간접으로 필요한 행위 등으로 크게 확대하고 있다. 그리고 목적범위에 관한 판단기준도 객관적·추상적으로 결정하여야 한다고 하고 있다. 이러한 점에서 보면, 회사의 권리능력을 정관의 목적범위 내로 제한할 것인지의 여부는 외형적으로는 큰 차이를 보이지만, 실제적으로는 그다지 차이가 없다고 할 수 있다. 즉 제한긍정설과 제한부정설이 아주 유사하게 된다.

(3) 판례

판례는 오래 전부터 제한긍정설의 입장을 취하여 왔다. 그러나 「목적범위 내」의 행위를 매우 넓게 해석하여, 정관에 명시된 목적 그 자체에 국한되는 것이 아니라 그 목적을 수행하는 데 필요한 직접적으로 필요한 행위, 즉 어음발행 또는 자금차용뿐만이 아니라 간접적으로 필요한 행위 예를 들면, 조의금이나 기부금의 제공과 같은 '상당 또는 유익한 행위', 혹은 '목적에 반하지 아니하는 한 일체의 행위'까지 포함하고 있다. 그리고 문제된 행위가 목적수행에 필요한 행위인지의 여부를 판단함에 있어서도 행위자의 주관적인 의사를 기준으로 삼는 것이 아니라, 행위의 객관적 성질에 따라 추상적으로 판단하고 있다.[34]

이러한 판례의 태도는 문제된 행위가 무효로 될 가능성을 줄이는데 도움을 준다. 다만, 회사의 대표이사가 그 회사를 대표하여 회사의 사업범위 내에 속하지 아니하는 타인의 손해배상의무를 연대보증한 사례에서, 오래 전 판례는 해당 보증행위가 회사에 대하여 효력이 없다고 하였다.[35]

(4) 상대방의 악의와 효력

회사의 대표기관이 목적 외의 행위를 하고 상대방이 이를 알고 거래하였을 때 그 효력의 유효성 여부가 문제된다. 제한긍정설을 취할 때에는 목적 외의 행

---

34) 대법원 1987. 9. 8. 선고 86다카1349 판결; 2002. 4. 12. 선고 2002다4245 판결.
35) 대법원 1975. 12. 23. 선고 75다1479 판결.

위는 상대방의 선의·악의를 불문하고 무효가 된다. 이에 대하여 제한부정설을 취할 때에는 악의의 상대방이 거래의 유효를 주장하는 것은 권리남용이나 신의칙(민법 제2조 제2항)에 반하는 행위이므로 회사가 악의의 상대방에 대하여 대항할 수 있다고 본다.

(5) 정관상 목적의 기능

제한긍정설에 의하면 정관에 기재된 목적은 회사의 권리능력을 제한하는 기능을 한다. 그러나 제한부정설에 의하면 회사의 정관상 목적은 회사기관, 즉 업무집행기관 및 대표기관의 권한을 내부적으로 제한하는 기능을 하는 것으로 해석할 수 있다. 따라서 선의의 제3자에게는 대항할 수 없게 된다.

물적회사의 이사 등이 이러한 정관상 목적에 위반하여 행위를 한 경우에 주주 또는 회사는 그 행위자에 대하여 損害賠償責任을 추궁할 수 있다. 그리고 이사의 해임청구(제385조 제2항, 제567조), 위법행위유지청구(제402조, 제567조) 및 대표소송(제403조) 등의 원인이 된다고 할 수 있다. 인적회사의 경우에는 업무집행사원이나 대표사원의 권한상실선고사유(제205조 제1항, 제216조, 제269조) 등의 원인이 된다고 할 수 있다.

(6) 회사의 권리능력과 기부행위 또는 정치헌금

1) 서

회사의 권리능력은 주로 회사의 영업과 그에 따르는 거래상대방의 보호와 관련되는 것이다. 그런데 회사가 영업과 관련이 없는, 특히 거래상대방의 보호와 관련이 없는 기부행위 또는 정치헌금을 할 수 있는지의 여부가 회사의 권리능력과 관련하여 문제된다.

2) 입법례

미국의 모범회사법은 회사의 사업과 업무를 촉진하는 적법한 기부행위는 가능하다는 규정을 두고 있다(RMBCA 제3.02조(13)). 일본의 최고재판소도 '일견 정관의 목적범위 내의 행위가 아닐지라도 회사에게 사회통념상 기대 또는 요청이 있는 때에는……정치자금을 기부할 수 있는데, 그 기준은 객관적 추상적으로 정하여져야 한다.'는 취지의 판시를 하고 있다.[36]

---

36) 일본최고재판소 1970. 6. 24, 民集 제24권 제6호 625면.

3) 학설에 따른 구분

우리나라의 경우 이를 어떻게 해석할 것인지에 대하여 합리적인 규모의 기부행위는 가능하다는 견해가 있다.[37] 그러나 제한부정설의 입장에서는 이의 유효성을 인정하는 데 큰 문제가 없으나, 제한긍정설은 이의 유효성을 인정할 수 없게 된다.

II. 의사능력 · 행위능력 · 불법행위능력

1. 의사능력 · 행위능력

(1) 서

회사는 법인으로서 권리능력이 있다. 회사는 회사조직의 일부인 기관 예를 들면, 대표이사와 같이 기관의 지위에 있는 자를 통하여 의사를 표시하고 행위를 한다. 이러한 기관의 행위는 곧 회사의 행위이므로 회사는 의사능력과 행위능력을 갖는다(법인실재설).

(2) 학설에 따른 능력

회사의 기관은 회사가 대내적 · 대외적 활동을 하기 위한 기구로서 회사조직의 일부이다. 통상 1인 또는 복수의 자연인으로 구성된다. 인적회사는 社員資格과 기관자격이 일치한다. 이에 비하여 물적회사는 사원자격과 기관자격이 원칙적으로 일치하지 아니한다. 사원은 회사의 권리능력의 기초가 되는 자인데, 기관은 행위능력 내지는 의사능력의 기초가 되는 자이다.

회사의 정관상 목적에 의한 권리능력에 관한 제한부정설(법인실재설)은 대표권의 남용은 목적범위의 내외를 불문하고 문제된다.[38] 제한긍정설(법인의제설)은 목적범위 외의 행위는 무효가 되기 때문에 대표권의 남용을 거론할 필요가 없게 된다. 다만, 정관상 목적범위 내의 행위에 대하여는 대표권의 남용을 거론할 실익이 있다.

2. 불법행위능력

(1) 대표기관의 능력

회사의 행위능력이 인정되는 것과 동일한 이유로 회사의 불법행위능력이 인

---

37) 정동윤(2001), 54면.
38) 특히 목적범위 외의 행위를 한 경우에는 거의 전부 대표권남용의 문제가 발생할 것이다.

정된다. 상법은 회사의 불법행위능력에 대하여 특별규정을 두고 있다. 즉 상법은 회사를 대표하는 사원 또는 대표이사가 그 업무집행으로 인하여 타인에게 손해를 가한 때에 회사는 그 사원과 連帶하여 배상할 책임이 있는 것으로 규정하여 피해자의 이익을 보호하고 있다(제210조, 제269조, 제389조 제3항, 제567조). 동 규정은 민법 제35조 제1항[39])과 표현은 다르지만 같은 취지를 규정한 것이다.

회사가 피해자에 대하여 그 손해의 전부 또는 일부를 배상하였을 때에 회사는 당연히 그 대표기관 개인에 대하여 求償할 수 있다.[40]) 이 때에는 대표기관 개인도 피해자에 대하여 불법행위를 한 것이 되므로, 회사와 대표기관인 개인은 피해자에 대하여 不眞正連帶責任[41])을 진다.[42])

(2) 대표기관 이외의 자의 능력

회사의 대표기관 이외의 자(피용자)가 회사의 사무집행에 관하여 불법행위를 하였을 때에 회사는 민법 제756조 제1항의 使用者賠償責任[43])의 법리에 의한 책임을 진다. 이때 동조의「사무의 집행에 관하여」라는 것에 해당하는지의 여부는 행위의 외형을 기준으로 하여 객관적으로 판단할 것이며, 행위자의 의사를 기준으로 판단할 것은 아니다.[44])

Ⅲ. 공법상의 능력

회사는 그 성질에 반하지 아니하는 한, 공법상의 권리능력을 가진다. 그 내용

---

39) 제35조(법인의 불법행위능력) 제1항 : 법인은 이사 기타 대표자가 그 직무에 관하여 타인에게 가한 손해를 배상할 책임이 있다. 이사 기타 대표자는 이로 인하여 자기의 손해배상책임을 면하지 못한다.

40) 대법원 2007. 5. 31. 선고 2005다55473 판결.

41) 채무자 각자가 채무전부를 부담하는 연대책임을 말한다. 이러한 연대책임에는 채무자간 합의를 통한 주관적 공동관계가 없다.

42) 대법원 2003. 3. 11. 선고 2000다48722 판결; 2007. 5. 31. 선고·2005다55473 판결.

43) 제756조(사용자의 배상책임) 제1항 : 타인을 사용하여 어느 사무에 종사하게 한 자는 피용자가 그 사무집행에 관하여 제3자에게 가한 손해를 배상할 책임이 있다. 그러나 사용자가 피용자의 선임 및 그 사무감독에 相當한 注意를 한 때 또는 상당한 주의를 하여도 손해가 있을 경우에는 그러하지 아니하다.

제2항 : 사용자에 갈음하여 그 사무를 감독하는 자도 전항의 책임이 있다.

제3항 : 전2항의 경우에 사용자 또는 감독자는 피용자에 대하여 求償權을 행사할 수 있다.

44) 대법원 1969. 7. 22. 선고 69다702 판결; 1971. 6. 8. 선고 71다598 판결.

은 개별 법령에서 구체화 된다. 그리하여 소송법상 당사자능력(민사소송법 제51조, 민법 제34조)과 소송능력을 갖고(민사소송법 제64조, 형사소송법 제27조), 행정소송제기권·납세의무 등과 같은 권리능력도 갖는다.

회사는 일반적으로 형법상 범죄능력은 없으나, 특별법상 범죄능력은 있다(보험업법 제208조 제1항[45] 등).

제 5 절 회사설립의 일반론

Ⅰ. 설립 입법주의

1. 서

회사설립에 관한 입법주의에는 사회적 배경과 입법정책에 따라 여러 가지의 입법주의가 변천하여 왔다.

2. 자유설립주의

이 입법주의는 회사의 설립에 아무런 제한을 두지 않고 영리사단의 실체만 형성되면 회사의 성립을 인정하는 입법주의이다. 초기에 많이 이용되었다. 이 입법주의에서는 회사가 투기를 목적으로 濫設될 위험성이 많았다.

3. 특허주의

국왕의 특허 또는 의회의 특별입법에 의하여 개별적으로 회사의 성립을 인정하는 입법주의이다. 이 입법주의는 자유설립주의의 반성에서 나온다. 근대국가가 식민회사를 설립하는 데 쓰던 입법주의이었다. 대표적으로 17세기 초 설립된 동

---

45) 보험업법 제208조 제1항 : 법인(법인이 아닌 사단 또는 재단으로서 대표자 또는 관리인이 있는 것을 포함한다)의 대표자나 법인 또는 개인의 대리인, 사용인, 그 밖의 종업원이 그 법인 또는 개인의 업무에 관하여 제200조, 제202조 또는 제204조의 어느 하나에 해당하는 위반행위를 하면 그 행위자를 벌하는 외에 그 법인 또는 개인에게도 해당 조문의 벌금형을 과(科)한다.

인도회사는 모두 국왕의 특허에 의하여 설립되었다.

4. 면허주의 또는 허가주의

회사에 관한 일반 법률(성문법)을 미리 제정하고 이에 근거한 행정처분(면허 또는 허가)에 의하여 회사의 성립을 인정하는 입법주의이다. 이 입법주의는 특허주의가 회사설립을 지나치게 억제한다는 반성에서 나온 것이다. 이 입법주의는 행정관청에 의한 회사성립의 심사가 충분한 실효를 거두지 못하여 자본주의경제의 발전에 부응하지 못하는 결점이 있으나 현재도 공익적 성격이 강한 기업 예를 들면, 은행 등의 설립에는 실질적으로 이 입법주의를 채택하고 있다. 1807년 프랑스상법이 최초로 면허주의를 채택하였고, 1861년 독일상법전(ADHGB)도 이 입법주의를 채택하였다.

5. 준칙주의

(1) 의의

특허주의와 허가주의는 국가 또는 행정관청의 허가를 받은 자에게만 특권을 부여할 수 있는 문제점이 있어 근대자유주의 헌법 하에서의 평등의 원칙, 직업선택의 자유와 충돌하였다. 그리하여 자본주의가 널리 확산된 19세기의 산업혁명과 그에 따른 경제적 수요에 따라 회사설립에 관한 입법주의는 준칙주의로 변화하였다.

준칙주의는 회사에 관한 일반법률(우리나라의 경우 상법)에 의하여 회사의 실체형성에 관한 대내적 요건과 거래안전에 관한 대외적 요건을 정하여 놓고, 이에 준거하여 설립한 회사에 대하여는 당연히 그 성립을 인정하는 입법주의이다. 다만, 등기는 필요하다.

(2) 유형

회사설립에 관한 준칙주의는 설립요건의 엄격성 여부에 따라 단순준칙주의와 엄격준칙주의로 구분한다. ① 단순준칙주의는 설립의 책임에 관하여 상세한 규정을 두지 않는 입법주의를 말한다. 단순준칙주의 하에서는 자유설립주의와 유사한 문제점이 발생할 수 있다. ② 엄격준칙주의는 설립의 책임 예를 들면, 발기인의 책임 등에 관하여 상세한 규정을 둔 입법주의이다. 오늘날 대부분의 국가는 이러한 엄격준칙주의를 취하고 있다.

상법은 엄격준칙주의를 원칙으로 하고 있으나, 일정한 영업에 관하여는 영업면허제도(은행법 제8조)를 채택하고 있으므로 실질적으로는 엄격준칙주의를 기본으로 면허주의를 가미하고 있다.

Ⅱ. 설립행위의 법적 성질

종래 설립행위의 법적 성질의 법리구성에 관하여는 계약설, 단독행위설이 있었으나, 현재는 合同行爲설이 통설이다. 생각건대 회사의 설립행위는 복수인 전원이 합동하여 동일한 목적을 향하여 의사를 합치하는 행위이므로 합동행위설이 타당하다. 다만, 定款作成行爲가 합동행위라는 데에는 이론의 여지가 없으나, 주식회사의 募集設立에서의 株式引受는 합동행위가 아닌, 계약이라고 해석한다. 왜냐하면 주식인수는 당사자 각자가 서로 상반된 의사표시의 합치로서 채권·채무를 발생시키기 때문이다.

따라서 정관작성에 의하여 사원이 확정되는 합명회사·합자회사·유한회사·유한책임회사의 설립행위의 법적 성질은 합동행위이나, 정관작성에 의하여 사원이 확정되지 않고 별도의 주식인수에 의하여 사원이 확정되는 주식회사의 설립행위의 법적 성질은 합동행위와 계약이 병존하는 것으로 보아야 한다.

Ⅲ. 정관의 성질과 효력

1. 정관의 의의와 성질

(1) 의의

정관이란 실질적 의미에서는 사원들의 총의에 의하여 성립되어 회사의 단체법적 법률관계, 즉 조직과 운영을 규율하는 자치규범을 말한다. 형식적 의미에서는 그 규범을 기재한 서면을 말한다. 모든 유형의 회사는 설립시 정관을 작성하여야 한다. 정관은 회사의 법률관계를 구속하므로 그 변경도 엄격한 법정절차를 따라야 한다. 이 경우 정관변경은 기본규칙을 변경하므로 서면의 변경 없이도 정관변경의 효력이 발생한다(제204조, 제269조, 제433조, 제584조). 즉 실질적 의미와 형식적 의미간 불일치가 발생할 수 있다.

(2) 법적 성질

정관의 법적 성질에 관하여는 계약의 성질을 갖는다는 소수설(契約說)도 있고, 정관작성행위는 계약이지만 일단 작성된 정관은 자치법규로 보는 견해(折衷說)도 있다. 그러나 정관은 그것을 작성한 설립자 또는 발기인뿐만 아니라 회사의 기관, 새로이 회사조직에 가입한 자까지 당연히 구속한다는 점을 들어 자치법규로서의 성질을 갖는 다는 것이 통설이다(自治法說).

생각건대 정관은 제3자에 대하여는 구속력이 없으나, 설립자, 발기인뿐만 아니라 회사의 구성원에 대한 보편적 구속력을 가진다. 그리고 성문법의 보충적 또는 변경적 효력을 가지고, 이의 위반은 상고이유가 되므로 자치법설이 타당하다.

2. 정관의 효력

(1) 구속력의 범위

정관은 자치법규성을 가지고 있지만, 자치법규는 강행법규 내에서만 효력이 인정되므로 강행법규에 반하는 정관규정은 구속력이 없다.

회사의 사원이나 기관이 정관에 구속되는 결과 이들과 거래한 제3자가 간접적으로 그 효과를 받을 수 있다. 예를 들면, 정관에서 공동대표제를 둔 까닭에 회사와 거래하는 제3자가 반드시 대표전원과 거래하여야 하는 경우가 그러하다(제389조 제2항 참조). 그러나 정관이 제3자를 직접적으로 구속하는 일은 없다.

(2) 정관위반의 효력

정관에 위반한 회사의 대내외적 행위는 자치법규에 위반한 행위가 되어 무효이다. 정관의 성질에 관한 계약설을 취하는 입장도 동일하다.[46] 다만, 제3자의 보호를 위하여 무효의 주장이 제한될 수 있다(제209조 제2항,[47] 제389조 제3항[48]). 그 이유는 상법상 대표사원 등의 대리권을 내부적으로 제한하는 경우에는 ① 이를 등기

---

46) 계약설을 취하는 입장도 정관위반을 채무불이행책임이라고 주장하는 것 같지는 않다.
47) 제209조(대표사원의 권한) 제1항 : 회사를 대표하는 사원은 회사의 영업에 관하여 재판상 또는 재판외의 모든 행위를 할 권한이 있다.
　　제2항 : 전항의 권한에 대한 제한은 선의의 제3자에게 대항하지 못한다.
48) 제389조(대표이사) 제1항 : 회사는 이사회의 결의로 회사를 대표할 이사를 선정하여야 한다.
　　제2항 : 전항의 경우에는 수인의 대표이사가 공동으로 회사를 대표할 것을 정할 수 있다.
　　제3항 : 제208조 제2항, 제209조, 제210조와 제386조의 규정은 대표이사에 준용한다.

하여 공시하는 방법이 없고,[49] ② 대표사원 등의 권한을 정형화시켜서 거래의 안전과 신속을 보장하려는 법의 이념에 반하기 때문이다.

한편 정관은 법규성을 가지므로 그 해석의 문제는 법률의 해석의 문제가 되어 이에 대한 위반은 上告理由가 된다(민사소송법 제423조). 다만, 정관의 성질을 계약설(소수설)이라고 하면, 정관에 관한 해석은 계약의 해석으로 보아야 하고, 이는 사실인정의 문제에 그쳐 상고이유가 되지 아니한다.

3. 정관의 작성 및 효력

정관의 작성은 법 소정의 일정한 사항을 서면으로 작성하여 기재하고 작성자들이 記名捺印 또는 署名을 하여야 한다. 구체적인 기재사항은 회사의 종류에 따라 상이하다. 물적회사의 원시정관은 공증인의 인증을 받아야 효력이 있다(제292조, 제543조 제3항). 다만, 정관변경은 해당주주총회의 결의시 바로 효력이 발생한다.

자본금총액이 10억원 미만인 회사가 발기설립(제295조 제1항)을 하는 때에는 발기인의 서명 또는 기명날인으로 효력이 발생한다(제292조). 다만, 자본금 총액이 10억원 미만일지라도 모집설립의 경우에는 공증인의 인증을 받아야 한다(제292조 반대해석). 발기설립과 달리 모집설립에는 발기인 이외의 모집주주가 존재하는 데에서 나오는 차이점이다.

Ⅳ. 회사법상 등기

1. 취지

제3자는 회사와 거래시 중대한 이해관계를 가진다. 예를 들면, 회사의 거래상대방인 제3자의 입장에서 보면 회사의 대표이사는 실제 거래상대방을 의미하므로 제3자가 알아야 할 중대한 사항이다. 그러나 회사의 조직법적인 법률관계는 내부적인 법률관계로서 회사의 외부에서 알기에 용이하지 않다. 그리하여 회사법상 등기제도의 취지는 회사의 조직법적인 법률관계가 제3자와의 거래에 영향을 미칠 만한 사항에 대하여는 등기를 하여 공시하도록 하는 데에 있다. 그리고 등

---

49) 이 규정은 민법과 다르다. 민법상 理事의 代表權의 제한은 등기할 수 있고, 등기하면 이로써 선의의 제3자에게 대항할 수 있다(민법 제60조).

기관리방법으로서 회사 설립시에 본점 또는 지점에서 등기할 사항을 규정하고 있다(제180조, 제271조, 제317조 제2항, 제549조 제2항). 그 등기사항을 변경하는 때에는 법에서 정하는 기간 내에 변경등기를 하여야 한다(제183조, 제269조, 제317조 제4항, 제549조 제4항). 나아가 회사설립시에 등기하지 않은 새로운 법률관계가 창설될 때마다 등기하도록 하고 있다. 예를 들면, 액면주식의 액면가는 설립시부터 등기하여야 하는 사항이며, 설립 후 주식병합이나 증자가 있을 때마다 변경등기를 하여야 한다(제317조의 2 제2호). 회사의 자본금도 마찬가지이다.

그러나 회사의 성립 후 신주인수권사채를 발행할 때에는 새로운 사항으로서 등기하여야 하고(제516조의 8 제2항·제514조의 2 제1항), 신주인수권의 행사가 있는 때에는 변경등기를 하여야 한다(제516조의 11·제351조). 전환사채의 경우도 마찬가지이다. 그리하여 회사성립 후 전환사채를 발행한 때에는 새로운 사항으로서 등기하여야 하고(제514조의 2 제1항 내지 제3항), 전환사채를 전환하여 자본의 증감이 있는 때에는 변경등기를 하여야 한다(제514조 제2항·제183조).

2. 등기의 효력 및 발생시기

회사법상 등기사항 중에는 등기를 하여야 비로소 등기된 법률관계가 창설되는 창설적 효력의 내용을 갖는 것이 적지 않다. 예를 들면, 회사는 本店所在地에서 등기를 하여야만 성립하는데(제172조), 이는 설립등기가 창설적 효력을 갖기 때문이다.

설립 외에도 회사의 합병(제234조, 제269조, 제530조 제2항, 제603조), 회사의 분할(제530조의 11 제1항), 조직변경(제243조 제2항, 제286조 제3항, 제606조, 제607조 제5항), 주식의 포괄적 이전(제360조의 20)[50]은 모두 등기에 의하여 효력이 발생한다. 다만, 주식교환(제360조의 2)의 경우는 등기를 요하지 아니한다. 회사의 법률관계의 등기에 창설적 효력을 부여한 것은 회사의 법률관계에는 다수인의 이해가 연관되어 있어 그 효력발생시기를 객관적 기준에 따라 일률적으로 규율할 필요가 있기 때문이다.

창설적 효력이 없는 등기사항은 등기시가 아닌 행위시에 효력이 발생한다.

---

50) 주식의 포괄적 이전이란 B사의 계획에 의하여 A사를 신설하고, 그 신설방법은 B사의 주주가 가진 B사의 주식 전부를 A사에게 이전하고, 그 대가로 A사는 설립시 발행하는 주식을 B사의 주주에게 배정하는 것이다. 이에 의거 A사는 B사의 완전모회사(100% 지분소유)가 되는 것이다.

예를 들면, 지배인의 선임, 이사의 선임 또는 신주의 발행 등은 등기가 요구되는 사항이지만, 등기를 하지 않더라도 지배인의 선임, 이사의 선임 및 신주발행의 효력은 발생한다.

3. 미등기의 효력 및 일반원칙

상법 제37조의 등기에 관한 일반원칙은 회사에 관한 등기에도 적용된다. 따라서 등기할 사항을 등기하지 아니하면 善意의 제3자에게 대항하지 못한다(제37조 제1항). 예를 들면, 대표이사 甲이 乙로 변경되었는데도 불구하고 변경등기를 하지 않은 때에는 이전 代表理事 甲의 대표권을 신뢰하고 거래한 제3자에 대하여는 권한 없는 자, 즉 甲의 대표행위임을 주장할 수 없다.

그러나 상법 제37조의 규정은 창설적 효력이 있는 등기사항에는 적용되지 아니한다. 왜냐하면 창설적 효력이 있는 등기사항은 오로지 등기에 의하여 효력이 발생하고, 상대방의 선의·악의를 묻지 않기 때문이다. 예를 들면, 회사합병 등기 또는 회사조직변경 등기 등이 그에 해당한다.

제 6 절 회사법상의 소송

I. 의 의

회사가 거래법적 법률관계의 주체가 되어 발생하는 분쟁에 대하여는 자연인의 경우와 같이 민사소송법상 소송절차에 의하여 쟁송이 진행된다. 그러나 회사가 조직법적인 법률관계의 주체가 되어 발생한 분쟁에 대하여는 단체법적인 해결방법이 요구된다. 그리하여 상법은 이에 관한 특칙을 두어 소의 절차, 판결의 효력 등에 관한 사항을 규율하고 있다. 이하에서는 회사법상의 소에 공통적으로 적용되는 법리를 소개한다.

Ⅱ. 소송의 종류

1. 서

상법은 여러 가지 소에 관한 특칙을 두고 있다. 이러한 특칙은 주로 주식회사에 집중되어 있다. 그리고 일부의 소송내용은 모든 회사에 공통적으로 인정되며, 다른 일부의 소송은 인적회사 또는 물적회사에 대하여만 적용된다.

2. 모든 회사유형에 공통적으로 인정되는 소송

(1) 회사설립하자에 관한 소송

회사법은 인적회사인 합명회사, 합자회사, 유한책임회사뿐만 아니라 유한회사의 설립하자에 관하여는 설립취소의 소와 설립무효의 소를 모두 인정하고 있다.[51] 이에 대하여 주식회사의 설립하자에 관하여는 설립무효의 소만이 인정된다(제328조).

(2) 회사해산판결에 관한 소송

회사운영의 停頓 또는 失當 등으로 회사를 존속할 수 없는 사유가 있는 경우 발행주식총수의 100분의 10 이상에 해당하는 주식을 가진 사원들이 회사의 해산판결을 청구하는 소송이다(제241조 제1항, 제269조, 제287조의 42, 제520조, 제613조 제1항).

(3) 합병무효의 소

합병계약서가 법정요건(제523조·제524조)을 결하는 등의 사유로 회사합병에 하자가 있는 경우 회사합병 등기 후 6월 내에 무효판결을 구하는 소이다(제236조, 제269조, 제287조의 41·제529조, 제603조).

3. 인적회사에 인정되는 소송

(1) 업무집행사원의 권한상실선고관련 소송

이는 합명회사, 합자회사 또는 유한책임회사(287조의 12 제1항, 2011년 개정)의 업무집행사원 중 업무집행에 현저히 부적임하거나 중대한 의무에 위반한 자가 있을 경우 그 자의 업무집행권한을 상실시키는 판결을 구하는 소송을 말한다(제205조, 제

---

51) 제184조, 제269조, 제287조의 6, 제552조.

269조, 제287조의 17).

주식회사와 유한회사에서는 타인기관구조를 띠므로 업무집행사원의 권한상 실선고에 관한 소송이 있을 수 없다. 다만, 업무집행기관인 이사의 직무를 정지시 키기 위한 가처분제도가 있다(제407조).

(2) 사원의 제명관련 소송

이는 합명회사, 합자회사 또는 유한책임회사는 일부 사원을 제명할 수 있는 데, 이때 법원에 제명의 판결을 구하는 소송을 말한다(제220조, 제269조, 제287조의 27). 물적회사에서는 사원의 제명이 있을 수 없기 때문에 이러한 소송이 없다.

4. 물적회사에 인정되는 소송

(1) 주주총회결의하자에 관한 소송

주식회사에서 주주총회의 결의가 외형상으로는 성립하였으나 그 성립과정 또는 내용이 위법하거나 부당한 때에는 이를 총회결의의 하자라고 한다. 상법은 총회결의하자에 관한 소송유형으로 결의취소의 소(제376조),[52] 결의무효확인의 소 (제380조),[53] 결의부존재확인의 소(제380조),[54] 부당결의취소변경의 소(제381조)[55]를 명시하고 있다. 유한회사의 경우에도 사원총회결의하자에 관한 소송으로서 위의 네 가지 유형을 두고 있다.

(2) 신주발행무효소송

이는 주식회사의 성립 후 수권자본 가운데 미발행분에 대한 신주발행(제416조) 이 위법할 경우에 그 무효판결을 구하는 소송이다. 제소요건은 주주, 이사 또는 감사에 한하여 신주를 발행한 날로부터 6월 내에 소만으로 이를 주장할 수 있다 (제429조). 유한회사에서도 주식회사와 유사하게 증자무효의 소가 인정된다. 그리 하여 사원, 이사 또는 감사는 자본금 증가의 등기 규정(제591조)에 의한 본점소재

---

52) 절차상 하자 있는 결의(소집절차, 결의방법위반(주주가 아닌 자에 의한 결의, 감사선임시 100분의 3 제한 원칙 위반 등))
53) 내용상의 하자(주식평등에 위반한 결의, 사회상규에 반하는 결의. 예를 들면, 이사자격을 남자만으로 하는 결의)
54) 절차상 중대한 하자(대부분의 주주에게 통지하지 않은 결의, 이사 전원이 총회에 불참한 결의)
55) 내용상의 중대한 하자(특별이해관계가 있는 주주가 의결권을 행사하지 아니하여 부당한 결의가 이루어질 경우(영업양도결의시 부당한 염가로 제3자에게 양도할 것을 결의한 경우))

지에서의 등기를 한 날로부터 6월 내에 소만으로 이를 주장할 수 있다(제595조).

(3) 자본감소무효소송

이는 주식회사 또는 유한회사가 자본의 감소절차를 밟은 후 그 내용 또는 절차가 위법할 경우 그 무효판결을 구하는 소송이다. 제소요건은 주주·이사·감사·청산인·파산관재인 또는 자본금의 감소를 승인하지 아니한 채권자만이 자본금 감소로 인한 변경등기가 된 날로부터 6월 내에 소(訴)만으로 주장할 수 있다(2011년 개정, 제445조, 제597조).

(4) 회사분할무효소송

이는 주식회사의 분할 또는 분할합병의 무효판결을 구하는 소송을 말한다(제530조의 11 제1항, 제529조). 제소요건은 각 회사의 주주·이사·감사·청산인·파산관재인 또는 합병을 승인하지 아니한 채권자에 한하여 소만으로 이를 주장할 수 있다. 이 소는 합병의 등기(제528조)가 있는 날로부터 6월 내에 제기하여야 한다(제529조).

(5) 주식교환무효의 소·주식이전무효의 소

이는 주식회사가 주식의 포괄적 교환56)에 의한 모회사의 창설, 주식의 포괄적 이전에 의한 모회사의 설립시 위법행위가 있는 때에 그 무효를 구하는 소송이다. 제소요건을 보면, 주식이전의 무효는 각 회사의 주주·이사·감사·감사위원회의 위원 또는 청산인에 한하여 주식교환 또는 이전의 날로부터 6월 내에 소만으로 이를 주장할 수 있다(제360조의 14, 제360조의 23).

5. 물적회사와 유한책임회사에 인정되는 소송

(1) 이사·감사해임의 소

이는 주식회사의 이사 또는 감사가 부정행위를 하였는데도 불구하고 회사가 총회의 결의로 이를 해임하지 않을 때에 발행주식총수의 100분의 3 이상에 해당하는 주식을 가진 소수주주가 법원에 해임판결을 청구할 수 있는 소를 말한다(제385조 제2항, 제415조). 유한회사의 경우에도 이사에 관하여 동일한 소송이 인정된다(제567조, 제570조). 합명회사와 합자회사는 사원이 아닌 업무집행자가 있을 수 없으

---

56) 이미 존재하는 A회사와 B회사의 계약에 의하여 B회사의 주주가 소유하는 주식을 전부 A회사에 이전하고, 그 대가로 A회사가 B회사의 주주에게 신주를 발행하거나 자기주식을 교부하는 것을 말한다.

므로 해당소송이 없다. 다만, 유한책임회사는 업무집행자를 사원이 아닌 제3자로 할 수 있음에도 불구하고, 별도의 해임소송제도를 두지 않고 있다.

(2) 대표소송

이는 주식회사가 이사·감사(또는 감사위원), 유한회사의 이사 혹은 유한책임회사의 업무집행자(2011년 개정상법)가 회사에 손해를 가하였는데도 회사가 손해배상청구를 게을리할 경우 소수주주 또는 사원이 회사를 위하여(대표하여) 이사 또는 감사 등에게 책임을 추궁하는 소송을 말한다(제287조의 22, 제403조, 제415조, 제415조의 2, 제565조).

주식회사의 경우 제소권자는 1/100 이상의 주주(이사행위유지청구권과 같이 무의결권주 포함)이며, 상장회사의 경우는 1/10,000 이상(소제기시점에서 6개월 전부터 보유 필요)을 보유하고 있는 자이다. 대표소송은 주식회사의 발기인의 책임추궁, 불공정한 가액으로 신주를 인수한 자에 대한 차액청구, 주주권행사와 관련된 공여이익의 반환청구 등에도 인정된다(제324조, 제424조의 2 제2항, 제467조의 2 제4항).

한편 유한책임회사의 경우 대표소송에 관한 제소요건 등은 주식회사의 규정이 준용된다. 다만, 보유지분 1/100 이상의 요건은 적용되지 아니한다(제287조의 22 제1항·제403조 제1항).

(3) 위법배당금반환청구소송

이는 주식회사, 유한회사 또는 유한책임회사가 배당가능이익이 없음에도 불구하고 배당하거나 준비금을 적립하지 아니하고 배당한 때에 회사채권자가 주주에 대하여 위법배당금을 회사에 반환할 것을 구하는 소송이다(제287조의 37 제2항, 제462조 제3항, 제583조).

Ⅲ. 특징 및 특칙

1. 서

회사의 조직법적 법률관계에는 회사조직과 관련된 다수의 이해관계인이 존재한다. 소 역시 마찬가지이므로 소송의 절차와 판결에 대하여는 통일적인 규율이 요구되는 특징이 있다.

따라서 상법은 일부의 회사소송에 관하여는 專屬管轄 정도의 특칙만을 정하고 있지만, 대부분의 회사소송에 관하여는 제소권자, 절차 및 판결 등에 대하여 상세한 특칙을 두고 있다.

2. 소의 성질

대부분의 회사소송의 성질은 「形成의 訴」이다. 그러므로 쟁점이 되는 법률관계의 효력은 오로지 소송에 의하여만 다툴 수 있다. 그리고 법원이 원고의 청구를 받아들인 경우 그 판결에 의하여만 법률관계가 무효 또는 취소되는 등의 형성의 효력이 생긴다. 이와 같이 형성판결은 있어야 할 권리를 창설하거나 법률관계의 변경 혹은 소멸을 내용으로 하는 판결이다. 이에 비하여 이행의 소에 대한 이행판결 및 무효확인의 소에 관한 확인판결은 기존의 권리관계나 법률상태에 관하여 법원의 공권적 판단만을 내용으로 하고, 이러한 관계의 직접 변동을 목적으로 하지 않는다는 점에서 형성판결과 구별된다.

대부분의 회사소송의 성질이 형성의 소인 이유는 조직법적 법률관계에 대한 소는 이미 형성된 단체법률관계에 변동을 가져오기 때문에 소가 아닌 자유로운 주장 방법을 허용하는 경우에 발생할 수 있는 단체법률관계의 불안정을 방지하기 위함이다.

회사법상 소 중에는 형성의 소가 아닌 것도 있다. 대표소송이나 위법배당반환청구의 소는 「履行의 訴」이고, 주주총회결의무효확인의 소와 결의부존재확인의 소(제380조·제578조)에 관하여는 확인소송설과 형성소송설이 대립하고 있다. 판례는 확인소송설을 취하고 있다.

3. 제소권자

주주총회결의무효확인의 소나 결의부존재확인의 소는 제소권자를 제한하지 아니한다. 그만큼 소의 원인이 중함을 의미한다. 그러나 형성의 소, 즉 주주총회결의취소의 소(제376조)는 주주, 이사 또는 감사로, 부당결의취소·변경의 소(제381조)는 의결권을 행사하지 못한 특별한 이해관계 있는 주주 등으로 제소권자를 법정해 놓고 있다. 그 취지는 형성의 소는 이미 형성된 단체법률관계의 변동을 목적으로 하므로 특히 이해관계가 없는 자가 회사법률관계를 교란하는 것을 방지하기 위함이다.

4. 절차

(1) 제소기간

상법은 회사관계 형성의 소에 대하여 그 제소기간을 단기로 제한하고 있다. 그리하여 주주총회결의취소의 소와 부당결의취소·변경의 소는 결의일로부터 2월 내에 제기하여야 한다(제376조·제381조 제2항). 신주발행무효의 소는 신주발행 후 6월 내에 제기하여야 한다(제429조). 회사설립의 무효·취소에 관한 소는 설립 후, 즉 본점소재지에서 설립등기 후 2년 내에 제기하여야 한다(제184조, 제269조, 제287조의 6, 제328조, 제552조).

제소기간을 단기적으로 제한하는 것은 쟁점이 되는 법률사실에 기초하여 누적적으로 단체법률관계가 계속하여 형성되므로 분쟁가능상태를 신속히 종결짓고자 하는데 그 취지가 있다.

한편 학설이 확인소송설과 형성소송설로 대립(판례는 확인소송설)하는 총회결의 무효확인의 소 및 부존재확인의 소는 제소권자는 물론 제소기간에도 제한이 없다.

(2) 피고

합명회사, 합자회사 또는 유한책임회사 사원의 제명에 관한 소송이나 대표소송 또는 위법배당금반환청구소송과 같이 회사 아닌 자가 피고인 경우도 있지만, 회사관계형성의 소의 피고는 원칙적으로 회사이다. 이 점 명문의 규정은 없으나 이견이 없다(통설·판례57)).

그 이유는 소의 대상이 회사의 조직법적 법률관계이므로 회사가 판결의 효과에 기속되어야 하고, 회사와 관련된 이해관계인 모두에게 그 효과를 미칠 수 있기 때문이다.

(3) 관할

회사소송 중 형성의 소의 관할은 모두 회사의 본점소재지의 지방법원의 관할에 전속한다(제186조 등). 이 점 회사법상의 소는 합의관할(合意管轄)(민사소송법 제29조)58) 이나 변론관할(민사소송법 제30조)59)이 허용되지 아니함을 의미한다. 관할을 제한하

---

57) 대법원 1982. 9. 14. 선고 80다2425 판결; 同旨 2011. 2. 10 선고 2006다65774 판결.
58) 당사자의 합의에 의하여 정해지는 소송의 관할을 합의관할이라 한다.
59) 변론관할이란 원고가 관할권 없는 법원에 소제기를 하였는데, 피고가 이의 없이 본안변론

는 것은 대부분의 소송에서 피고가 회사이기도 하지만, 동일사안에 관하여 다수의 법원에서 소송이 계속되어 서로 다른 판결이 내려지는 것을 방지하기 위함이다.

(4) 소제기의 공고

상법은 회사설립무효의 소 또는 설립취소의 소 등 회사관련 소가 제기되면 회사가 이 사실을 지체없이 공고하도록 하고 있다(제187조 등). 이는 소가 제기된 사실에 관하여 이해관계인들에 알리고 대비하게 하는데 그 취지가 있다.

(5) 소의 병합

회사의 단체법률관계에는 다수의 이해관계인이 존재한다. 그리하여 같은 회사의 동일사안에 대하여 수개의 소가 제기될 수 있고, 사건이 상이함으로 인하여 상이한 판결이 내려질 우려가 있다. 이를 방지하기 위하여 상법은 동일사안에 대하여 수개의 소가 제기된 때에는 법원으로 하여금 하나의 소로 병합심리하도록 하고 있다(제188조 등). 이는 민사소송법상 유사(우연)필수적 공동소송[60]의 법리를 적용하고 있는 것이다. 그 이유는 회사관계 형성의 소는 대세적 효력을 가지므로 수인이 소를 제기한 때에는 그 전원에 대하여 판결이 법률상 합일적으로 확정되어야 하기 때문이다.

5. 재량기각

(1) 관련규정 및 의의

대부분의 회사관련 형성의 소에서는 원고의 주장이 이유 있더라도 법원이 제반의 사정을 고려하여 재량으로 기각할 필요가 있다. 그리하여 상법에서는 합명회사의 설립무효·취소의 소에 관하여 "설립무효의 소 또는 취소의 소가 심리 중에 원인이 된 하자가 보완되고 회사의 제반 사정을 참작하여 설립을 무효 또는 취소로 하는 것이 부적당하다고 인정될 때에는 법원은 그 청구를 기각할 수 있

함으로써 생기는 관할(구법상 응소관할)을 말한다. 피고가 제1심 법원에서 관할위반의 항변을 제출하지 아니하고 본안에 관하여 변론하거나 준비절차에서 진술할 때에는 그 법원은 관할권이 있다. 변론관할은 계속 중인 소송에 관하여만 인정되고, 소제기 전에는 인정될 수 없다.

60) 이 소송은 공동소송의 형태를 갖추지 아니하더라도 본안판결을 구할 수 있지만, 우연히 일단 공동소송이 된 이상 그 판결은 각 당사자에 대하여 법률상 합일적으로 확정되어야 하는 공동소송을 의미한다(송상현·박익환(2011), 629-630면).

다."는 규정(제189조)을 두면서, 다수의 다른 회사소송에 이를 준용하도록 하고 있다. 이는 ① 회사설립의 무효·취소는 이미 형성된 회사의 단체법률관계를 허물어버려 불측의 피해자를 양산할 수 있으므로 공익적 관점에서 바람직하지 못할 뿐만 아니라, ② 하자가 보완된 이상 상법상 기업유지이념의 구현을 위하여 기존의 법률관계의 효력을 유지시키는 것이 바람직하기 때문이다.

재량기각이 가능한 소송은 각종 회사의 설립무효 또는 취소의 소(제189조, 제269조, 제328조 제2항, 제552조 제2항), 주주총회결의취소의 소(제379조), 신주발행무효의 소(제430조), 감자무효의 소(제446조), 합병무효의 소,[61] 분할무효의 소(제530조의 11 제1항), 주식교환·이전무효의 소(제360조의 14 제4항, 제360조의 23 제3항) 등이다.

그러나 이 가운데 주주총회결의취소(제379조)에 관한 법문은 제189조와 다른 표현을 사용하여, "결의취소의 소가 제기된 경우에 결의의 내용, 회사의 현황과 제반사정을 참작하여 그 취소가 부적당하다고 인정한 때에는 법원은 그 청구를 기각할 수 있다."고 명시하고 있다. 즉 제189조와는 달리 '하자의 보완'이라는 요건을 요구하지 아니하고 있다. 이 점 결의취소의 소는 하자가 보완되지 아니하더라도 법원이 재량기각할 수 있음을 의미한다.

한편 총회결의하자에 관한 소송 중 무효확인의 소(제380조), 부존재확인의 소(제380조), 부당결의취소·변경의 소(제381조 제1항)는 법원의 재량기각이 인정되지 아니한다.

(2) 판례의 태도

법원은 상법이 '하자의 보완'을 명문으로 요구하고 있음에도 불구하고, 재량기각을 하는 판결을 내리는 경우가 있다. 대표적으로는 감자무효의 소(제446조)에 관한 판례[62]가 있다. 동 판결에서 대법원은 "법원이 감자무효의 소를 재량기각하기 위해서는 원칙적으로 그 소의 제기 전이나 그 심리 중에 원인이 된 하자가 보완되어야 한다고 할 수 있을 것이지만, 이 사건의 하자와 같이 추후 보완될 수 없는 성질의 것으로서 자본감소 결의의 효력에는 아무런 영향을 미치지 않는 것인 경우 등에는 그 하자가 보완되지 아니하였다 하더라도 회사의 현황 등 제반 사정을 참작하여 자본감소를 무효로 하는 것이 부적당하다고 인정한 때에는 법원은

---

61) 제240조, 제269조, 제530조 제2항, 제603조.
62) 대법원 2004. 4. 27. 선고 2003다29616 판결.

그 청구를 기각할 수 있다고 하여야 할 것이다."라고 판시하였다. 그리고 분할합병무효의 소에 관하여도 이와 같은 취지의 판례가 있다.[63] 이러한 판례들은 상법 제189조가 '하자의 보완'을 명문화하고 있음에도 불구하고 하자가 보완되지 아니한 채 재량기각을 하고 있어 해당 규정을 사문화시킬 우려가 있다.

6. 판결의 효력

(1) 원고승소판결의 효력

1) 대세적 효력

민사소송법상 확정판결의 기판력은 당사자 등에게만 미치는 것이 원칙이다(민사소송법 제218조 제1항). 이 원칙을 회사법상의 소에 적용한다면 다수의 이해관계인, 즉 제소한 자와 그렇지 아니한 자 사이에 동일한 회사법률관계가 효력을 달리하는 모순이 생긴다. 예를 들면, 회사설립무효의 소를 제기한 사원에 대하여는 무효이고, 소를 제기하지 아니한 사원에게는 유효인 사례가 발생할 수 있다. 그러므로 회사법은 소 중에서 형성의 소는 대부분 당사자는 물론 제3자에게도 판결의 효력이 미치는 것으로 하고 있다(제190조 본문 등). 이를 대세적 효력이라고 한다.

2) 소급효의 부인

회사설립무효·취소의 소,[64] 합병무효의 소,[65] 신주발행무효의 소(제430조), 분할무효 또는 분할합병무효의 소(제530조의 11 제1항), 주식교환·이전 무효의 소[66] 및 감자무효의 소(제446조)와 같이 원고의 청구가 이미 행하여진 단체법적 행위의 효력을 부정하는 소송에서 소급효를 인정하게 되면 그 행위를 토대로 형성된 후속의 법률관계가 일시에 무너지게 된다. 그러므로 회사법상 형성의 소의 대부분에서는 일반 민사소송에서의 판결의 효과와는 달리 판결의 소급효를 부인하고 장래에 향하여만 무효·취소의 효력이 미치는 것으로 하고 있다.

회사법률관계에 대한 주요한 소송 중에서 주주총회결의무효·부존재확인의 소(제380조)에는 원고승소판결의 효력 중 소급효부인의 효력(제190조 단서)이 준용되

---

63) 대법원 2010. 7. 22. 선고 2008다37193 판결.
64) 제190조 단서, 제269조, 제287조의 6, 제328조 제2항, 제552조 제2항.
65) 제240조, 제269조, 제287조의 41, 제530조 제2항, 제603조.
66) 제360조의 14 제4항, 제431조 제1항, 제360조의 23 제3항.

지 아니한다.[67] 이 점 주의를 요한다. 그러나 이러한 소들에 대하여는 후술하는 바와 같이 원소패소판결로 인한 손해배상책임 규정은 적용된다.

한편 이러한 효력은 원고승소판결의 경우이고, 원고패소판결에는 위와 같은 효력이 인정되지 아니한다.

(2) 원고패소판결의 효력

회사관계 소송은 제소기간을 단기로 정하는 경우가 많아(제376조·제381조 제2항,[68] 제429조,[69] 제184조·제269조·제287조의 6·제328조·제552조[70]) 원고가 패소하였을 때에는 시기적으로 다른 이해관계인이 제소할 기회를 놓치게 된다. 그리하여 상법은 대부분의 회사관계 소송에 관하여 패소한 원고로 하여금 회사에 대한 손해배상책임을 부담시키고 있다(제191조를 각 소송에 준용). 다만, 패소원고에게 이러한 책임을 묻기 위하여는 원고에게 악의 또는 중대한 과실이 있어야 한다. 이는 주주가 무모한 소를 제기한 경우 그에 따른 결과책임을 묻고 남소를 방지하기 위한 규정이다.

악의 또는 중대한 과실이란 원고가 주장하는 하자의 부존재를 악의 또는 중대한 과실로 알지 못하는 것을 말한다. 따라서 하자가 보완되어 법원의 재량으로 기각하는 경우(제189조 등)에는 패소원고의 책임이 발생하지 아니한다.

한편 상법상 패소원고의 손해배상책임이 인정되는 소송으로는 각종회사의 설립무효 또는 취소의 소,[71] 주주총회결의취소의 소(제376조), 주주총회결의무효·부존재확인의 소(제380조), 합병무효의 소,[72] 분할무효의 소(제530조의 11 제1항), 주식교환·이전무효의 소,[73] 신주발행무효의 소(제430조), 감자무효의 소(제446조) 등이 있다.

---

67) 주주총회결의취소의 소 및 부당결의취소·변경의 소(제381조 제1항)도 마찬가지로 소급효가 인정된다.
68) 주주총회결의취소의 소와 부당결의취소·변경의 소는 결의일로부터 2월 내에 제기하여야 한다(제376조·제381조 제2항).
69) 신주발행무효의 소는 신주발행 후 6월 내에 제기하여야 한다(제429조).
70) 회사설립의 무효·취소에 관한 소는 설립 후, 즉 본점소재지에서 설립등기 후 2년 내에 제기하여야 한다(제184조, 제269조, 제287조의 6, 제328조, 제552조).
71) 제191조, 제269조, 제328조 제2항, 제287조의 6, 제552조 제2항.
72) 제240조, 제269조, 제287조의 41, 제530조 제2항, 제603조.
73) 제360조의 14 제4항, 제431조 제1항, 제360조의 23 제3항.

IV. 회사소송상 가처분

1. 의의

가처분이란 물건을 대상으로 청구권의 집행을 보전하거나(係爭物에 대한 가처분) 아니면 假地位를 정하여 후일 법률관계가 확정될 때까지 잠정적 법률상태를 정하는(임시지위를 정하는 가처분) 절차이다(민사집행법 제303조 이하).[74] 회사에서는 쟁점이 되는 법률사실에 기초하여 누적적으로 단체법률관계가 계속하여 형성되므로 가처분의 효용이 적지 않다. 회사소송상 가처분은 개념상 '임시의 지위를 정하기 위한 가처분'이 많다. 상법은 이사 등 업무집행기관의 직무집행정지가처분과 직무대행자선임가처분을 규정하고 있다.[75]

그러나 이 밖에도 모든 회사소송에서 가처분이 활용되고 법정진술로서도 유용하다.

2. 보전처분의 필요성

(1) 일반론

보전처분은 일반적으로 피보전권리와 보전의 필요성을 요건으로 한다. 따라서 회사에 대한 가처분 여부를 재판함에 있어서도 保全의 必要性 요건을 충족하는지의 여부가 중요하다.[76] 민사집행법 제300조 제2항은 임시의 지위를 정하는 가처분에서의 보전의 필요성을 「특히 계속하는 권리관계에 끼칠 현저한 손해를 피하거나 급박한 위험을 막기 위하여, 또는 그 밖의 필요한 이유가 있을 경우」라고 표현하고 있다. 판례는 보전의 필요성을 판단하는 구체적 요소로서 ① 해당가처분신청의 인용 여부에 따른 당사자 雙方의 이해득실관계, ② 본안소송에서의 장래승패의 예상, ③ 기타의 제반 사정을 고려하여 법원의 재량에 따라 합목적적으로 결정하여야 한다는 일반론을 제시하고 있다.[77]

---

74) 송상현·박익환(2011), 34면.
75) 제183조의 2, 제287조의 5, 제269조, 제407조 제1항, 제408조, 제567조, 제570조.
76) 보전의 필요성과 피보전권리는 각각 별개의 요건이다. 따라서 보전의 필요성에 대하여는 피보전권리와는 관계없이 심리되어야 한다(서울고법 2010. 11. 15. 2010라1065 결정).
77) 대법원 2007. 1. 25. 선고 2005다11626 판결; 2006. 11. 23. 선고 2006다29983 판결.

(2) 만족적 가처분

만족적 가처분은 본안판결을 통해 얻고자 하는 내용과 실질적으로 동일한 권리관계를 형성하는 가처분을 말한다. 예를 들면, 甲회사로부터 명의개서를 거부당하고 있는 乙이 주주지위의 확인을 구하는 청구를 본안으로 하여 주주총회에서의 의결권행사허용가처분을 받게 되면 乙은 본안소송에서 승소한 것과 같은 지위를 갖게 된다. 그러나 가처분채권자가 패소할 때에는 본안의 종국판결과 다른 권리관계가 형성되어 채무자의 불이익이 통상의 가처분에 비하여 심각해지기 때문에 보전의 필요성을 보다 신중하게 판단하여야 한다. 보전의 필요성에 대한 신청인의 소명도 증명에 가까운 정도의 엄격한 소명이 요구된다.

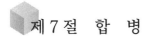

제 7 절 합 병

I . 의 의

1. 개념 및 목적

합병이란 상법의 규정에 따라 2개 이상의 회사가 계약에 의거 1개의 회사로 되는 법률사실을 말한다. 합병은 경제적으로는 기업결합의 전형적인 형태이다. 주로 경쟁의 회피, 경쟁력강화, 기업규모의 확대 및 시장의 독과점률의 확대 등의 목적에서 이루어진다.

2. 법적 체계

합병은 주로 주식회사에서 나타나는 회사의 구조변경이다. 상법은 합병에 관하여 분산하여 규정하고 있다. 회사법 제1장은 합병의 일반론과 그 제한규정 및 신설합병시 설립위원에 관한 조문을 두고 있고(제174조, 제175조), 그 밖에는 회사유형별로 그 절차를 규정하고 있다. 그리하여 상법은 우선적으로 합명회사 합병의 효력발생시기, 효과 및 무효판결의 효력 등에 관한 상세한 규정을 두고 있다(제230조 내지 제240조). 주식회사와 유한회사의 장에서는 각 회사의 특유한 절차를 규정하면서, 합명회사 합병에 관한 규정을 다수 준용하도록 하고 있다(제522조 내지 제530조, 제598조 이하). 유한책임회사의 경우에는 합명회사의 규정을 준용하도록 하고 있다(제287조의 41·제230조·제232조 내지 제240조). 이하에서는 합병에 관한 일반이론을 설명하고자 한다.

3. 유형

합병의 종류에는 흡수합병과 신설합병이 있다. 흡수합병은 회사가 소멸하는 다른 회사를 흡수하고 그 소멸하는 회사의 권리의무의 전부를 합병 후 존속회사에 승계시키는 합병을 말한다(제523조). 신설합병은 합병의 당사회사가 모두 소멸하고, 그 소멸하는 회사의 권리의무의 전부를 새롭게 설립되는 회사로 승계시키는 합병을 말한다(제524조).

우리나라는 물론 선진 각국에서도 흡수합병이 압도적으로 많다. 그 이유는 신설합병을 채택하는 때에는 ① 신설회사가 승계한 사업에 대하여 새롭게 인허가를 받아야 하는 경우가 발생할 수 있고, ② 소멸회사가 상장회사이었던 경우에는 신설회사가 새롭게 상장절차를 밟아야 하는 번거로움이 있으며, ③ 회사의 설립절차를 밟아야 하는 데에 따르는 번거로움과 경제적 부담이 있고, 나아가 ④ 법인세, 소득세 및 등록세 등의 과표기준이 흡수합병 보다 높을 수 있기 때문이다.

4. 영업양도와의 차이점

당사자 회사간의 합병계약(제522조 제1항, 제623조 내지 제524조, 제603조)에 의거 당사회사의 일부(분할합병시) 또는 전부가 소멸한다. 그 재산은 청산절차를 거치지 아니하고, 권리와 의무는 포괄적으로 존속회사 또는 신설회사로 이전한다. 이러한 점에서 영업재산을 이루는 개개의 구성부분을 이전하는 물권행위, 즉 부동산은 등기(민법 제186조), 동산은 인도(민법 제188조)하여야 하고, 채권은 대항요건(민법 제450조)을 갖추어야 하는 영업양도와 다르다.

5. 삼각합병

(1) 개념 및 유형

삼각합병제도는 2015년 12월 개정상법에서 도입되어 2016년 3월부터 시행되고 있다.[78] 이는 자회사(A1)가 다른 회사(A2)를 흡수합병하면서 합병대상회사(Target Company)의 주주에게 합병의 대가로 모회사(P)의 주식을 지급하는 합병방식이다 (제523조의 2). 이를 정삼각합병(존속회사가 A1)이라고 한다. 반대로 존속회사가 합병대상회사(A2)이면, 이를 역삼각합병이라고 한다.

(2) 경제적 효과

삼각합병은 외국회사가 국내회사 또는 국내회사가 외국회사를 합병하고자 하는 때에 유용하다. 예를 들면, 국내회사가 외국회사를 흡수합병을 하고자 하는 때에는 먼저 외국에 자회사를 설립하고, 그 자회사가 국내 모회사의 주식을 합병 대가로 교부하여 외국의 합병대상회사를 흡수합병함으로써 실질적으로는 국내의 모회사가 외국의 회사를 합병하는 것과 같은 효과를 발휘할 수 있게 된다.

Ⅱ. 합병의 법적 성질

1. 서

합병의 법적 성질에 관하여는 오래전부터 다양한 논의가 있었다. 그리하여 학설은 인격합일설, 현물출자설, 사원현물출자설, 재산합일설 등으로 나누어져 왔다. 기본적으로는 인격합일설과 현물출자설의 대립으로 볼 수 있다.

2. 인격합일설

이 학설은 합병이란 두 개 이상의 회사가 하나의 회사로 합일하는 조직법상의 특수한 계약이라고 한다. 즉 합병되는 것은 회사라는 법인격 자체이며, 권리의무 및 사원의 이전은 모두 인격합일의 결과라고 한다. 따라서 이 설은「會社合一說」이라고도 볼 수 있다. 이 학설에 따르면 합병을 다른 법현상과 뚜렷이 구분할 수 있는 특징은 피합병회사의 소멸, 권리의무의 포괄적 승계 및 사원의 수용이다 (통설).

3. 현물출자설

이 학설은 합병의 본질을 소멸회사의 영업 전부를 현물출자하는 존속회사의

---

78) 법률 13523호.

자본증가(흡수합병의 경우) 또는 새로운 회사의 설립(신설합병의 경우)이라고 해석한다. 이 설은 합병의 효과로서 재산법적 요소를 중시한다.

그런데 현물출자설은 소멸회사의 사원이 존속회사(신설회사)의 사원이 되는 관계를 설명할 수 없다거나 또는 자본의 증가가 없는 회사의 합병을 설명할 수 없다는 난점이 있다. 그것은 합병의 경우 반드시 신주식이 발행되어야 하는 것은 아니고, 대가를 얻는 것은 회사가 아닌 그 주주이기 때문이다. 이를 보완하기 위한 것으로서 사원현물출자설이 있다.

4. 사원현물출자설

이 학설은 현물출자설에 수정을 가하여 합병의 본질은 소멸회사의 모든 주주가 그 株式을 존속회사 또는 신설회사에 현물출자하는 것이라고 한다. 이 학설은 현물출자설의 난점인 현물출자 하는 자는 소멸회사인데, 소멸회사의 사원이 어떻게 하여 존속회사(신설회사)의 사원의 지위를 취득하는가를 해결하기 위한 것이다.

그러나 이 학설 역시 주주가 주식을 현물출자함에 따라 회사의 모든 재산이 이전하여야 하는 이유와 회사가 당연히 소멸하여야 하는 이유를 명확히 밝히지 못하고 있다.

5. 사견

회사의 개념요소에는 사단(영리사단)성이 있다. 현물출자설은 회사가 사단성을 갖는다는 점을 간과한 해석이라고 생각된다. 그리고 회사는 「法人」인데 소멸회사의 법인격이 소멸하는 점은 간과하고 자본증가 또는 회사설립의 면만을 강조하고 있는 문제점이 있다. 따라서 인격합일설에 찬성한다.

Ⅲ. 합병계약의 성질

1. 서

합병계약은 합병에 이르는 중요한 절차 중의 하나이다. 이러한 합병계약의 당사자는 사원이 아닌 회사이다. 합병에 의거 사원이 영향을 받는 것은 합병당사자인 회사의 구성원이기 때문이다.

2. 성질

합병계약은 인적회사의 경우 총사원의 동의, 물적회사의 경우 합병결의를 정지조건[79]으로 하는 본 계약 또는 합병의 예약(가계약)이라고 볼 수 있다(다수설). 합병계약을 예약으로 보면 합병결의에 의하여 본 계약으로서의 효력이 발생하게 된다. 본 계약으로 보면 합병결의를 정지조건으로 하여 그 효력이 발생하게 된다. 그리하여 합병결의를 통과하면 합병등기를 할 수 있다.

합병계약은 개인법상의 일반 債權契約이 아니고 단체법상에서만 발생할 수 있는 특별한 債權契約이다. 그러므로 계약당사회사는 계약에 따른 합병절차를 진행시킬 의무를 부담한다.

Ⅳ. 합병의 자유와 제한

1. 서

회사는 원칙적으로 자유롭게 합병할 수 있다(제174조 제1항). 따라서 목적이 다른 회사간 합병도 자유이다. 다만, 상법은 기업유지 또는 사원과 제3자를 보호하기 위하여 몇 가지 제한을 두고 있다.

2. 상법상의 제한

첫째, 합병당사회사의 일방 또는 쌍방이 주식회사, 유한책임회사 또는 유한회사인 때에는 합병 후 존속회사 또는 신설회사는 주식회사, 유한책임회사 또는 유한회사이어야 한다(제174조 제2항). 이는 합명·합자·주식·유한책임·유한회사 중 어느 하나와 주식·유한책임·유한회사 중 어느 하나가 합병을 하면 존속회사나 신설회사는 주식회사, 유한책임회사나 유한회사이어야 함을 의미한다. 인적회사인 합명·합자회사가 존속회사 또는 신설회사로 되면 유한책임사원이 무한책임

---

79) 정지조건이란 '법률행위 효력의 발생'을 불확실한 사실에 의존케 하는 조건을 말한다. 즉 아버지가 아들에게 '대학에 합격하면 자동차를 사주겠다.'는 조건을 뜻한다. 이에 대하여 해제조건이란 '법률행위의 효력의 소멸'을 불확실한 사실에 의존케 하는 조건을 발한다. 즉 아버지가 아들에게 자동차를 사주면서 '시험에 불합격하면 자동차를 사용하지 못하게 하겠다.'는 조건을 말한다.

을 지게 되는 문제점이 있기 때문이다.

둘째, 유한회사와 주식회사가 합병할 경우 합병 후 존속 또는 신설회사를 주식회사로 하는 때에는 법원의 인가를 얻어야 한다(제600조 제1항). 주식회사는 유한회사와 달리 出資未畢에 대하여 사원이 책임지지 아니하는데, 동 규정은 이 점이 악용되는 것을 방지하는데 그 취지가 있다(제551조, 제593조).

셋째, 주식회사와 유한회사가 합병할 경우 주식회사가 사채의 상환을 완료하지 않으면 유한회사를 합병 후 존속 또는 신설회사로 하지 못한다(제600조 제2항). 유한회사는 사채를 발행할 수 없기 때문이다.

넷째, 해산 후 청산 중에 있는 회사는 존립 중의 회사를 존속회사로 하는 경우에만 합병할 수 있다(제174조 제3항).

한편 합명회사가 주식회사와 합병하는 경우 합명회사의 사원은 합명회사에서 퇴사하는 것이 아니고, 원칙적으로 특별한 경우(단주취득이나 주식매수청구권의 행사)를 제외하고는 합병계약에 따라 주식회사의 주주가 되기 때문에 지분환급청구권을 행사할 수 없다.[80]

3. 기타 특별법상의 제한

특별법상의 합병제한으로서는 우선, 파산절차가 진행 중인 회사는 합병할 수 없고(파산법 제329조 제1항), 파산법에 의하여만 합병할 수 있다(동법 제193조 제2항, 제210조, 제211조). 그리고 공정거래법상 경쟁을 실질적으로 제한하는 합병은 제한되고 있다(동법 제7조 제1항 제3호, 제12조 제1항 제3호, 제4항·제5항). 금융기관 등의 일정한 공익회사(은행, 보험회사 등)는 주무관청의 허가를 받은 경우에 한하여 합병할 수 있다(은행법 제55조 제1항, 보험법 제139조, 자본시장법 제417조 등).

V. 회사합병의 절차

1. 합병계약

합병은 합병당사회사의 대표기관에 의하여 합병조건·합병방식 등 합병에 필요한 사항이 합의되어야 한다. 합병계약은 특별한 방식을 요하지 아니하나, 주식회사

---

80) 대법원 2003. 2. 11 선고 2001다14351 판결.

나 유한회사가 합병하거나, 신설 또는 존속하는 회사가 주식회사일 때에는 법정사
항이 기재된 합병계약서를 작성하여야 한다(제522조 제1항, 제523조 내지 제525조, 제603조).

2. 합병대차대조표 등의 공고

주식회사와 유한회사는 합병대차대조표 등 소정서류를 작성하여 합병결의를
위한 주주총회 2주 전부터 합병 후 6월이 경과할 때까지 공시하여야 한다(제522조
의 2, 제603조). 사원(주주)과 회사채권자는 대차대조표의 열람, 등본 또는 초본의 교
부를 청구할 수 있다(제522조의 2 제2항, 제603조).

3. 합병결의

합병은 회사의 구조적 변경을 발생시키기 때문에 사원에게 중대한 이해가 걸
린 사안이다. 따라서 합병결의가 체결되면 각각의 당사회사에서는 합병결의를 하
여야 한다. 합병결의요건은 정관변경의 결의요건과 같다. 그리하여 합명회사, 합
자회사 또는 유한책임회사에서는 총사원의 동의(제230조, 제269조, 제287조의 41), 주식
회사에서는 주주총회의 특별결의, 즉 출석주식수의 3분의 2 이상의 다수 그리고
발행주식총수의 3분의 1 이상(제522조 제3항), 유한회사에서는 사원총회의 특별결
의, 즉 총사원의 반수 이상 그리고 의결권의 4분의 3 이상의 동의로 한다(제598조).

합병당사회사가 종류주식을 발행하고, 합병으로 인하여 어느 종류의 주주에
게 손해를 미치는 경우에는 그 종류주주총회의 결의를 요한다(제436조·제435조). 주
식회사의 합병반대주주는 주식매수청구권을 행사할 수 있다(제522조의 3).

합병결의는 필수요건이다. 따라서 합병당사회사의 일방 회사에서 합병결의가
이루어지지 않을 경우에는 합병이 성립할 수 없다. 합병계약의 효력이 없어지고
다른 회사의 합병결의도 무효이다. 다만, 주식회사가 흡수합병을 하는 경우 간이
합병방식(제527조 2) 또는 소규모합병방식(제527조의 3)을 취하는 때에는 주주총회특
별결의를 이사회의 승인으로 갈음할 수 있다.

4. 채권자보호절차

(1) 의의

합병은 주주는 물론 회사채권자도 중요한 이해를 가진다. 합병으로 인하여

당사회사들의 재산이 모두 합일귀속되므로 총채권자에 대한 책임재산이 합병 전과 달라지기 때문이다. 그러므로 상법은 소멸회사에서는 물론 존속회사에서도 회사채권자를 보호하기 위하여 특별한 절차를 정하고 있다.

(2) 이의제출의 공고·최고

회사는 합병결의가 있은 후 2주간 내에 회사채권자에 대하여 합병의 이의가 있으면 1월 이상의 일정한 기간 내에 그 이의를 제출할 것을 공고하고, 알고 있는 채권자에 대하여는 개별적으로 이를 최고하여야 한다(제232조 제1항, 제269조, 제287조의 41, 제527조의 5 제1항, 제603조). 다만, 간이합병 및 소규모합병의 경우에는 이사회의 승인결의를 주주총회의 승인결의로 본다(제527조의 5 제2항).

(3) 이의불제출의 효과

채권자가 해당 기간 내에 이의를 제출하지 아니한 때에는 합병을 승인한 것으로 본다(제232조 제2항, 제269조, 제287조의 41, 제527조의 5 제3항, 제603조).

(4) 이의제출의 효과

이의를 제출한 채권자가 있는 때에 회사는 그 채권자에 대하여 변제 또는 상당한 담보를 제공하거나, 이를 목적으로 하여 상당한 재산을 신탁회사에 신탁하여야 한다(제232조 제3항, 제269조, 제287조의 41, 제527조의 5 제3항, 제603조).

주식회사의 사채권자가 이의를 제기하려면 사채권자집회의 결의가 있어야 한다. 이 경우에는 법원은 이해관계인의 청구에 의하여 사채권자를 위하여 이의기간을 연장할 수 있다(제530조 제2항, 제439조 제3항). 이의기간의 연장은 사채권자만을 위하여 효력이 있다.

5. 신설합병에서의 설립위원선임

신설합병의 경우에 정관의 작성 기타 설립에 관한 행위는 각 회사에서 선임한 설립위원이 공동으로 하여야 한다(제175조 제1항). 설립위원의 선임은 합병결의와 같은 방법, 즉 특별결의에 의한다(동조 제2항).

6. 합병등기 및 합병의 효력발생시기

합병절차가 완료된 때에는 본점소재지에서는 2주간 내, 지점소재지에서는 3

주간 내에 합병등기를 하여야 한다. 그 기산점은 회사종류별로 다르다(제233조,[81] 제269조,[82] 제287조의 41,[83] 제528조 제1항,[84] 제602조[85]). 합병등기는 존속하는 회사는 변경등기, 소멸회사는 해산등기, 신설회사는 설립등기를 하여야 한다.

주식회사가 합병 후 존속하는 회사 또는 합병으로 인하여 설립된 회사가 합병으로 인하여 전환사채 또는 신주인수권부사채를 승계한 때에는 합병등기와 동시에 사채의 등기를 하여야 한다(제528조 제2항).

합병은 존속회사의 본점소재지에서 변경등기를 한 때 또는 신설회사의 본점소재지에서 설립등기를 한 때 그 효력이 생긴다(제234조, 제269조, 제287조의 41, 제530조 제2항, 제603조). 이른바 창설적 효력[86]이 있다.

Ⅵ. 합병의 효과

1. 회사의 소멸과 신설

흡수합병의 경우에는 존속회사 이외의 당사회사, 신설합병의 경우에는 모든 당사회사가 소멸한다. 합병은 상법상 해산사유의 하나이기 때문이다(제227조 제4호, 제287조의 38, 제269조, 제517조 제1호, 제609조 제1항 제1호). 다만, 합병으로 해산하는 회사는 법인격만이 소멸되고, 존속회사 또는 신설회사가 그 권리·의무를 승계하므로 청산절차를 거치지 아니한다. 신설합병의 경우에는 새로운 회사가 설립된다.

---

81) (합명)회사가 합병을 한 때에는 본점소재지에서는 2주간 내, 지점소재지에서는 3주간 내에 합병 후 존속하는 회사의 변경등기, 합병으로 인하여 소멸하는 회사의 해산등기, 합병으로 인하여 설립되는 회사의 설립등기를 하여야 한다.

82) 합자회사에는 본장에 다른 규정이 없는 사항은 합명회사에 관한 규정을 준용한다.

83) 유한책임회사의 합병에 관하여는 제230조, 제232조부터 제240조까지의 규정을 준용한다.

84) 회사가 합병을 한 때에는 제526조의 주주총회가 종결한 날 또는 보고에 갈음하는 공고일, 제527조의 창립총회가 종결한 날 또는 보고에 갈음하는 공고일부터 본점소재지에서는 2주 내, 지점소재지에서는 3주 내에 합병 후 존속하는 회사에 있어서는 변경의 등기, 합병으로 인하여 소멸하는 회사에 있어서는 해산의 등기, 합병으로 인하여 설립된 회사에 있어서는 제317조에 정하는 등기를 하여야 한다.

85) 유한회사가 합병을 한 때에는 제603조에서 준용하는 제526조 또는 제527조의 규정에 의한 사원총회가 종결한 날로부터 본점소재지에서는 2주간, 지점소재지에서는 3주간 내에 합병 후 존속하는 유한회사에 있어서는 변경등기, 합병으로 인하여 소멸되는 유한회사에 있어서는 해산등기, 합병으로 인하여 설립되는 유한회사에 있어서는 제549조 제2항에 정한 등기를 하여야 한다.

86) 대표적인 유형으로 회사설립등기(제172조) 또는 상호의 양도등기(제25조 제2항) 등이 있다.

2. 권리 · 의무의 포괄적 이전 · 승계

합병에 의하여 존속회사 또는 신설회사는 소멸회사의 권리 · 의무를 포괄적으로 승계한다(제235조, 제269조, 제287조의 41, 제530조 제2항, 제603조). 포괄적으로 승계하는 권리 · 의무에는 공법상의 권리 · 의무도 포함된다.[87] 영업양도와 달리 포괄승계이므로 개개의 재산과 채무에 관하여 개별적인 이전행위를 요하지 아니하고, 별도의 채무인수절차도 필요하지 않다. 다만, 존속회사 등이 승계한 권리를 처분하기 위하여는 따로 등기 또는 등록 등의 공시방법을 갖추어야 하는 경우가 있다(민법 제187조[88]). 그리고 권리의 유형에 따라 제3자에 대한 대항요건을 갖출 필요성이 있다. 예를 들면, 합병재산에 다른 회사(A)의 주식이 있는 경우 A회사에 대항하기 위하여는 명의개서를 요한다(제337조 제1항). 이 밖에도 부동산, 선박 또는 사채 등도 대항요건을 필요로 하는 권리이다.

3. 사원의 수용문제

2011년 개정상법 이전에는 소멸회사의 사원이 당연히 존속회사 또는 신설회사의 사원이 되는 효과가 있었다. 그 이유는 합병, 분할합병, 주식교환, 주식이전에 따라 소멸회사의 주주, 분할회사 또는 그 주주나 완전자회사로 되는 회사의 주주에게 교부되는 대가는 원칙적으로 존속회사, 신설회사, 완전모회사가 되는 회사의 주식으로 한정되었기 때문이다. 이에 대하여 현행법은 사원의 지위가 당연히 이전된다고 보기 어렵다. 그 이유는 흡수합병이든 신설합병이든 합병의 대가로 존속회사 또는 신설회사의 주식 이외에 대가의 전부 또는 일부로서 금전이나 그 밖의 재산을 소멸회사의 주주에게 제공할 수 있도록 하고 있기 때문이다(제523조 제4호, 제524조 제4호). 이른바 현금교부합병(cash out merger)이 인정되고 있기 때문이다.

이러한 개정이 이루어진 것은 합병대가의 유연화를 추구한 결과이다. 다만, 합병에 의하여 소멸회사의 사원이 존속회사 또는 신설회사의 사원이 되는 경우 사원의 지위의 크기(지분 · 주식)는 합병계약에 따라 결정된다.

그러나 현행법 하에서도 사원이 수용된다는 것이 통설이다.

---

87) 대법원 1980. 3. 25. 선고 77누265 판결; 2004. 7. 8. 선고 2002두1946 판결.
88) 상속, 공용징수, 판결, 경매 기타 법률의 규정에 의한 부동산에 관한 물권의 취득은 등기를 요하지 아니한다. 그러나 등기를 하지 아니하면 이를 처분하지 못한다.

Ⅶ. 합병무효의 소

1. 서

합병절차와 내용에 하자가 있으면 무효의 원인이 된다. 그러나 상법은 합병은 단체법상의 효과를 발생시켜 다수의 자가 이해관계를 갖고 있기 때문에 일반원칙에 따른 처리보다는 단체법률의 안정성을 고려한 규정을 두고 있다. 그리하여 상법은 회사설립무효의 소 및 신주발행무효의 소와 유사한 합병무효의 소를 인정하고 있다. 그리고 그 무효에 대한 주장방법, 시기 및 무효의 효과 등을 규정하고 있다.

합병에 무효원인이 있는 경우 상법은 합병무효의 소에 의하여만 이를 주장할 수 있도록 하고 있다. 합병무효의 소는 형성의 소이다. 합병무효의 소를 제기하는 이외에 합병결의무효확인청구만을 독립된 소로서 구할 수는 없다.[89]

2. 합병무효의 원인

회사합병이 무효가 되는 원인으로는 ① 합병을 제한하는 상법규정에 위반한 경우 예를 들면, 합명회사가 유한책임회사, 유한회사 또는 주식회사를 흡수합병한 경우(제174조 제2항), ② 합병계약서가 법정요건을 결한 경우(제523조, 제524조), ③ 합병결의에 하자가 있는 경우, ④ 회사의 유형별 채권자보호절차를 위반한 경우, ⑤ 합병비율이 불공정한 경우[90] 등을 들 수 있다.

3. 제소권자

피고는 존속회사나 신설회사이다. 제소권자는 회사마다 다르다(제236조 제1항,[91] 제269조,[92] 제287조의 41,[93] 제529조 제1항,[94] 제603조(유한회사합병의 주식회사규정 준용). 이를 회

---

89) 대법원 1993. 5. 27. 선고 92누14908 판결.
90) 대법원 2009. 4. 23. 선고 2005다22701 · 22718 판결.
91) 제236조(합병무효의 소의 제기) 제1항 : 합명회사의 합병의 무효는 각 회사의 사원, 청산인, 파산관재인 또는 합병을 승인하지 아니한 회사채권자에 한하여 소만으로 이를 주장할 수 있다.
92) 제269조(준용규정) 합자회사에는 본장에 다른 규정이 없는 사항은 합명회사에 관한 규정을 준용한다.
93) 제287조의 41(유한책임회사의 합병) 유한책임회사의 합병에 관하여는 제230조, 제232조부터 제240조까지의 규정을 준용한다. 따라서 제236조도 준용된다.
94) 제529조(주식회사의 합병무효의 소) 제1항 : 합병무효는 각 회사의 주주 · 이사 · 감사 · 청

사유형별로 보면 인적회사(유한책임회사 포함)는 각 회사의 사원, 청산인, 파산관재인 또는 합병을 승인하지 아니한 회사채권자에 한하여 제소권자가 된다. 물적회사는 각 회사의 주주·이사·감사·청산인·파산관재인 또는 합병을 승인하지 아니한 채권자에 한하여 제소권자가 된다.

4. 소의 절차

합병무효의 소는 합병등기가 있는 날로부터 6월 내에 제기하여야 한다(제236조 제2항, 제269조, 제287조의 41, 제529조 제2항, 제603조). 위 제소권자 이외에 관할, 소제기의 공고, 소의 병합심리, 하자가 보완된 경우의 재량기각판결, 패소원고의 책임 등은 회사설립무효의 소와 같다(제240조 참조). 그리고 회사채권자가 소를 제기한 경우에 피고인 회사가 원고의 악의를 소명하여 담보를 제공하게 할 것을 청구할 때에 법원은 담보제공을 명할 수 있다(제176조 제3항·제4항, 제237조).

5. 합병무효판결의 효과

(1) 대세적 효력

합병무효를 인용하는 판결은 원고와 피고뿐만 아니라 제3자에 대하여도 효력이 있다(제240조·190조 본문, 제269조, 제287조의 41, 제530조 제2항, 제603조). 따라서 합병무효판결이 확정된 후에는 당사자는 물론 그 이외의 제3자도 새롭게 효력을 다투지 못한다.

(2) 소급효의 부인

합병무효의 판결은 회사설립에 관한 소송에서와 같이 소급효가 부인되고 장래에 향해서만 효력을 갖는다(제240조·제190조 단서, 제269조, 제530조 제2항, 제603조). 소급효를 부인하는 것은 설립무효의 판결이 확정되었을 때와 같이 합병 후 판결확정시까지 존속회사 또는 신설회사를 사실상의 회사로서 존재하도록 하여 종래의 권리의무를 유지하도록 하는데 그 취지가 있다.

따라서 합병 이후 존속회사나 신설회사에서 행하여진 조직법적 행위 예를 들면, 주주총회의 결의, 이익배당, 이사의 책임, 신주발행, 사채발행 등이나 대외적

산인·파산관재인 또는 합병을 승인하지 아니한 채권자에 한하여 소만으로 이를 주장할 수 있다.

거래는 모두 유효하고 그 회사의 지분이나 주식의 양도도 유효하다.

(3) 합병무효의 등기

합병무효의 판결이 확정되면 본점과 지점의 소재지에서 존속회사는 변경등기, 신설회사는 해산등기, 소멸회사는 회복등기를 하여야 한다(제238조, 제269조, 제287조의 41, 제530조 제2항, 제603조).

(4) 분할에 따른 효과
1) 개요

합병무효의 판결이 확정되면 흡수합병으로 소멸한 회사는 부활하여 존속회사로부터 분할된다. 신설합병으로 소멸한 모든 회사들은 부활하면서 분할된다. 이에 따라 존속회사 또는 신설회사가 승계한 권리·의무 및 합병 후의 취득재산과 부담채무를 처리할 필요가 있다.

2) 승계한 권리·의무

소멸회사가 존속회사 또는 신설회사에게 승계한 권리·의무는 합병무효판결 당시에 잔존하는 경우 각각 부활회사로 복귀한다. 다만, 합병무효판결은 소급효가 부인되기 때문에 합병 후 존속회사나 신설회사가 권리의 처분 또는 의무의 이행행위를 한 때에는 그 가액에 따른 현재가치로 환산하여 定算하여야 한다.

3) 합병 후의 취득재산·채무

존속회사 또는 신설회사가 합병 후 부담한 채무에 관하여는 분할된 합병당사회사들이 연대하여 변제책임을 진다.[95] 합병 후 취득재산은 분할된 회사의 공유[96]로

---

95) 제239조 제1항, 제269조, 제287조의 41, 제530조 제2항, 제603조.
96) 우리 민법상 공동소유의 형태에는 共有·總有·合有의 세 가지가 있다.
　　1. 공유 : 공동소유의 형태 중에서 가장 기본적·보편적인 것이다. 공유자가 물건을 공동으로 소유하고 있다는 것 이외에는 공유자 상호간에 단체적 구속이 없고 개인적 색채가 강하다. 공유자가 지분을 포기하거나 상속인이 없이 사망하면 그의 지분은 다른 공유자에게 지분의 비율로 귀속한다(민법 제267조). 이를 지분의 탄력성이라고 한다. 지분의 처분은 각자가 자유롭게 할 수 있다(민법 제263조).
　　2. 총유 : 같은 공동소유형태인 共有·合有와 대비되는데, 단체적 색채가 가장 강한 공동소유형태이다. 즉 다수인이 하나의 단체로서 결합되어 있고, 목적물의 관리·처분은 단체자체의 권한으로 하지만, 단체의 구성원들은 일정한 범위 내에서 각각 사용·수익의 권한만을 가지는 공동소유형태이다. 각 구성원은 지분을 가지지 않고 분할청구도 할 수 없다.
　　3. 합유 : 개인적 색채가 강한 공유와 단체적 색채가 강한 총유의 중간형태이며, 합유자간의 단체적 구속력이 강한 점에서 총유와 비슷하고, 합유자가 지분을 가지는 점에서는 공유와 비슷하며 총유와는 다르다. 그러나 합유자의 지분은 공동목적을 위하여 구속되어

한다.[97] 이 경우 합병당사회사는 연대채무에 관한 각자의 부담부분 및 공유재산에 대한 각자의 지분을 협의로 정하여야 한다. 협의로 정하지 못하는 때에는 법원은 그 청구에 의하여 합병 당시의 각 회사의 재산상태 기타의 사정을 참작하여 이를 정한다(제239조 제3항, 제268조, 제287조의 41, 제530조 제2항, 제603조).

4) 발행주식의 무효

합병무효판결이 확정되면 합병 후 존속회사 또는 소멸회사가 합병에 의하여 발행한 주식은 장래에 무효가 된다.

(5) 패소원고의 책임

원고가 패소한 경우 악의 또는 중대한 과실이 있는 때에는 회사에 대하여 연대하여 손해를 배상할 책임이 있다(제240조·제191조, 제269조, 제530조 제2항, 제603조).

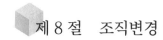

제 8 절   조직변경

Ⅰ. 의   의

조직변경(transformation)이란 회사가 법인격의 同一性을 유지하면서 다른 종류의 회사로 법률상의 조직을 변경하는 것을 말한다. 그리하여 조직변경 전·후의 회사는 동일인이므로 권리·의무가 승계되는 것이 아니고 같은 회사에 그대로 존속한다. 회사의 동일성이 그대로 유지된다는 점에서 회사가 다른 회사의 권리·의무를 포괄적으로 승계하는 회사합병이나 개별적으로 승계하는 영업양도와 다르다.

조직변경은 회사가 일단 해산하여 소멸하고 새롭게 다른 종류의 회사를 설립하는 것보다도 법률상 법인격의 일체성이 유지되기 때문에 기업유지의 이념에도 부합한다. 그리고 조직변경은 사업자가 사업의 전개에 따라 종래의 회사종류가

있으므로 지분을 공유에서처럼 자유로이 처분하지 못한다. 또한 분할의 청구도 할 수 없는 점에서 공유지분과는 다른 특색을 가진다(민법 제273조). 즉 합유자는 전원의 동의 없이 합유물의 지분을 처분하지 못하며, 합유물의 분할을 청구하지 못한다(민법 제273조).
97) 제239조 제2항, 제269조, 제269조, 제287조의 41, 제530조 제2항, 제603조.

적합하지 않다고 판단되는 경우에 새로운 상황에 적합한 회사형태로 전환하는데 유용하다.

Ⅱ. 조직변경의 제한

상법은 인적회사 상호간, 물적회사 상호간의 조직변경만 인정한다.[98] 인적회사와 물적회사는 사원의 책임 및 내부조직이 서로 다르므로 이들 상호간에 조직변경을 인정하게 되면 동일성을 유지하기 어렵기 때문이다. 다만, 유한책임회사는 기본적으로 인적회사의 성격을 갖고 있지만, 사원의 책임문제는 물적회사와 동일하게 다루기 때문에 주식회사와 상호 조직변경을 할 수 있다. 그리하여 명문상 조직변경은 ① 합명회사 → 합자회사, ② 합자회사 → 합명회사, ③ 주식회사 → 유한회사, ④ 유한회사 → 주식회사, ⑤ 주식회사 → 유한책임회사, ⑥ 유한책임회사 → 주식회사 등 여섯 가지의 유형이 있다.

Ⅲ. 조직변경의 유형

1. 합명회사에서 합자회사

(1) 절차 및 방법

합명회사는 존속 중이든 또는 해산 후 계속하는 중이든 총사원의 동의를 얻어 합자회사로 조직을 변경할 수 있다. 변경방법은 기존의 일부 사원을 유한책임사원으로 하거나 유한책임사원을 새로 가입시켜야 한다(제242조 제1항). 사원이 1인만 남게 되어 새로 사원을 가입시켜 회사를 계속할 때에는 조직변경을 동시에 할 수 있다(제242조 제2항·제229조 제2항).

(2) 책임변경사원의 책임

조직변경으로 인하여 종래의 무한책임사원이 유한책임사원으로 된 때에는 본점등기를 하기 전에 생긴 회사채무에 대하여 등기 후 2년 내에는 무한책임사원으로서 책임을 면하지 못한다(제244조). 이는 퇴사한 무한책임사원의 책임(제225조)과 같이 변경 전의 채권자를 보호하고 제도의 악용을 방지하는데 그 목적이 있다.

---

98) 대법원 1985. 11. 12. 선고 85누69 판결.

2. 합자회사에서 합명회사

(1) 절차 및 방법

합자회사는 모든 사원의 동의로 합명회사로 변경할 수 있다(제286조 제1항). 유한책임사원은 무한책임사원으로 된다. 유한책임사원이 전원 퇴사한 경우에도 무한책임사원 전원의 동의로 합명회사로 변경할 수 있다(제286조 제2항). 다만, 잔존 무한책임사원이 1人인 때에는 원칙적으로 조직변경을 할 수 없다. 이 경우에는 사원을 새로이 가입시켜 회사를 계속함과 동시에 조직변경을 할 수 있다(제269조·제242조 제2항·제227조 제3호).

(2) 책임변경사원의 책임

합자회사가 합명회사로 조직변경을 한 때에는 유한책임사원이 무한책임사원이 되어 변경 전보다 사원의 책임이 확대된다. 따라서 변경 전의 채권자보호절차는 필요 없다.

3. 주식회사에서 유한회사 또는 유한책임회사

(1) 절차 및 방법

주식회사는 총주주의 일치에 의한 총회결의로서 유한회사 또는 유한책임회사로 조직을 변경할 수 있다(제604조 제1항·제287조의 43). 이 결의에서는 정관 기타 조직변경에 필요한 사항을 정하여야 한다(제287조의 43, 제604조 제1항 본문·제3항). 그러나 주식회사는 사채의 상환을 완료하기 전에는 유한회사 또는 유한책임회사로 변경하지 못한다(제604조 제1항 단서·제287조의 44). 유한회사 또는 유한책임회사는 사채를 발행할 수 없는 까닭이다. 이는 합병제한의 논리와 유사하다.

(2) 자본금의 제한

주식회사에 현존하는 순재산액보다 많은 금액을 변경 후 유한회사 또는 유한책임회사의 자본금의 총액으로 하지 못한다.[99] 이는 ① 채권자보호를 위하여 자본금에 해당하는 금액은 회사에 현실적으로 확보되어야 있어야 하고,[100] ② 주식회사 주주의 유한책임원리에 반할 수 있기 때문이다. 이에 위반하여 변경 후 현

---

99) 제287조의 44·제604조 제2항, 제607조 제2항.
100) 송옥렬(2012), 1261면.

존하는 순재산액이 자본금 총액에 부족하는 때에는 조직변경 결의 당시의 이사와 주주는 회사에 대하여 연대하여 그 부족액을 지급할 책임이 있다(제605조 제1항). 이 때 주주의 전보책임은 면제하지 못하지만,[101] 이사의 책임은 총사원의 동의로 면제할 수 있다(제605조 제2항, 제551조 제3항).

(3) 채권자의 보호

조직변경을 하는 때에는 합병의 경우와 마찬가지로 채권자보호절차를 밟아야 한다(제608조 · 제232조). 종전의 주식에 대한 質權[102]은 변경 후의 지분은 물론 조직변경시의 수령금에 대하여도 物上代位[103]의 효력이 있다(제604조 제4항 · 제601조 제1항 · 제339조).

4. 유한회사 또는 유한책임회사에서 주식회사

(1) 절차 및 방법

유한회사는 총사원의 일치에 의한 사원총회의 결의로, 유한책임회사는 총사원의 동의로 주식회사로 조직을 변경할 수 있다(제607조 제1항, 제287조의 43 제2항). 결의시에 정관 기타 조직변경에 필요한 사항을 정하여야 함은 주식회사를 유한회사 또는 유한책임회사로 변경할 때와 같다(제607조 제5항 · 제604조 제3항).

유한회사 또는 유한책임회사에서 주식회사로의 조직변경은 법원의 인가를 얻지 않으면 그 효력이 없다(제607조). 이는 ① 조직변경이 주식회사의 엄격한 설립절차를 피하는 방법으로 이용되거나, ② 주식회사는 유한회사와 달리 出資未畢에 대한 사원의 책임이 없는 점을 악용하는 것을 방지하기 위함이다. 이는 합병제한과 같은 논리구조를 갖는다.

(2) 자본금의 제한

조직변경시에 발행하는 주식의 발행가액의 총액은 회사에 현존하는 순재산액을 넘지 못한다. 이에 위반하는 때에는 조직변경 결의 당시의 이사 · 감사와 사

---

101) 제605조 제2항, 제550조 제2항, 제551조 제2항.
102) 질권이란 담보 물건을 채무의 변제가 있을 때까지 유치함으로써 채무의 변제를 간접적으로 강제하는 동시에, 변제가 없는 때에는 그 질물로부터 우선적으로 변제를 받는 권리를 말한다. 질권은 저당권과 함께 약정담보물권으로서 금융을 얻는 수단으로 이용된다. 질권을 설정할 수 있는 것은 동산과 양도할 수 있는 권리(채권 · 주식 · 특허권 등)이다.
103) 담보물권의 목적물의 가치가 다른 형태로 바뀌는 경우에 담보권자가 이에 대하여 우선변제권을 행사하는 것을 말한다.

원이 연대하여 그 부족액을 전보할 책임을 진다(제607조 제4항). 이때 사원의 책임은
면제할 수 없으나, 이사·감사의 책임은 총주주의 동의로 면제할 수 있다(제607조
제4항, 제550조 제2항, 제551조 제2항·제3항).

(3) 채권자의 보호

조직변경시에는 위의 주식회사를 유한회사 또는 유한책임회사로 변경할 때
와 마찬가지로 채권자보호절차가 요구된다(제608조·제232조). 그 결과 종래의 지분
에 대한 질권은 새로 발행되는 주식은 물론 조직변경시의 수령금에 대하여도 물
상대위의 효력이 있고, 지분의 登錄質權者는 회사에 대하여 株券의 교부를 청구
할 수 있다(제607조 제5항·제601조 제1항, 제340조 제3항).

5. 유한책임회사의 조직변경

유한책임회사가 주식회사로 조직변경을 함에는 채권자보호절차를 밟아야 한
다(제287조의 44조·제232조). 그 밖에 유한책임회사의 조직을 변경하는 경우에는 제
604조(주식회사의 유한회사에의 조직변경), 제605조(이사, 주주의 순재산액전보책임), 제606조
(조직변경의 등기), 제607조(유한회사의 주식회사로의 조직변경)에 관한 규정이 준용된다.

Ⅳ. 조직변경의 효력 발생

1. 변경등기

조직을 변경한 때에는 본점소재지에서는 2주간 내, 지점소재지에서는 3주간
내에 변경 전의 회사는 해산등기, 그리고 변경 후의 회사는 설립등기를 하여야
한다.104) 변경등기는 실제로 청산절차와 설립절차를 밟아야 한다는 뜻은 아니며,
법인격의 동일성 유지와도 무관하다.

2. 효력발생시기

조직변경의 효력발생시기에 대하여는 ① 효력발생의 불명확성을 피하기 위
한 등기시설(다수설),105) ② 회사의 법인격은 조직변경에도 불구하고 동일성을 유

---

104) 제243조, 제286조 제3항, 제287조의 44, 제606조, 제607조.
105) 이철송(2016), 135면; 정찬형(2014), 486면; 권기범(2012), 182면; 장덕조(2014), 51면;

지하고 있으므로 등기는 형식에 불과하다는 이유에서 현실적으로 조직이 변경된 때라는 설이 대립한다(소수설).

생각건대 제244조가 합명회사에서 합자회사로 조직을 변경하는 경우 유한책임사원으로 된 자의 무한책임을 지는 기간을 등기시로 판단하고 있고, 조직변경은 합병의 경우와 같이 제3자에게 이해관계가 크다는 점을 고려하면, 등기시설이 타당하다.

Ⅴ. 조직변경의 하자

상법은 조직변경절차의 하자에 관하여는 아무런 규정을 두고 있지 않다. 조직변경절차의 하자 역시 단체법상 획일적인 확정이 요구되므로 회사설립의 무효·취소의 소에 관한 규정이 준용되어야 한다고 본다(통설).106) 다만, 조직변경의 무효판결이 확정되는 경우에는 회사설립무효와는 달리 청산을 할 것이 아니라 조직변경 전의 회사로 복귀한다.

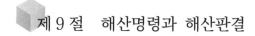

제 9 절 해산명령과 해산판결

Ⅰ. 법원의 해산명령

1. 의의

해산명령이란 법원이 공익적 목적을 달성하기 위하여 회사의 존속을 허용할 수 없을 때 내리는 명령이다. 해산명령은 사원·채권자 등의 이해관계인이나 검사의 청구 또는 법원의 직권에 의하여도 내릴 수 있는 점이 특색이다(제176조 제1항). 이는 회사설립의 준칙주의로 인하여 발생하는 濫設의 폐해를 사후적으로 시정하기 위한 제도이다. 이 명령에 의하여 회사는 해산한다. 그리하여 법인격부인론과는 달리 법인격이 전면적으로 박탈된다.

최준선(2016), 119면.
106) 서울민사지법 1990. 2. 13. 선고 88가합60411 판결.

2. 사유의 유형

(1) 회사의 설립목적이 불법한 것인 때(제176조 제1항 제1호)

정관상 목적 자체가 불법인 경우뿐만이 아니라 회사설립의 실질적 企圖가 불법인 때에도 포함된다. 예를 들면, 마약밀매업을 사업목적으로 한다거나, 정관에는 무역업을 목적으로 기재하였으나 실제로는 밀수업을 목적으로 하는 경우 등이 이에 포함된다.

(2) 회사가 정당한 사유 없이 설립 후 1년 내에 영업을 개시하지 아니하거나 1년 이상 영업을 휴지하는 때(제176조 제1항 제2호)

이는 휴면회사를 의미하는 것이다. 장기간의 휴면회사는 법인격을 유지시킬 가치가 없다. 휴면회사를 장기간 방치한다면 어음이나 수표를 발행하여 타인으로부터 금전 또는 재산을 편취하기 위하여 법인격이 남용되거나 범죄에 악용될 우려가 있기 때문에 해산사유로 하고 있다. 다만, 정당한 사유에 해당하는지를 판단하는 것이 매우 중요한데, 사업자금의 부족, 영업실적의 부진 등과 같이 회사 내부사정으로 영업을 개시하지 못하거나 영업을 휴지하는 때에는 정당한 사유가 있다고 할 수 없다. 이에 대하여 개업의 준비를 하는 데 1년 이상 소요되었고, 영업의 성질로 보아 장기간의 준비가 불가피하다면 정당한 사유가 있다고 본다. 예를 들면 ① 원유개발을 목적으로 하는 회사가 시추작업을 하는 데에만 1년 이상 걸리거나, ② 광산개발을 목적으로 하는 회사가 탐광하는 데에만 1년 이상 걸리는 경우 등이 그에 해당한다.

이와 같이 영업의 성질상 또는 외부적 장애로 인하여 영업을 하지 않더라도 「영업을 위한 의지와 능력」이 객관적으로 표현된 경우에는 정당한 사유가 있다고 본다. 예를 들면, 대공황으로 원료도입이 장기간 불가능한 경우에는 이에 해당한다.

판례도 회사가 영업양도 후 수차례 신규사업에 진출하려고 하였으나, IMF 경제위기로 좌절된 사안에서 법원은 '영업을 위한 의지와 능력'이 객관적으로 표출되는 때에는 '정당한 사유'가 있기 때문에 해산명령사유에 해당하지 아니한다고 판시하였다.[107] 그리고 사업용 기본재산에 관한 분쟁으로 인하여 1년 이상 영업

---

107) 대법원 2002. 2. 28. 2001마6947 결정.

을 하지 못하다가 회사가 승소하여 영업을 개시한 사건에서, 법원은 정당한 사유가 있다고 보았다.108) 그러나 유사한 사안, 즉 광천개발사업을 목적으로 하는 회사가 영업재산의 근간인 광천 소유권에 관한 분쟁으로 수년간 영업을 하지 못하다가 패소하여 광천을 상실한 사례에서는 '정당한 사유'가 없다고 보았다.109)

(3) 이사 또는 회사의 업무를 집행하는 사원이 법령 또는 정관에 위반하여 회사의 존속을 허용할 수 없는 행위를 한 때(제176조 제1항 제3호)

이것은 이사 또는 업무집행사원 등이 기관의 지위에서 위법행위를 한 경우 예를 들면, 회사가 公序良俗에 위반하는 영업을 한 경우뿐만 아니라, 이사 등이 개인적 이익을 위하여 기관의 지위를 남용한 경우 예를 들면, 대표이사가 자기의 채무를 변제하기 위하여 회사의 중요재산을 처분한 경우 또는 대표이사가 회사의 자산(예: 공사보증금)을 횡령하거나 회사의 업무와 관련하여 제3자에게 사기를 저지르는 행위 등이 포함된다.110) 그리고 이사나 업무집행사원 등의 교체만으로는 구제될 수 없을 정도로 이사 등의 위법행위와 회사와의 관계가 밀접하여야 한다.111)

3. 절차

(1) 청구 또는 법원의 직권명령

법원은 이해관계인이나 검사의 청구에 의하여 또는 직권으로 해산을 명할 수 있다(제176조 제1항 본문). 이해관계인의 범위에는 사원, 이사 등의 임원, 회사채권자는 물론 이사 등의 위법행위로 피해를 입은 자도 포함된다. 이처럼 이해관계인은 회사의 존립과 관련하여 직접적으로 법률상의 이해를 가진 자만을 의미한다. 예를 들면, '아시아자동차' 또는 '전자랜드'라는 상호를 사용하고자 하였으나, 휴면회사가 이미 해당 상호를 사용하고 있기 때문에 상호변경등기를 할 수 없다는 사실만으로는 이해관계인으로 볼 수 없다.112)

(2) 담보제공명령

이해관계인이 해산명령을 청구한 때에는 법원은 회사의 청구에 의하여 해산

108) 대법원 1978. 7. 26. 78마106 결정.
109) 대법원 1979. 1. 31. 78마56 결정.
110) 대법원 1987. 3. 6. 87마1 결정.
111) 대법원 1987. 3. 6. 87마1 결정.
112) 대법원 1995. 9. 12. 95마686 결정.

청구인에게 상당한 담보의 제공을 명할 수 있다(제176조 제3항, 비송사건절차법 제97조).
이는 해산명령청구제도의 남용 또는 부당한 청구를 방지하기 위한 규정이다. 회
사가 담보제공명령을 청구하는 때에는 이해관계인의 청구가 악의임을 소명하여
야 한다(제176제 제4항).

(3) 비송사건절차 준수

해산명령청구사건은 비송사건[113]이다. 따라서 재판절차는 비송사건절차법에
의한다(제90조 제1항). 관할은 본점소재지의 지방법원 합의부에 속한다(동법 제72조 제1
항). 재판은 이유를 붙인 결정으로써 하여야 한다(동법 제90조 제1항·제75조 제1항). 법
원은 재판을 하기 전에 이해관계인의 진술과 검사의 의견을 들어야 한다(동법 제90
조 제2항). 다만, 항고심절차에서는 항고인에게 변론의 기회를 주지 아니하여도 무
방하다. 항고심에서는 반드시 변론을 거쳐야 하는 것은 아니기 때문이다.[114]

(4) 법원명령의 우선적 적용

해산명령은 공익적 목적을 달성하기 위한 제도이므로 다른 법령(예 : 자동차운수
사업법)상 회사를 해산하는 때에는 행정관청(예 : 교통부장관)의 인가를 얻어야 한다고
풀이되더라도, 법원은 이와 무관하게 해산을 명할 수 있다.[115]

(5) 관리인 선임 등의 처분

해산명령의 청구가 있는 때에 법원은 해산명령을 내리기 전일지라도 이해관
계인이나 검사의 청구에 의하여 또는 직권으로 관리인의 선임 기타 회사재산의
보전에 필요한 처분을 할 수 있다(제176조 제2항, 비송사건절차법 제94조).

4. 효과

법원의 해산명령재판은 이유를 부기한 決定[116]으로 하는데(비송사건절차법 제90

---

113) 私權관계의 형성, 변경, 소멸에 관하여 법원이 관여하는 사건을 말한다. 즉 원래 사인간
　　의 법률관계는 사적자치의 원칙이 지배하며 국가기관이 이에 관여하지 않는 것이 원칙
　　이나 공익상 이를 방임하는 것이 적당하지 않을 때에는 후견적인 입장에서 예외적으로
　　이에 관여하는 데 이것이 비송사건이다.
114) 대법원 1987. 3. 6. 87마1 결정.
115) 대법원 1980. 3. 11. 80마68 결정.
116) 민사소송법상은 판결의 형식을 취하지 않는 법원의 재판을 말한다. 결정은 법원에 의하여
　　행하여지는 점에서 개개의 법관에 의하여 행하여지는 명령과 다르다. 결정은 주로 소송절
　　차에 관한 재판이며, 구두변론에 의하지 않고 당사자, 이해관계인, 참고인의 심문에 의할

조 제1항·제75조 제1항), 해산명령재판의 확정에 의하여 회사는 해산한다.[117] 해산명령에 대하여 회사·이해관계인과 검사는 卽時抗告할 수 있다(비송사건절차법 제91조). 이는 집행정지의 효력이 있다.

Ⅱ. 해산판결

1. 의의

회사의 해산판결이란 「사원의 이익을 보호하기 위하여 회사의 존속이 사원의 이익을 해하는 경우에, 사원의 청구에 의하여 법원이 판결로써 회사의 해산을 명하는 재판」이다.[118] 이와 같이 해산판결제도는 공익이 아닌 사원의 이익을 보호하기 위하여 인정된다. 즉 부득이한 사유가 있는 경우 회사의 존속이 오히려 사원의 이익을 해하는 경우에는 법인격을 박탈하여 사원의 손실을 방지해 주는데 그 의의가 있다. 다만, 주식회사의 단체성으로 인한 구속으로부터 벗어나게 한다는 취지와 기업유지의 요청을 조화시켜 청구권자의 자격과 지주요건을 강화하고 있다.

2. 청구사유

(1) 인적회사

부득이한 사유가 있어야 한다(제241조 제1항·제269조·제287조의 42). 이때 부득이한 사유란 인적회사의 특성을 고려하여 판단하여야 하지만 사원의 일신상의 사유는 해당하지 아니한다. 예를 들면, 사원간의 불화가 극심하여 그 상태로는 회사의 존속이 곤란한 경우로서, 사원의 제명·퇴사·지분양도(소극적 방법)나 총사원의 동의에 의한 해산(적극적 방법)이 곤란한 경우를 의미한다. 이 부득이한 사유는 회사의 해산명령 사유와도 중복될 수 있는데, 이 경우에 사원은 해산명령을 청구할 수도 있고, 해산판결을 청구할 수도 있다.

수 있다(민사소송법 제124조). 고지는 상당한 방법에 의하면 그 효력이 있다(제207조). 판결과는 달리 결정에 대한 불복은 항고에 의한다(제409조 내지 제421조). 은행에 의한 압류명령, 추심명령 및 전부명령도 법원의 판결, 결정 또는 명령 중 결정에 해당한다.
117) 제227조 제6호, 제269조, 제517조 제1항, 제609조 제1항 제1호.
118) 제241조, 제269조, 제520조, 제613조 제1항.

(2) 물적회사

물적회사의 해산판결청구는 ① 회사의 업무가 현저한 停頓상태를 계속하여 회복할 수 없는 손해가 생기거나 생길 염려가 있을 때, ② 회사재산의 관리 또는 처분의 현저한 失當으로 인하여 회사의 존립을 위태롭게 한 때에「부득이한 사유」가 있어야 한다(제520조, 제613조). 이 가운데 ①은 이사들 상호간 또는 주주들 상호간의 대립이 심각하여 업무가 교착상태에 빠진 경우 이사의 해임이나 改選(제385조 제1항) 등으로는 주주의 정당한 이익을 보호할 수 없고, 회사를 정상적으로 운영하는 것이 현저히 곤란한 상태가 계속되는 경우 등이 해당한다.[119] ②는 이사가 회사의 재산을 부당히 유용하거나 수익이 없이 처분하여 회사의 재무적 기반을 위태롭게 하였음에도 이사의 改選이나 違法行爲維持請求(제402조) 또는 대표소송의 방법 등으로는 경영정체나 경영파탄을 피할 수 없어[120] 주주의 정당한 이익을 보호할 수 없는 경우 등이 해당한다. 그리고 부득이한 사유가 있어야 한다.

이와 같이 기업유지의 이념에서 보면 해산판결제도는 최후의 수단이다. 따라서 물적회사의 청구사유는 인적회사의 그것보다 엄격하다.

3. 청구권자

해산판결은 해산명령과 달리 사원의 이익을 보호하기 위한 제도이므로 사원에 한하여 청구할 수 있다. 청구권자는 인적회사인 합명회사, 합자회사 및 유한책임회사의 경우는 각 사원이고(제241조 제1항, 제269조·제287조의 42), 물적회사인 주식회사의 경우는「발행주식총수의 100분의 10 이상」을 가진 주주이며, 유한회사의 경우는「자본의 100분의 10 이상」의 출자좌수를 가진 사원이다(제520조·제613조 제1항).

4. 절차

해산판결청구사건은 해산명령청구사건과는 달리 비송사건이 아닌 소송사건으로서 형성의 소에 해당한다. 재판은 해산명령의 결정과는 달리 판결에 의한다. 이 소는 본점소재지를 관할하는 지방법원에 전속한다(제242조 제2항·제186조·제269조·제287조의 42·제520조 제2항·제613조).

---

119) 대법원 2015. 10. 29. 선고 2013다53175 판결.
120) 서울중앙지법 1999. 9. 7. 선고 99가합17703 판결.

5. 효과

원고가 승소하여 해산판결이 확정되면, 회사는 해산하고 청산절차를 밟아야한다. 원고가 패소한 경우에는 회사설립무효의 소에서의 패소원고에 준하는 책임을 진다. 즉 원고에게 惡意 또는 重過失이 있으면 원고는 회사에 대하여 連帶하여 손해배상책임을 부담한다(제241조 제2항·제191조·제269조·제520조 제2항·제613조 제1항).

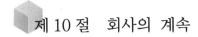

제 10 절 회사의 계속

Ⅰ. 의 의

회사의 계속이란 일단 解散한 회사가 사원들의 의사로 해산 전의 상태로 복귀하여 해산 전 회사와 동일성을 유지하며 존립 중의 회사로서 존속하는 것을 말한다. 즉 회사의 해산명령이 내려지거나 또는 해산판결이 확정되면 법인격을 박탈하여야 한다.

그러나 예를 들면, 정관에서 정한 存立期間이나 기타 해산사유가 정해진 경우에는 사원들의 의사를 존중하여 회사를 계속하도록 허용하는 것이 기업유지의이념에 합치된다. 그러므로 상법은 일정한 해산원인으로 인하여 회사가 해산한때에는 사원들의 의사를 존중하여, 법률상 요건을 충족시키면 장래에 회사를 계속할 수 있도록 하고 있다.

Ⅱ. 회사해산사유 및 계속요건

1. 합명회사

합명회사는 ① 존립기간의 만료 기타 정관으로 정한 사유의 발생(제229조 제1항, 제227조 제1호) 및 총사원의 동의로 해산한 때(제229조 제1항·제227조 제2호)에는 사원의 전부 또는 2인 이상 일부의 동의로 회사를 계속할 수 있다(제229조 제1항). 그러나 동의를 하지 아니한 사원은 퇴사한 것으로 본다(제229조 제1항 단서). ② 사원이 1인으로 되어 해산한 때(제227조 제3호)에는 새로 사원을 가입시켜서 회사를 계속할 수 있다(제229조 제2항). 이 경우 합자회사로 조직을 변경하고자 하는 때에는 유한책임사원을 가입시킬 수도 있다(제242조 제2항). ③ 회사설립의 무효 또는 취소판결이 확정된 경우에 무효나 취소원인이 특정한 사원에 한한 것인 때에는 다른 사원 전원의 동의로써 회사를 계속할 수 있다(제194조). 무효 또는 취소원인이 있는 사원은 퇴사한 것으로 본다(제194조 제2항). 이때 잔존사원이 1인인 때에는 위 ②와 같이 새로 사원을 가입시켜서 회사를 계속할 수 있다(제229조 제2항·제194조 제3항).

2. 합자회사

합자회사는 합명회사의 해산사유 및 계속요건에서 설명한 ①과 ②의 내용은 합자회사에도 준용된다(제269조). 합자회사는 무한책임사원과 유한책임사원으로 구성되기 때문에 어느 한 종류의 사원이 전원 퇴사하여 해산하는 때(제285조 제1항)에는 잔존사원 전원의 동의로 다른 종류의 사원을 새로 가입시키거나 일부 사원의 책임을 변경하여 회사를 계속할 수 있다(제285조 제2항).

3. 주식회사

주식회사는 ① 존립기간의 만료 기타 정관에 정한 사유의 발생 또는 주주총회의 결의에 의하여 해산한 경우에는 주주총회의 특별결의에 의하여 회사를 계속할 수 있다(제519조). ② 최후의 등기 후 5년을 경과하고 또 그 후 법원에 영업을 폐지하지 아니하였다는 뜻을 신고기간 내에 신고하지 아니하여 신고기간이 만료된 때에 해산한 것으로 본 휴면회사일지라도 신고기간이 만료된 후 3년 이내에는 주주총회의 특별결의에 의하여 회사를 계속할 수 있다(제520조의 2 제3항).

4. 유한회사

유한회사는 존립기간의 만료 기타 정관에서 정한 사유의 발생 또는 사원총회의 결의에 의하여 해산한 경우 사원총회의 특별결의에 의하여 회사를 계속할 수 있다(제610조 제1항).

5. 유한책임회사

유한책임회사의 해산사유로는 ① 존립기간의 만료 기타 정관으로 정한 사유의 발생, ② 총사원의 동의, ③ 합병, ④ 파산, ⑤ 법원의 명령 또는 판결(이하 제287조의 38 제1호), ⑥ 사원이 없게 된 경우(제287조의 38 제2호) 등이 있다.

이 중에서 ① 존립기간의 만료 기타 정관으로 정한 사유의 발생, ② 총사원의 동의로 해산하는 경우에는 사원의 전부 또는 일부의 동의로 회사를 계속할 수 있다. 그러나 동의를 하지 아니한 사원은 퇴사한 것으로 본다(제287조의 40ㆍ제229조 제1항).

Ⅲ. 회사계속의 제한

회사가 해산한 후 청산절차에 들어가 잔여재산을 분배한 이후에는 계속결의를 할 수 없다는 설[121]과 청산종결시까지는 계속결의를 할 수 있다는 설[122]이 있다.

생각건대 잔여재산분배가 개시된 때에는 회사의 계속이 사실상 어렵기 때문에 회사를 신설하는 것이 용이할 수 있다. 따라서 잔여재산분배가 개시된 때에는 회사계속이 허용되어서는 아니 된다고 본다.

Ⅳ. 계속등기

회사계속의 경우 회사가 이미 解散登記를 하였을 때에는 본점소재지에서는 2주간 내, 지점소재지에서는 3주간 내에 회사의 계속등기를 하여야 한다(제194조 제3항, 제229조 제3항, 제287조의 40(유한책임회사), 제269조, 제285조 제3항, 제521조의 2, 제611조).

계속등기시에는 회사계속의 뜻과 그 연월일을 등기하여야 하며(비송사건절차법 제191조 제1항, 제200조, 제217조, 제225조), 설립무효 또는 취소의 판결이 확정된 후에 하는 회사계속의 경우에는 계속등기의 신청서에 判決謄本을 첨부하여야 한다(비송사건절차법 제191조 제1항).

---

121) 이철송(2016), 143면; 최기원(2012), 113면.
122) 정동윤(2012), 818면.

V. 계속의 효과

1. 권리능력의 회복

해산한 회사는 회사계속에 따라 장래에 향하여 해산 전의 회사로 복귀하여 영업능력을 회복한다. 해산한 회사와 부활 후의 회사는 동일성을 가지므로 해산에 의하여 청산의 목적범위 내로 줄어들었던 권리능력도 회복된다. 다만, 회사의 계속은 해산의 효과를 소급적으로 배제하는 것이 아니다.

따라서 회사의 계속은 종래 해산 후 계속시까지 청산인이 한 청산사무의 효력에는 영향을 미치지 아니한다. 다만, 회사가 계속되면 청산인의 활동은 종료되고 존속 중의 회사의 기관으로 교체된다. 즉 청산인은 이사로, 청산인회는 이사회로, 대표청산인은 대표이사로 교체되는 것이다. 이 경우 해산시 이사로 있던 자가 이사로 자동적으로 복귀하는 것이 아니라 새로이 이사를 선임하여야 한다. 해산시의 이사가 재선임되는 것은 무방하다고 본다.

2. 효력발생시기

회사계속의 효력발생시기에 대하여는 상법의 규정이 없으므로 해석에 의존할 수밖에 없다. 회사계속은 합병 및 조직변경의 경우와는 달리, 즉 회사의 소멸이나 다른 종류의 회사로 변경되지 않고 같은 종류의 회사로 복귀하고, 단지 청산의 목적 범위 내로 줄어들었던 권리능력을 완전히 회복하는 것에 불과하다. 따라서 회사계속의 효력은 계속등기에 의하여 발생하는 것은 아니라 계속을 위한 결의가 있었던 때에 발생한다고 본다.

3. 신규가입사원의 책임

합명회사에서 사원이 1인이 되어 다른 사원을 가입시켜 회사를 계속하는 경우 또는 합자회사에서 무한책임사원 전원이 퇴사하여 다른 무한책임사원을 가입시켜 합자회사를 계속하는 경우 새로 가입한 무한책임사원은 그 가입 전에 생긴 회사채무에 대하여 다른 사원과 동일한 책임을 진다(제229조 제4항, 제285조 제3항, 제213조).

제3장

합명회사

제1절 서 설

Ⅰ. 조합적 특색

합명회사(partnership)는 회사의 채무에 관하여 직접·연대·무한책임을 지는 사원들로만 구성되는 인적회사이다. 사원 개개인이 연대·무한책임을 지기 때문에 각 사원의 신용은 회사채권자와 사원 상호간에게 매우 중요하다. 그리고 합명회사는 소수의 사원이 고도의 신뢰관계를 바탕으로 결합하기 때문에 지분 및 사원의 변동에 일정한 제한이 가해진다.

합명회사는 경영의 전문성이나 합리성 보다는 안전성을 중시하는 인적회사이므로 사원이 직접 업무집행을 담당하는 경영구조를 갖는다. 즉 자기기관의 특색을 갖는다. 합명회사는 가장 전형적인 인적회사로써 각 사원은 무한책임을 지기 때문에 사원의 출자규모는 손익배분의 기준이 될 뿐, 회사의 의사결정 내지 지배에 있어서는 의미가 없다. 이 점 합명회사의 의사결정은 持分主義가 아닌 頭數主義에 의함을 뜻한다.

위와 같은 특색에 따라 합명회사의 형식은 사단법인(제169조 참조)이지만, 그 실질은 組合的 성질이 있어 내부관계에 대하여는 정관 또는 상법에 다른 규정이 없으면 조합에 관한 민법의 규정을 준용한다(제195조).

Ⅱ. 법률관계

상법상 합명회사의 법률관계는 내부관계와 외부관계로 나뉜다. 내부관계는 조합의 실질을 반영한 것이고, 외부관계는 사단법인의 형식을 반영하여 대외적인 거래 및 책임에 관하여 규정하고 있다. 이러한 규정체계는 주식회사나 유한회사의 규정체계와는 크게 다르다. 그것은 주식회사나 유한회사의 법률관계는 자본 및 주식과 회사의 기관을 중심으로 전개되고, 주주의 유한책임에 따라 자본충실과 회사의 객관적 운영을 보장하기 위한 법리가 주를 이루기 때문이다.

합명회사의 내부관계(예: 손익분배, 업무집행, 정관변경, 경업금지, 지분변동, 퇴사)에 관한 많은 규정은 보충적이거나 임의적인 것으로써 정관으로 법률과 달리 정할 수 있다(예 : 특정 사원의 책임제한). 따라서 내부관계에는 일차적으로 정관, 다음으로 상법의 규정이 적용된다. 정관이나 상법에 다른 규정이 없으면, 조합에 관한 민법의 규정이 준용된다(제195조). 외부관계(예 : 회사의 대표, 사원의 책임 등)에 관한 규정은 채권자보호 또는 거래의 안전과 밀접한 관련이 있으므로 대체로 강행규정의 성격을 갖는다.

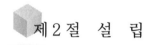

제 2 절   설   립

I. 특 징

합명회사의 설립을 위하여는 사원이 될 자들 상호간에 조합계약을 체결하는 것이 일반적이다. 다만, 합명회사의 사원과 출자는 정관에 의하여 확정되기 때문에 조합계약은 회사법상 구속력은 없다.

합명회사는 전형적인 인적회사이고 무한책임사원만으로 구성되기 때문에 설립시 주식회사와 비교할 때 ① 사원은 정관에 의하여 확정되며, 사원의 개성이 중시되기 때문에 사원 개개인의 주관적인 하자는 설립무효·취소의 소의 원인이 되지 아니한다. ② 사원이 무한책임을 지므로 회사채무는 각 사원의 재산으로 담보되는 결과 ㉠ 회사설립등기 전에 자본의 액에 해당하는 납입의무, 출자이행의무가 없다. 즉 주식회사와는 달리 출자의무이행이 회사성립요건이 아니며, ㉡ 자본충실의 원칙이 적용되지 아니하여 신용이나 노무출자를 할 수 있다. 따라서 ㉢ 설립에 관한 법원의 검사절차 또는 감독절차가 없다. ③ 각 사원이 회사대표권과 업무집행권이 있으므로 설립 전에 업무집행기관을 구성할 필요도 없다. 그 결과 ④ 합명회사의 설립은 정관작성과 설립등기만이 요구되어 주식회사의 설립절차에 비하여 매우 간단하다.

한편 합명회사의 설립행위는 회사설립을 목적으로 하는 합동행위이다.[1]

---

1) 최준선(2016), 827면.

Ⅱ. 절 차

1. 정관의 작성

(1) 의의

합명회사의 설립행위는 2人 이상의 사원이 공동으로 정관을 작성하고(제178조), 기재사항에 대하여 총사원이 기명날인 또는 자필서명함으로써 완료된다(제179조). 주식회사와 같은 공증인의 인증[2])은 필요 없다(제292조 본문 참조). 정관의 기재사항은 절대적 기재사항, 상대적 기재사항 및 임의적 기재사항으로 나뉜다.

(2) 절대적 기재사항

정관에 기재하여야 할 절대적 사항으로는 ① 목적, ② 상호, ③ 사원의 성명·주민등록번호와 주소, ④ 사원의 출자의 목적과 그 가격 또는 평가의 표준, ⑤ 본점의 소재지, ⑥ 정관의 작성년월일(제179조 제1호 내지 제6호) 등이 있다. 회사는 다른 회사의 무한책임사원이 되지 못하므로(제173조) ③과 관련한 사원은 자연인이다. 절대적 기재사항을 일부라도 결하는 정관은 무효이기 때문에 설립무효의 원인이 된다.

(3) 상대적 기재사항

정관의 상대적 기재사항이란 기재여부는 정관의 효력에 영향이 없지만, 정관에 기재하지 아니한 사항은 효력이 없는 것을 말한다. 여기에는 ① 업무집행사원제도(제201조 제1항), ② 회사대표사원의 결정(제207조 단서), ③ 공동대표의 결정(제208조 제1항), ④ 당연퇴사원인의 결정(제218조 제1호), ⑤ 회사의 존립기간 기타 해산사유의 결정(제217조 제1항·제227조 제1호), ⑥ 업무집행의 권리의무(제200조), ⑦ 社員의 退社權(제217조 제1항), ⑧ 노무 또는 신용으로 출자한 사원에 대한 지분환급의 제한, ⑨ 任意淸算制度(제247조) 등은 상대적 기재사항이다.

(4) 임의적 기재사항

정관에는 강행법규, 사회질서 또는 합명회사의 본질에 반하지 아니하는 어떠한 사항도 자치적 규범으로서 기재할 수 있는데, 이를 임의적 기재사항이라고 한다.

---

2) 주식회사의 경우에도 자본금 총액이 10억원 미만인 회사를 발기설립하는 경우에는 각 발기인이 정관에 기명날인 또는 서명함으로써 효력이 생기므로 공증인의 인증을 요하지 아니한다(제292조 단서).

2. 설립등기

회사는 본점소재지에 설립등기를 함으로써 성립한다(제172조). 설립등기에 있어서는 ① 목적, ② 상호, ③ 사원의 성명·주민등록번호와 주소, ④ 본점 또는 지점의 소재지, ⑤ 대표사원을 정한 경우에는 그 성명·주소 및 주민등록번호 등의 사항을 등기하여야 한다. 다만, 회사를 대표할 사원을 정한 때에는 그 이외의 사원의 주소는 등기할 필요가 없다(제180조 제1호 단서). 그리고 ⑥ 존립기간 기타 해산사유를 정한 때에는 그 기간 또는 사유, ⑦ 사원의 출자의 목적, 재산출자에는 그 가격과 이행한 부분, ⑧ 회사를 대표할 사원을 정한 경우에는 그 성명·주소 및 주민등록번호, ⑨ 수인의 사원이 공동으로 회사를 대표할 것을 정한 때에는 그 규정 등도 등기하여야 한다(제180조 제2호 내지 제5호).

설립등기는 본점뿐만 아니라 지점소재지에서도 하여야 한다(제181조). 등기사항에 변경이 있는 때에는 본점소재지에서는 2주간 내, 지점소재지에서는 3주간 내에 변경등기를 하여야 한다(제183조).

Ⅲ. 설립의 하자

1. 의의

합명회사의 정관기재사항의 미비 등 객관적인 요건의 欠缺 즉, 客觀的 瑕疵는 회사설립의 하자가 된다. 객관적 하자는 설립무효의 원인이 된다. 합명회사는 사원의 개성이 중시되기 때문에 각 사원의 설립행위에 존재하는 하자 즉, 主觀的 瑕疵도 회사설립의 하자가 된다. 주관적인 하자는 그 내용에 따라 취소원인 또는 무효원인이 된다.

상법은 합명회사의 설립하자의 유형에 따라 설립취소의 소와 설립무효의 소를 인정하고 있다.

2. 설립취소의 소

(1) 취소원인

합병회사의 설립취소의 원인에는 의사표시취소에 관한 일반이론이 적용된다.

그리하여 제한능력자가 ① 법정대리인의 동의 없이 사원으로서 회사설립의 의사표시를 하거나(민법 제5조), ② 착오(민법 제109조 제1항), ③ 사기·강박에 의하여 회사설립의 의사표시를 하거나(민법 제110조 제1항), ④ 사원이 자신의 채권자를 해할 것을 알고 회사설립의 의사표시를 한 때(제185조)에는 취소원인에 해당한다.

그러나 설립취소판결은 소급효가 제한되기 때문에(제190조 단서), 설령 설립이 취소되더라도 제3자보호의 문제가 없다. 따라서 선의의 제3자를 보호하기 위하여 취소권의 행사를 제한하는 민법규정(동법 제109조 제2항·제110조 제3항)은 적용되지 아니한다.

(2) 소의 성질 및 주장방법

회사설립하자에 관한 소는 개인법상의 소와는 달리 다수인이 이해관계를 가지며 법률관계의 변동을 목적으로 하기 때문에 형성의 소이다. 따라서 소의 대상인 법률관계는 당사자의 제소와 확정판결에 의하여만 변동된다. 형성의 소는 모든 종류의 회사의 설립취소 또는 무효주장의 공통된 성질이다.

(3) 소의 당사자

제소권자는 ① 제한능력자, 錯誤·詐欺·强迫에 의하여 의사표시를 한 자 또는 그의 대리인 또는 승계인(제184조·민법 제140조), ② 사해설립의 경우에는 그 行爲를 한 사원의 채권자이다(제185조). ①의 피고는 회사이지만, ②의 사해행위로 인한 취소의 소의 피고는 사해행위를 한 사원과 회사이다. 즉 共同被告가 된다(제185조).

(4) 소의 절차

회사성립의 날로부터 2년 내에 소를 제기할 수 있다(제184조 제1항). 관할은 본점소재지의 지방법원이며(제186조), 소가 제기되면 회사는 지체 없이 공고하여야 한다(제187조). 수개의 설립무효의 소 또는 설립취소의 소가 제기된 때에는 법원은 이를 倂合審理하여야 한다(제188조).

(5) 하자의 보완과 재량기각

설립무효의 소 또는 설립취소의 소가 그 심리 중에 원인이 된 하자가 보완되고 회사의 현황과 제반사정을 참작하여 설립을 무효 또는 취소하는 것이 부적당하다고 인정한 때에는 법원은 그 청구를 기각할 수 있다(제189조). 이는 상법상 기업유지의 이념에 부합하기 위한 것이다. 그리고 이때 패소원고는 책임이 없다.

(6) 판결의 효과

1) 원고승소의 경우

가) 대세적 효력　원고가 승소한 경우 합병회사 설립의 무효 또는 취소의 판결은 형성판결로써 형성력이 생긴다. 회사의 성립은 부정된다. 이 판결의 효력은 당사자인 원고와 회사뿐만 아니라 제3자에게도 미친다(제190조 본문). 따라서 판결확정 후에는 다른 이해관계인이 재차 설립무효 또는 취소를 주장할 필요가 없고, 제3자가 설립의 유효를 주장하여서는 아니 된다.

나) 소급효의 제한　합명회사설립의 무효·취소판결의 효력은 소급효가 없으므로 판결확정 전에 생긴 회사와 사원 및 제3자간의 권리의무에 영향을 미치지 아니한다(제190조 단서).

2) 원고패소의 경우

원고가 패소한 경우 그 판결은 당사자에게만 효력이 있다. 따라서 원고 이외의 다른 주주 등은 다시 설립하자의 소를 제기할 수 있다. 패소원고에게 악의 또는 중대한 과실이 있는 때에는 회사에 대하여 연대하여 손해배상책임을 진다(제191조).

(7) 등기, 청산 및 회사의 계속

1) 등기

합명회사설립의 무효 또는 취소판결이 확정된 때에는 본점과 지점의 소재지에서 이를 등기하여야 한다(제192조).

2) 청산

합병회사의 설립무효 또는 설립취소의 판결이 확정되면 회사는 解散의 경우에 준하여 淸算하여야 한다(제193조 제1항). 이는 판결의 효력에 소급효가 없기 때문이다. 이때 법원은 사원이나 이해관계인의 청구에 의하여 청산인을 선임할 수 있다(동조 제2항).

3) 회사의 계속

합명회사의 설립무효 또는 설립취소의 판결이 확정된 경우 그 무효 또는 취소사유가 특정 사원에 한정된 것인 때에는 다른 사원 전원의 동의로 회사를 계속할 수 있다(제194조 제1항). 이때 무효 또는 취소 원인이 있는 사원은 퇴사한 것으로 본다(동조 제2항). 그 결과 사원이 1인으로 된 때에는 새로 사원을 가입시켜서 회사를 계속할 수 있다(동조 제3항). 이 경우 청산인이 이미 한 행위는 유효하다. 다만, 잔여재산을 분배한 때에는 이를 반환할 것을 청구하여야 한다. 회사의 계속은 이를 등기하여야 한다(제194조 제3항·제229조 제3항).

3. 설립무효의 소

(1) 무효원인

합명회사의 설립무효의 원인에는 설립에 관한 객관적 하자뿐만이 아니라 설립행위를 한 사원 개인의 주관적 하자도 포함된다. 객관적 하자에는 정관의 무효 예를 들면, 절대적 기재사항의 흠결, 위법한 기재 또는 합명회사의 본질에 반하는 기재 등은 물론 설립등기의 무효 등이 포함된다. 주관적 하자에는 심신상실(의사무능력), 상대방이 알고 있는 非眞意意思表示(민법 제107조 제1항 단서), 통정허위표시(민법 제108조 제1항) 등이 포함된다(통설). 그러나 설립취소의 소와 마찬가지로 선의의 제3자 보호를 위한 규정(민법 제107조 제2항, 제108조 제2항)은 적용되지 아니한다.

(2) 특징

합명회사설립무효의 소는 제소권자가 사원에 한정된다는 특징이 있고, 그 밖의 절차와 판결의 효력은 설립취소의 소와 같다(제184조 내지 제193조).

제 3 절 내부관계

앞에서 기술한 바와 같이 합명회사의 내부관계는 회사와 사원관계, 사원 상호간의 관계를 말한다. 이에 관한 상법규정은 상당수 임의규정이며 손익분배, 업무집행, 정관변경, 경업금지, 지분변동 및 퇴사제도 등이 있다.

I. 출 자

1. 의의

출자(contribution)라 함은 사원이 회사의 목적사업을 수행하는 데 필요한 급여를 회사에게 제공하는 것을 말한다. 합명회사 사원의 급여에는 금전, 노무, 신용 또는 기타 재산 등이 있다. 합명회사의 사원은 출자의무를 부담한다(제179조 제4호, 제195조·민법 제703조). 출자의무는 설립행위, 즉 정관의 작성에 의하여 발생한다(제179조 제4호). 출자의무는 정관의 규정에 의하여도 이에 반하는 사항을 정할 수 없다.

사원의 출자목적 등은 정관의 절대적 기재사항이므로 출자액을 변경하는 때에도 정관변경절차를 밟아야 한다. 회사설립 후 입사하는 자에 대하여는 그 자의 출자에 관하여 정관으로 새로이 정하여야 한다. 합명회사에는 법률상 자본이라는 개념이 없지만, 노무출자와 신용출자를 제외한 「재산출자」의 총액을 자본이라고 하는 것이 통상적이다.

2. 출자의 종류

(1) 개요

합명회사 사원의 출자목적은 재산, 노무 또는 신용의 어느 것이라도 무관하다(제195조·제222조, 민법 제703조 제2항). 출자의 목적에 노무와 신용이 인정되는 점이 하나의 특징이다. 출자는 정관에 그 뜻과 출자의 목적·가격 또는 평가의 표준을 정한 경우에 인정된다(제179조 제4호, 제195조·민법 제703조). 노무와 신용의 출자가 인정되는 것은 무한책임사원만으로 구성되기 때문이다(제272조 참조).

(2) 재산출자

합명회사의 사원은 재산출자를 하는 경우 金錢出資는 물론 現物出資도 할 수 있다. 現物出資의 목적인 재산은 부동산·동산·유가증권·채권·무체재산권·영업상의 비결 등 그 제한이 없다. 영업을 일괄하여 현물출자할 수도 있다. 현물출자는 목적물 자체를 이전하는 移轉出資 또는 목적물의 사용·수익만을 출자하는 使用出資이든 무방하다.[3]

(3) 노무출자

노무출자는 사원이 회사를 위하여 노무를 제공함으로써 하는 출자이다. 이 노무는 정신적이든 육체적이든 어느 것이나 무방하고, 임시적이든 계속적이든 불

---

3) 정찬형(2014), 540면; 정동윤(2012), 876면.

문한다. 예를 들면, 특정한 기술을 가진 자가 그 기술을 회사에게 제공하는 것 등
이 이에 속한다. 다만, 그 노무에 대하여 별도의 보수가 주어진다면 출자라고 할
수 없다.[4]

(4) 신용출자

신용출자는 사원이 회사로 하여금 자기의 신용을 이용하게 하는 출자이다.
예를 들면, 회사를 위하여 인적 또는 물적 담보를 제공하거나, 채무를 보증한다든
지, 회사가 발행한 어음에 배서 또는 인수를 하는 것 등이 이에 속한다. 그리고
사원의 이름을 회사의 상호에 사용하게 하는 것도 신용출자에 포함된다. 상호는
人格權的 性質을 가진 財産權으로서 개인의 중요한 영업재산이기 때문이다.

3. 출자의무의 발생과 소멸

출자의무는 합명회사의 사원자격에 의거한 의무이므로 원칙적으로 회사성립
이나 입사와 같은 사원자격의 취득과 함께 발생하고, 퇴사와 같이 사원자격의 喪
失과 함께 消滅한다. 출자의무는 회사성립의 경우에는 정관의 작성, 성립 후 입
사의 경우에는 정관의 변경에 의하여 발생한다. 出資義務의 종류와 범위도 정관
에 의하여 결정된다.

출자의무는 의무의 이행 또는 사원자격의 상실로써 소멸한다. 그러나 회사
의 催告 후 또는 기한의 도래로 인하여 구체화한 출자청구권은 讓渡 · 押留 또는
轉付[5]의 대상이 되고, 사원의 이러한 구체적 출자의무는 사원의 자격을 상실하
더라도 소멸되지 않는다.[6]

4. 출자의무의 이행

(1) 시기

출자이행의 시기는 정관에 규정이 있으면 그에 의하고, 정관에 규정이 없으
면 보통의 업무집행의 방법으로 자유로이 정한다(제195조 · 민법 제706조 제1항 제2항).
따라서 設立登記와 동시에 항상 이행기가 도래하는 것은 아니다. 출자의 이행에

---

4) 이철송(2016), 153면.
5) 채무자가 제3채무자에 대하여 가지는 채권을 지급에 갈음하여 압류채권자에게 이전하는
  행위를 말한다.
6) 정찬형(2014), 541면; 정동윤(2012), 877면.

는 사원평등의 원칙이 적용된다. 다만, 상법은 합명회사 사원의 출자시기에 관하여 별도의 규정을 두고 있다. 즉 회사의 청산시 회사의 現存財産이 회사채무를 完濟하기에 부족할 때에는 淸算人은 출자의 이행기에 불구하고 각 사원에 대하여 출자를 청구할 수 있다(제258조 제1항). 회사의 해산 당시에 이미 이행기에 있는 출자의무는 순수한 회사의 채권이기 때문에 제258조 제1항 대신 채권의 推尋에 관한 규정(제254조 제1항 제2호)이 적용된다.

(2) 방법

출자의 방법은 출자의 시기와 마찬가지로 정관에 정하여진 바에 따르지만, 정관에 규정이 없으면 보통의 업무집행방법으로 자유로이 정한다(제195조·민법 제706조). 출자이행의 방법은 출자의 종류에 따라 다르다. 즉 金錢出資의 경우는 금전의 納入, 현물출자의 경우는 목적재산의 이전, 勞務出資의 경우는 노무의 제공, 신용출자의 경우는 신용의 제공 등의 방법에 의한다. 다만, 사원이 채권출자를 하는 경우 해당사원은 채무자의 資力도 담보한다(제196조 본문). 이때 해당사원은 회사에 대하여 利子支給 이외에 채권출자로 인한 손해도 배상하여야 한다(제196조 단서). 사원이 현물출자를 하는 경우에는 이에 대하여 위험부담·하자담보책임[7]도 부담한다(제195조, 민법 제567조·제570조 이하·제580조). 이는 출자의무에 따른 담보책임으로써 무과실책임이다.

현물출자시에는 목적인 특정물에 관한 위험부담·담보책임 등은 민법의 일반원칙에 따른다(제195조, 민법 제567조·제570조 이하·제580조). 합명회사의 사원은 회사채권자에 대하여 무한책임을 부담하여 회사재산이 중요하지 아니하므로 회사의 설립시 또는 입사시에 즉시 출자의무를 이행하여야 하는 것은 아니다.

(3) 출자불이행의 효과

합명회사의 사원이 출자의무를 이행하지 아니하는 때에는 채무불이행의 효과를 발생시킨다(민법 제387조). 그리고 사원의 除名(제220조 제1항 제1호), 업무집행권(제205조 제1항) 또는 代表權(제216조) 상실의 원인이 된다.

---

7) 賣買의 목적물에 하자가 있는 경우 買受人은 일정한 요건을 갖춘 때에 계약을 해제하고, 손해배상을 청구할 수 있다. 경우에 따라서는 흠이 없는 완전물의 給付를 請求할 수 있다. 이 물건의 하자에 대한 賣渡人의 담보책임은, 일반적으로 매도인의 하자담보책임이라고 한다.

Ⅱ. 업무집행

1. 의의

업무집행이란 회사조직을 유지하고 회사의 목적사업을 수행하기 위하여 하는 행위를 말한다. 여기에는 법률행위, 대내적 행위 또는 대외적 행위여부를 포함한다. 그러나 업무집행은 통상의 영업상의 사무를 집행하는 것이므로 定款變更·營業讓渡·解散·組織變更 등 회사존립의 기초에 영향을 주는 행위는 제외된다.

2. 업무집행기관

(1) 원칙 : 자기기관

합명회사의 업무집행기관은 원칙적으로 각 사원이다(제200조 제1항). 이와 같이 합명회사의 각 사원은 선임행위 없이 社員資格과 機關資格이 일치한다. 이를 자기기관이라고 한다. 다만, 정관에 업무집행사원이 있는 경우에는 그 사원이 업무를 집행할 권리와 의무가 있다(제201조 제1항). 업무집행권한이 상실된 사원(제205조)은 업무를 집행할 권리와 의무가 없다.

합명회사는 정관의 규정이나 총사원의 동의가 있는 경우에도 사원 아닌 자에게 업무집행을 맡길 수는 없다. 각 사원의 업무집행행위에 대하여 다른 사원의 이의가 있는 때에는 곧 행위를 중지하고 총사원의 과반수의 결의에 의하여 업무집행방법을 정하여야 한다(제200조 제2항).

(2) 예외 : 업무집행사원

합명회사는 예외적으로 정관에 규정을 두어 1인 또는 수인의 특정한 사원을 업무집행사원으로 정할 수 있다(제201조 제1항). 수인의 사원을 공동업무집행사원으로 할 수도 있다(제202조 본문 참조). 정관으로 정하지 아니하는 경우에는 사원의 3분의 2 이상의 찬성으로써 정할 수 있다(제195조·제706조 제1항).

정관으로 1인 또는 수인의 업무집행사원을 정한 경우에는 그 사원이 업무를 집행할 수 있으나(제201조 제1항), 다른 업무집행사원이 이의가 있는 때에는 곧 그 행위를 중지하고 업무집행사원 과반수의 결의에 의하여 결정하여야 한다(제201조 제2항). 이는 사원 전원이 업무집행을 할 때와 같다.

사원이 업무를 집행하는 때에는 선량한 관리자의 주의의무를 다하여야 한다

(제195조, 민법 제707조 · 제681조).

(3) 지배인 선임의 예외

지배인은 營業主(회사)에 갈음하여 영업에 관한 재판상 그리고 재판 외의 모든 대리권을 행사한다. 따라서 사실상 사원에 갈음하여 회사를 경영하는 중요한 지위에 있다(제11조 제1항). 그리하여 상법은 합명회사의 지배인의 선임과 해임은 정관에 다른 정함이 없으면 업무집행사원이 있는 경우에도 총사원의 과반수 결의로 정하도록 하고 있다(제203조).

(4) 직무대행자

업무집행사원의 업무집행의 정지 및 직무대행자를 선임하는 가처분이 있는 때에는 직무대행자가 업무를 집행한다(제183조의 2 참조). 직무대행자는 가처분명령에 다른 정함이 있거나 또는 법원의 허가를 얻은 경우 외에는 법인의 통상업무에 속하지 아니한 행위를 하지 못한다(제200조 2 제1항). 직무대행자가 이에 위반한 행위를 한 경우에도 회사는 선의의 제3자에 대하여 책임을 진다(동조 제2항).

사원의 업무집행을 정지하거나 직무대행자를 선임하는 가처분을 하거나 그 가처분을 변경 · 취소하는 경우에는 본점 및 지점이 있는 곳의 등기소에서 이를 등기하여야 한다(제183조의 2).

3. 업무집행권의 제한과 상실

각 사원은 업무집행권을 가지나 예외적인 경우에 업무집행권이 없는 사원이 생긴다. 정관으로 특히 어떤 사원을 업무집행사원이라 정하거나 또는 어떤 사원을 업무집행권 없는 사원이라 정하였을 때가 그러하다(제201조 제1항). 이러한 제한은 업무집행의 범위를 정해서도 할 수 있다. 업무집행권 없는 사원이라 할지라도 정관에 다른 정함이 없으면 지배인의 선임과 해임의 결의에는 참가한다(제203조).

업무집행사원은 정당한 사유 없이 「解任」할 수 없으며, 다른 사원의 일치가 아니면 「解任」할 수 없다(제195조 · 민법 제708조).

공동업무집행사원제도는 업무집행사원의 권한을 제한하는 방법이기도 한데, 정관으로 수인의 사원을 공동업무집행사원으로 정한 때에 그 전원의 同意가 없으면 업무집행행위를 하지 못한다(제202조 본문). 그러나 지체할 염려가 있는 때에는 예외이다(제202조 단서). 공동업무집행사원을 정한 때에는 등기하여야 한다(제180조 제5호). 등기하지 아니하는 때에는 선의의 제3자에게 대항하지 못한다(제37조 제1항).8)

업무집행사원이 업무를 집행함에 있어 현저하게 不適任하거나 중대한 의무에 위반한 행위가 있는 때에는 法院은 사원의 청구에 의하여 「업무집행권의 상실」을 선고할 수 있다(제205조 제1항). 판결이 확정된 때에는 본점과 지점의 소재지에서 등기하여야 한다(동조 제2항). 합명회사가 정관으로 사원 또는 업무집행사원의 업무집행권을 박탈하는 사유를 정할 수 있으므로 이 경우 상법 제205조의 적용이 배제되는지 문제될 수 있는데, 이는 사원들이 상법 제205조와 선택적으로 이용할 수 있는 제도이다.9)

4. 업무감시권

합명회사의 사원 중 업무집행권이 없는 사원은 회사의 업무와 財産狀態를 檢査할 수 있는 권리를 갖는다(제195조·민법 제710조). 그 이유는 업무집행권이 없는 사원일지라도 업무집행의 결과와 회사채권자에 대하여 無限責任을 부담하는 등 회사의 업무집행에 관하여 중대한 이해관계가 있기 때문이다. 업무감시권에 관한 규정은 내부관계에 관한 규정에 속하나, 강행규정이므로 정관의 규정으로도 剝奪하거나 제한할 수 없다(통설).

Ⅲ. 의사결정

1. 방법

합명회사의 사원결의에 관하여 먼저 지배인의 선임과 해임(제203조, 과반수 결의), 정관의 변경(제204조)과 같이 '사원의 의사결정'을 요하는 사안은 상법 또는 정관에서 정한 결의방법에 의한다. 그렇지 아니한 사안은 원칙적으로 총사원의 과반수에 의한다(제195조, 민법 제706조 제2항 제1문). 다만, 지분양도·정관변경 또는 해산과 같이 회사의 기본구조를 변동시키거나 사원 전체에 중대한 이해관계가 있는 사안은 사원 전원의 동의를 요한다(제197조, 204조, 제227조 제2호).

---

8) 대법원 2014. 5. 29. 선고 2013다212295 판결.
9) 대법원 2015. 5. 29. 선고 2014다51541 판결.

2. 사원총회

합명회사는 전형적인 인적회사로써 상법상 관련규정도 소수사원으로 구성될 것을 예상하고 마련되었으므로 물적회사와 달리 상법상 社員總會가 없다. 그리하여 사원의 의사결정을 요하는 사안에는 별도로 회의를 소집할 필요는 없고 구두, 전화 또는 서면 등과 같은 방법으로 각 사원의 의사를 파악하면 된다.[10] 다만, 정관의 규정으로 사원총회를 둘 수는 있다.

3. 의결권의 행사방식

합명회사의 사원은 출자액이 서로 다르더라도 회사의 운영결과와 채무에 대하여 무한책임을 부담한다. 이 때문에 사원의 의결권은 1인 1의결권을 갖는 頭數主義에 의한다.

합명회사의 의사결정시에는 사원의 개성이 중요하므로 물적회사의 경우와는 달리 의결권의 대리행사는 인정되지 아니한다.

4. 하자에 관한 소

상법은 주식회사와는 달리 합명회사에 대하여는 사원총회의 결의의 하자를 다투는 소에 관한 규정을 두지 않고 있다. 따라서 사원총회의 결의에 하자가 있는 때에는 일반 무효확인의 소(민사소송법 제250조)에 의하여 효력을 다투어야 한다. 이 소는 회사를 상대로 제기하여야 한다. 그것은 회사가 아닌 사원 등 개인을 상대로 한 확인판결은 회사에 그 효력이 미치지 아니하여 즉시확정의 이익이 없기 때문이다.[11]

Ⅳ. 경업피지의무와 자기거래의 제한

1. 경업피지의무

(1) 의의

합명회사의 사원은 그 지위를 남용하여 회사에 損失을 끼칠 수 있다. 그리하여

---

10) 대법원 1995. 7. 11. 선고 95다5820 판결; 서울고법 1971. 11. 30. 선고 70다500 판결.
11) 대법원 1991. 6. 25. 선고 90다14058 판결.

상법은 대표사원 또는 업무집행사원여부를 불문하고 합명회사의 모든 사원에게 商業使用人과 같이 競業禁止義務(협의의 競業避止義務)와 兼職禁止義務를 지우고 있다.

사원은 다른 모든 사원의 동의가 없으면 자기 또는 제3자의 계산으로 회사의 영업부류에 속하는 거래를 하지 못하며(경업금지의무), 동종영업을 목적으로 하는 다른 회사의 無限責任社員 또는 理事가 되지 못한다(겸직금지의무)(제198조 제1항).

이 규정은 회사의 내부관계를 규율하는 규정으로서 任意法規라고 할 수 있다. 따라서 정관의 규정으로 이 의무의 범위를 좁히거나 면제할 수 있다.

(2) 위반의 효과

사원이 경업금지의무에 위반하면 회사는 介入權(제198조 제2항)[12]과 손해배상청구권을 행사할 수 있다(제198조 제3항). 또 다른 모든 사원의 과반수의 결의에 의하여 그 사원의 「除名」선고(제220조 제1항 제2호), 업무집행권 또는 대표권 상실의 선고(제205조, 제216조)를 법원에 청구할 수 있다. 회사가 개입권을 행사하는 경우 다른 모든 사원의 과반수의 결의를 요하며, 일정한 제척기간 내, 즉 다른 사원 1인이 그 거래를 안 날로부터 2주간 내, 그 거래가 있은 날로부터 1년 내에 행사하여야 한다(제198조 제4항).

사원이 겸직금지의무에 위반하면 회사는 경영금지의무와 달리 개입권을 행사할 수는 없고 손해배상청구권을 행사할 수 있다(제198조 제3항 유추적용). 그리고 다른 모든 사원의 과반수의 결의에 의하여 그 사원의 「除名」을 법원에 청구할 수 있을 뿐이다(제220조 제1항 제2호).

2. 자기거래의 제한

(1) 의 의

합명회사의 각 사원은 원칙적으로 업무집행권을 가지며 그렇지 아니한 경우에도 업무감시권을 갖고 있는 까닭에 사원이 회사의 상대방이 되어 거래할 때에는 회사에 불이익을 끼칠 우려가 있다. 이 때문에 합명회사의 각 사원은 다른 사원의 과반수의 결의가 있는 때에 한하여 자기 또는 제3자의 계산으로 회사와 거

---

12) 사원이 경업금지규정에 위반하여 거래를 한 경우에 그 거래가 자기의 계산으로 한 것인 때에는 회사는 이를 회사의 계산으로 한 것으로 볼 수 있고, 제3자의 계산으로 한 것인 때에는 그 사원에 대하여 회사는 이로 인한 이득의 양도를 청구할 수 있다.

래를 할 수 있다(제199조).

(2) 위반의 효과

사원이 자기거래제한에 위반한 경우에는 회사에 대하여 손해배상책임을 지고(제195조, 민법 제707조·제681조) 다른 사원의 청구에 의하여 법원으로부터 업무집행권 또는 대표권의 상실선고를 받을 수 있다(제205조, 제216조). 다만, 경업피지의무 위반의 경우와는 달리 사원의 제명사유에는 해당하지 않는다고 본다(제220조 제1항 참조).[13] 그 이유는 ① 상법은 사원의 제명사유로 경업피지의무 위반만을 명문화하고 있으며, ② 자기거래는 업무집행권 행사의 일환이 아닌 개인적 거래로 보아야 하고, ③ 자기거래는 경업거래만큼 합명회사의 업무를 위축시키는 중요한 사유에 해당하지 않기 때문이다. 이러한 점에서 자기거래행위까지 제명을 인정하는 경우 합명회사의 존립을 위태롭게 할 수 있다.

V. 손익의 분배

1. 의의

합명회사는 영리법인이므로 당연히 영업에서 얻은 이익 또는 손실을 사원에게 분배하여야 한다. 여기서 이익이란 합명회사의 매결산기 대차대조표(제30조 제2항)에서 純財産의 總額(적극재산에서 소극재산을 공제한 것)이 회사의 자본, 즉 재산출자총액을 초과할 때 그 초과액(자본금(사원출자액) < (순자산총액)을 말한다. 부족액(자본금(사원출자액) > (순자산총액)))은 손실을 의미한다.

회사의 순재산총액을 계산할 때에는 채권자를 위한 담보가치가 있는 재산만을 대상으로 하여야 할 필요가 있다. 이 때문에 신용출자와 노무출자는 포함되지 아니한다고 본다. 자본금을 계산할 때도 마찬가지이다.

2. 표준(비율)

상법은 손익분배의 표준(비율)에 관한 규정을 두지 않고 있으므로 定款 또는 總社員의 동의로 결정할 수 있다. 정관 또는 총사원에 의하여 손익분배의 표준을 정하지 아니한 때에는 민법의 조합에 관한 규정이 준용된다(제195조). 이 경우 출

---

13) 반대의견 : 이철송(2016), 159면; 최준선(2016), 839면.

자비율에 따라 손익분배의 비율이 정하여지고(민법 제711조 제1항), 이익 또는 손실의 어느 한쪽에 대하여만 분배비율을 정한 때에는 그 비율이 이익과 손실에 공통된 것으로 추정한다(민법 제711조 제2항). 이때의 출자가액이 分割出資인 경우에는 이미 履行된 출자액을 기준으로 한다.

3. 시기

손익분배의 시기에 대하여는 정관에 규정된 바가 있으면 이에 따르고, 정관에 규정된 바가 없으면 대차대조표를 작성하는 매결산기(제30조 제2항)로 한다(통설).

4. 방법

(1) 금전배당

이익의 분배는 정관에 특별한 정함이 없는 한 원칙적으로 금전으로 한다. 정관의 규정 또는 총사원의 동의에 의하여 이익의 전부 또는 일부를 회사에 적립할 수도 있다. 손실의 분담은 현실적으로 재산을 추가 제공할 필요는 없고 각 사원 지분의 평가액이 감소하는 데 그친다. 그러나 退社 또는 淸算의 경우 각 사원은 분담손실액을 납입하여야 한다. 사원의 출자는 유한하지만, 손실분담은 무한하다.

(2) 자본금충실원칙의 비적용

합명회사신용의 기초는 사원이므로 주식회사와 달리 資本金充實(維持)原則이 적용되지 아니한다. 따라서 法定準備金制度(이익준비금14) + 자본준비금15))도 없고, 이익이 없는 경우에도 배당할 수 있다. 그리고 前 영업년도의 손실을 전보하지 아니한 상태에서도 이익배당을 할 수 있다.

(3) 배당금지급청구권의 양도 등

합명회사의 사원자격에서 가지는 利益配當請求權은 추상적인 권리이다. 그러나 이 권리로부터 발생하는 배당금지급청구권은 구체적인 개인법상의 채권이다. 이러한 구체적인 지급청구권은 지분양도의 제한에 관한 규정(제197조)을 적용받지 않기 때문에 자유롭게 양도하거나 입질의 대상이 될 수 있고, 押留 · 轉付命

---

14) 매결산기의 손익거래, 즉 영업거래로부터 발생하는 이익을 재원으로 하여 적립하는 준비금.
15) 매결산기의 영업이익 이외의 이익을 재원으로 하여 적립하는 준비금. 증자 · 감자 · 주식의 할증발행 · 자기주식거래 등이 이에 해당한다.

슈의 목적이 될 수 있다.

VI. 정관변경

1. 의의 및 절차

합명회사의 정관은 회사의 본질이나 강행규정에 반하지 아니하는 한 자유롭게 변경할 수 있다. 다만, 필요적 기재사항이든 임의적 기재사항이든 그 변경에는 총사원의 동의가 필요하다(제204조). 다수결이 아닌 총사원의 동의를 요구하는 것은 합명회사의 조합적 성질을 고려한 것이다. 그러므로 상법 제204조는 내부관계에 임의규정으로써 정관의 규정에 의하여 그 요건을 완화할 수 있다(통설).

그러나 사원의 성명, 주민등록번호 및 주소는 정관의 절대적 기재사항이기는 하지만, 이미 다른 사원의 동의로 지분의 전부 또는 일부를 양도하여 발생한 사원변경(제197조), 사원의 사망(제218조 제3호), 사원의 임의퇴사(제217조) 또는 제명(제230조) 등으로 사원이 변경된 경우에는 사원의 동의 없이 바로 정관변경의 효력이 발생한다.

2. 등기

정관변경사항이 동시에 등기사항일 때에는 변경등기를 하여야 한다(제183조). 정관변경의 효력은 등기시가 아닌 변경결의시에 발생하지만 등기를 하지 아니하면 선의의 제3자에게 대항하지 못한다(제37조).

VII. 사원의 변동

1. 의의

상법상 합명회사 사원의 지분에는 두 가지 뜻이 있다. 첫째, 주식과 마찬가지로 사원의 지위 내지 사원권(제197조 참조), 둘째, 사원의 퇴사 또는 회사해산의 경우 사원자격에 기하여 회사로부터 還給받거나(적극지분), 회사에 지급할(消極持分) 재산상의 數額을 말한다(통설).

합명회사 등 인적회사의 지분은 각 사원에게 오직 1개만이 있다(持分單一主義).

다만, 그 크기가 출자액에 비례하여 상이하다(제195조, 민법 제711조). 이러한 점은 물적회사와 다른데, 주식회사와 유한회사의 사원의 지위는 均等한 比例的 單位로 구성되어 있다(持分複數主義, 제329조 제2항·제554조).

합명회사의 사원자격은 원칙적으로 회사설립으로 취득되고, 해산에 의하여 소멸한다. 이 밖에 상법은 入社·退社·持分의 讓受 또는 지분전부의 양도 등과 같은 사원자격의 취득과 상실에 관한 규정을 두고 있다. 사원은 정관의 絕對的 記載事項이고(제179조 제3항), 등기사항이다(제180조 제1항). 따라서 사원이 변동되는 때에는 정관을 변경하고 변경등기를 하여야 한다(제183조).

2. 입사

사원의 입사란 회사성립 후에 출자하여 새롭게 사원자격을 원시적으로 취득하는 것을 말한다. 입사는 입사하려는 자와 회사와의 사이에 입사계약에 의한다. 새로운 사원의 가입은 정관의 절대적 기재사항의 변동을 가져오므로(제179조 제3호) 정관변경절차를 밟아야 한다. 따라서 총사원의 동의를 요한다(제204조). 다만, 총사원의 동의가 있으면 정관변경의 효력이 발생하므로 신입사원은 총사원의 동의가 있으면 서면의 경정이나 등기부의 기재없이도 그 시점에서 사원지위를 취득한다.[16]

사원의 가입은 회사의 책임재산을 증가시키므로 회사채권자를 보호하기 위한 별도의 절차를 요하지 아니한다. 뿐만 아니라 회사성립 후에 가입한 사원은 가입 전에 생긴 회사채무에 대하여 다른 사원과 동일한 책임, 즉 직접·연대 그리고 무한책임을 부담한다(제213조).

3. 퇴사

(1) 의의

퇴사란 회사의 존속 중에 특정사원의 사원자격을 절대적으로 상실하는 것을 말한다. 퇴사는 물적회사에는 없는 제도이다. 합명회사의 사원에 대하여 퇴사를 인정하는 이유는 다음과 같다. 합명회사에서 퇴사제도가 인정되는 것은 ① 신뢰의 기초를 흔들리게 하는 사원이 있거나, ② 사원은 원칙적으로 업무집행의무와

---

16) 대법원 1996. 10. 29. 선고 96다19321 판결.

무한책임을 부담하기 때문에 그 뜻에 반하여 지나치게 장기간 회사에 얽매어 두는 것은 개인의 자유를 구속하는 것이며, ③ 지분의 양도가 제한되어 있어 자본회수의 방법이 퇴사 이외에 달리 있을 수 없기 때문이다.

퇴사제도는 일부 사원에게 회사를 계속하지 못할 사유가 발생하더라도 반드시 해산하지 아니하고 기업유지를 가능하게 하는 긍정적인 측면도 있다.

(2) 퇴사원인

1) 서

퇴사는 퇴사원인에 따라 임의퇴사, 당연퇴사 및 기타의 퇴사로 나뉜다. 임의퇴사는 사원의 자유로운 의사에 기하여 하는 퇴사를 말한다. 당연퇴사는 사원의 의사와 관계없이 법정사유의 발생에 따른 퇴사를 말한다. 그 밖에 회사채권자가 퇴사시키는 경우와 회사계속과 관련하여 퇴사가 의제되기도 한다.

2) 임의퇴사

정관으로 회사의 존립기간을 정하지 아니하거나 어느 사원의 종신까지 존립하도록 정한 때에는 사원의 자유로운 의사표시에 의하여 퇴사할 수 있다(제217조 제1항 본문). 따라서 다른 사원의 동의는 필요하지 않다. 이 경우 사원은 영업년도 말에 한하여 퇴사할 수 있으며, 6월 전에 회사에 대하여 예고하여야 한다(제217조 본문). 그러나 부득이한 사유가 있는 때에는 언제든지 퇴사할 수 있다(제217조 제2항). 부득이한 사유란 사원으로서 계속적으로 회사에 관여하기 어려운 個人事情 예를 들면, 갑작스런 질병 등을 말하며, 회사사업의 不振과 같이 통념상 사원이 감수하여야 할 사정은 포함되지 아니한다.[17]

3) 당연퇴사

사원은 다음과 같은 사유가 발생한 때에는 그 의사에 관계없이 퇴사한다. 첫째, 정관이 정한 사유가 발생한 때(제218조 제1호). 여기에는 조건·기한(예: 정년)·자격상실 등이 해당한다.

둘째, 총사원의 동의가 있을 때(제218조 제2호). 이는 사원이 임의퇴사사유에 해당하지 아니하지만, 자기의 의사에 기하여 퇴사하고자 하는 경우 총사원의 동의가 있을 때를 말한다.

셋째, 사원이 死亡하였을 때(제218조 제3호). 이는 정관으로 상속을 규정하지 아

---

17) 이철송(2016), 164면.

니한 때에만 적용한다. 정관에 규정이 있으면 상속인이 피상속인의 사원자격을 상속한다(제219조).

넷째, 사원이 성년후견개시심판을 받았을 때(제218조 제4호, 민법 부칙 제3호).

다섯째, 사원이 破産宣告를 받았을 때(제218조 제5호).

여섯째, 사원이 除名되었을 때(제218조 제6호) 등이 그에 해당한다.

4) 제명

가) 취지　　제명은 사원의 자격을 그 의사에 반하여 강제적으로 剝奪하는 다른 사원의 意思決定이다. 합명회사의 제명제도는 고도의 신뢰관계를 바탕으로 하는 회사의 구성원으로서 더 이상 신뢰를 기대할 수 없는 사원을 다른 사원들이 逐出함으로써 회사존속을 도모하여 기업유지의 이념을 실현하려는 것이다. 다만, 사원이 2인뿐인 회사에서 1인을 축출하는 것과 같이 제명으로 인하여 해산사유가 발생하여서는 아니 된다.[18]

나) 제명사유　　상법은 제명사유를 열거하고 제명절차에 대하여도 엄격하게 규정하고 있다. 제명사유로는 사원이 ① 출자의무를 이행하지 아니한 때(제220조 제1항 제1호), ② 경업피지의무(제198조 제1항)에 위반한 때(제220조 제1항 제2호), ③ 회사의 업무집행 또는 대표행위에 관하여 부정한 행위를 한 때 또는 권한없이 업무를 집행하거나 회사를 대표한 때, ④ 기타 중요한 사유가 있는 때(제220조 제1항 제4호)이다. 「기타 중요한 사유」라 함은 ① 내지 ③과 같은 정도의 신뢰관계를 파괴하는 사유를 의미한다.[19]

다) 제명절차　　제명사유가 있을 때에는 다른 사원의 過半數의 決意에 의하여 법원에 제명의 선고를 청구할 수 있다(제220조 제1항 본문). 그리고 법원의 제명선고가 있어야 한다. 제명선고절차는 피제명사원의 권리를 보호하기 위한 강행규정이다. 따라서 사원의 결의만으로 제명할 수 있도록 정한 정관 규정은 효력이 없다.[20]

수인을 제명하는 때에는 피제명사원 1인을 제외한 다른 사원 과반수의 결의가 있어야 한다.[21] 다른 사원 과반수에는 다른 피제명사원을 포함한다. 따라서 수

---

18) 대법원 1991. 7. 26. 선고 90다19206 판결.
19) 대구지법 1991. 1. 8. 선고 90가합13042 판결.
20) 춘천지법 2009. 5. 13. 선고 2008가합481 판결.
21) 대법원 1976. 6. 22. 선고 75다1503 판결.

인의 일괄제명결의는 효력이 없다.[22] 제명청구의 소는 회사의 본점소재지 지방법원의 管轄에 專屬한다(제220조 제2항, 제206조, 제186조).

　　라) 제명효과　　법원의 제명선고로 제명의 효과가 발생하고 해당사원은 퇴사한다. 다만, 제명된 사원과 회사와의 持分還給을 위한 계산은 제명의 소를 제기한 때의 회사의 재산상태에 따라서 하며 그 때부터 법정이자를 붙여야 한다(제221조). 이 규정은 피제명사원을 보호하기 위한 것이다.

　　마) 제명등기　　제명판결이 확정되면 본점과 지점의 소재지에 등기하여야한다(제220조 제2항·제205조 제2항).

5) 채권자에 의한 퇴사

　　이는 사원의 지분압류채권자에 의한 강제퇴사이다. 이때 사원의 채권자는 회사와 채무자인 사원에게 6월 전에 예고하고 營業年度末에 그 사원을 퇴사시킬 수 있다(제224조 제1항). 퇴사의 예고는 형성권이다. 따라서 영업연도말이 경과하면 당연히 채무자인 사원이 퇴사하는 효과가 생긴다.[23] 이 제도는 사원의 채권자가 이익배당과 같은 지분압류채권만으로는 채권 전액을 변제받을 수 없는 경우 사원을 강제퇴사시키고 지분을 환급받아 자기의 채권을 변제받을 수 있도록 하는데 그 취지가 있다.

　　그러나 채무자인 사원이 변제를 하거나 상당한 담보를 제공한 때에는 그 예고는 효력을 잃는다(제224조 제2항). 그것은 채권의 변제가 확실하여지기 때문이다. '상당한 담보를 제공'한다고 함은 채무자와 압류채권자와의 사이에서 ① 채무변제에 충분한 담보물권을 설정하거나, ② 보증계약을 체결하는 것 또는, ③ 압류채권자가 제3자의 채무인수를 승낙하는 것을 말한다.[24]

　　채무자의 변제 또는 담보제공은 퇴사가 예고된 영업연도말에 이루어져야 하므로 영업연도말 이후에 변제되거나 담보가 제공되더라도 퇴사효력에 영향을 미치지 못하고 퇴사예고도 효력을 상실한다.[25]

6) 기타

　　특정한 사원에 한하여 설립행위에 무효 또는 취소의 원인이 있어 설립무효

---

22) 대법원 1976. 6. 22. 선고 75다1503 판결.
23) 대법원 2014. 5. 29. 선고 2013다212295 판결.
24) 대법원 1989. 5. 23. 선고 88다카13516 판결.
25) 대법원 1989. 5. 23. 선고 88다카13516 판결.

또는 설립취소의 판결이 확정된 때에는 다른 사원 전원의 동의로 회사를 계속할 수 있다(제194조 제1항). 이 경우 설립무효 또는 설립취소의 원인이 있는 사원은 퇴사한 것으로 본다(동조 제2항). 그리고 존립기간의 만료 기타 정관으로 정한 사유가 발생하여 회사가 해산하였으나 일부사원의 동의로 회사를 계속하는 경우에 동의하지 않은 사원은 퇴사한 것으로 본다(제229조 제1항 단서).

(3) 퇴사의 효과

1) 서

퇴사에 의하여 퇴사원은 사원의 자격을 절대적으로 상실한다. 퇴사로 인하여 회사채권자의 보호와 회사에 대한 관계에서는 다음과 같은 효과가 발생한다.

2) 회사채권자의 보호

퇴사원은 본점소재지에서 퇴사등기를 하기 전에 생긴 회사채무에 대하여 등기 후 2년 내에는 다른 사원과 동일한 책임을 진다(제225조 제1항).[26] 이는 퇴사제도가 사원의 무한책임을 免脫하는 것을 방지하기 위함이다. 지분을 양도하여 사원자격을 상실한 자도 회사채권자에 대하여 퇴사원과 같은 책임을 진다(제225조 제2항).[27]

3) 회사에 대한 관계

가) 상호변경청구권   퇴사한 사원의 성명이 회사의 상호 중에 사용된 경우에는 그 사원은 회사에 대하여 그 사용의 폐지를 청구할 수 있다(제226조). 퇴사원의 성명이 사용되는 때에는 자칭사원으로서의 책임을 져야 한다(제215조).

나) 지분의 계산   퇴사한 사원의 지분의 계산은 회사의 내부관계이므로 정관으로 정할 수 있고, 상법 및 정관에 다른 규정이 없으면 조합에 관한 민법규정에 의한다(제195조, 민법 제719조). 그리하여 지분의 계산은 퇴사일의 회사재산 상태에 따라서 하여야 한다. 다만, 제명의 경우에는 제명의 소 제기시의 회사재산 상태에 따라서 하여야 하며, 그 때부터 法定利子를 기산한다(제221조).

다) 지분환급청구권   퇴사한 사원은 회사에 대하여 지분환급청구권을 가진다. 노무 또는 신용이 출자의 목적인 경우에도 그 지분의 환급을 받을 수 있다. 다만, 정관에 다른 규정이 있는 때에는 그러하지 아니하다(제222조). 지분의 환급은 퇴사원이 한 출자의 종류와 무관하게 금전으로 할 수 있다(제195조, 민법 제719조 제2항).

---

26) 대법원 1975. 2. 10. 선고 74다1727 판결.
27) 대법원 1975. 2. 10. 선고 74다1727 판결.

퇴사원은 지분계산의 결과 積極持分(+)의 경우에는 환급 받고, 消極持分(-)인 경우에는 손실분담의무에 따라 회사에 그 금액을 납입하여야 한다. 지분환급청구권은 사원자격을 상실한 자의 제3자적 권리의무로 잔존사원은 당연히 연대·무한책임을 진다(제212조 참조).

Ⅷ. 지분의 변동

1. 지분의 양도

지분의 양도는 사원권의 전부 또는 일부를 계약에 의하여 타인에게 이전하는 것을 말한다. 지분의 양도는 당사자간의 계약에 의하여 성립하지만, 그 효력이 발생하기 위하여는 다른 사원 전원의 同意를 요한다(제197조). 이러한 점에서 합명회사 사원의 지분양도는 주식의 양도자유(제335조 제1항)와 대조를 이룬다. 이는 합명회사는 회사경영과 책임의 분담에 있어 사원 상호간의 신뢰를 중시하여 지분의 양도를 엄격히 제한하는 데에서 나오는 것이다. 지분의 양도시 다른 사원 전원의 동의를 요구하는 제197조를 임의규정으로 보고 정관으로 완화할 수 있다는 것이 통설이다.

지분을 전부 양도할 경우 양도인은 사원자격을 상실한다. 즉 퇴사한다. 양수인이 현존사원일 경우 그의 지분은 분량적으로 증가하고 반대의 경우는 감소한다. 양수인이 현존사원이 아닌 경우 사원자격을 취득한다. 즉 입사한다.

사원의 성명은 정관의 기재사항이다. 따라서 지분의 양도로 인하여 입사·퇴사가 있는 때에는 정관을 변경하여야 한다. 그러나 지분양도에 대한 동의는 동시에 정관변경결의를 포함하는 것으로 본다.[28]

한편 지분양도를 가지고 제3자에게 대항하기 위하여는 지분양도로 인하여 발생하는 사원변경의 등기를 요한다.[29] 지분을 양도한 사원은 본점소재지에서 사원변경등기를 하기 전에 생긴 회사채무에 대하여는 등기 후 2년 내에 다른 사원과 동일한 책임이 있다(제225조 제2항·제1항).

---

28) 대법원 1989. 11. 28. 선고 88다카33626 판결.
29) 대법원 1968. 10. 29. 선고 68다1088 판결.

2. 지분의 상속

합명회사는 사원의 인적 신뢰관계가 중요하므로 사원의 사망은 퇴사원인이 되며(제218조 제3호), 지분의 상속은 원칙적으로 인정되지 아니한다. 상속인은 사망한 사원의 持分還給請求權을 상속할 수 있을 뿐이다. 다만, 상속인이 정관으로 피상속인의 지분을 상속하도록 규정할 수 있다. 이 때에는 상속인이 사원지위를 승계할 수 있고, 상속인은 상속의 개시를 안 날로부터 3월 내에 회사에 대하여 승계 또는 포기의 통지를 발송하여야 한다(제219조 제1항). 상속인이 통지 없이 3월을 경과한 때에는 사원이 될 권리를 포기한 것으로 본다(제219조 제2항). 통지의 효력은 發信主義에 의한다.

그러나 청산 중의 회사의 사원이 사망한 경우에는 정관의 규정이 없더라도 상속인이 피상속인의 지분을 상속한다(제246조). 이는 청산 중의 회사의 재산은 채무변제 등의 청산절차에 따라 처분되므로 상속인에게 지분환급을 해줄 수 없기 때문이다.

3. 지분의 입질 · 압류

(1) 입질

상법상 합명회사 사원의 지분의 입질에 관하여는 명문규정은 없으나, 통설과 판례[30]는 사원권은 재산적 가치가 있는 권리이므로 權利質[31]의 목적이 될 수 있다고 본다. 따라서 사원의 지분도 민법규정(제345조)에 따라 권리질의 목적이 될 수 있다.

(2) 입질의 요건

1) 서

합명회사 사원의 지분권의 입질의 요건에 대하여는 견해가 나뉜다.

---

30) 대법원 1971. 10. 25. 선고 71다1931 판결.
31) 권리질은 재산권을 목적으로 하는 질권이다. 권리질권의 목적은 양도성이 있는 재산권이다. 그러나 재산권 중에서도 부동산의 사용 · 수익을 목적으로 하는 권리(민법 제345조)와 소유권, 地役權, 鑛業權, 漁業權 등은 목적이 되지 못한다. 그러므로 채권, 주식, 無體財産權은 권리질권의 목적이 된다.

2) 통설

통설은 지분양도에 관한 규정(제197조)을 유추적용하여 당사자간의 合意 외에 총사원의 동의가 있어야 한다고 해석한다.

3) 소수설

소수설은 입질 자체에 다른 사원의 동의가 필요 없고, 채권자의 「持分의 換價」에 다른 사원의 동의가 필요하다고 하거나[32] 또는 입질은 자유로이 할 수 있으나 합명회사의 지분의 성질상 질권의 효력은 이익배당청구권·지분환급청구권·잔여재산분배청구권에 한하여 미칠 뿐이고(민법 제342조[33], 제323조[34] 참조), 경매권은 주어지지 아니한다고 한다.[35]

4) 사견

지분의 입질은 지분의 양도와 동일하게 보아 입질 자체에 총사원의 동의가 필요하다는 통설을 支持한다. 다만, 이 경우 지분의 질권자는 지분에 대한 경매권은 없고, 장차 구체화될 사원의 이익배당청구권과 지분환급청구권에 질권의 효력을 미칠 뿐이다(민법 제342조).

(3) 지분의 압류

1) 서

합명회사 사원의 채권자가 강제집행으로 자기의 채무자인 사원의 지분을 압류할 수는 있지만, 그 換價 또는 轉付에 다른 총사원의 동의가 필요하기 때문에 실효성을 거두기 어렵다. 그리하여 상법은 압류채권자를 보호하기 위하여 다음과 같이 立法政策的인 배려를 하고 있다.[36]

2) 사원의 강제퇴사

사원지분의 압류채권자는 6월 전에 豫告하고 영업년도말에 그 사원을 퇴사시킬 수 있다(제224조 제1항). 압류채권자는 퇴사로 인하여 발생하는 持分還給請求

---

32) 정동윤, 상법(상), 법문사, 2012, 887면.
33) 제342조(物上代位) 질권은 질물의 滅失, 毁損 또는 公用徵收로 인하여 질권설정자가 받을 금전 기타 물건에 대하여도 이를 행사할 수 있다. 이 경우에는 그 지급 또는 인도 전에 압류하여야 한다.
34) 제323조(果實收取權) 유치권자는 유치물의 과실을 수취하여 다른 채권보다 먼저 그 채권의 변제에 충당할 수 있다. 그러나 과실이 금전이 아닌 때에는 경매하여야 한다.
35) 이철송(2016), 169면.
36) 대법원 1971. 10. 25. 선고 71다1931 판결.

權을 전부명령이나 추심명령을 얻음으로써 사원의 지분에 관한 채권의 만족을 얻을 수 있다. 다만, 강제퇴사의 예고는 사원이 변제를 하거나 상당한 담보를 제공한 때에는 그 효력을 잃는다(제224조 제2항).[37]

3) 이익배당청구권과 지분환급청구권에 대한 효력

사원지분의 압류는 사원이 장래이익의 배당청구권과 지분환급청구권에 대하여도 그 효력이 있다(제223조). 이에 따라 이러한 청구권의 행사시기에 달하는 때에 채권자는 이를 추심하거나 전부할 수 있다고 본다.[38]

4) 임의청산의 경우 동의권

임의청산의 경우 사원의 지분을 압류한 채권자가 있는 때에는 그 채권자의 동의를 얻어야 한다(제247조 제4항). 이 규정에 위반하여 그 재산을 처분한 때에는 사원지분의 압류채권자는 회사에 대하여 그 지분에 상당하는 금액의 지급을 청구할 수 있다(제249조 제1항).

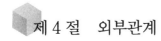

제 4 절 외부관계

Ⅰ. 회사대표

1. 개요

합명회사에서는 원칙적으로 각 사원이 회사를 대표한다. 다만, 정관으로 업무집행사원을 정하였을 때에는 대표권에 관한 정함이 없더라도 業務執行社員이 회사를 대표한다(제207조 본문). 정관의 규정으로 수인의 업무집행사원을 정한 경우에는 각 업무집행사원이 회사를 대표한다. 그러나 정관 또는 총사원의 동의로 업무집행사원 중 특히 회사를 대표할 자를 정할 수 있다(제207조). 이 경우 대표사원의 성명은 등기하여야 한다(제180조 제4호).

---

37) 대법원 1989. 5. 23 선고 88다카13516 판결.
38) 정찬형(2014), 551면.

2. 대표권

(1) 권한과 제한

합명회사의 대표사원은 회사의 영업에 관하여 裁判上·裁判外의 모든 행위를 할 권한이 있다(제209조 제1항). 정관 또는 총사원의 동의로 대표권을 제한하더라도 이로써 선의의 제3자에게 대항하지 못한다(제209조 제2항).

회사가 사원에 대하여 또는 사원이 회사에 대하여 소를 제기하는 경우에 회사를 대표할 사원이 없을 때에는 다른 사원 과반수의 결의로 회사를 대표할 자를 선임하여야 한다(제211조).

(2) 상실

대표사원은 정당한 사유 없이 사임할 수 없다. 대표사원은 다른 사원 전원의 일치가 아니면 해임할 수 없다(제195조·민법 제708조). 이는 업무집행사원의 경우와 같다. 대표권이 있는 사원이 업무를 집행함에 있어 현저하게 不適任하거나 중대한 의무에 위반한 행위가 있는 때에는 사원의 청구에 의하여 법원은 대표권의 상실을 선고할 수 있다(제216조·제205조 제1항). 이 역시 업무집행사원의 경우와 같다. 그리고 중대한 의무에 위반한 행위에는 출자의무 또는 경업금지의무 위반행위를 들 수 있다.

대표권 상실판결이 확정되면 本店과 支店의 소재지에 등기하여야 한다(제216조·제205조 제2항). 대표사원이 1인인 경우에는 업무집행사원의 경우와 같이 代表權의 喪失宣告를 할 수 없다고 본다.[39]

3. 공동대표

(1) 의의

합명회사는 정관 또는 총사원의 동의로 수인의 사원이 공동으로 대표할 것을 정할 수 있다(제208조 제1항). 이는 단독 대표권이나 각자 대표권의 남용을 방지하기 위한 제도이다.

---

39) 반대의견 : 정동윤(2012), 888면.

(2) 의사표시방법

공동대표를 정한 경우 단독으로 한 행위는 권한 없는 대표행위가 된다. 즉 회사가 제3자에 대하여 의사표시를 하는 경우에는 반드시 공동으로 하여야 한다(能動代表)(제208조 제1항, 제202조 본문 참조). 그러나 상대방의 회사에 대한 의사표시는 공동대표의 권한 있는 사원 1인에 하더라도 회사에 대하여 효력을 갖는다(受動代表)(제208조 제2항).

4. 대표사원의 불법행위책임

회사를 대표하는 사원이 그 업무집행으로 인하여 타인에게 손해를 가한 때에는 회사는 그 사원과 連帶하여 賠償할 책임이 있다(제210조). 이것은 회사와 거래한 제3자를 두텁게 보호하기 위하여 회사는 물론 대표사원에게도 불법행위책임을 물을 수 있도록 한 것이다(민법 제35조 제1항 참조). 이러한 책임규정은 지배인의 경우와 다르다. 지배인이 업무집행으로 인한 불법행위에 대하여는 회사가 사용자배상책임을 지고(민법 제756조 제1항 본문), 회사가 지배인의 선임 또는 감독에 상당한 주의를 한 것을 증명한 때에는 면책될 수 있다(민법 제756조 제1항 단서).

그러나 회사대표기관의 불법행위에 대하여는 회사 자신의 불법행위로서 회사는 상법 제210조에 의한 책임을 지고 면책되지 아니한다.[40]

Ⅱ. 사원의 책임

1. 개요

합명회사의 사원은 회사채권자에 대하여 人的·無限·直接·連帶責任을 진다(제212조). 이 점이 합명회사의 중요한 특질이다. 합명회사 사원의 성명과 주소가 등기되고 의사결정시 두수주의를 취하며, 자본제도가 없고, 사원에게 노무 및 신용출자가 인정되는 것 등은 이러한 책임을 전제로 파생되는 것이다.

따라서 합명회사 사원의 책임은 회사의 외부관계에 관한 강행규정으로서 정관의 규정 또는 총사원의 합의로도 制限하거나 免除할 수 없다.

---

40) 정찬형(2014), 554면.

2. 책임의 성질

(1) 강행성

사원의 회사채권자에 대한 무한책임은 합명회사의 기본적 특질이다. 그리하여 사원이 대내적으로 회사에 대하여 부담하는 出資義務나 損失分擔義務와도 구별되고, 정관의 규정 또는 총사원의 합의로도 제한하거나 면제할 수 없는 것이다.

(2) 담보성

합명회사의 사원은 회사채권자에 대한 책임은 업무집행권이나 대표권의 유무에 따라 책임의 구별이 생기지 아니한다. 이는 회사의 담보기능을 수행함을 의미한다.

(3) 보충성

사원의 책임은 회사의 재산으로 회사채무를 완제할 수 없거나 또는 회사재산에 대한 强制執行이 奏效하지 못한 때에 생긴다(제212조 제1항·제2항).[41] 즉 사원의 대외적 책임은 회사의 채무를 주채무로 하여 이와 내용을 같이 하는 보충적 책임이다. '강제집행이 주효하지 못한 때'란 회사의 채권자가 회사재산에 대하여 강제집행을 하였음에도 결국 채권의 만족을 얻지 못한 경우를 뜻한다.[42] 이 경우 입증책임은 회사채권자에게 있다(통설).

그런데 사원이 회사에 변제능력이 있으며 집행이 용이하다는 것을 증명한 때에는 그 책임의 이행을 거절할 수 있다(제212조 제3항). 그리고 '회사채무를 완제할 수 없는 때' 또는 '회사재산에 대한 强制執行이 奏效하지 못한 때'는 사원의 책임이행 요건에 불과하며 사원의 책임한도를 의미하는 것은 아니다.[43]

(4) 부종성

합명회사의 사원은 회사가 갖는 항변, 즉 權利不存在·消滅, 同時履行 등으로써 회사채권자에 대항할 수 있다(제214조 제1항). 그리고 회사가 그 채권자에 대하여 상계권, 취소권 또는 해제권이 있는 경우에는 사원은 회사채권자의 청구에 대하여 변제를 거부할 수 있다(제214조 제2항).

---

41) 대법원 2012. 4. 12. 선고 2010다27847 판결.
42) 대법원 2011. 3. 24. 선고 2010다99453 판결.
43) 대법원 2009. 5. 28. 선고 2006다65903 판결.

(5) 직접 · 연대 · 무한책임

「直接」책임은 사원이 회사에 出捐하고 회사로부터 다시 채권자가 변제받는 것이 아니라 채권자가 회사를 거치지 아니하고 사원에게 직접 변제를 청구할 수 있는 책임을 말한다. 「連帶」책임은 사원들 상호간의 연대를 말하고, 사원과 회사와의 연대를 의미하는 것이 아니다. 「無限」책임은 책임금액이 출자액에 유한하지 않고, 회사의 채무전액에 대하여 책임을 지는 것을 말한다.

3. 책임의 범위

(1) 서

합명회사의 사원이 부담하는 회사의 채무는 積極財産으로 변제해야 할 모든 채무이다. 그리하여 계약상의 채무, 불법행위나 부당이득으로 발생한 손해배상책임과 같은 법정채무도 포함되고,[44] 조세 등 공법상의 채무이든 사법상의 채무이든 그 발생원인을 묻지 않고 모든 채무가 포함된다.

(2) 회사채무의 내용과 사원책임의 내용과의 관계

사원의 책임문제와 관련하여서는 사원이 부담하는 책임의 내용이 회사가 부담하는 채무의 내용과 동일하여야 하는지 문제된다. 회사의 채무가 代替性이 있는 채무인 경우에는 사원의 책임도 회사의 채무의 내용과 동일하여야 한다. 그러나 대체성이 없는 채무일지라도 그 채무가 손해배상채무로 化한 경우에는 사원의 책임이 미치고, 사원책임의 내용은 金錢賠償責任이다.[45]

(3) 사원이 회사채권자인 경우

회사가 사원에 대하여 부담하는 채무에 대하여도 사원이 책임(제212조)이 미쳐 다른 사원이 책임을 지는지 문제된다.

1) 부정설(과거의 다수설)

이 학설은 사원이 회사의 채권자인 경우에는 다른 사원이 책임을 지지 않는다고 한다. 이로 인하여 상법 제212조의 적용을 부정한다. 그 이유는 ① 상법 제212조는 본래 제3자인 회사채권자를 보호하기 위한 特別規定이며, ② 제212조를 적용하면 회사채권자인 사원에게 변제한 사원이 다시 회사에 대한 求償權(민법 제

---

44) 대법원 1975. 2. 10. 선고 74다1727 판결.
45) 대법원 1956. 7. 5. 선고 4289민상147 판결.

481조 · 제482조)으로써 다른 사원(채권자인 다른 사원을 포함한다)에 대하여 상법 제212조에 의거하여 책임을 추궁하게 될 것이므로, 결국 이러한 행위가 순환하기 때문이라고 한다.[46]

2) 긍정설

이 학설은 사원관계와 무관한 원인에 의하여 발생한 채권 예를 들면, 賣買 · 消費貸借[47]에 대하여는 원칙적으로 다른 채권자와 동일하게 취급하여야 하므로 상법 제212조가 적용되어야 하고, 이 경우 그가 사원이라는 점에서 회사와 무관한 제3채권자의 채권과 동일하게 볼 수는 없고, 그는 내부관계에서 자기의 손실분담액을 控除한 殘額만을 청구할 수 있다고 한다. 그리고 이 학설은 이 경우 채권자인 사원을 포함하여 全 사원이 각자의 손실분담비율에 따라 책임지게 하는 것이 공평하다고 한다.[48] 다만, 이 학설은 사원관계를 원인으로 한 채권 예를 들면, 사원의 報酬請求權 · 費用償還請求權 등에 대하여는 상법 제212조가 적용되지 않는다고 한다.

3) 사견

회사가 사원에 대하여 부담하는 채무에 대하여는 그 채무가 그 사원이 사원으로서의 지위와 무관하게 발생한 것, 즉 그 사원이 제3자적 지위에서 회사에 대하여 채권을 가지게 된 것이라면 채권자인 사원을 포함하여 전 사원이 각자의 손실비율에 따라 책임을 부담하여야 한다고 본다.

4. 책임자의 유형

(1) 서

합명회사 사원의 책임은 대표사원 또는 업무집행사원 여부를 묻지 아니하고 모든 사원이 진다. 그 밖에 상법은 新入社員(제213조) · 退社員(제225조 제1항) 및 自

---

46) 정희철(1989), 338면; 서돈각 · 정완용(1999), 596－597면; 손주찬(2004), 503면; 정무동 (1996), 622면; 정찬형(2014), 560면.

47) 消費貸借는 당사자의 한쪽(貸主)이 금전 기타의 代替物(예 : 약속어음, 國債, 預金通帳 등)의 소유권을 상대방(借主)에게 이전할 것을 약정하고, 상대방은 동종 · 동질(동등) · 동량의 물건을 반환할 것을 約定함으로써 성립하는 계약이다(민법 제598조). 그 특질은 차주가 빌린 물건 그 자체를 반환하지 않고, 다른 동종 · 동질 · 동량의 것을 반환하면 되는 데 있으며, 이 점에서 다른 貸借型의 契約, 使用貸借 및 賃貸借와 다르다.

48) 이철송(2016), 172－173면; 정동윤(2012), 893면; 권기범(2014), 266면; 최준선(2016), 844면; 최기원(2012), 1037면; 채이식(1996), 886면.

稱社員(제215조) 등에 대한 별도의 규정을 두고 있다.

(2) 신입사원의 책임

회사성립 후에 입사한 사원은 그가 입사하기 이전에 생긴 회사의 채무에 대하여도 다른 사원과 동일한 책임을 진다(제213조). 그 이유는 합명회사도 법인인 이상 대외관계에서 사원의 책임이 같아야 하기 때문이다.

(3) 퇴사(지분양도)사원의 책임

퇴사하거나 지분을 양도한 합명회사의 사원은 퇴사 또는 지분양도에 따른 사원의 變更登記를 한 후 2년 내에는 변경등기를 하기 전에 생긴 회사채무에 다른 사원과 동일한 책임을 진다(제225조 제1항·제2항). 그 이유는 퇴사 또는 지분양도사원의 재산을 중시하여 회사와 거래한 채권자를 보호하기 위함이다. 채무면탈의 목적으로 퇴사하거나 지분을 양도하는 행위를 막기 위한 목적도 있다. 그리하여 퇴사 또는 지분양도사원에게 일정한 기간(등기 후 2년)까지는 책임을 지도록 하고 있는 것이다.

사원의 퇴사 또는 지분양도에 따르는 채무는 去來相對方의 善意·惡意를 불문하고 책임을 부담한다. 이 점에서 상법 제225조는 商業登記의 일반적 효력에 관한 상법 제37조[49]의 예외가 된다.

(4) 해산 후의 사원의 책임

합명회사가 해산한 경우에는 사원의 책임이 本店所在地에서 해산등기 후 5년까지 연장된다(제267조 제1항).

(5) 자칭사원의 책임

자칭사원은 사원이 아니면서 타인에게 자기를 사원이라고 오인시키는 행위를 하는 자를 말한다. 자칭사원은 오인으로 인하여 회사와 거래한 자에 대하여 사원과 동일한 책임을 진다(제215조). 이는 외관주의법리에 따른 表見責任이다. 자칭사원의 책임은 부진정연대책임이다. 따라서 자칭사원은 회사가 갖는 항변으로 대항할 수는 있으나, 다른 사원이 갖는 항변을 원용할 수는 없다.[50]

---

49) 제37조(등기의 효력) 제1항 : 등기할 사항은 이를 등기하지 아니하면 선의의 제3자에게 대항하지 못한다.
    제2항 : 등기한 후라도 제3자가 정당한 사유로 인하여 이를 알지 못한 때에는 제1항과 같다.
50) 최준선(2016), 845면.

5. 변제자의 지위

(1) 의의

합명회사 사원의 변제행위는 제3자의 변제행위이다. 따라서 변제사원은 회사에게 求償權을 행사할 수 있다(민법 제425조 제11항 참조). 사원은 변제할 정당한 이익이 있는 자이므로 회사채권자에 代位한다(민법 제481조).

(2) 이행거절

1) 변제사원의 구상권행사

변제사원은 다른 사원에 대하여도 연대채무에 관한 규정에 따라 그 부담부분에 관하여 구상권을 행사할 수 있다(제425조).

2) 이행거절에 관한 학설

변제사원의 구상권행사에 따른 부담부분은 손실분담의 비율에 따른다. 다만, 求償請求를 받은 다른 사원은 회사에 자력이 있다는 이유로 이행을 거부할 수 있는지에 관하여 학설이 나뉜다. 다수설은 이를 부정하여 다른 사원은 이행을 거절할 수 없다고 한다.[51] 소수설은 다른 사원이 항변할 수 없다면, 변제사원이 다른 사원들의 이익을 포기할 수 있다는 이유로 이를 긍정한다.

6. 책임의 소멸

사원의 책임은 회사의 채무가 존재하는 한 독립하여 소멸시효에 걸리지 아니한다. 그러나 사원의 책임은 해산의 경우에는 해산등기 후 5년, 퇴사 또는 지분양도의 경우에는 양도등기 후 2년이 경과함에 따라 소멸한다(제267조·제225조). 이 기간은 모두 除斥期間이다.

---

51) 정찬형(2014), 560면; 정동윤(2012), 895면; 정희철(1989), 338면; 서돈각·정완용(1999), 482면; 손주찬(2004), 503면; 최기원(2012), 1083면.

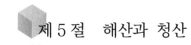

제 5 절 해산과 청산

I. 해 산

1. 해산원인

합명회사의 해산원인에는 ① 존립기간의 만료 기타 정관으로 정한 해산사유의 발생, ② 총사원의 동의, ③ 사원이 1인으로 된 때, ④ 합병, ⑤ 파산, ⑥ 법원의 해산명령(제176조) 또는 해산판결(제241조) 등이 있다(제227조).

합명회사의 파산원인은 물적회사와 달리 債務超過가 아닌 支給不能이다. 그것은 합명회사의 사원은 무한책임을 지기 때문에 채무초과라도 存立할 수 있기 때문이다(파산법 제306조 제2항). 다만, 淸算 中에 채무가 초과되면 파산한다.

2. 해산등기

합명회사가 해산한 때에는 합병과 파산의 경우 이외에는 해산사유가 있는 날로부터 본점소재지에서는 2주간 내, 지점소재지에서는 3주간 내에 解散登記를 하여야 한다(제228조). 합병의 경우에는 합병등기(제233조 외)를, 파산의 경우에는 파산등기를 하여야 하므로(제109조) 해산등기를 요하지 아니한다. 해산등기를 할 때에는 해산한 뜻과 그 사유 및 연월일을 등기하여야 한다(상업등기법 제60조 제1항).

3. 해산의 효과

(1) 청산절차의 개시

합명회사는 해산에 따라 청산절차를 개시한다. 다만, 합병과 파산으로 인한 경우에는 제외된다. 합병은 상법상 특별규정에 의하여 바로 1개 이상의 회사가 소멸되어 권리의무가 포괄적으로 또는 존속회사에 승계되고, 파산은 청산인이 아닌 파산관재인이 상법이 아닌 파산법의 규정에 따라 파산절차에 들어가기 때문이다. 청산절차가 개시되면 청산의 목적범위 내에서 회사가 존속한다(제245조). 청산 중의 회사는 해산 전의 회사와 동일한 회사이므로 종전의 법률관계는 변경되지 아니한다. 그리고 해산 전의 회사에 관한 법률의 규정 예를 들면, 상인자격, 상호,

출자의무 또는 사원의 책임규정도 청산의 목적에 반하지 아니하는 한 적용된다.

(2) 회사의 계속
1) 방법

위 해산원인 중 ①의 존립기간의 만료 기타 정관으로 정한 해산사유의 발생, ②의 총사원의 동의(제227조 제1호·제2호)로 인하여 해산한 때에는 사원의 전부 또는 일부의 동의로 회사를 계속할 수 있다. 이때 동의를 하지 아니한 사원은 퇴사한 것으로 본다(제229조 제1항). ③의 사원이 1인으로 됨으로써 해산한 때에는 새로 사원을 가입시켜서 회사를 계속할 수 있다(제229조 제2항).

2) 등기

회사의 해산등기가 완료된 이후에 회사를 계속하는 때에는 본점소재지에서는 2주간 내, 지점소재지에서는 3주간 내에 회사의 계속등기를 하여야 한다(제229조 제3항).

4. 사원의 책임

합명회사의 해산등기는 사원의 책임(제212조)에 관한 제척기간의 始期가 된다(제267조 참조). 회사채권자에 대한 사원의 책임은 본점소재지에서 解散登記를 한 후 5년을 경과하면 소멸한다(제267조 제1항). 그러나 5년을 경과하더라도 분배하지 아니한 殘餘財産이 있는 때에는 회사채권자는 변제를 청구할 수 있다(제267조 제2항). 이때 변제청구는 분배하지 아니한 잔여재산을 限度로 한다(제267조 제2항 본문).

Ⅱ. 청 산

1. 의의

회사가 해산하면 즉시 권리능력이 소멸되는 것이 아니라 대내외적인 법률관계를 정리하고 재산을 처분하는 절차가 필요한데 이를 청산이라고 한다. 합명회사에는 法定淸算 이외에 任意淸算이 있는데, 이는 주식회사와 유한회사 같은 물적회사와 다르다.

2. 임의청산

(1) 방법과 한계

합명회사의 청산방법은 원칙적으로 임의청산으로 한다. 그리하여 財産의 處分方法은 정관 또는 총사원의 동의로 정할 수 있다(제247조 제1항). 그러나 사원이 1인으로 되어 해산한 때(제227조 제6호)와 해산명령 또는 해산판결에 의하여 해산한 때에는 재산처분의 公正을 기대하기 어려우므로 임의청산의 방법이 인정되지 아니한다(제247조 제2항). 그리고 합병과 파산으로 인한 해산의 경우에도 임의청산은 인정되지 아니한다.

따라서 임의청산은 존립기간의 만료 기타 정관으로 정한 사유가 발생하여 해산한 때(제227조 제1호)와 총사원의 동의로 해산한 때(제227조 제2호)에만 적용된다.

(2) 채권자보호

임의청산의 방법은 재산의 처분이 불공정하게 행하여질 우려가 있고, 회사채권자 및 사원 채권자의 이해에 중대한 영향을 미치므로 상법은 특히 채권자보호절차를 정하고 있다.

1) 회사채권자의 보호

가) 공고   회사는 해산사유가 있는 날로부터 2주간 내에 財産目錄과 貸借對照表를 작성하여야 한다(제247조 제1항). 그리고 그 기간 내에 회사채권자에 대하여 이의가 있으면 1월 이상의 일정기간 내에 이의를 제출할 것을 公告하고, 회사가 알고 있는 채권자에 대하여는 개별적으로 이를 催告하여야 한다(제247조 제3항, 제232조 제1항).

나) 보호절차   회사채권자가 이의제출 기간 내에 이의를 제출하지 않을 때에는 임의청산을 승인한 것으로 본다(제247조 제3항·제232조 제2항). 그러나 이의를 제출한 채권자가 있을 때에는, 회사는 그 채권자에 대하여 변제 또는 상당한 담보를 제공하거나 이를 목적으로 하여 상당한 재산을 信託會社에 신탁하여야 한다(제247조 제3항·제232조 제3항).

다) 위반의 효력   회사가 채권자보호절차에 위반하여 재산을 처분함으로써 회사채권자를 害한 때에 회사채권자는 법원에 위반행위를 안 날로부터 1年 內, 財産處分이 있는 날로부터 5年 內(제248조 제2항, 민법 제406조 제2항)에 財産處分의 取

消를 청구할 수 있다(제248조 제1항). 다만, 회사의 재산처분행위로 인하여 이익을 얻은 자나 轉得한 자가 그 처분 또는 전득당시에 채권자를 해함을 알지 못한 경우에는 취소의 청구를 할 수 없다(제248조 제2항·제406조 제1항 단서).

회사채권자의 회사재산처분에 대한 취소판결 및 원상회복은 모든 회사채권자의 利益을 위하여 그 효력이 있다(제248조 제2항·민법 제407조). 회사채권자의 취소의 소는 본점소재지의 지방법원의 관할에 전속한다(제248조 제2항·제186조).

2) 사원채권자의 보호

임의청산시 사원의 지분을 압류한 채권자(持分押留債權者)가 있는 경우에는 그 압류채권자의 동의를 얻어야 한다(제247조 제4항). 회사가 압류채권자의 동의를 얻지 아니하고 재산을 처분할 때에 압류채권자는 회사에 대하여 그 지분에 상당하는 금액의 지급을 청구할 수 있다(제249조 전단). 그리고 회사채권자의 보호규정을 준용하여 취소청구권을 행사할 수 있다(제249조·제248조).

3. 법정청산

(1) 사유

임의청산할 수 있는 사유 중에서 ① 존립기간의 만료 기타 정관으로 정한 사유의 발생, ② 총사원의 동의로 인하여 해산하는 경우(제227조 제1호·제2호) 임의청산(재산처분)방법을 정하지 아니한 때에는 법정청산을 하여야 한다(제250조). 그리고 사원이 1인으로 되어 해산한 때(제227조 제3호)와 법원의 해산명령·해산판결에 의하여 해산한 때에는 반드시 법정청산에 의한다(제247조 제2항).

(2) 청산인

1) 개념

청산인이란 법정청산절차에서 淸算會社의 事務를 집행하고 법이 정하는 바에 따라 청산 중의 회사를 대표하는 기관을 말한다. 따라서 해산 전 회사에서의 업무집행사원 및 대표사원에 대응하는 地位에 있다.

회사가 청산절차를 밟으면 업무집행사원 및 대표사원은 그 지위를 상실하고 청산인이 청산사무를 집행한다.

2) 자격

합명회사 사원의 과반수의 결의로 청산인을 선임할 경우 청산인은 사원이 아니거나 또는 회사와 이해관계가 없는 자도 자격이 있다.

3) 선임

청산인은 총사원의 過半數의 결의로 선임한다(제251조 제1항). 청산인이 사원들에 의하여 선임되지 아니하는 때에는 업무집행사원이 청산인이 된다(제251조 제2항). 법원은 사원이 1인으로 되어 해산된 때와 법원의 해산명령 또는 해산판결에 의하여 해산된 때에는 사원 기타의 利害關係人이나 검사의 청구 또는 직권으로 청산인을 선임한다(제252조).

4) 해임

법원은 청산인이 그 직무를 집행함에 현저하게 不適任하거나 중대한 임무에 위반한 행위를 한 때에는 사원 기타의 이해관계인의 청구에 의하여 청산인을 해임할 수 있다(제262조). 다만, 사원이 선임한 청산인은 총사원의 과반수의 결의로 해임할 수 있다(제261조).

5) 의무

회사와 청산인간의 관계에는 위임에 관한 규정이 준용된다(제265조 · 제382조 제2항). 청산인의 自己去來는 제한되지만(제265조, 제199조), 경업은 금지되지 아니한다.

6) 권한

청산인은 청산사무(제254조 제1항)를 집행하며, 청산인이 수인인 때에는 청산의 직무에 관한 행위는 그 과반수 결의로 정한다(제254조 제2항). 회사를 대표하는 청산인은 청산사무에 관하여 裁判上 또는 裁判外의 모든 행위를 할 권한이 있다(제254조 제3항).

청산인이 수인인 때에는 각자가 회사를 대표한다. 다만, 총사원의 동의로 대표청산인을 정할 수 있고 또 공동으로 대표청산인의 지위를 가질 수 있다(제265조 · 제207조 · 제208조). 업무집행사원이 청산인으로 된 경우에는 종전의 정함에 따라 회사를 대표한다(제255조 제1항).

법원이 수인의 청산인을 선임하는 경우에는 회사를 대표할 자를 정하거나 수인이 공동하여 회사를 대표할 것을 정할 수 있다(제255조 제2항). 대표청산인의 권한에 대한 제한은 선의의 제3자에게 대항하지 못한다(제265조 · 제209조 제2항).

7) 손해배상책임

청산인이 고의 · 과실로 법령 또는 정관에 위반한 행위를 하거나 그 임무를 게을리한 경우에는 그 청산인은 회사에 대하여 연대하여 손해를 배상할 책임이 있다(제265조·제399조). 그리고 청산인이 고의 또는 중대한 과실로 그 임무를 게을리한 때에는 그 청산인은 제3자에 대하여 연대하여 손해를 배상할 책임이 있다(제265조·제401조). 그리고 대표청산인이 업무집행으로 인하여 타인에게 손해를 가한 때에는 회사는 그 사원과 연대하여 손해배상책임을 진다(제265조·제210조).

8) 등기

청산인이 선임된 때에는 그 선임된 날로부터, 업무집행사원이 청산인이 된 때에는 해산된 날로부터 본점소재지에서는 2주간 내, 지점소재지에서는 3주간 내에 ① 청산인의 성명·주민등록번호 및 주소. 다만, 대표청산인을 정한 때에는 그 외의 청산인의 주소는 제외. ② 회사를 대표할 청산인을 정한 때에는 그 성명. ③ 수인의 청산인이 공동으로 회사를 대표할 것을 정한 때에는 그 규정 등을 등기하여야 한다(제253조 제1항). 청산인을 해임한 때에는 변경등기를 하여야 한다(제253조 제2항·제183조).

(3) 청산사무의 집행

1) 사무의 개시

청산인은 就任 後 지체 없이 회사의 재산상태를 調查하고 財産目錄과 貸借對照表를 작성하여 각 사원에게 교부하여야 한다(제256조 제1항). 청산인은 사원의 청구가 있는 때에는 언제든지 청산의 상황을 보고하여야 한다(제256조 제2항).

2) 청산사무의 종류

청산인은 ① 현존사무의 종결, ② 채권의 推尋과 채무의 변제, ③ 財産의 換價處分, ④ 잔여재산분배에 관한 직무권한이 있다(제254조 제1항 제1호 내지 제4호). 그러나 청산인의 직무권한은 이에 한정되지 아니하고 청산의 목적 범위 내에 속하는 모든 행위를 할 권한이 있다(동조 제3항).

가) 현존사무의 종결　　청산인은 회사의 영업 등 청산사무 이외의 모든 사무를 종결시켜야 한다. 私法關係 또는 公法關係를 불문하고 새로운 법률관계를 형성하지 못한다. 다만, 해산 전 회사가 당사자가 되어 진행 중이던 소송은 대표청산인이 受繼하여야 한다(민사소송법 제235조).

나) 채권의 추심　　청산인은 회사의 채권을 추심하여야 한다. 다만, 이 경우에도 회사채무자는 期限의 利益을 상실하지 아니한다.

다) **채무의 변제** 채무의 변제는 원래 변제기에 하여야 한다. 그러나 청산인은 변제기에 이르지 아니한 회사채무에 대하여도 변제할 수 있다(제259조 제1항). 이는 청산사무처리의 신속성을 기하기 위함이다. 변제기 전에 변제하는 경우 利子가 없는 채무를 변제할 때에는 회사가 변제할 금액은 채무액 전액이 아니라 변제기까지의 法定利率52)에 해당하는 금액을 공제한 금액만을 변제하면 된다(제259조 제2항).

이자있는 채무라도 그 利率이 법정이율보다 적은 경우에도 제259조 제2항을 준용하여 변제한다(제259조 제3항). 예를 들면, 상거래의 경우 이자있는 채무가 연 0.02%라면 연 0.04%(0.06%−0.02%)에 해당하는 금액을 공제한 금액만을 변제하면 된다. 그리고 條件附債務, 존속기간이 불확정한 채무 기타 價額이 불확정한 채무에 대하여는 법원이 선임한 감정인의 평가에 의하여 변제하여야 한다(제259조 제4항).

라) **변제액부족과 출자청구** 회사의 현존재산이 채무를 변제함에 不足한 때에는 청산인은 변제기에 불구하고 각 사원에 대하여 출자를 청구할 수 있다. 그 출자액은 각 사원의 출자의 비율로 정한다(제258조 제1항·제2항). 그러나 합명회사의 사원은 連帶·無限責任을 지기 때문에 出資比率에 따른 이행을 하였다고 할지라도 회사채무에 관한 사원의 변제책임은 소멸하지 아니한다.

마) **재산의 환가처분** 청산인은 잔여재산분배 및 채무변제를 위하여 회사재산을 환가처분하여야 하는데, 그 방법으로서 회사영업의 전부 또는 일부를 양도하는 때에는 총사원의 과반수의 결의가 있어야 한다(제257조).

바) **잔여재산의 분배** 청산인은 회사채무를 완제한 후가 아니면 재산을 사원에게 분배하지 못한다. 그러나 다툼이 있는 채무에 대하여는 그 변제에 필요한 재산을 留保하고 잔여재산을 분배할 수 있다(제260조). 잔여재산은 정관에 다른 규정이 없는 한 각 사원의 지분에 비례하여 분배한다(제195조·민법 제724조 제2항). 그리고 勞務 또는 信用出資 사원도 지분에 따라 분배를 받는다.

3) 청산의 종결

가) **사원의 승인** 청산인은 청산이 종결된 경우 지체 없이 計算書를 작성하여 각 사원에게 교부하고 승인을 얻어야 한다(제263조 제1항). 이때 계산서를 받은 사원이 1월 내에 異議를 제기하지 아니한 때에는 그 계산을 승인한 것으로 본다.

---

52) 민사채무 연 5%(민법 제39조), 상사채무 연 6%(상법 제54조).

다만, 청산인에게 不正行爲가 있는 경우에는 이러한 승인효과가 발생하지 아니한다(제263조 제2항 단서).

나) 청산종결등기　　청산인은 청산이 종결된 경우 계산서에 관하여 총사원의 승인이 있은 날로부터 본점소재지에서는 2주간 내, 지점소재지에서는 3주간 내에 청산종결의 등기를 하여야 한다(제264조).

다) 장부 및 서류의 보존　　회사의 장부와 영업 및 청산에 관한 중요서류는 본점소재지에서 청산종결의 등기를 한 후 10년간 보존하여야 한다. 다만, 전표 또는 이와 유사한 서류는 5년간 이를 보존하여야 한다. 보존인과 보존방법은 총사원의 과반수의 결의로 정하여야 한다.

제 4 장

합자회사

제 1 절 총 설

합자회사는 무한책임사원과 유한책임사원으로 구성되는 二元的 조직의 회사이다(제268조). 이러한 점에서 합자회사는 一元的 조직체인 합명회사와 다르다. 합자회사의 무한책임사원의 지위 및 책임은 합명회사의 무한책임사원과 같이 직접·인적·연대·무한의 책임을 진다. 그러나 유한책임사원은 출자액을 한도로 회사채권자에 대하여 직접·인적·연대·유한의 책임을 진다. 회사도 다른 합자회사의 무한책임사원은 될 수 없으나(제173조), 유한책임사원은 될 수 있다.

합자회사는 자본제공자와 노무제공자를 결합시켜 회사설립을 용이하게 할 경제적 목적에서 등장한 기업형태인데, 유한책임사원이 퇴사함으로써 무한책임사원이 되거나, 무한책임사원이 퇴사하여 유한책임사원이 된 경우에는 정관변경을 하여야 한다(제270조).

이와 같이 합자회사는 합명회사 조직의 무한책임사원을 기초로 하여 유한책임사원을 추가한 것이라 할 수 있다. 따라서 상법은 합자회사가 유한책임사원을 추가함으로써 발생하는 별단의 결과에 대하여만 특별규정을 두고 있고, 그 밖의 사항에 관하여는 합명회사의 규정을 준용하고 있다(제269조).

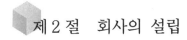

제 2 절 회사의 설립

I. 서 설

합자회사의 설립절차는 합명회사와 같이 정관의 작성과 설립등기로 구성되고, 설립무효 또는 취소의 대상이 된다.

Ⅱ. 정관의 작성

합자회사는 무한책임사원이 될 자와 유한책임사원이 될 자 각 1인 이상이 정관을 작성하고 설립등기를 함으로써 성립한다. 정관의 절대적 기재사항은 합명회사와 같으나(제270조, 제179조), 사원의 책임이 무한책임 또는 유한책임인지를 정관에 기재하여야 하는 점은 합명회사와 다르다(제270조). 정관은 총사원이 기명날인 또는 서명하여야 한다(제269조, 제270조·제179조). 정관에는 특히 합명회사와 같이 사원의 출자의 목적과 가격 또는 그 평가의 표준을 기재하여야 한다.

정관의 절대적 기재사항 중 상호(제270조·제179조)에는 합자회사의 문자를 사용하여야 한다(제19조).

Ⅲ. 설립등기

합자회사의 설립등기사항은 합명회사와 같다(제271조 제1항·제2항). 다만, 정관 작성과 마찬가지로 사원의 유한책임 또는 무한책임여부를 등기하여야 하는 것(제271조)이 합명회사와 다르다. 합자회사가 지점을 설치하거나 이전할 때에는 지점소재지 또는 신지점소재지에서 등기사항을 등기하여야 한다. 다만, 다른 지점의 소재지, 사원출자의 목적, 재산출자에는 그 가격과 이행한 부분(책임의 한도), 유한책임사원, 대표사원을 정한 경우에는 다른 사원에 대한 등기는 제외한다(제279조 제2항·제180조).

Ⅳ. 설립의 무효·취소

상법은 합자회사의 설립무효 및 취소에 관한 별도의 규정을 두고 있지 않다. 이에 관하여는 합명회사에 관한 규정(제184조 내지 제194조)이 준용된다. 그리하여 합명회사의 설립무효 및 취소소송의 원고(제184조), 소의 전속관할(제186조), 소제기의 공고(제187조), 소의 병합심리(제188조), 하자의 보완 등과 청구의 기각(제189조), 판결의 효력(제190조) 및 패소원고의 책임(제191조) 규정은 합자회사에도 그대로 적용된다.

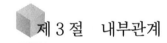

제 3 절 내부관계

Ⅰ. 출 자

합자회사의 무한책임사원의 출자의 목적은 합명회사의 사원과 같다. 따라서 금전출자 또는 현물출자 외에 노무출자 혹은 신용출자를 할 수 있다(제269조). 그러나 유한책임사원은 재산출자만 가능하고 신용출자 또는 노무출자를 하지 못한다(제272조).

Ⅱ. 업무집행

1. 업무집행기관

(1) 무한책임사원

합자회사의 업무는 정관에 다른 규정이 없는 때에는 무한책임사원 각자가 집행할 권리와 의무가 있다(제273조). 다만, 예외적으로 정관의 규정에 의하여 1인 또는 수인의 무한책임사원을 업무집행사원으로 정할 수 있다(제269조·제201조). 유한책임사원은 회사의 업무집행이나 대표행위를 하지 못한다(제278조). 정관으로 업무집행사원을 정한 때에도 支配人의 선임과 해임은 무한책임사원 과반수의 결의에 의하여야 한다(제274조).

(2) 유한책임사원

합자회사에서 정관 또는 내부규정으로 유한책임사원에게 업무집행권을 부여할 수 있는지에 대하여 학설이 대립한다.

1) 긍정설

이 학설은 회사의 업무집행은 내부관계에 불과하고, 따라서 이에 관한 규정은 임의규정이므로 정관 또는 총사원의 동의로 유한책임사원도 업무집행권을 가질 수 있다고 한다(통설).[1] 다만, 유한책임사원은 대표권만은 가질 수 없다고

---

1) 정동윤(2012), 910면; 권기범(2014), 284면; 김정호(2015), 818면; 송옥렬(2015), 1258면; 정경영(2009), 735면; 정찬형(2014), 577면.

한다.[2]

2) 부정설

이 학설은 유한책임사원의 업무집행권과 대표권을 금지하고 있는 상법 제278조를 강행규정으로 보아 유한책임사원은 업무집행권을 가질 수 없다고 한다.[3] 이 견해는 프랑스상사회사법의 규정에서 그 근거를 찾고 있다. 동법 제28조 제1항에 따르면 유한책임사원은 대리인의 자격으로 대외적인 업무집행을 할 수 없으며, 이 규정에 위반하여 업무집행행위를 한 유한책임사원은 그 행위로 인하여 생긴 회사의 채무에 대하여 무한책임사원과 연대하여 책임을 진다(동조 제2항).

3) 사견

합자회사는 내부관계와 외부관계의 구분이 가능하고 인적회사의 내부관계는 任意法規라는 점을 감안하면, 유한책임사원은 정관의 규정에 의하여 업무집행권을 가질 수 있다고 본다.

2. 권한상실선고

합자회사는 무한책임사원뿐만 아니라 유한책임사원도 업무집행사원에 대한 권한상실선고를 청구할 수 있다(제269조·제205조).[4] 지분의 대소와도 무관하다. 그러나 무한책임사원이 1인인 경우에 유한책임사원은 그의 권한상실선고를 신청할 수 없다.[5] 무한책임사원이 1인인 경우 業務執行權을 剝奪한다면 업무집행을 담당할 자가 없어지기 때문이다.

Ⅲ. 경업피지의무와 자기거래제한

1. 경업피지의무

합자회사의 무한책임사원은 다른 모든 사원[6]의 동의가 없으면 경업피지의무를 부담한다(제269조, 제198조). 업무집행권이 없는 유한책임사원은 경업금지의무를

---

2) 대법원 1977. 4. 26. 선고 75다1341 판결; 권기범(2014), 286면; 김정호(2015), 818면; 송옥렬(2015), 1260면; 정경영(2009), 737면; 정찬형(2014), 580면.
3) 이철송(2016), 185면; 최준선(2016), 859면.
4) 대법원 2012. 12. 13. 선고 2010다82189 판결; 서울고법 1974. 1. 24. 선고 72나1588.
5) 대법원 1977. 4. 26. 선고 75다1341 판결.
6) 유한책임사원을 포함한 그 이외의 모든 사원을 의미한다.

부담하지 아니한다. 그리하여 유한책임사원은 다른 사원의 동의 없이 자기 또는 제3자의 계산으로 회사의 營業部類에 속하는 거래를 할 수 있고, 동종영업을 목적으로 하는 다른 회사의 무한책임사원 또는 이사가 될 수 있다(제275조).

2. 자기거래제한

(1) 무한책임사원

합자회사의 무한책임사원은 원칙적으로 업무집행권을 갖는다. 업무집행권이 있는 무한책임사원은 다른 사원 과반수의 결의가 있으면 자기 또는 제3자의 계산으로 회사와 자기거래를 할 수 있다(제269조 · 제199조).

(2) 유한책임사원

유한책임사원이 회사와의 자기거래를 할 수 있는지에 대하여는 견해가 나뉜다.

1) 긍정설

자기거래제한규정은 업무집행권을 전제로 하는 것이므로 업무집행권이 없는 유한책임사원은 회사와 자기거래를 할 수 있다고 한다. 이 범위에는 업무집행권이 없는 무한책임사원도 포함된다고 한다.[7]

2) 부정설

유한책임사원에게 자기거래를 인정하는 명문규정이 없다는 이유로(제275조와 비교) 유한책임사원에게도 회사와의 자기거래제한이 적용된다고 한다(제269조). 따라서 유한책임사원은 회사와 자기거래를 할 수 없다고 한다(다수설).[8]

3) 사견

자기거래는 업무집행권의 유무에 불구하고 불공정한 거래를 함으로써 회사재산을 위태롭게 할 수 있는 거래이므로 제한되어야 한다고 본다(다수설). 따라서 유한책임사원은 다른 사원 과반수의 결의가 있는 때에 한하여 자기 또는 제3자의 계산으로 회사와 자기거래를 할 수 있다(제269조 · 제199조).

---

7) 정동윤(2012), 910면; 정찬형(2014), 580면.
8) 이철송(2016), 187면; 손주찬(2003), 528면; 최기원(2009), 1057면; 강위두(2000), 897면.

Ⅳ. 손익분배

유한책임사원과 무한책임사원에 대한 손익분배는 다르지 않다. 따라서 유한책임사원은 정관 또는 총사원의 결의에 의하여 달리 정함이 없으면 각 사원의 출자가액에 비례하여 損益이 分配된다(제269조·제195조, 민법 제711조). 그리고 유한책임사원은 정관에 다른 정함이 없으면 출자가액을 한도로 하여 손실을 분담한다.

Ⅴ. 지분의 양도, 사원의 변동

1. 지분의 양도

무한책임사원의 지분의 양도에는 유한책임사원을 포함한 총사원의 동의를 요한다(제269조·제197조). 다만, 유한책임사원의 지분의 전부 또는 일부의 양도에는 무한책임사원 전원의 동의만 있으면 족하다(제276조). 이 점 유한책임사원 상호간의 관계는 신뢰관계가 필수적이 아님을 의미한다.

2. 사원의 변동

(1) 입사와 퇴사

합명회사는 신규사원의 입사시 총사원의 동의를 얻어 정관을 변경하여야 한다(제179조, 제270조). 판례 중에는 합자회사의 무한책임사원인 대표사원과 제3자 사이의 동업계약을 새로 유한책임사원의 지위를 원시취득한 것으로 본 사례가 있다.[9]

유한책임사원의 사망은 퇴사원인이 아니므로 그 상속인이 지분을 승계하여 사원이 된다(제283조 제1항). 상속인이 수인인 때에는 사원의 권리를 행사할 자 1인을 정하여야 한다. 이를 정하지 아니한 때에는 회사의 통지 또는 최고는 그 중의 1인에 대하여 하면 전원에 대하여 그 효력이 있다(제283조 제2항). 그리고 유한책임사원은 성년후견개시심판을 받은 경우에도 退社되지 아니한다(제284조·민법 부칙 제3조).

---

9) 대법원 2002. 4. 9. 선고 2001다77567 판결.

(2) 제명

합명회사의 사원을 제명함에 있어서는 무한책임사원과 유한책임사원이 모두 동일한 결의요건과 절차를 충족하여야 한다. 그리하여 사원의 종류를 불문하고 나머지 사원 전원의 과반수 결의에 의하여 법원에 제명선고를 청구할 수 있다.10) 그리고 어느 종류의 사원 모두를 제명하는 것은 해산사유가 되므로 어느 종류의 사원 전원을 제명할 수는 없다.11)

Ⅵ. 업무감시권

1. 유한책임사원

유한책임사원은 업무집행사원이 배제되므로 업무감시권을 갖는다. 그리하여 유한책임사원은 원칙적으로 영업년도말에 있어서 영업시간 내에 한하여 회사의 회계장부·대차대조표 및 기타의 서류를 열람할 수 있고, 회사의 업무와 재산상태를 檢査할 수 있다(제277조 제1항). 그러나 유한책임사원은 중요한 사유가 있는 때에는 언제든지 법원의 허가를 얻어 열람과 검사를 할 수 있다(제277조 제2항).

2. 무한책임사원

무한책임사원도 정관의 규정에 의하여 업무집행권이 없는 때에는 감시권이 있다. 기술한 바와 같이 정관 등의 규정에 의하여 유한책임사원의 業務執行權을 인정하는 긍정설의 입장에서는 업무집행권이 있는 유한책임사원은 업무감시권이 없다.

---

10) 대법원 1991. 7. 26. 선고 90다19206 판결.
11) 대법원 1991. 7. 26. 선고 90다19206 판결.

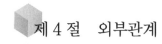

제 4 절   외부관계

I. 회사의 대표

1. 무한책임사원

합자회사의 대표기관은 원칙적으로 각각의 무한책임사원이다(제269조 · 제207조 제1문). 다만, 정관의 규정에 의하여 수인의 業務執行 무한책임사원을 정한 때에는 각 업무집행사원이 회사를 대표할 수 있다(제269조 · 제207조 제2문). 그러나 정관 또는 총사원의 동의로 업무집행을 담당하는 무한책임사원 중에서 代表社員을 정할 수 있다(제269조 · 제207조 제3문).

2. 유한책임사원

유한책임사원은 어떠한 경우에도 합자회사의 대표기관이 될 수 없다(제278조 후단). 즉 회사의 대표권은 외부관계에 해당하는 사항이기 때문에 이에 관한 상법 제278조의 규정은 強行規定이다. 따라서 정관, 내부규정 또는 총사원의 동의에 의하여도 달리 정할 수 없다(통설 · 판례12)). 이는 유한책임사원도 정관 또는 총사원의 동의로 업무집행권을 가질 수 있다는 긍정설의 입장에서도 대표권을 부여할 수 없다는 데에 일치한다.13)

II. 사원의 책임

1. 유한책임사원

유한책임사원은 회사채권자에 대하여 人的 · 連帶 · 有限 · 直接責任을 부담한다. 그리고 유한책임사원은 무한책임사원과 같이 회사채무에 대하여 附從性과 補充性을 가진다. 다만, 유한책임사원은 출자가액을 한도로 책임을 진다는 것이 무한책임사원의 경우와 다른 점이다.

---

12) 대법원 1966. 1. 25. 선고 65다2128 판결.
13) 대법원 1966. 1. 25. 선고 65다2128 판결.

따라서 유한책임사원이 회사채무에 대하여 직접 辨濟責任을 지는 한도는 그 출자가액에서 이미 회사에 이행한 부분을 控除한 가액이다(제279조 제1항). 이 경우 유한책임사원이 회사에 이익이 없음에도 불구하고 배당을 받은 금액은 변제책임을 정함에 있어서 이를 가산한다(제279조 제2항).

유한책임사원은 정관변경에 의하여 그 출자가액이 감소한 후에도 본점소재지에서 등기를 하기 전에 생긴 회사채무에 대하여는 등기 후 2년 내에는 종래와 같은 책임을 진다(제280조).

2. 사원책임의 변경

定款變更에 의하여 유한책임사원이 무한책임사원으로 변경된 경우에 그 사원은 합명회사의 신입사원의 가입과 같이 사원책임변경 전의 회사채무에 대하여 다른 무한책임사원과 동일한 책임을 진다(제282조·제213조). 반대로 정관변경에 의하여 무한책임사원이 유한책임사원으로 변경된 경우에 그 사원은 합명회사의 退社員과 같이 사원책임 변경등기를 하기 전에 생긴 회사채무에 대하여 변경등기 후 2년간 무한책임사원으로서의 책임을 진다(제282조·제225조 제1항).

한편 유한책임사원이 무한책임사원으로, 무한책임사원이 유한책임사원으로 변경되는 때에는 사원의 책임이 변동되므로 정관변경사유에 해당한다. 따라서 이 경우에는 총사원의 동의가 필요하다.14)

3. 자칭무한책임사원의 책임

유한책임사원이 他人에게 자기를 무한책임사원이라고 誤認시키는 행위를 한 때에는 그 오인으로 인하여 회사와 거래한 자에 대하여 무한책임사원과 동일한 책임을 진다(제281조 제1항). 유한책임사원이 그 책임의 한도를 오인시키는 행위를 한 때에도 그 사원은 자기가 오인시킨 한도에서 책임을 진다(제281조 제2항). 양자 모두 외관을 신뢰한 거래상대방을 보호하기 위한 표현책임을 명시한 것이다.

---

14) 대법원 2010. 9. 30. 선고 2010다21337 판결.

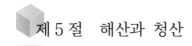

제 5 절 해산과 청산

I. 해 산

합자회사의 해산사유는 합명회사의 경우와 대체로 같다(제269조, 제227조). 다만, 합자회사는 무한책임사원과 유한책임사원의 이원적 조직이므로 어느 종류의 사원이 全員 퇴사한 경우에는 해산한다(제285조 제1항). 이 경우에 殘存한 무한 또는 유한책임사원은 전원의 동의로 다른 종류의 사원을 새로 가입시켜 회사를 계속할 수 있다(제285조 제2항). 그리고 유한책임사원 전원이 퇴사했을 경우에는 회사가 해산하나, 무한책임사원 전원의 동의로 합명회사로 組織을 變更하여 계속할 수 있다(제286조 제2항). 이 경우 본점소재지에서는 2주간 내, 지점소재지에서는 3주간 내에 합자회사는 해산등기를, 합명회사는 설립등기를 하여야 한다(제286조 제3항).

II. 청 산

합자회사의 청산방법에는 합명회사와 같이 任意淸算과 法定淸算이 있다(제269조, 제247조 내지 제266조). 다만, 법정청산의 경우에 청산인이 원칙적으로 총사원이 아니라 무한책임사원의 과반수 결의로 선임되는 점(제287조 본문)은 합명회사의 경우와 다르다. 그러나 청산인이 선임되지 않은 경우에 業務執行社員이 청산인이 되는 점(제287조 단서)은 합명회사와 같다. 그리고 사원이 1인이 되어 해산한 때와 법원의 해산명령 또는 해산판결에 의하여 해산된 경우에 법원이 사원 기타 이해관계자의 청구에 의하여 청산인을 선임할 수 있다는 점(제269조·제252조)도 합명회사의 경우와 같다고 본다.15)

---

15) 최준선(2016), 862-863면; 정찬형(2014), 584면.

제 5 장

유한책임회사

제 1 절 총 설

I. 의 의

有限責任會社는 2011년 개정상법에서 도입되었다. 이 회사는 내부적으로는 폭넓은 사적 자치가 인정되어 組合의 실체를 가지고, 외부적으로는 출자금액을 한도로 사원의 有限責任만을 지는 회사이다. 즉 유한책임회사는 원칙적으로 인적회사인 합명회사의 성격을 가지면서 예외적으로 주식회사의 성격을 가미한 기업조직이다. 그리하여 상법은 유한책임회사의 내부관계에 관하여는 정관이나 상법에 규정이 없으면 合名會社에 관한 규정을 準用하도록 한다(제287조의 18).

상법상 유한책임회사는 미국의 limited liability company(LLC) 그리고 일본이 2005년 미국의 LLC를 본받아 신설한 合同會社(일본상법 제576조 제4항)를 모델로 도입되었다. 그러나 구체적인 규율 면에서는 큰 차이를 보인다.

II. 경제적 기능

유한책임회사는 사적자치가 폭넓게 인정되는 조합성을 원칙으로 하고 물적회사의 유한책임성이 가미되었다는 장점 때문에 벤처기업과 같이 창의적인 인적 자산을 위주로 하는 사업에 유용하다고 할 수 있다. 그리고 합작기업, 기업매수를 위한 특수목적회사(Special Purpose Company, SPC) 또는 집합투자기구(Collective Investment Scheme, CIS)의 한 유형으로서 활용될 가능성 있다.

III. 법률관계의 특색

유한책임회사의 법률관계는 다른 인적회사와 마찬가지로 內部關係와 外部關係로 분류된다. 상법상 내부관계로는 업무의 집행(제287조의 12), 의사결정(제287조의 12 제1항, 제287조의 19 제2항·제3항 등), 정관변경(제287조의 16), 사원의 변동(제287조의 23 제1항, 제287조의 24·제217조 제1항) 및 지분의 변동(제287조의 8) 등이 있다. 외부관계로는 사원의 책임(제287조의 7), 회사의 대표(제287조의 19) 및 대표소송(제287조의 22) 등이 있다.

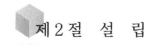

제2절 설 립

I. 특 색

유한책임회사는 사원이 정관에 의하여 특정되므로(제287조의 3·제179조 제3호) 원칙적으로 人的會社이다. 그러나 사원의 유한책임성으로 인하여 인적 결합을 중시하는 사단성은 크게 퇴색된다. 그리하여 상법은 유한책임회사의 경우 물적회사와 같이 사원 1인만으로도 회사를 설립할 수 있도록 하고 있다(제287조의 2).

유한책임회사의 사원은 유한책임을 지므로 무한책임사원이 있는 합명회사나 합자회사와는 달리 채권자를 보호할 필요가 있다. 그리하여 상법은 설립시부터 자본의 실체를 확보하도록 하고 있다. 즉 사원은 정관의 작성 후 설립등기를 하는 때까지 금전이나 그 밖의 재산의 출자를 전부 이행하도록 하여 설립시 전액납입주의를 취하고 있다(제387조의 4 제2항). 그리고 채권자를 위한 換價性을 확보하기 위하여 사원은 신용이나 노무를 출자의 목적으로 하지 못한다(제287조의 4 제1항). 이와 같이 유한책임회사의 설립시에는 주식회사에서 볼 수 있는 자본충실의 이념이 반영되고 있다.

II. 설립절차

유한책임회사의 설립절차는 비교적 간단하다. 그리하여 정관의 작성, 출자의 이행 및 설립등기를 마치면 종료한다.

1. 정관의 작성

1인 이상의 사원은 아래의 사항을 기재한 정관을 작성하고 기명날인하거나 또는 서명하여야 한다(제287조의 2·제287조의 3).

(1) 절대적 기재사항

1) 목적, 상호, 사원의 성명·주민등록번호·주소, 본점의 소재지, 정관의 작성 연월일 : 합명회사와 같다(제287조의 3 제1호 → 179조 제1호 내지 제3호·제5호·제6호).

2) 사원의 출자의 목적 및 가액 : 사원은 신용이나 노무출자를 하지 못하므로
(제287조의 4 제1항) '출자의 목적'은 금전 또는 현물의 구체적 내용을 말한다. '출자
의 가액'은 현물출자의 경우 금전으로 평가한 가액을 의미한다.

3) 자본금의 액 : 사원 전원이 유한책임만을 부담하기 때문에 대외적인 책임
이행능력의 표지로서 자본금이 중요하다. 그리하여 상법은 사원이 출자한 금전이
나 그 밖의 재산의 가액을 유한책임회사의 자본금으로 한다(제287조의 35).

4) 업무집행자의 성명(법인인 경우에는 명칭) 및 주소 : 유한책임회사는 정관으
로 사원 또는 사원이 아닌 자를 업무집행자로 정하여야 한다(제287조의 12 제1항). 유
한책임회사는 사원 또는 제3자가 업무를 집행할 수 있으므로 이를 정관에 명시하
게 한 것이다. 업무집행자가 법인인 경우에 명칭을 기재하라고 함은 법인도 업무
집행자가 될 수 있음을 전제로 한 것이다. 법인이 업무집행자인 경우 그 법인은
해당업무집행자의 직무를 행할 자, 즉 직무수행자를 선임하고, 그 자의 성명과 주
소를 다른 사원에게 통지하여야 한다(제287조의 15 제1항). 직무수행자는 다른 업무
집행자와 마찬가지로 회사업무를 집행할 권리와 의무가 있다(제287조의 15 제2항·제
287조의 12).

(2) 상대적 등기사항

여기에는 ① 지분양도요건의 완화(제287조의 8 제3항), ② 정관변경요건의 완화
(제287조의 16), ③ 업무집행자가 복수인 경우 대표사원의 결정(제287조의 19 제2항), ④
공동대표의 결정(제287조의 19 제3항), ⑤ 임의퇴사요건의 결정(제287조의 24·제217조 제1
항), ⑥ 당연퇴사원인의 결정(제287조의 25·제218조 제1호), ⑦ 제명결의요건의 결정(제
287조의 단서), ⑧ 퇴사사원지분의 환급사항(제287조 28 제3항), ⑨ 잉여금 분배방법의
결정(제287조의 37 제4항·제5항), ⑩ 회사존립기간 및 그 밖의 해산사유의 결정(제287조
의 24·제217조 제1항, 제287조의 36·제227조 제1호) 등이 해당한다.

(3) 임의적 기재사항

유한책임회사의 본질, 강행법규 또는 사회질서에 반하지 아니하는 사항은 자
유롭게 임의적 기재사항으로 할 수 있다.

2. 출자이행

유한책임회사의 사원은 유한책임만을 부담하므로 합명회사나 합자회사와는 달리 설립시부터 자본의 실체를 확보하도록 하고 있다. 즉 상법은 사원으로 하여금 정관의 작성 후 설립등기를 하는 때까지 금전이나 그 밖의 재산의 출자를 전부 이행하도록 하여 설립시 전액납입주의를 취하고 있다(제287조의 4 제2항).

기술한 바와 같이 信用이나 勞務는 출자의 목적이 되지 못한다(제287조의 4 제1항). 그것은 자본은 회사의 책임재산이 될 수 있는 자산으로 구성되어야 하고, 사원은 유한책임만을 부담하기 때문이다. 현물출자를 하는 사원은 납입기일에 지체없이 유한책임회사에 출자의 목적인 재산을 인도하고 등기, 등록, 그 밖의 권리의 설정 또는 이전이 필요한 경우에는 이에 관한 서류를 모두 갖추어 교부하여야 한다(제287조의 4 제3항).

3. 설립등기

유한책임회사는 본점의 소재지에서 설립등기를 함으로써 성립한다(제172조·제287조의 5). 사원은 정관의 절대적 기재사항이지만, 등기사항은 아니다. 등기사항으로는 ① 목적, ② 상호, ③ 본점의 소재지와 지점을 둔 경우에는 그 소재지, ④ 존립기간 기타 해산사유를 정한 때에는 그 기간 또는 사유, ⑤ 자본금의 액, ⑥ 업무집행자의 성명, 주소 및 주민등록번호. 다만, 유한책임회사를 대표할 업무집행자를 정한 경우에는 그 외의 업무집행자의 주소는 제외한다. ⑦ 유한책임회사를 대표할 자를 정한 경우에는 그 성명, 주소 및 주민등록번호(법인인 경우에는 명칭, 주소 및 법인등록번호), ⑧ 정관으로 공고방법을 정한 경우에는 그 공고방법, ⑨ 둘 이상의 업무집행자가 공동으로 회사를 대표할 것을 정한 경우에는 그 규정 등이 있다(제287조의 5 제1항·제179조 제1호·제2호 및 제5호·제180조 제3호).

지점의 설치(제287조의 5 제2항·제181조), 본점이나 지점의 이전(제287조의 5 제3항·제182조) 및 설립등기사항이 변경된 경우(제287조의 5 제4항)에도 법정기간 내에 등기를 하여야 한다. 유한책임회사의 업무집행자의 업무집행을 정지하거나 직무대행자를 선임하는 가처분을 하거나 그 가처분을 변경 또는 취소하는 경우에는 본점 및 지점이 있는 곳의 등기소에서 등기하여야 한다(제287조의 5 제5항).

Ⅲ. 설립의 취소 · 무효

유한책임회사는 설립무효 및 취소의 소가 모두 인정된다. 그리하여 회사설립 행위 또는 절차에 무효 혹은 취소원인이 있으면, 합명회사에서와 같이 2년 내에 訴만으로 이를 주장할 수 있다(제287조의 6 · 제184조). 다만, 무효의 소는 사원뿐만이 아니라 사원 아닌 업무집행자도 제기할 수 있다. 취소의 소는 취소권 있는 자만이 이를 제기할 수 있다(제287조의 6 · 제184조). 그 밖의 설립무효 및 취소의 소의 절차 및 판결의 효력은 합명회사의 규정이 준용된다(제287조의 6 · 제184조 내지 194조).

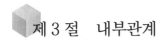

제 3 절   내부관계

Ⅰ. 개 관

기술한 바와 같이 유한책임회사는 원칙적으로 합명회사의 성격을 가지면서 예외적으로 주식회사의 성격을 가미한 기업조직이므로 내부관계는 합명회사와 거의 같다. 그리하여 유한책임회사의 내부관계에 관한 상법 규정은 원칙적으로 임의법규라고 할 수 있고, 정관이나 상법에 다른 규정이 없으면 합명회사에 관한 규정을 준용한다(제287조의 18). 이 점 정관자치 내지는 자율적 규율이 가능함을 의미한다.

그러나 사원이 유한책임을 지는 점은 채권자보호와 관련하여 정관자치와 자율적 운영을 제한하는 요인이 된다.

Ⅱ. 업무집행

1. 상법의 태도

상법상 유한책임회사는 미국의 경영자운영회사(§(b)(5) ULLCA)[1]와 같이 업무집

---

1) 미국법은 유한책임회사(LLC)를 사원운영회사(member managed company)와 경영자운영 회사(manager managed company)로 구분한다. 다만, 정관에 다른 규정이 없으면 회사는

행자가 회사를 운영한다. 그러나 업무집행자의 선임방법은 일본의 예외규정을 본받고 있다(일본회사법 제591조).[2]

2. 업무집행자와 회사의 관계

명문의 규정은 없으나, 업무집행자와 회사는 위임관계를 갖는다. 따라서 업무집행자는 선관주의로써 회사의 이익을 위하여 업무를 집행하여야 한다(제287조의 18 · 제195조 · 민법 제707조 · 민법 제681조 내지 제688조).

3. 업무집행자의 선임

유한책임회사는 정관으로 업무집행자를 정하여야 한다(제287조의 12 제1항). 업무집행자는 사원 또는 사원이 아닌 자로 정할 수 있다. 사원이 아닌 자가 업무집행자가 될 수 있다는 점은 합명회사(제201조) 및 합자회사(제273조)와 구별된다.

4. 복수의 업무집행방법

1인 또는 2인 이상의 업무집행자를 정한 경우에는 업무집행자 각자가 회사의 업무를 집행할 권리와 의무를 가진다(제287조의 12 제2항). 이 경우 어느 사원의 업무집행에 관한 행위에 대하여 다른 업무집행자의 이의가 있는 때에는 곧 그 행위를 중지하고 업무집행자 전원의 과반수의 결의에 의하여야 한다(제287조의 12 제2항 · 제201조 제2항). 그리고 정관으로 2인 이상을 공동업무집행자로 정한 경우에는 그 업무집행자 전원의 동의가 없으면 업무집행에 관한 행위를 하지 못한다(제287조의 12 제3항).

5. 법인인 업무집행자

주식회사 및 유한회사는 명문의 규정이 없지만, 법인은 이사가 될 수 없다고 해석한다(통설). 그리고 합명회사의 사원 및 합자회사의 무한책임사원은 자연인이

사원운영회사가 된다. 사원운영회사는 사원 각자가 회사의 상무를 집행할 권한을 가진다. 사원 간에 이견이 있을 경우에는 사원 과반수의 결의로 결정한다(제407조 (a)(b)(2) Revised Uniform LLC Act(ULLCA)).

2) 일본의 合同會社는 정관에 다른 정함이 없는 한 사원 각자가 업무를 집행할 권한을 가진다(사원운영회사). 사원간에 이견이 있을 경우에는 사원 과반수의 결의로 결정한다(일본회사법 제590조 제1항 · 제591조 제1항). 다만, 예외적으로 회사가 정관으로 업무집행사원을 선임할 수도 있다(일본회사법 제591조).

어야 한다. 유한책임회사는 법인이 업무집행자가 될 수 있다(287조의 5 제4호 참조). 법인이 업무집행자인 경우에 그 법인은 해당업무집행자의 직무를 수행할 자를 선임하고, 그 자의 성명과 주소를 다른 사원에게 통지하여야 한다(제287조의 15 제1항). 이 경우 직무수행자의 업무집행행위는 회사의 업무집행자의 행위로서 효력이 있다.

6. 업무집행정지 및 직무대행자

유한책임회사의 업무집행자에 대하여 그 업무집행을 정지 또는 직무대행자를 선임하는 가처분을 하거나 그 가처분을 변경·취소하는 경우에는 본점 및 지점이 있는 곳의 등기소에서 등기하여야 한다(제287조의 5 제5항). 가처분에 의거 선임된 직무대행자는 가처분명령에 다른 정함이 있는 경우 외에는 법인의 통상업무에 속하지 아니한 행위를 하지 못한다(제287조의 13·제200조의 2 제1항 본문). 다만, 법원의 허가를 얻은 경우에는 그러하지 아니하다(제287조의 13·제200조의 2 제1항 단서). 직무대행자가 이에 위반한 행위를 한 경우 회사는 선의의 제3자에 대하여 책임을 진다(제287조의 13 제2항).

7. 업무집행자의 권한상실선고

업무집행자가 업무를 집행함에 현저하게 부적임하거나 중대한 의무에 위반한 행위가 있는 때에 법원은 사원의 청구에 의하여 업무집행권한의 상실을 선고할 수 있다(제287조의 17 제1항·제205조 제1항). 이 판결이 확정된 때에는 본점과 지점의 소재지에서 등기하여야 한다(제287조의 17 제1항·제205조 제2항). 그리고 이 소는 본점소재지의 지방법원의 관할에 전속한다(제287조의 17 제2항).

8. 업무집행자의 경업피지의무와 자기거래제한

(1) 경업피지의무

1) 의의

업무집행자는 사원 전원의 동의를 받지 아니하고는 자기 또는 제3자의 계산으로 회사의 營業部類에 속한 거래를 하지 못하며(경업금지의무), 같은 종류의 영업을 목적으로 하는 다른 회사의 업무집행자·이사 또는 집행임원이 되지 못한다(겸직금지의무)(제287조의 10 제1항).

2) 위반의 효과

업무집행의무자가 경업금지의무에 위반한 경우 회사는 개입권(제287조의 10 제2항, 제198조 제2항·제4항)과 손해배상청구권을 행사할 수 있다. 이는 합명회사의 경우와 같다. 개입권의 행사는 사원 또는 업무집행자가 사원인 경우에는 다른 사원의 과반수의 결의에 의한다. 그리고 개입권은 사원 또는 다른 사원의 1인이 그 거래를 안 날로부터 2주간을 경과하거나 그 거래가 있은 날로부터 1년을 경과하면 소멸한다(제287조의 10 제2항·제198조 제4항).

한편 업무집행자가 겸직금지의무에 위반한 경우 회사는 개입권을 행사할 수 없고, 손해배상청구권을 행사할 수 있을 뿐이다(제287조의 10 제2항·제198조 제3항).

(2) 자기거래의 제한

1) 의의

유한책임회사의 업무집행자는 다른 사원 과반수의 결의가 있는 경우에만 자기 또는 제3자의 계산으로 회사와 거래를 할 수 있다(제287조의 11). 이 경우에는 「민법」 제124조3)를 적용하지 아니한다. 이 규정은 법인이 선임한 직무대행자에게도 준용된다(제287조의 15 제2항).

2) 위반의 효과

유한책임회사의 업무집행자가 자기거래제한에 위반한 경우에는 회사에 대하여 손해배상책임을 진다(제287조의 19·제195조, 민법 제707조·제681조).

9. 사원의 업무감시권

사원 중 업무집행자가 아닌 사원은 합자회사의 유한책임사원에 관한 규정을 준용하여 업무집행자에 대한 업무감시권을 갖는다(제287조의 14·제277조). 이는 업무집행자가 아닌 사원이 회사에서 자신의 이익을 지킬 수 있도록 하기 위함이다. 다만, 합명회사에서의 비업무집행사원과 달리 업무집행에 대한 이의제기권(제201조 제2항)은 없다.

---

3) 제124조(자기계약, 쌍방대리) 대리인은 본인의 허락이 없으면 본인을 위하여 자기와 법률행위를 하거나 동일한 법률행위에 관하여 당사자쌍방을 대리하지 못한다. 그러나 채무의 이행은 할 수 있다.

10. 업무집행자의 책임 및 대표소송

기술한 바와 같이 업무집행자는 회사의 受任人으로서 선관주의의무를 부담한다(민법 제681조). 따라서 업무집행자는 자신의 임무를 해태한 경우 회사에 대하여 채무불이행책임을 진다. 그리하여 상법은 사원이 업무집행자의 책임을 추궁하는 代表訴訟을 인정하고 있다. 즉 사원은 우선적으로 회사에 대하여 업무집행자의 책임을 추궁하는 소의 제기를 청구할 수 있다(제287조의 22 제1항). 회사가 訴를 제기하지 않을 경우 사원이 회사를 대표하여 訴를 제기할 수 있다. 대표소송의 제기시에는 주식회사의 대표소송에 관한 규정 중 제403조 제1항과 제5항(提訴要件으로서의 소유주식수)을 제외하고 제403조 제2항부터 제4항까지, 제6항, 제7항 및 제404조부터 제406조까지의 규정을 준용한다(제287조의 22 제2항).

III. 의사결정

1. 결정방법

유한책임회사가 의사결정을 함에 있어서는 人的會社로서의 성격이 강하다. 그리하여 유한책임회사의 의결권은 持分主義가 아닌 頭數主義에 따른다(제287조의 11·제287조의 18·제195조·민법 제706조 제2항). 상법은 중요경영사항의 대부분은 定款으로, 나머지 일부사항은 社員多數決로 정할 수 있도록 하고 있다. 구체적으로 보면, 업무집행자의 선정(제287조의 12 제1항), 대표자의 선정(제287조의 19 제2항·제3항), 사원의 가입(제287조의 23), 사원사망시 상속인의 권리 의무 승계에 관한 사항(제287조의 26·제219조), 사원의 제명결의방법(제287조의 27), 잉여금의 분배(제287조의 37 제5항)는 定款으로 정할 수 있다. 정관으로 정하는 사항은 사원 전원의 동의로 하는 것과 같다. 정관의 변경은 사원 전원의 동의를 요하기 때문이다(제287조의 16).

업무집행자의 경업승인(제287조의 10 제1항), 대표업무집행자의 선정(제287조의 19 제2항), 공동대표자의 선정(제287조의 19 제3항), 자본금의 감소(제287조의 36 제1항·제287조의 16)는 사원 전원의 동의를 요한다. 이에 비하여 업무집행자와 회사간의 자기거래(제287조의 11), 회사와 사원 간의 訴에서의 회사대표의 선정(제287조의 21)은 사원 과반수의 결의를 요한다.

그 밖에 사원의 의사결정이 필요한 때에는 조합의 운영원리에 따라 사원 과반수의 결의를 요한다(제287조의 18·제195조·민법 제706조 제2항). 다만, 유한책임회사에서는 업무집행자로 선임되지 아니하면 업무집행권한이 없기 때문에(제200조 제1항) 사원 과반수의 결의가 적용되는 범위는 그다지 넓지 않다.

2. 사원총회

유한책임회사는 의사결정기관으로서의 사원총회를 둘 필요가 없다. 다만, 자율적으로 사원총회 기타 이와 유사한 의사결정기구를 두는 것은 무방하다.

Ⅳ. 정관변경

유한책임회사는 정관에 다른 규정이 없는 경우, 사원 전원의 동의로 정관을 변경할 수 있다(제287조의 16). 그러므로 상법은 정관변경방법을 달리 정할 수 있는 여지를 남겨두고 있다. 이 점 상법 제287조의 16은 임의규정이고, 정관에 보다 완화된 결의방법을 정하고 그 규정에 따라 정관을 변경할 수 있음을 의미한다.

Ⅴ. 회 계

상법은 상업장부의 작성과 같이(제29조 제2항) 유한책임회사의 회계에 대하여도 일반적으로 공정하고 타당한 회계관행에 따라 작성하도록 하고 있다(제287조의 32).

1. 자본금
(1) 자본금의 의의

유한책임회사는 사원이 출자한 금전이나 그 밖의 재산의 가액을 자본금으로 계상한다(제287조의 32). 자본금은 회사재산의 사내유보 및 사외유출의 통제항목이 되므로 중요하다.

(2) 자본금의 변동
1) 감소

상법은 유한책임회사의 자본금 감소에 대하여만 명시하고 있다. 유한책임회

사는 정관을 변경하여 자본금을 감소시킬 수 있다(제287조의 36 제1항). 자본금 감소
는 회사채권자들의 책임재산을 감소시키므로 채권자보호절차(제232조)를 밟아야
한다. 그리하여 ① 회사는 자본금 감소의 결의가 있은 날부터 2주 내에 회사채
권자에 대하여 자본금 감소에 이의가 있으면 일정한 기간 내에 이를 제출할 것
을 공고하고 알고 있는 채권자에 대하여는 따로따로 이를 최고하여야 한다. 이
경우 그 기간은 1월 이상이어야 한다. ② 채권자가 그 기간 내에 이의를 제출하
지 아니한 때에는 자본금 감소를 승인한 것으로 본다. ③ 이의를 제출한 채권자
가 있는 때에는 회사는 그 채권자에 대하여 변제 또는 상당한 담보를 제공하거
나 이를 목적으로 하여 상당한 재산을 신탁회사에 신탁하여야 한다(제287조의 36
제2항 본문·제232조).

2) 증가

상법은 유한책임회사의 자본금 증가에 대하여는 명시하지 않고 있다. 그러나
유한책임회사는 ① 새로운 사원의 금전이나 그 밖의 재산의 출자(제287조의 23·제287
조의 35), ② 기존사원들의 추가출자방식으로 자본금을 증가시킬 수 있다. 사원의
성명 등과 자본금의 액은 정관의 절대적 기재사항이고(제287조의 3 제1호·제3호), 자본
금의 증가는 정관변경사항이므로 사원 전원의 동의가 있어야 한다(제287조의 16).

2. 재무제표의 작성·비치 등

(1) 작성

업무집행자는 결산기마다 대차대조표, 손익계산서, 그 밖에 유한책임회사의
재무상태와 경영성과를 표시하는 것으로서 시행령으로 정하는 서류4)를 작성하여
야 한다(제287조의 33).

(2) 비치·공시 등

업무집행자는 이 서류들을 본점에 5년간 갖추어 두어야 하고, 그 등본을 지
점에 3년간 갖추어 두어야 한다(제287조의 34 제1항). 사원과 회사의 채권자는 회사의
영업시간 내에는 언제든지 재무제표의 열람과 등사를 청구할 수 있다(제287조의 34
제2항).

---

4) 시행령에서는 자본변동표 또는 이익잉여금처분계산서(또는 결손금처리계산서)를 선택적
으로 제시하고 있다(商令 제5조).

3. 잉여금의 분배

(1) 배당가능이익

유한책임회사는 대차대조표상의 순자산액으로부터 자본금의 액을 뺀 액, 즉 잉여금을 한도로 하여 사원에게 분배할 수 있다(제287조의 37 제1항). 주식회사에서는 자본금과 더불어 법정준비금(자본준비금과 이익준비금)을 공제항목으로 하지만(제461조 제1항), 유한책임회사는 준비금을 적립하지 아니한다.

(2) 분배기준과 방법

잉여금은 정관에 다른 규정이 없으면 각 사원이 출자한 가액에 비례하여 분배한다(제287조의 37 제4항). 잉여금의 분배를 청구하는 방법이나 그 밖에 잉여금의 분배에 관한 사항은 정관에서 정할 수 있다(제287조의 37 제5항).

한편 유한회사의 이익배당은 정관에 다른 정함이 있는 경우 외에는 각 사원의 출자좌수에 따라 하여야 한다(제580조). 이러한 점에서 유한책임회사의 잉여금의 분배기준은 유한회사의 경우와 유사하다.

(3) 압류채권자의 권리

유한책임회사 사원의 지분에 대한 압류는 잉여금배당청구권에도 그 효력이 있다(제287조의 37 제6항). 따라서 회사는 압류채권자에게 잉여금을 분배하여야 한다.

(4) 위법배당

유한책임회사가 제287조의 37 제1항에 위반하여 배당가능이익 없이 잉여금을 분배한 경우 회사의 채권자는 그 잉여금을 분배받은 자에 대하여 회사에 반환할 것을 청구할 수 있다(제287조의 37 제2항). 이 규정의 취지는 주식회사의 위법배당에 대한 회사채권자의 반환청구권(제462조 3항)과 같다. 이 청구에 관한 소는 본점소재지의 지방법원의 관할에 전속한다(제287조의 37 제3항).

Ⅵ. 사원 및 지분의 변동

1. 개요

유한책임회사는 폐쇄적 운영을 위하여 고안된 회사이므로 사원의 책임형태

에도 불구하고 사원지분의 변동절차가 인적회사 못지않게 엄격하다. 사원지분의
변동에는 취득과 상실이 있다. 취득에는 ① 설립행위 또는 가입과 같은 원시적
취득과, ② 지분의 양수 또는 상속과 같은 승계적 취득이 있다. 상실에는 ① 해산
또는 퇴사와 같은 절대적 상실이 있고, ② 지분전부의 양도 또는 사망과 같은 상
대적 상실이 있다.

2. 사원의 변동

여기에서는 입사와 퇴사가 있다.

(1) 입사

유한책임회사는 정관을 변경함으로써 새로운 사원을 加入시킬 수 있다(제287
조의 23 제1항). 사원의 가입은 정관을 변경한 때에 효력이 발생한다. 다만, 정관을
변경한 때에 해당사원이 출자에 관한 납입 또는 재산의 전부 혹은 일부의 출자를
이행하지 아니한 경우에는 그 납입이나 이행을 한 때에 사원이 된다(제287조의 23
제2항). 사원가입시 현물출자를 하는 사원에 대하여는 그 절차는 회사설립시의 규
정을 준용한다. 그리하여 현물출자를 하는 사원은 납입기일에 지체 없이 유한책
임회사에 출자의 목적인 재산을 인도하고 등기, 등록, 그 밖의 권리의 설정 또는
이전이 필요한 경우에는 이에 관한 서류를 모두 갖추어 교부하여야 한다(제287조의
23 제3항·제287조의 4 제3항).

(2) 퇴사

상법은 채권자의 보호를 위하여 유한책임회사 사원의 퇴사를 허용하고 있다.
1) 원인

유한책임회사의 사원은 합명회사의 사원과 같이(제217조 내지 제224조) 퇴사원인
에 따라 임의퇴사(제287조의 24·제217조 제1항), 강제퇴사(제287조의 29 제1항·제2항) 또는
당연퇴사(제287조의 25·제218조)할 수 있다. 임의퇴사의 경우에는 정관으로 그 요건
을 달리 정할 수 있다. 그리고 역시 합명회사의 사원의 당연퇴사원인(제218조)과
같은 원인에 의하여 퇴사한다(제287조의 25).

제명의 경우에도 합명회사에서와 같은 사유와 절차가 적용된다(제287조의 27·
제220조). 그리하여 사원의 제명에는 사원 과반수의 결의가 필요하다(제220조). 다만,

유한책임회사 사원의 제명에 필요한 결의는 정관으로 달리 정할 수 있다(제287조의 27). 법원의 제명선고판결이 확정된 때에는 본점과 지점의 소재지에 등기하여야 한다(제287조의 27·제220조 제2항·제205조 제2항). 사원지분의 압류채권자는 합명회사와 같이 해당 사원을 퇴사시킬 수 있다(제287조의 29·제224조).

2) 절차

사원이 퇴사하면 사원의 수에 변동이 생긴다. 사원은 정관의 절대적 기재사항이다(제287조의 3 제1호·제179조 제3호). 따라서 정관을 변경하여야 한다. 이 경우 입사와는 달리 퇴사는 퇴사원인이 있으면 행하여지는 것이므로 정관을 변경하더라도 총사원의 동의절차(제287조의 16)를 밟을 필요는 없다고 본다.

한편 유한책임회사 사원의 성명 등은 등기사항이 아니다(제287조의 5 제1항 참조). 따라서 퇴사로 인한 사원등기를 요하지 아니한다. 이 점 합명회사(제180조·제183조) 및 합자회사(제271조)와 다르다.

3) 효과

가) 지분환급청구권　　유한책임회사를 퇴사하는 사원은 그 지분의 환급을 금전으로 받을 수 있다(제287조의 28 제1항). 퇴사사원에 대한 환급금액은 퇴사시의 회사의 재산상황에 따라 정한다. 다만, 사원의 지분환급에 대한 기준과 방법은 정관으로 달리 정할 수 있다(제287조의 28 제2항·제3항). 예를 들면, 사원이 현물출자를 한 경우 현물자체를 반환하도록 정할 수 있는 것이다.

나) 상호변경청구권　　퇴사한 사원의 성명이 유한책임회사의 상호 중에 사용된 경우에는 그 사원은 유한책임회사에 대하여 그 사용의 폐지를 청구할 수 있다(287조의 31). 퇴사한 사원이 그 사용을 폐지하지 아니하면 명의대여자로서의 책임을 질 수 있다(제24조).

4) 채권자보호절차

유한책임회사의 채권자는 퇴사하는 사원에게 환급하는 금액이 대차대조표상의 순자산액으로부터 자본금의 액을 공제한 액(잉여금)을 초과한 경우에는 그 환급에 대하여 회사에 이의를 제기할 수 있다(제287조의 30·제287조의 37). 그리하여 회사는 채권자에 대하여 일정기간 내에 이의를 제기할 것을 공고하고 이의를 제기한 채권자가 있는 때에, 회사는 그 채권자에 대하여 변제 또는 상당한 담보를 제공하거나 이를 목적으로 하여 상당한 재산을 신탁회사에 신탁하여야 한다. 다만, 지분을 환급하더라도 '채권자에게 손해를 끼칠 우려가 없는 경우'에는 그러하지 않다(제287조의 30 제2항 단서). '채권자에게 손해를 끼칠 우려가 없는 경우'란 환급이 행하여진 후에도 회사에 채무변제에 충분한 재산이 있는 경우를 뜻한다.

3. 지분의 변동

(1) 양도

사원은 다른 사원의 동의를 받지 아니하면 그 지분의 전부 또는 일부를 타인에게 양도하지 못한다(제287조의 8 제1항). 그러나 업무를 집행하지 않는 사원은 업무를 집행하는 사원 전원의 동의가 있으면 지분을 양도할 수 있다. 다만, 업무를 집행하는 사원이 없는 경우에는 사원 전원의 동의를 받아야 한다(제287조의 8 제2항). 유한책임회사는 지분의 양도에 관한 사항을 정관에서 달리 정할 수 있다(287조의 8 3항).

(2) 자기지분의 취득금지

유한책임회사는 그 지분의 전부 또는 일부를 양수할 수 없다(제287조의 9 제1항). 이에 위반하여 유한책임회사가 지분을 취득하는 경우에 그 지분은 취득한 때에 소멸한다(제287조의 9 제2항). 이 점은 합명회사와 유사하고, 주식회사와 다르다(제341조, 재341조의 2). 유한책임회사가 자기지분을 취득하지 못한다는 규정은 인적회사의 성격을 나타내는 것 중의 하나이다.

(3) 지분의 상속

유한책임회사의 사원이 사망할 경우 합명회사의 사원과 같이 퇴사원인이 되고 그 지분은 원칙적으로 상속되지 아니한다(제287조의 25·제218조 제3호). 다만, 합명회사에서와 같이, 정관으로 상속을 허용하는 규정이 있는 때에는 그 지위를 상속할 수 있다. 이 경우 지위의 승계 또는 포기절차는 합명회사의 경우와 같다(제287조의 26·제219조 제1항).

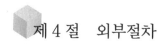

제4절 외부절차

Ⅰ. 회사대표

1. 대표의 선정

유한회사의 대표기관은 원칙적으로 각각의 업무집행자이다(제287조의 19 제1항·제287조의 12 제2항). 업무집행자가 둘 이상인 경우에는 정관 또는 총사원의 동의로 회사를 대표할 업무집행자를 정할 수 있다(제287조의 19 제2항). 유한책임회사의 업무집행자는 사원이 아닌 자도 가능하므로(제287조의 12 제1항) 대표 역시 사원이 아닌 자를 선정할 수 있음은 물론이다.

2. 공동대표

유한책임회사는 정관 또는 총사원의 동의로 둘 이상의 업무집행자가 공동으로 회사를 대표할 것을 정할 수 있다(제287조의 19 제3항). 共同代表는 등기를 하여야만 제3자에게 대항할 수 있다(제287조의 5·제37조 제1항). 공동대표를 선정한 경우 제3자가 유한책임회사에 하는 의사표시는 공동대표 중 1인에 대하여 함으로써 그 효력이 생긴다(제287조의 19 제4항). 이 조항은 공동지배인 및 공동대표이사제도에서 볼 수 있는 수동대표권(제12조 제2항, 제389조 제3항·제208조 제2항)을 나타내는 것이다. 따라서 회사가 제3자에 대하여 의사표시를 하는, 이른바 능동대표는 반드시 공동으로 하여야 한다(제287조의 19 제2항).

3. 대표권의 범위

회사를 대표하는 사원은 회사의 영업에 관하여 재판상 또는 재판외의 모든 행위를 할 권한이 있다(제287조의 19 제5항·209조 제1항). 다만, 그 권한에 대한 내부적 제한은 善意의 제3자에게 대항하지 못한다(제287조의 19 제5항·209조 제1항).

4. 대표자의 불법행위(제3자에 대한 책임)

유한책임회사를 대표하는 업무집행자가 그 업무집행으로 타인에게 손해를 입힌 경우에는 회사도 그 업무집행자와 연대하여 배상할 책임이 있다(제287조의 20). 이는 합명회사와 같이 유한책임회사의 불법행위능력을 인정한 것이다.

5. 회사와 사원간의 소의 대표

유한책임회사가 사원(사원이 아닌 업무집행자를 포함한다)에 대하여 또는 사원이 회사에 대하여 소를 제기하는 경우에 회사를 대표할 사원이 없을 때에는 다른 사원 과반수의 결의로 대표할 사원을 선정하여야 한다(제287조의 21). 회사를 대표할 사원이 없을 때라 함은 대표자의 부재 또는 회사와 대표자간에 訴가 제기된 경우를 의미한다.

Ⅱ. 사원의 책임

유한책임회사의 사원의 책임은 상법에 다른 규정이 있는 경우 외에는 그 출자금액을 한도로 한다(제287조의 7). 유한책임회사에서는 설립시 설립등기 전에 出資의 이행을 완료하여야 하고(제287조의 4 제2항), 설립 후 가입하는 신입사원도 납입을 완료한 때에 사원이 된다. 이 점 유한책임회사는 합자회사와는 달리 회사채권자와의 관계에서 출자의 이행을 완료하지 아니한 상태가 있을 수 없다는 것을 의미한다.

따라서 유한책임회사에서의 사원의 유한책임이란 주식회사에서의 주식인수인의 책임(제331조)과 같이 회사에 대한 출자이행의 책임만을 의미한다(間接有限責任).[5] 그리고 사원은 회사채권자에 대하여 간접·유한책임을 지고, 일반적인 회사채무에 대한 책임은 부담하지 아니한다. 이 역시 주식회사 주주의 책임구조와 같다.

---

5) 이철송(2016), 211면.

제 5 절 해산과 청산

유한책임회사의 해산사유는 합명회사의 경우와 거의 같다(제287조의 38 제1호). 다만, 합명회사는 사원이 1인으로 되면 해산사유에 해당하지만, 유한책임회사는 그러하지 않다. 즉 유한책임회사는 1인에 의한 설립과 회사도 가능하므로 사원이 1인이 되더라도 해산사유에 해당하지 아니한다. 그러나 사원이 없게 된 경우에는 해산한다(제287조의 38 제2호).

한편 유한책임회사가 해산하는 경우 任意淸算(제247조 내지 제249조)은 허용되지 아니한다(제287조의 45). 그러므로 회사가 해산하면 사원 전원의 과반수로 청산인을 선임하여야 한다. 청산인을 선임하지 아니하면 업무집행자가 청산인이 된다(제287조의 45·제251조). 기타 청산절차는 합명회사의 경우와 같다(제251조 내지 제257조, 제259조 내지 제267조).

[표] 무한책임사원과 유한책임사원의 비교

구 분	무한책임사원	유한책임사원
노무·신용출자	可	不可
업무집행권	有(제273조)	無(제278조)
업무감시권	無. 다만, 업무집행권이 없으면 인정 가능	有(제277조)
대표권	有(제296조, 제207조)	無(제278조)
업무집행의 이의제기	可(제269조, 제200조)	不可
경업금지	有(제269조, 제198조)	無(제275조)
자기거래	不可	不可
지분양도	총사원의 동의(제269조, 제197조)	무한책임사원의 동의(제276조)
사원의 사망	退社原因(제269조, 제218조 제3호)	持分相續(제283조)
사원의 성년후견개시	退社原因(제269조, 제218조 제4호)	退社하지 않음(제284조)
책임	無限(제269조, 제212조)	有限(제279조)

[회사의 유형별 비교 : 규정중심]

구분		합명회사	합자회사	주식회사	유한회사	유한책임회사
설립		정관작성 설립등기	정관작성 설립등기	정관작성 주식인수 설립등기	정관작성 납입징수 설립등기	정관작성 납입징수 설립등기
사원	구성	무한책임사원	무한책임사원 유한책임사원	주주	유한책임사원	유한책임사원
	책임	직접·연대· 무한	직접·연대·무한· 유한	간접·유한	간접·유한책임 (전보책임있음)	유한책임
	출자	유·무형 재산	무한책임사원 -유·무형 재산 유한책임사원 -유형 재산	재산	재산	재산
	지위	지분	지분	주식	지분	지분
	양도	다른 사원동의	무한책임사원 -다른 사원동의 유한책임사원 -무한책임사원동의	자유(원칙)	자유(2011년 개정)	다른 사원동의 (예외 : 비업무 집행사원의 경우 → 업무 집행사원 전원 동의, 정관)
	數	2인 이상	각 1인 이상	1인 이상	1인 이상	1인 이상
업무 집행기관		사원	무한책임사원	이사회 대표이사	이사	사원 또는 사원 이 아닌 자로서 정관이 정한 者
설립 취소 및 무효 인정여부		O	O	설립무효만 인정	O	O
최저자본		없음	없음	없음	없음	없음
최저설립 사원 수		2인 이상	유한책임 : 1인 무한책임 : 1인	1인	1인	1인
의사결정		다수결 (두수주의)	다수결(두수주의)	다수결(지분 복수주의)	다수결(지분 복수주의)	두수주의

제 6 장

주식회사

제1절 총 설

Ⅰ. 주식회사의 개념

1. 주식회사의 의의와 특색

상법에는 주식회사(corporation)에 관한 定義規定이 없다. 다만, 상법의 규정을 종합하여 보면, 주식회사는 ① 사원(주주)의 지위(지분)가 주식으로 세분화된 비율적 단위의 형식을 가지며, ② 모든 사원은 회사에 대하여 그가 갖는 주식의 인수가액을 한도로 유한출자의무를 부담할 뿐, ③ 회사 또는 회사채권자에 대하여 아무런 책임을 부담하지 아니하는 회사를 말한다.

따라서 주식회사의 기본적이고 본질적인 특색은 주식과 유한책임이다. 유한책임의 원칙이 특색인 관계로 자본제도가 요구되는데, 이는 주식회사의 부차적인 특색이라고 할 수 있다. 이러한 점에서 주식회사의 특색은 자본, 주식 및 사원의 유한책임이라고 할 수 있다.

2. 주식

주식회사 사원의 법률적 지위는 균등하게 세분화된 비율적 단위의 형식을 갖는다. 이 사원의 지위를 주식이라고 하고, 주식소유사원을 주주라고 한다. 주식회사 사원의 지위가 세분화된 비율적 단위의 형식을 갖는 것은 개성을 상실한 다수의 자가 쉽게 회사에 참가할 수 있도록 하는 기술적인 요청에 따른 것이다. 그 결과 다수의 사원으로 구성되는 회사의 법률관계를 간명하게 처리할 수 있고, 사원의 지위도 원활하게 양도할 수 있다. 그리고 회사자본금의 조달을 용이하게 할 수 있다.

주식이 세분화된 비율적 단위의 형식을 갖는 것은 그 비개성적인 성질에 맞게 주식이 주권이라고 하는 유가증권에 화체되어 거래목적물의 기초가 되고 있다.

비율적 단위에서의 비율은 금액으로 표시할 수 있고, 간단한 숫자로 자본금에 대한 비율만을 표시할 수도 있다. 전자가 액면주식(제329조 제2항·제3항)이고, 후자가 무액면주식이다(제329조 제1항).

결국 주식은 사원지위의 기초이고, 주식회사의 자본금을 구성하는 분할된 단위 형식이다(제329조의 2 제1항). 이로 인하여 사원과 자본과의 관계에 있어 물적회사인 주식회사는 인적회사와 전혀 다르다.

3. 주주의 유한책임

(1) 의의

주주는 회사에 대하여 주식의 引受價額을 한도로 출자의무를 부담할 뿐(제331조) 그 이외에는 회사 또는 회사채권자에 대하여 아무런 책임을 부담하지 아니한다. 추가출자의무도 없다. 이를 주주의 유한책임이라고 한다. 따라서 주주 또는 주식의 승계취득자는 그 이상의 책임을 부담하지 않고, 회사에 대하여 권리만을 갖는다. 이는 현대 주식회사에서의 본질적 원칙이며, 정관 또는 주주결의로 훼손할 수 없다.

상법은 주주의 출자의무이행을 담보하기 위하여 회사의 설립 전 또는 신주의 발행 전에, 즉 주주가 되기 전에 全額納入主義(제305조·제421조)를 취하고 있다. 따라서 주주의 유한책임은 정확히는 주주가 아닌 주식인수인의 유한책임이다. 이 책임은 회사에 대한 책임이 전부이므로 회사채권자에 대하여도 직접·유한의 변제책임을 지는 합자회사의 유한책임사원의 유한책임과는 다르다.

(2) 주주유한책임원칙의 장·단점

주주유한책임의 결과 주식회사제도는 오늘날의 산업발전을 이루는데 큰 역할을 담당하게 되었고 고도로 조직화된 증권시장을 형성하게 하는 등 자본주의경제를 발전시키는데 기여하여 왔다. 그리하여 주식회사제도는 불사조신드롬을 불러오기도 하였다.

그러나 이 책임은 '지배 있는 곳에 책임 있다.'는 원칙을 관철하는 무한책임원칙과는 달리 출자자에게 어떠한 책임도 추궁할 수 없다는 의미에서 회사채권자에게는 불리하게 작용한다. 그리하여 상법은 회사채권자를 보호하기 위한 각종의 제도를 마련하고 있다.

Ⅱ. 채권자의 보호

1. 자본금

(1) 의의

1) 정의

상법상 자본금은 액면주식을 발행하는 회사의 경우에는 발행한 주식의 액면 총액이다(제451조 제1항). 무액면주식을 발행하는 경우에는 주식발행가액의 2분의 1 이상의 금액으로서 이사회(제416조 단서1)에서 정한 주식발행의 경우에는 주주총회를 말한다)에 서 자본금으로 계상하기로 한 금액의 총액을 의미한다(제451조 제2항). 회사는 정관 으로 정한 경우에는 주식의 전부를 무액면주식으로 발행할 수 있는데, 무액면주 식을 발행하는 경우에는 액면주식을 발행할 수 없다(제329조 제1항). 회사의 자본금 은 액면주식을 무액면주식으로 전환하거나 무액면주식을 액면주식으로 전환함으 로써 변경할 수 없다(제429조 제2항).

자본금은 일정한 계산상의 금액에 지나지 아니하므로 영업실적, 물가, 동산· 부동산의 가격에 따라 항상 변동하는 회사의 구체적인 財産과는 구별된다. 이 점 자본금은 회사재산과 항상 일치하는 것이 아님을 의미한다.

2) 기능

자본금의 기능에 대하여는 회사·주주·회사채권자의 입장으로 나누어볼 수 있다. 회사에 대하여는 회사성립의 기초가 되고, 증자시에는 재산확보기능을 하 며, 목적사업수행에 필요한 기본재산이다. 그리고 회사의 순재산액이 자본금과 법정준비금의 합계액을 상회하는 때에만 배당을 하도록 함으로써 과도한 배당을 저지하는 수치로서 기능한다.

주주에 대하여는 출자액을 의미하여 동시에 회사채무에 관한 책임의 한계를 뜻한다. 주주의 권리의 大小는 출자금액이 자본금에서 차지하는 비율에 따른다.

회사채권자에 대하여는 원칙적으로는 그 채권의 담보가 되는 회사재산을 의 미하며, 회사의 신용도를 유지하는 기능을 한다. 이러한 의미에서 회사설립 후의

---

1) 제416조(발행사항의 결정) 회사가 그 성립 후에 주식을 발행하는 경우에는 다음의 사항 으로서 정관에 규정이 없는 것은 이사회가 결정한다. 다만, 이 법에 다른 규정이 있거나 정관으로 주주총회에서 결정하기로 정한 경우에는 그러하지 아니하다.

자본금의 기능은 주주에 대한 과도한 배당으로 인하여 회사재산이 감소하여 회사채권자를 해하는 것을 방지하는 기능을 한다.[2]

그러나 자본금은 과거의 신주발행금액이 누적된 수치에 불과하므로 회사의 변제능력이나 수익성을 나타내는 수치는 아니다.[3] 이는 대차대조표상 자산이 있음에도 불구하고 유동성을 결여하여 기한이 도래한 채무를 변제하지 못하여 도산하는 흑자도산을 하는 사례에서 알 수 있다. 이러한 점에서 자본금의 채권자보호 기능의 실효성에 대하여는 의문이 있다. 2009년 5월 개정시 5,000만원 이상으로 하였던 최저자본제도(개정 전 제329조 제1항)를 폐지한 것도 이러한 맥락으로 읽힌다.

(2) 자본금에 관한 3원칙

1) 자본금확정의 원칙

이 원칙은 주식회사의 설립 또는 증자시 자본금액이 정관으로 확정되고 그 총액에 대한 주식인수가 확정되어야 하는 것을 말한다. 자본금이란 발행주식의 액면총액을 말한다(제451조). 상법은 ① 액면주식을 발행하는 경우 1주의 금액 및, ② 회사설립시에 발행하는 주식의 총수를 정관의 절대적 기재사항으로 하고, ③ 회사설립 전에 이 주식의 전부가 인수와 납입되어야 함을 규정하고 있는데(제289조 제1항 제3호·4호, 제305조 제1항), 이는 자본확정의 원칙을 나타내는 규정이다.

무액면주식을 발행하는 경우에도 정관에 기재된 설립시 발행하는 주식총수는 당연히 인수와 납입되어야 하고, 이사회(제416조 단서[4]에서 정한 주식발행의 경우에는 주주총회를 말한다)에서 자본금액을 확정하게 하는 규정도(제451조 제2항) 자본확정의 원칙을 밝히는 것이다. 다만, 상법은 회사설립 후의 신주발행에 의한 자본금의 추가조달, 즉 증자시에는 이 원칙을 적용하지 아니하고 있다(제416조, 제423조 참조).

2) 자본금유지(충실)의 원칙

이 원칙은 회사가 자본금액에 상당하는 순자산을 실질적으로 유지하여야 하는 원칙을 말한다. 이 원칙은 자본금충실의 원칙이라고도 부르며, 채권자보호에 중요하다. 그런데 순자산은 회사의 영업실적, 물가변동 또는 동산·부동산의 가격

---

2) 설립 후에는 자본준비금을 자본전입하는 방식이 활용될 수 있을 것이다.
3) 반대의견 : 이철송(2016), 216면.
4) 제416조(발행사항의 결정) 회사가 그 성립 후에 주식을 발행하는 경우에는 다음의 사항으로서 정관에 규정이 없는 것은 이사회가 결정한다. 다만, 이 법에 다른 규정이 있거나 정관으로 주주총회에서 결정하기로 정한 경우에는 그러하지 아니하다.

에 따라 항시 변동하기 때문에 자본거래를 통하여 회사의 의지대로 유지하기 어렵다. 그러므로 자본금유지의 원칙이란 회사가 무분별하게 자기주식취득과 같은 자본거래 또는 잉여금배당을 통하여 회사의 재산이 부당히 주주에게 還流되는 것을 차단하여야 하는 원칙을 말한다.

자본금유지의 원칙은 회사채권자보호를 위하여 중요하므로, 상법은 이 원칙을 반영한 규정을 적지 않게 두고 있다. 대표적으로는 ① 설립시에 주식발행가액의 전액납입 또는 현물출자의 전부이행,5) ② 현물출자 기타 변태설립사항에 관한 엄격한 절차적 규제,6) ③ 발기인의 주식의 인수와 납입담보책임(제321조), 이사의 인수담보책임(제428조 제1항), ④ 주식 액면미달발행의 제한(제330조, 제417조), ⑤ 자기주식 취득요건에 관한 일정한 제한 및 질취의 제한,7) ⑥ 이익이 있는 경우에도 법정준비금(이익준비금, 자본준비금)의 적립(제458조, 제459조 제1항), ⑦ 이익배당의 제한(제462조) 등의 규정이 있다.

3) 자본금불변의 원칙

이 원칙은 자본유지의 기준이 되는 자본금을 법정의 절차를 밟지 아니한 채 자유로이 감소시키지 못하도록 하는 원칙을 말한다. 그리하여 자본금의 감소에는 특별결의가 있어야 한다. 다만, 缺損의 補塡을 위한 자본금의 감소는 보통결의에 의한다(제438조 제1항·제2항). 자본금 감소의 경우에는 채권자이의절차를 밟아야 한다(제439조 제2항 본문·제232조). 다만, 결손의 보전을 위하여 자본금을 감소하는 경우에는 그러하지 아니하다(제439조 제2항 단서).

2. 채권자보호를 위한 공시 등

회사법은 회사채권자가 회사의 재산상황이나 조직개편상황을 정확히 파악할 수 있도록 각종 규정을 두고 있다. 예를 들면, 재무제표 등의 비치·공시(제448조), 합병계약서 등의 공시(제522조의 2), 합병에 관한 서류의 사후공시(제527조의 6), 분할대차대조표 등의 공시(제530조의 7), 대차대조표·사무보고서·부속명세서의 제출·감사·공시·승인(제534조)에 관한 규정 등이 있다.

---

5) 제295조, 제303조, 제305조, 제421조 제1항, 제425조 등.
6) 제299조, 제310조, 제313조, 제314조, 제422조.
7) 제341조·제341조의 2, 제341조의 3.

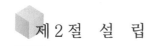 **제 2 절 설 립**

제 1 관 총 설

Ⅰ. 설립절차의 특징

합명회사 또는 합자회사를 설립할 때에는 정관의 작성에 의하여 사원과 그 출자액이 확정되고 사원이 법률상 당연히 회사의 기관을 구성하는 것이 원칙이다. 따라서 그 설립절차가 단순하고, 정관작성과 설립등기만으로 완료된다.

그러나 주식회사의 설립절차는 인적회사에 비하여 복잡하다. 그 이유는 ① 사원이 정관으로 정하여지지 아니하고(제289조 제1항 참조), ② 사원수가 많고, ③ 사원상호관계도 희박하며, ④ 주주는 간접유한책임만을 부담하기 때문이다. 이 점 채권자를 보호하고 출자자를 모집하기 위한 공정한 절차가 필요함을 의미한다.

주식회사의 설립절차의 특징에 대하여는 ① 설립사무를 담당하는 자는 발기인이고(제288조, 제289조), ② 정관이 작성되어야 하고, ③ 주식인수인의 출자이행절차가 존재하고(제295조, 제303조 내지 제307조), ④ 이사ㆍ감사와 같은 기관구성절차를 밟아야 하며(제296조, 제312조), ⑤ 설립경과에 대한 엄격한 조사절차를 거치며(제298조 내지 제300조, 제313조, 제314조), ⑥ 설립관여자에 대한 엄격한 책임추궁(제321조 내지 제327조)으로 대별할 수 있다.

Ⅱ. 설립의 방법

주식회사의 설립 절차는 먼저 발기인이 정관을 작성하고(제289조), 주식발행사항을 결정한다(제291조). 주식발행사항의 결정내용에 따라 발기설립과 모집설립으로 나뉜다.

1. 발기설립과 모집설립

(1) 발기설립

발기설립은 발기인들만이 설립시에 발행하는 주식을 인수하는 방법이다(제295

조 이하). 발기인들이 발행주식 전부를 인수하면, 주식대금을 납입하여야 한다. 그리고 理事와 監事를 선임하고, 선임된 이사와 감사는 바로 설립의 경과를 조사하여 발기인에게 보고한다. 그리고 설립등기를 함으로써 회사가 성립된다.

결국 발기설립절차는 ① 발기인의 정관작성(제288조, 제289조), ② 주식발행사항의 결정(제291조), ③ 발기인의 주식인수(제293조), ④ 주금납입(제295조), ⑤ 임원선임(제296조), ⑥ 이사와 감사의 설립경과조사(제298조), ⑦ 설립등기(제317조) 순서를 밟는다.

(2) 모집설립

모집설립은 발기인들이 설립시에 발행하는 주식의 일부를 인수하고 잔여부분에 대하여는 주식인수인을 모집하는 방법이다(제301조 이하). 모집주주는 요식의 서면(株式請約書)으로 주식인수를 청약하고 발기인은 인수시킬 주식을 배정한다. 주식인수가 완료되면 주식대금을 납입하여야 한다. 주식대금의 납입 후에는 주식인수인들로 구성되는 창립총회를 소집하여 이사와 감사를 선임하여야 한다. 이사와 감사는 설립경과를 조사하여 창립총회에 보고한다. 마지막으로 설립등기를 완료함으로써 회사가 성립된다.

결국 모집설립절차는 ① 발기인의 정관작성(제288조, 제289조), ② 주식발행사항의 결정(제291조), ③ 발기인의 주식인수(제293조), ④ 주주모집(제301조), ⑤ 모집주주 청약(제302조), ⑥ 발기인의 주식배정(제303조), ⑦ 주금납입(제305조), ⑧ 창립총회(제308조), ⑨ 임원선임(제312조), ⑩ 이사와 감사의 설립경과조사(제313조 제1항), ⑪ 설립등기(제317조) 순서로 나열할 수 있다. 여기서 ④, ⑤, ⑥ 및 ⑧의 절차를 거치도록 하는 것은 발기설립과 달리 모집주주가 존재하기 때문이다.

(3) 회사규모에 따른 설립방법의 이점

본래 발기설립은 소규모 또는 대기업의 자회사를 설립하는데 적합한 설립방법이며, 모집설립은 다수의 주식인수인을 모집하여야 한다는 점에서 대기업을 설립하는데 적합한 방법이다. 특히 1995년 개정상법은 발기설립의 경우에도 모집설립과 같이 원칙적으로 이사·감사가 그 설립경과를 조사하도록 하였기 때문에(제298조 제1항) 실제 소규모회사나 자회사의 설립시에는 발기설립방법이 효과적이라고 할 수 있다.

(4) 양 방법의 차이

발기설립절차상 납입을 게을리하면 채무불이행책임을 진다(민법 제389조, 제390조, 제544조). 반면 모집설립의 경우에는 실권절차가 인정된다(제307조·제305조). 발기설립의 경우 이사와 감사의 선임은 발기인의 의결권의 과반수로 한다(제296조). 모집설립의 경우는 창립총회에서 선임한다(제312조).

2. 변태설립사항이 있는 경우

財産引受 또는 現物出資 등의 변태설립사항이 있는 경우에는 이사가 법원에 검사인의 선임을 청구하고 이에 의하여 선임된 검사인의 조사를 받는 것이 원칙이다(제298조 제4항). 그러나 검사인의 조사는 변태설립사항이 ① 발기인의 특별이익, 발기인의 보수 또는 회사가 부담할 設立費用(제290조 제1호·제4호)에 관한 내용이라면 공증인의 조사·보고로 갈음하고(제299조의 2, 제310조 제3항), ② 현물출자 또는 재산인수에 관한 내용이라면 현물출자 또는 재산인수의 대상이 된 자산에 대한 감정인의 감정(제290조의 2, 제310조 제3항)으로 대체할 수 있다.

Ⅲ. 최저자본금제도

1. 최저자본금제도와 액면주식

2009년 5월 개정 전 주식회사의 최저자본금은 5,000만원이었다(개정 전 제329조 제1항). 이는 회사성립의 요건이자 존속요건이었다. 최저자본금제도는 회사의 濫設과 不實을 방지하기 위한 것이었으나, 현대의 기업사정에는 맞지 아니한다는 비판이 제기되어 왔다. 그리하여 2009년 개정시 이 제도를 폐지하였다.

현행법상 액면주식의 액면가는 100원 이상이다(제329조 제3항). 따라서 1인의 발기인(제289조 제1항)만으로 설립하는 회사의 경우에는 자본금을 100원으로 할 수 있다. 액면주식의 경우 주식분할 후의 1주의 금액은 100원 미만으로 하지 못한다(제329조의 2 제2항).

2. 무액면주식과 최저자본금

무액면주식은 2011년 개정상법에서 도입되었다. 회사는 정관으로 정한 경우에는 주식의 전부를 무액면주식으로 발행할 수 있다. 다만, 무액면주식을 발행하는 때에는 액면주식을 발행할 수 없다(제329조 제1항). 회사는 정관이 정하는 바에 따라 발행된 액면주식을 무액면주식으로 전환하거나 무액면주식을 액면주식으로 전환할 수 있다(제329조 제4항). 이 경우에는 제440조(주식병합의 절차), 제441조 본문(주식병합의 효력발생시기) 및 제442조(신주권의 교부)를 준용한다(제329조 제5항).

따라서 액면주식 등을 전환하는 경우 회사는 1월 이상의 기간을 정하여 그 뜻과 그 기간 내에 주권을 회사에 제출할 것을 공고하고 주주명부에 기재된 주주와 질권자에 대하여는 각별로 그 통지를 하여야 한다(제329조 제4항·제440조). 전환은 통지기간이 만료한 때에 그 효력이 생긴다(제329조 제4항·제441조).

이 밖에도 액면주식 등을 전환하는 경우 구주권을 회사에 제출할 수 없는 자가 있는 때에는 회사는 그 자의 청구에 의하여 3월 이상의 기간을 정하고 이해관계인에 대하여 그 주권에 대한 이의가 있으면 그 기간 내에 제출할 뜻을 공고하고 그 기간이 경과한 후에 신주권을 청구자에게 교부할 수 있다. 공고의 비용은 청구자의 부담으로 한다(제329조 제5항·제442조 제1항 및 제2항).

Ⅳ. 발기인

1. 의의

(1) 개념

발기인은 실질적으로는 회사설립의 企劃者이자 그 절차를 주관하는 자를 의미하고(promoter), 형식적으로는 정관에 발기인으로서 기재되고 기명날인 또는 서명한 자를 말한다(제289조 제1항). 따라서 법적인 개념으로는 「정관을 작성하고 기명날인 또는 서명한 자로서 정관에 발기인으로 기재된 자」로 정의할 수 있다(제289조 제1항 제8호). 이러한 개념정의는 유사발기인(제327조)과 발기인을 구별하는 기준이 된다.

(2) 기능

주식회사의 설립과정에서 발기인은 다음과 같은 기능을 수행한다. 즉 ① 주식회사는 인적회사와 달리 정관으로 사원(주주)이 확정되지 아니하므로 설립사무담당기구로서의 기능을 수행하고, ② 설립시 회사에 대한 자본충실책임(인수담보책

임과 납입담보책임)을 부담하며(제321조 제1항·제2항), ③「설립 중의 회사」의 기관으로
서 회사가 성립한 경우 회사 또는 제3자에게 가해진 손해에 대한 책임부담주체로
서 기능하며(제322조 제1항·제2항), ④「설립 중의 회사」의 기관으로서 회사가 성립
하지 않은 경우에 대한 책임부담주체로서 기능한다(제326조 제1항).

2. 발기인의 자격

발기인의 자격에는 제한이 없다. 제한능력자나 법인도 발기인이 될 수 있다
(통설). 내국인 또는 외국인도 발기인이 될 수 있다. 다만, 발기인은 정관작성·주
식인수 등 실제로 회사의 설립사무를 주관하여야 한다. 이 때문에 행위무능력자
는 행위능력제한에 관한 일반 법리의 적용을 받는다. 미성년자가 발기인이 되는
경우에는 법정대리인의 동의를 얻어 스스로 발기인이 되거나 법정대리인이 발기
인을 대리한다. 발기인이 성년피후견인의 경우에는 법정대리인이 발기인을 대리
한다.

발기인은 회사나 기타 법인도 될 수 있다고 본다. 법인에는 공법인 사법인을
묻지 아니한다. 법인의 경우 법인의 대표자 또는 대리인이 발기인으로서 정관의
작성 기타 설립사무에 종사한다고 본다.

3. 인원수

발기인의 수는 1인 이상이어야 한다(제288조). 따라서 발기인 중 일부가 사망
하거나 무자격이 된 때에도 1人 이상이면 설립절차를 續行할 수 있다고 본다. 발
기인 전원이 사망하거나 무자격(예 : 발기인인 법인의 해산)이 되는 때에는 설립무효사
유가 된다. 이 경우에는 인적회사의 계속사유와는 달리 다른 발기인을 충원할 수
없고, 정관작성부터 다시 시작하여야 한다. 그 이유는 발기인의 지위는 양도되거
나 상속될 수 없다고 보기 때문이다.[8] 다만, 발기인인 법인이 합병된 경우에는
존속회사 또는 신설회사가 이를 승계할 수 있다고 본다.[9]

발기인의 인원수에 관한 요건은 회사의 실체형성이 완성될 때까지 유지되면
족하다고 본다. 따라서 발기설립시에는 설립경과에 관한 조사절차가 종료한 시점

---

8) 이철송(2016), 226면; 권기범(2012), 333면.
9) 최준선(2016), 150면; 정동윤(2012), 381면.

이고, 모집설립시에는 창립총회가 종료한 시점이다.[10]

4. 발기인조합

발기인이 2인 이상인 경우 발기인들 간에는 발기인조합이 성립한다. 각 발기인은 발기인조합의 조합원으로서의 지위를 갖는다. 발기인조합은 민법상의 조합이므로 조합에 관한 민법규정이 적용된다(통설). 定款作成 또는 株式引受 등 회사설립에 관한 발기인의 행위는 조합계약의 이행이다(통설).

설립 중의 회사는 발기인조합 이후에 성립하는데, 양자는 서로 다르다. 「설립중의 회사」는 발기인이 1주 이상을 인수한 이후(다수설·판례) 성립하여 설립시까지 존재하는 社團的 存在로서 회사법적 효력을 가진다. 이에 대하여 「發起人組合」은 발기인 상호간에 내부적인 계약관계로서 개인법상 존재이기 때문에 설립 후의 회사 또는 설립 중의 회사와 직접적인 법적 관계를 갖지 못한다.

5. 발기인의 의사결정

상법은 복수의 발기인이 있는 경우 발기인의 업무집행은 전부 공동으로 하도록 명시하고 있다. 공동으로 하여야 할 사항에 관한 의사결정은 조합의 규정에 따라 발기인의 과반수로 해야 한다(민법 제706조 제2항). 따라서 청약기간, 납입취급은행의 결정 및 모집설립시의 주식의 배정(제303조)은 발기인 과반수의 동의를 요한다.

그러나 定款의 作成(제289조 제1항)과 株式發行事項의 決定(제291조) 등은 명문으로 발기인 전원의 동의를 요한다.

한편 발기설립시 이사와 감사의 선임은 발기인이 인수한 주식수에 비례하여 議決權을 부여하고 그 의결권의 과반수로 결정한다(제296조). 이 경우 두수주의가 아닌 지분주의를 채택한 것은 발기인으로서의 업무집행이 아닌 출자자로서의 지분권을 행사하는 것이기 때문이다.

---

10) 이철송(2016), 226면; 권기범(2012), 332면; 정동윤(2012), 381면.

V. 설립 중의 회사

1. 의의

주식회사는 정관의 작성에서 시작하여 설립등기에 의하여 성립하기까지 점차 조직이 生成되고 실체가 형성되어 가는 과정을 거친다. 그 과정 중에 설립 중의 회사라는 실체가 존재하는데, 설립 중의 회사란 '회사의 설립등기 이전에 어느 정도 회사의 실체가 형성된 미완성의 회사'라고 정의할 수 있다.

通說(同一性說)에 따르면 설립 중의 회사는 장래에 성립할 회사의 전신으로서 法人格은 없지만 회사설립의 목적범위 내에서 제한적 권리능력(예: 예금거래 또는 어음행위능력)을 가지고 성립 후의 회사와 실질적으로 동일한 실체이다. 판례도 설립 중의 회사는 주식회사의 설립과정에서 발기인이 회사설립을 위하여 취득 또는 부담하였던 權利義務가 발기인이나 출자자에게 귀속되지 않고, 설립된 회사에 귀속되는 관계를 설명하기 위한 강학상 개념이라고 한다.[11]

2. 법적 성질

민법학에서는 설립 중의 사단법인을 「권리능력 없는 사단」이라고 보고 있는데, 통설과 판례는 설립 중의 회사도 「權利能力 없는 社團」이라고 한다.[12] 주요 논거는 근본규칙인 정관이 있고 발기인 또는 주식인수인(모집설립의 경우)을 구성원으로, 발기인을 업무집행기관으로 볼 수 있어 權利能力 없는 社團으로서의 요건을 갖추었다는 데에 있다. 그리하여 설립 중의 회사의 이사, 감사, 주식인수인 및 창립총회는 성립 후 회사의 주주, 이사, 감사 및 주주총회와 다를 바 없다.

이러한 성질에 따라 설립 중의 회사의 존재가 인정되지 아니하면 설립절차과정에서 발기인이 회사설립을 위하여 취득한 재산 예를 들면, 납입된 주금 또는 現物出資된 資産은 우선적으로 발기인의 재산으로 귀속되었다가 설립등기를 완료한 후 회사에 이전하는 절차를 밟아야 하는데, 설립 중 회사의 존재는 이러한 번거로움과 비경제적인 과정을 피할 수 있게 한다. 그리고 출자된 재산이 발기인의 사적 채무에 대한 책임재산을 구성하여 그의 채권자의 강제집행 대상이 되는

---

11) 대법원 1970. 8. 31. 선고 70다1357 판결; 1994. 1. 28. 선고 93다50215 판결.
12) 대법원 1970. 8. 31. 선고 70다1357 판결.

문제도 방지할 수 있다.

3. 성립시기

(1) 학설과 판례

설립 중 회사의 성립시기에 관하여는 ① 정관작성시 설, ② 발행주식총수인
수시 설, ③ 그 중간시점을 선택하여 발기인이 1주 이상 인수시 설이 대립한다.

(2) 정관작성시 설

이 학설은 설립 중의 회사의 성립시기를 「발기인의 1주 이상 인수할 때」로
보는 것은 문제가 있다고 한다. 그것은 상법상 발기인은 발기설립이든 아니면 모
집설립이든 반드시 주식을 인수하여야 하며(제293조), 발기인은 정관에 의하여 확
정되므로, 발기설립시에는 구성원의 전부 또는 모집설립시에는 일부가 정관작성
시에 이미 확정되기 때문이다. 그리고 설립 중의 회사를 인정하는 실익은 設立登
記 이전에 발기인의 설립행위에 의하여 발생한 權利義務가 설립된 회사에 귀속
하는 관계를 설명하는 점에 있는데, 이러한 필요성은 정관작성 후 발기인의 주식
인수 전에도 존재하기 때문에(예: 변태설립사항에 관한 업무) 설립 중의 회사의 성립시
기를 정관작성시로 보고 있다.13)

(3) 발행주식총수인수시 설

이 학설은 ① 회사설립시에 발행하는 주식의 총수가 발기인에 의하여 인수되
었을 때 성립 중의 회사가 성립한다고 한다. 이 논거는 독일주식법 제29조를 비
교법적 근거로 한다.14) 그리고 ② 법정최저자본제 하에서는 최저자본금이 충족되
지 아니하면 회사설립이 불가능하기 때문에 정관작성 후 회사설립시에 발행하는
주식의 총수가 인수되었을 때에 설립 중의 회사가 성립한다고 본다. 그러나 ①의
논지는 독일의 설립제도는 발기설립만이 있고, 정관은 공증인의 인증만으로 확정
되는 등 우리나라 법제와는 많이 다르다. 따라서 이를 근거로 우리 법을 해석하
는 것은 무리가 있다. ②의 논지는 2009년 5월 최저자본금제도가 폐지된 이상 타
당성을 갖지 못한다.

---

13) 송옥렬(2015), 756면; 이기수·최병규(2015), 152면; 이철송(2016), 230면; 최준선(2016),
   161면.
14) 정동윤(2012), 410면.

(4) 발기인이 1주이상인수시 설

이 학설은 각 발기인이 1주 이상의 주식을 인수한 때를 설립 중의 회사의 성립시기로 본다(다수설).15) 그 이유는 정관작성만 가지고는 구성원의 일부도 확정되지 않았으므로 권리능력 없는 사단이라고 보기 어려운 데 반해, 발기인이 주식을 인수하면 인적·물적 기초의 일부나마 확정되어 장차 주식회사로 발전할 단체의 형식이 갖추어지기 때문이라고 한다. 판례도 같은 입장을 취하고 있다.16)

(5) 사견

판례에 의하면 정관작성 후 주식인수 전까지의 법률관계는 성립 후의 회사에 귀속할 수 없을 뿐 아니라, 주식을 1주 이상 인수하는 것은 설립 중의 회사의 대내문제로서 공시되지도 아니한다. 이로 인하여 주식의 인수정도를 가지고 설립 중의 회사가 성립한다고 보는 것은 법적 안정성을 해한다. 그리고 발행주식총수 인수시 설도 발행주식총수가 인수된 단계에서는 이미 회사의 실체가 완성된 단계로서 바로 설립등기하면 되기 때문에 이 단계에서 설립 중의 회사를 인정할 실익이 없다. 따라서 정관작성시 설을 지지한다.

4. 법률관계

(1) 내부관계

권리능력 없는 사단에 관한 내부의 법률관계는 사원총회 다수결에 의하여 의사를 형성하고, 사원총회에서 선임되는 업무집행기관이 업무를 집행하는 것이 一般法理이다. 그러나 상법은 회사설립의 이행이라는 제한적인 범위 내에서만, 그리고 설립절차에 필요한 방식으로 내부적인 법률관계를 인정하고 있다. 그리하여 모집설립시 인정되는 창립총회의 결의는 출석한 주식인수인의 의결권의 3분의 2 이상이며 인수된 주식의 총수의 과반수에 해당하는 다수로 하도록 하고 있고(제309조), 서면에 의한 의결권행사(제368조의 3)는 인정되지 아니한다(제308조 제2항 반대해석). 그리고 설립 중의 회사의 업무집행자는 발기인(제296조)이며, 발기인의 업무집행에 관하여는 법규와 정관으로 그 범위와 방법을 규율하고 있고, 설립 후 사원

---

15) 강희갑(2004), 176면; 권기범(2014), 353면; 김정호(2015), 91면; 정찬형(2014), 631면; 손주찬(2004), 551면; 정경영(2009), 353면; 최기원(2012), 147면.
16) 대법원 1994. 1. 28. 선고 93다50215 판결.

총회에 해당하는 창립총회는 설립절차의 완결적 단계에서 구성하도록 하고 있다. 창립총회의 권한도 설립경과의 조사(제310조) 또는 이사와 감사의 선임(제312조) 등 일부 제한된 사항에 대하여만 결의하도록 하고 있다. 창립총회에서 선임된 이사와 감사는 설립 중의 회사의 감사기관이지 업무집행기관은 아니다(제313조 참조).

따라서 권리능력 없는 사단의 내부관계에 관한 一般法理는 설립 중의 회사에 적용될 여지가 거의 없다.

(2) 외부관계

一般法理에 따르면 권리능력 없는 사단에 관한 외부의 법률관계는 社團法人에 준하는 행위능력, 불법행위능력 및 권리능력 등을 가지며, 대표기관이 대외적 행위를 한다. 그러나 상법상 설립 중의 회사의 발기인이 회사를 대표하여 할 수 있는 행위란 기본적으로 회사설립을 위하여 필수불가결한 범위 내로 국한되고, 제3자와의 법률행위는 募集株主와의 주식인수계약(제302조·제305조), 납입금보관은행과의 預金契約17) 등 몇 가지로 제한되고 그 효과도 법정되어 있다.

따라서 설립 중의 회사의 외부관계에 있어서도 권리능력 없는 사단에 관한 일반법리가 적용되는 것은 아니다. 그리하여 설립 중의 회사의 명의로 취득한 권리·의무는 설립 중의 회사에 總有的으로 귀속하였다가 회사가 성립하면 별도의 移轉行爲 없이 성립 후 회사에 귀속된다(통설). 다만, 이러한 효과가 발생하는 것은 발기인이 설립 중의 회사의 기관으로서 한 행위로 국한된다(통설). 발기인 개인명의 또는 발기인조합명의로 한 행위는 이와 같은 효과가 발생하지 않는다. 즉 그러한 행위는 권리의 양수나 채무인수 등 별도의 이전행위가 있어야 성립 후의 회사에 귀속한다.18)

(3) 발기인의 권한의 범위

1) 문제의 제기

발기인은 설립 중의 회사의 업무집행기관으로서 설립에 필요한 각종 행위를 하는데, 이 경우 성립 후의 회사에 효과를 귀속시킬 수 있는 행위, 즉 발기인의 권한이 미치는 범위가 문제될 수 있다.

---

17) 이철송(2016), 231면.
18) 대법원 1990. 12. 26. 선고 90누2536 판결; 1994. 1. 28. 선고 93다50215 판결; 2000. 1. 28. 선고 99다35737 판결.

2) 학설

① 회사의 설립 그 자체를 직접적인 목적으로 하는 행위에 국한된다는 설

이 학설에 따르면 발기인은 정관의 작성, 주식의 인수 및 납입, 사원의 확정, 기관의 구비 및 창립총회의 소집 등의 행위만을 할 수 있고, 회사성립 후의 개업 준비행위는 발기인의 권한범위 내에는 속하지 아니한다. 다만, 예외적으로 법정의 요건을 갖춘 재산인수(제290조 제3호)는 인정된다.[19]

② 회사설립을 위해 법률상·경제상 필요한 행위가 포함된다는 설

이 학설에 따르면 발기인은 설립사무소의 임차, 설립사무원의 고용, 주식청약서 등 필요한 서류의 인쇄위탁, 주식모집광고의 위탁 등을 할 수 있다. 그러나 개업준비행위는 발기인의 권한범위 내에 속하지 아니하고, 다만 예외적으로 법정의 요건을 갖춘 재산인수(제290조 제3호)는 인정된다(다수설).[20]

③ 회사설립 후의 개업을 위한 준비행위도 포함된다는 설

이 학설은 발기인은 회사설립에 필요한 법률상·경제상 모든 행위를 할 수 있고, 여기에는 회사설립 후의 개업을 위한 준비행위도 포함된다고 한다. 그러므로 발기인은 성립 후의 회사를 위한 공장부지의 매입, 점포의 차입, 특허발명의 실시허락계약, 제품의 공급계약, 토지·건물의 양수, 원료의 구입, 종업원의 고용 등의 행위도 할 수 있다. 재산인수(제290조 제3호)는 위험성이 큰 행위이므로 상법이 이를 제한하고 있을 뿐 본래는 발기인의 권한에 속한다고 한다.[21]

④ 성립 후의 회사가 할 수 있는 모든 행위를 할 수 있다고 하는 설

3) 판례

우리나라의 대법원은 '발기인대표가 성립 후의 회사를 위하여 자동차조립계약을 체결한 것은, 비록 발기인대표의 個人名義로 되어 있다고 하더라도, 발기인대표로서 회사설립사무의 집행인으로서 위 계약을 체결한 것으로 회사에 책임이 있고, 이는 상법 제290조(변태설립사항)의 각 호에 해당하지 않는다.'고 판시하였다. 그리하여 회사성립 후의 개업을 위한 준비행위도 포함한다는 위의 제③설을 취

19) 이철송(2016), 232면; 최기원(2012), 141면; 이범찬·임충희·이영종·김지환(2012), 89면.
20) 권기범(2012), 358면; 김정호(2015), 95면; 김동훈(2010), 126면; 손주찬(2004), 553면; 이기수·최병규(2015), 225면; 임홍근(2000), 144면.
21) 최준선(2016), 152면; 정동윤(2012), 414면; 송옥렬(2015), 757면; 정찬형(2014), 628면.

하고 있다.²²⁾

4) 사견

생각건대 제①설이 타당하다고 본다. 그 이유는 ㉠ 상법은 설립 중의 회사의 발기인의 권한남용을 엄격하게 억제하고 있고, ㉡ 회사설립을 위한 법률상·경제상 필요한 행위의 범위가 모호하기 때문에 발기인의 권한남용을 야기할 수 있는 제②설을 취하기 어렵고, ③ 상법상 財産引受는 변태설립사항으로써 엄격하게 제한하고 있는 취지에서 보면, 그 일종인 개업준비행위는 정관상 법정의 요건을 갖추지 않는 한 허용될 수 없다고 본다. 그리고 제①설을 취하는 결과 설립 중의 회사의 불법행위능력은 인정되지 아니한다고 본다.

(4) 소송당사자능력과 등기능력

민사소송법은 권리능력 없는 사단의 당사자능력을 인정하고 있고(동법 제52조), 不動産登記法은 등기능력을 인정하고 있다(동법 제30조). 따라서 설립 중의 회사도 이러한 능력이 인정된다고 본다. 예를 들면, 주식인수인들이 출자를 이행하지 아니하면 설립 중의 회사는 실권절차를 밟지 아니하고 바로 訴求하는 경우도 있으므로 당사자능력이 인정된다고 본다.

발기인의 권한에 관한 제①설에 따르면 설립 중의 회사는 부동산을 현물출자로 받을 때에 부동산을 취득할 수 있다. 다만, 부동산을 현물출자하는 경우에는 등기이전에 필요한 서류를 완비하여 교부하는 것으로 족하므로(제295조 제2항) 실제로 설립 중의 회사 명의로 등기하지 아니하여도 무방하다.

제 2 관 정관의 작성

I. 의 의

주식회사설립의 첫 단계로 발기인은 정관을 작성하여 기명날인 또는 서명한다(제289조 제1항). 정관에는 실질적 의의와 형식적 의의가 있다. 전자는 회사의 조직과 활동에 관한 근본규칙을 의미하고, 후자는 이러한 근본규칙을 기재한 서면

---

22) 대법원 1970. 8. 31. 선고 70다1357 판결.

또는 전자적 기록을 말한다(제289조 제3항). 주식회사 설립단계에서의 정관은 양자의 의미를 포함한다.

정관은 원칙적으로 公證人의 認證을 받음으로써 효력이 생긴다(제292조 본문). 다만, 자본금 총액이 10억원 미만인 회사를 발기설립하는 경우에는 각 발기인이 정관에 기명날인 또는 서명함으로써 효력이 생긴다(제292조 단서).

Ⅱ. 기재사항

정관의 기재사항에는 絶對的 記載事項(제289조), 相對的 記載事項[23] 및 任意的 記載事項의 세 가지가 있다. 「절대적 기재사항」은 반드시 정관에 기재되어야 하고, 이의 기재에 흠결에 있거나 그 내용이 위법·부실하면, 정관이 무효가 되고 회사설립무효의 원인이 된다. 상법은 주주 등 이해관계인을 보호하기 위하여 설립의 첫 단계에서부터 절대적 기재사항을 열거하고 있다.

「相對的 記載事項」은 정관에 기재하지 않아도 정관자체의 효력에는 영향이 없지만, 정관에 기재하지 아니하면 특정사항의 효력이 발생하지 아니한다. 예를 들면, 현물출자는 정관에 기재하지 아니하여도 정관자체의 효력에는 영향이 없지만, 정관에 기재되지 아니하면 현물출자를 하지 못한다. 「任意的 記載事項」은 위 두 가지에 해당하지 아니하나 강행법규 또는 주식회사의 본질에 반하지 아니하는 사항으로 이를 정관에 기재하면 기재사항대로 효력이 발생한다.

설립시에 확정된 정관의 변경에는 주주총회의 특별결의가 요구된다(제434조). 이하에서는 정관의 기재사항을 유형별로 살펴본다.

Ⅲ. 절대적 기재사항과 수권자본제

1. 절대적 기재사항

상법은 정관의 절대적 기재사항으로 ① 目的, ② 商號, ③ 회사가 발행할 주식의 총수, ④ 액면주식을 발행하는 경우 1주의 金額, ⑤ 회사설립시에 발행하는

---

23) 제290조, 제344조 제2항, 제344조의 2 내지 제346조, 제356조의 2, 제357조, 제383조 제3항, 제387조, 제416조, 제418조, 제517조 제1호 등.

주식의 총수, ⑥ 本店의 所在地, ⑦ 회사가 공고하는 방법, ⑧ 발기인의 성명·주민등록번호 및 주소를 기재하도록 하고 있다(제289조 제1항 제1호 내지 제8호).

(1) 목적(제1호)

「목적」이란 회사사업의 목적을 말한다. 상법은 목적인 사업에 대하여 특별한 제한을 두지 않고 있다. 따라서 상행위 그 밖의 영리사업을 하여도 무방하다. 목적사업은 수종이어도 무방하지만, 특수한 사업에 대하여는 특별법상 주무관청의 허가, 인가 또는 면허를 받도록 하는 경우가 있다.

회사의 목적은 주주에게는 출자의 동기를 이루며, 회사의 기관 및 회사와 거래하는 제3자의 이해관계에 영향을 미친다. 理事에게는 업무의 집행범위를 제시한다. 그리하여 이사가 목적에 반하는 행위를 한 때에는 손해배상책임을 지고(제399조), 解任事由(제385조)가 되며, 유지청구(제402조)의 대상이 된다. 제3자에게는 회사와의 거래시 회사에 대하여 기대할 수 있는 反對給付의 범위를 예측하는 기준이 된다.

한편 목적은 회사의 권리능력을 제한하는 기준이 되거나(제한설), 회사기관의 권한남용의 기준이 된다(무제한설).

(2) 상호(제2호)

상호는 회사의 명칭이다. 自然人과 달리 회사는 그를 표시하기 위한 방법으로서 상호가 있어야 한다. 주식회사는 상호 중에 반드시 「주식회사」라는 문자를 사용하여야 한다(제19조).

(3) 회사가 발행할 주식의 총수(제3호)

이는 회사가 존속하는 동안 정관의 변경 없이 발행 가능한 주식총수를 의미한다. 간단히 발행예정주식총수 또는 수권주식총수라고도 한다. 이에 대하여는 후술한다.

(4) 액면주식을 발행하는 경우 1주의 금액(액면가)(제4호)

상법은 액면주식과 무액면주식을 발행할 수 있도록 하고 있다(제329조 제1항). 액면주식 1주의 금액을 「액면가」라고 한다. 액면가는 균일하여야 하며, 1주의 액면가는 100원 이상이어야 한다(제329조 제2항·제3항). 액면가에 발행주식총수를 곱하면 자본금이 산출된다(제451조). 액면가는 회사가 주식인수대가로 제시하는 發行價

또는 실제 시장에서 매매되는 가격인 時場價와는 다르다.

자본금유지의 원칙상 액면가는 100원 미만으로 발행하지 못한다(제330조). 다만, 회사가 성립한 날로부터 2년을 경과한 후에 주식을 발행하는 경우에는 주주총회의 특별결의와 법원의 인가를 얻어서 100원 미만의 액면가로 발행할 수 있다(제417조 제1항).

(5) 회사의 설립시에 발행하는 주식의 총수(제5호)

이는 회사의 발행예정주식총수 가운데 설립시 발행할 주식으로서 자본금 산출의 기초가 된다.

(6) 본점소재지

본점은 주된 營業所로서 영업의 중심이 되는 장소를 뜻한다. 회사의 주소는 본점소재지에 있는 것으로 한다(제171조). 본점소재지는 회사가 받을 의사표시·통지의 수령지가 되며 등기 및 각종 회사법상의 소(訴)에 있어서 관할의 표준이 된다(예: 제328조 제2항, 제186조). 본점소재지는 주주총회의 소집지를 제약하고(제364조), 등기관계상 국내에 있어야 한다. 그리고 선택적이어서는 아니 되고 단일해야 한다. 最小行政區劃區域(예: 서울특별시 또는 제주특별자치도 서귀포시)을 기재하는 것으로 족하다는 견해가 다수설이고 실무상 그와 같이 기재하는 예가 많지만,[24) 地番으로 특정되어야 한다고 본다.

(7) 회사가 공고를 하는 방법(제7호)
1) 의의 및 유형

이는 회사의 법률관계 중에서 株主, 債權者 그 밖의 이해관계인를 보호하는데 필요한 사항을 공시하도록 하기 위한 것이다. 예를 들면, 주주명부의 폐쇄공고(제354조 제4항), 신주인수권자에 대한 최고(제419조 제2항), 자본감소의 공고(제439조 제2항), 재무제표 등의 승인·공고(제449조 제3항) 및 회사채권자에의 최고(제535조 제1항) 등이 그에 해당한다. 회사의 공고는 서면공고가 원칙이며, 예외적으로 전자적 공고(2009년 5월 개정)를 할 수 있다.

---

24) 정찬형(2014), 638면; 최준선(2016), 170면; 정동윤(2012), 387면; 최기원(2005), 154면;
이기수·최병규·조지현(2009), 151면.

2) 서면공고

회사의 공고는 원칙적으로 관보 또는 時事에 관한 사항을 게재하는 일간신문에 하여야 한다(제289조 제3항). 따라서 시사를 다루는 지방지는 가능하다. 복수의 일간신문을 정할 수는 있지만, 이를 선택적으로 이용할 수는 없다. '시사'를 게재하는 일간신문이어야 하므로 특수한 기술(예 : TV, 게임기), 오락·취미(예 : 스포츠나 예능), 특정산업이나 직역(예 : 부동산, 증권, 농수산업), 특정단체(예 : 회사 또는 동문회) 또는 동호회만을 대상으로 하는 신문 등은 제외된다.

3) 전자적 공고

가) 의의   상법은 예외적으로 정관으로 정하는 바에 따라 전자적 방법으로 공고를 할 수 있다(제289조 제3항 단서). 전자적 공고는 회사의 인터넷 홈페이지에 게재하는 방법으로 하여야 한다(시행령 제6조 제1항 제1호).

나) 요건   사전에 정관으로 정하여야 한다. 정관에서 전자적 공고를 할 것을 정한 경우에는 회사의 인터넷 홈페이지 주소를 등기하여야 한다(시행령 제6조 제2항). 인터넷 홈페이지를 등기하지 아니하고 홈페이지에 공고를 하면 선의의 제3자에게 대항하지 못한다(제37조 제1항). 회사가 전산장애 또는 기타의 부득이한 사유로 전자적 방법에 의한 공고를 할 수 없는 경우에는 정관에서 정하는 관보 또는 시사에 관한 사항을 게재하는 일간신문에 공고하여야 한다(시행령 제6조 제4항). 이는 정관에는 전자적 공고로 갈음한다는 취지 외에 전자적 공고가 불가능한 경우 서면공고하는 신문을 기재해 두어야 함을 의미한다.

다) 보완규정   전자적 공고는 디지털매체이다. 이 때문에 정보수령자의 입장에서는 의사전달의 확실성이 떨어질 수 있다. 이를 보완하기 위하여 상법은 다음과 같은 규정을 두고 있다.

① 공고기간

전자적 방법으로 공고할 경우에는 대통령령으로 정하는 기간까지 계속 공고하여야 한다(제289조 제4항 전단). 여기서 '대통령령으로 정하는 기간'이란 ① 법에서 특정한 날부터 일정한 기간 전에 공고하도록 한 경우에는 '그 특정한 날', ② 법에서 공고에서 정하는 기간 내에 이의를 제출하거나 일정한 행위를 할 수 있도록 한 경우에는 '그 기간이 지난 날', ③ 그 이외의 경우에는 '해당공고를 한 날부터 3개월이 지난 날'까지의 기간, 즉 공고기간을 말한다. 이는 정보이용자에게 정보접근의 기회를 보장하기 위한 규정이다.

회사가 재무제표를 전자적 방법으로 공고할 경우에는 정기총회에서 이를 승인한 후 2년까지 계속 공고하여야 한다(제289조 제4항 후단, 제450조). 이는 재무제표의 승인결의에 관하여 이사와 감사의 책임해제기간이 승인결의 후 2년 내라는 규정(제450조)을 감안한 규정이다.

② 공고의 중단

공고기간 중에 불특정 다수가 제공받을 수 없게 되거나 그 공고된 정보가 변경 또는 훼손된 경우와 같이 공고가 중단되더라도, 그 중단기간의 합계가 공고기간의 5분의 1을 초과하지 않으면 공고의 중단은 공고의 효력에 영향을 미치지 아니한다(시행령 제6조 제6항). 이는 공고가 전산장애 등 불가항력적인 사유로 중단될 수 있음을 감안한 규정이기 때문에, 공고의 중단에 회사의 고의 또는 과실이 있는 경우에는 적용되지 아니한다(시행령 제6조 제6항 단서). 즉 공고기간을 준수하지 아니한 것이 된다.

③ 공고내용의 열람

상법은 전자적 공고를 하는 경우에는 공고기간 이후에도 누구나 그 내용을 열람할 수 있도록 하고 있다(제289조 제4항 단서). 이는 회사가 공고하는 사항은 상당 기간이 경과한 후에도 입증자료 기타 유용한 정보가 된다는 점과 이해관계자의 알 권리를 고려한 규정이다.

④ 게시내용 등에 대한 증명

회사가 전자적 방법으로 공고할 경우에는 게시기간과 게시내용에 대하여 증명하여야 한다(제289조 제5항). 이는 서면공고의 경우에도 마찬가지이므로 달리 의미가 있는 규정은 아니다.

⑤ 공고방법

회사가 전자적 방법으로 공고하려는 경우에는 그 정보를 회사의 인터넷 홈페이지 초기화면에서 쉽게 찾을 수 있도록 하는 등의 조치를 하여야 한다(시행령 제6조 제3항). 이 경우 초기화면에서 쉽게 발견할 수 있는 접속메뉴를 설치하고 연결메뉴에서 공고내용을 제공할 수도 있다고 본다.

(8) 발기인의 성명, 주민등록번호 및 주소(제8호)

이는 발기인의 동일성을 인식시키기 위한 규정이다. 발기인은 정관을 작성하고 기명날인 또는 서명하여야 하므로 기명날인 또는 서명한 발기인의 성명·주민등록번호 및 주소를 기재하도록 하는 것이다. 법인이 발기인인 경우에는 법인의 본점과 상호 그 밖의 명칭을 기재하여야 한다. 발기인은 회사설립기획자이므로 제8호의 내용은 당연히 정관변경의 대상이 아니다.

2. 수권자본제

주식회사의 정관에는 자본금을 표시하도록 하는 규정은 없으나, 절대적 기재사항에서 산출가능하다. 정관에는 ① 회사가 발행할 주식의 총수, 즉 발행예정주식총수(제289조 제1항 제3호), ② 액면주식을 발행하는 1주의 금액(제289조 제1항 제4호), ③ 회사의 설립시에 발행하는 주식의 총수(제289조 제1항 제5호)가 기재된다. 이 중에서 회사설립시의 최초 자본금은 ②×③에서 산출된다. 그리하여 자본금은 발행주식의 액면총액이다. 나머지 ①은 회사설립 후 정관을 변경하지 아니하고 발행할 수 있는 주식총수를 뜻한다. 2011년 개정 전 상법은 회사설립시 발행하는 주식의 총수(③)는 발행예정주식총수(①)의 4분의 1 이상이 되도록 강제하였으나(개정 전 제289조 제2항), 폐지되었다.

따라서 현행법상 회사의 발행예정주식총수(예 : 10,000주)에서 회사설립시 발행이 강제되어야 하는 주식수(예 : 2,500주)는 없다. 그리고 신주발행은 원칙적으로 이사회의 권한사항이므로(제416조 본문), 이사회는 신규자금이 필요할 때마다 정관상 발행예정주식총수(예 : 10,000주)에서 회사설립시 발행한 주식총수(예 : 1,000주)를 포함한 旣발행주식총수(예 : 2,000주)를 공제한 범위 내에서(예 : 8,000주) 주주총회의 결의를 거치지 아니하고 기동성 있게 신주를 발행하여 자금을 조달할 수 있다.

그러나 이사회가 발행예정주식총수를 초과하여 주식을 발행하고자 할 때에는 먼저 정관을 변경하여 발행예정주식총수를 늘려야 한다. 정관변경은 주주총회의 특별결의를 요한다. 그러므로 발행예정주식총수를 정관에 기재하는 것은 주주들이 이사회에 대하여 주주의 동의 없이 주식을 발행할 수 있는 권한을 부여하였다는 뜻을 지니고, 그런 의미에서 이를 '授權資本'이라 부른다.

Ⅳ. 상대적 기재사항

1. 서

상대적 기재사항은 상법의 여러 부분에 규정되어 있다. 이 중에서 특히 변태설립사항은 회사의 설립시에 자본충실을 기하기 위하여 반드시 정관에 기재하여야만 효력이 있는 것으로써 중요하다.

2. 변태설립사항

(1) 의의 및 유형

상법은 설립시 발기인이 남용하는 경우 자본충실을 해칠 우려가 있는 사항, 이른바 「위험한 약속」으로 ① 발기인에게 주어지는 특별한 이익, ② 현물출자, ③ 財産引受, ④ 設立費用과 發起人의 報酬를 열거하고, 이를 「변태설립사항」이라 하여 정관에 기재하도록 하고 있다(제290조). 그리고 모집주주가 알 수 있도록 주식청약서에도 기재하여야 하며(제302조 제2항 제2호), 원칙적으로 법원이 선임한 검사인의 조사절차를 거쳐야 한다(제299조 제1항, 제299조의 2, 제310조). 만약 변태설립사항이 부당한 때에는 발기설립의 경우는 법원, 모집설립의 경우는 창립총회에서 변경할 수 있다(제300조, 제314조).

(2) 발기인의 특별이익

1) 의의

회사는 발기인이 받을 특별이익과 이를 받을 자의 성명을 정관에 기재하여야 그 효력이 있다(제290조 제1호). 발기인의 특별이익은 회사설립의 기획자로서 실패에 대한 위험을 부담하고 활동한 설립공로에 대한 보상으로서 부여되는 채권적 권리이다.

2) 대상

발기인의 특별이익의 대상에는 이익배당, 잔여재산분배, 신주인수의 우선권, 회사와 계속적인 거래의 약속, 회사시설의 무상이용과 같은 특혜 또는 제품의 할인거래와 같이 강행법규에 위배되지 아니하는 한 모든 재산적 이익이 포함된다(통설).25) 다만, 우선적인 이익배당이나 잔여재산분배에 대하여는 주주평등의 원

---

25) 최준선(2016), 172면; 정찬형(2014), 640면; 최기원(2005), 156면; 김정호(2012), 100면;

칙상 인정되지 아니한다는 견해가 있다.[26]

발기인이 소유주식에 대한 確定利子의 支給, 주금납입의 면제, 無償株나 功勞株의 交付 등은 자본충실의 원칙에 반하므로 허용되지 아니한다. 주주총회에서의 의결권에 대한 특권도 주주평등의 원칙상 허용될 수 없다. 장차 이사, 감사 또는 그 밖의 임원 등의 지위를 약속하는 것과 같이 단체법적인 원칙에 반하는 이익도 허용될 수 없다.

3) 양도성 등

발기인의 특별이익은 정관상 특정한 발기인에게 부여되는 것이므로 이익의 성질상 양도할 수 없거나 정관에 의하여 양도가 금지되어 있는 경우를 제외하고는 양도 또는 상속의 대상이 된다.

(3) 현물출자

1) 의의

회사는 현물출자를 하는 자의 성명과 그 목적인 재산의 종류, 수량, 가격과 이에 대하여 부여할 주식의 종류와 수를 정관에 기재하여야 그 효력이 있다(제290조 제2호).[27] 현물출자는 금전 이외의 재산을 출자의 목적으로 하는 것을 말한다. 현물출자는 회사입장에서 보면 유용한 출자형태이다. 그것은 설립 후 구입하여야 할 자산이 출자의 대상이 된다면, 재산구입으로 인한 비용을 줄일 수 있는 이점이 있기 때문이다.

2) 성질

현물출자의 성질은 상법이 정한 출자의 한 형태라고 할 수 있다. 다만, 현물출자의 결과 그 財産權은 회사에 귀속되고, 雙務·有償契約的 性質을 갖기 때문에 위험부담·하자담보 등에 관한 민법의 규정(민법 제537조, 제570조 이하)이 적용된다(통설).

3) 목적물

현물출자의 목적물은 금전 이외의 財産으로서 대차대조표상 資産의 部에 기재할 수 있는 것이면 모두 가능하다. 따라서 임차보증금채권, 動産, 不動産, 채권·어음 등의 유가증권, 특허권, 타 회사의 주식, 광업권, 상호, 營業上의 秘訣

손주찬(2003), 577면; 이기수·최병규·조지현(2009), 153면.

26) 이철송(2016), 241면; 권기범(2015), 399면.

27) 대법원 1967. 6. 13. 선고 67다302 판결.

이나 채무를 포함하는 일체로서의 영업의 일부 또는 전부 등도 출자의 목적으로 할 수 있다. 다만, 주식회사는 자본단체이므로 재산적 가치를 평가하기 어려운 노무출자나 신용출자는 목적물이 될 수 없다(異說 없음).

4) 조사절차

현물출자는 회사의 입장에서 보더라도 유용한 출자형태이지만, 목적물인 재산이 가치가 없거나 과대평가되면 자본충실의 원칙에 반하고 회사채권자를 해할 염려가 있다. 그리하여 상법은 출자재산의 適正性과 평가의 公正性을 확보하기 위하여 엄격한 조사절차를 두어 검사인의 조사절차 또는 공인된 鑑定人의 鑑定을 거치도록 하고 있고, 공증인의 조사로 대체하는 것을 금지하고 있다(제298조 제4항, 제299조의 2, 제310조).

5) 부당평가의 효력

현물출자의 목적물인 재산이 무가치하거나 과대평가된 상태로 설립등기를 완료한 경우, 그 효력은 부당평가의 정도에 따라 차이가 있다. 즉 부당평가의 정도가 경미하다면 발기인과 임원의 손해배상책임의 추궁만으로 해결할 수 있다(제322조, 제323조). 그러나 무가치하거나 과대평가의 정도가 커 발기인이나 이사에 대한 책임추궁만으로 자본구성의 결함을 보완하기 어려운 때 그 현물출자는 무효라고 본다.

6) 이행

현물출자를 하는 자는 납입기일에 지체 없이 현물출자를 이행하여야 한다(제295조 제2항, 제305조 제3항). 이행방식은 목적재산의 유형별 권리이전방식에 따른다. 즉 動産인 경우에는 引渡, 有價證券인 경우에는 背書·交付 등의 방법을 취하여야 한다. 채권인 경우에는 채무자에게 통지·승낙이라는 대항요건도 갖추어야 한다(제295조 제2항·민법 제450조 참조).

부동산 기타 登記·登錄할 재산은 등기·등록에 필요한 서류를 완비하여 교부하여야 한다(제295조 제2항, 제305조 제3항). 따라서 그 재산은 설립 중의 회사의 이름으로 등기·등록하는 절차를 밟을 필요가 없이 일단 설립 중의 회사에 귀속하고, 회사의 성립 후에는 특별한 절차 없이 회사에 귀속한다(동일성설). 현물출자의 이행은 發起人代表에게 하여야 한다.

7) 불이행의 효과

현물출자가 이행불능의 경우 출자자에게 손해배상을 청구할 수 있고(민법 제

390조, 제544조, 제551조), 정관을 변경하여 설립절차를 속행할 수 있다. 이행지체의 경우에는 채무불이행의 일반원칙에 의하여 강제집행을 할 수 있고(제389조), 정관을 변경하여 설립절차를 속행할 수 있다. 물론 회사불성립으로 귀결될 수도 있다.

(4) 재산인수

1) 의의

재산인수는 발기인이 설립 중의 회사의 기관으로서 회사의 성립을 조건으로 하여 성립 후의 회사가 특정인으로부터 일정한 財産을 讓受하기로 약정하는 것을 말한다. 여기서 '회사성립 후에 양수할 것을 약정한다.'는 것은 발기인이 설립될 회사를 위하여 회사의 성립을 조건으로 다른 발기인이나 주식인수인 또는 제3자로부터 일정한 재산을 매매의 형식으로 양수할 것을 약정하는 계약을 의미한다.[28]

재산인수는 약정한 재산의 종류, 수량, 가격과 그 양도인의 성명을 정관에 기재하여야 효력이 발생하고(제290조 제3호), 성립 후 회사는 약정한 재산을 양수할 의무를 부담한다. 현물출자는 재산과 주식을 교환하는 출자계약인데 대하여 재산인수는 순수한 개인법상의 거래라는 점에서 차이가 있다.

2) 규제의 취지

상법이 재산인수를 변태설립사항으로 규정한 것은 발기인이 ① 재산인수의 목적재산을 과대평가하게 되면 회사의 자본충실을 해하는 결과를 초래하여 회사의 재산적 기초를 위태롭게 할 수 있고, ② 현물출자에 가하여지는 엄격한 규제를 잠탈하는 수단으로 악용될 수 있고,[29] ③ 불공정한 재산인수를 약정함으로써 성립 후의 회사에 경제적 부담을 주는 폐단이 있기 때문이다. 따라서 재산인수는 검사인의 조사절차 또는 공인된 鑑定人의 鑑定을 거쳐야 하고, 공증인의 조사로 대체할 수는 없다(제298조 제4항, 제299조의 2, 제310조).

3) 당사자

재산인수에서의 양도인에는 제한이 없다. 발기인, 주식인수인 또는 그 밖의 제3자도 양도인이 될 수 있다. 그리고 인수계약은 발기인이 설립 중의 회사를 대표하여 체결한다. 어떤 매매행위가 회사설립 전 발기인에 의하여 이루어졌다면 재산인수에 해당할 수 있지만, 설립 후의 대표이사에 의하여 이루어졌다면 정관

---

28) 대법원 1994. 5. 13. 선고 94다323 판결.
29) 대법원 2015. 3. 20. 선고 2013다88829 판결.

의 기재여부를 불문하고 재산인수에 해당하지 아니한다.[30] 다만, 소정의 요건을 충족하면 사후설립(제375조)[31]에는 해당할 수 있다.[32] 회사설립 전에 선임된 이사에 의하여 재산인수약정이 체결되더라도 이는 당연히 무효이다.

4) 목적물

현물출자의 목적물과 같다. 따라서 금전 이외의 財産으로서 대차대조표상 資産의 部에 기재할 수 있는 것이면 모두 가능하다(상술 참조).

5) 재산인수의 효력

가) 정관에 기재된 경우　재산인수는 변태설립사항으로써 정관에 기재되고 검사인의 조사 또는 공인된 감정인의 감정 등 법정절차를 밟은 때에 효력이 발생한다. 그 결과 성립 후의 회사가 계약상의 지위를 취득한다.

나) 정관에 기재되지 아니한 경우　정관에 기재되지 아니한 재산인수는 원칙적으로 무효이다(통설·판례).[33] 무효는 회사뿐만이 아니라 재산인수계약의 상대방, 즉 재산의 양도인도 주장할 수 있다.[34] 다만, 정관의 규정 없이 이루어진 재산인수를 성립 후의 회사가 追認할 수 있는 지에 대하여 학설이 나뉜다.

다) 추인인정여부에 관한 학설

① 추인부정설

이 학설은 정관에 규정이 없는 재산인수의 추인을 인정하면 이는 상법 제290조 제3호의 입법취지를 무의미하게 하여 결과적으로 재산인수의 탈법행위를 인정하게 된다고 한다. 그리고 자본충실에 관한 절차상의 규정은 다수결의 원리로

---

30) 대법원 1989. 2. 14. 선고 87다카1128 판결.
31) 사후설립이란 회사가 그 성립 후 2년 내에 그 성립 전부터 존재하는 재산으로서 영업을 위하여 계속하여 사용하여야 할 것을 자본금의 100분의 5 이상에 해당하는 대가로 취득하는 계약을 말한다. 이 경우에는 주주총회의 특별결의를 요한다.
32) 대법원 1989. 2. 14. 선고 87다카1128 판결.
33) 대법원 1994. 5. 13. 선고 94다323 판결; 1992. 9. 14. 선고 91다33087 판결.
34) 대법원 2015. 3. 20. 선고 2013다88829 판결(대법원은 "이 사건 토지를 피고 회사의 유효한 자산으로 취급하여 온 피고 회사로서는 피고 회사의 설립에 직접 관여하여 이 사건 토지에 관한 재산인수를 위한 약정을 체결하고 ……그 설립 후에는 장기간 피고 회사의 경영에 까지 참여하여 온 원고가 …… 피고 회사의 설립 후 15년 가까이 지난 다음 새삼 이 사건 토지의 양도가 정관의 기재 없는 재산인수임을 내세워 자신이 직접 관여한 회사설립행위의 효력을 부정하면서 그 무효를 주장하는 것은 ……상법 제290조의 목적과 무관하거나 오히려 이에 배치되는 것으로서 신의성실의 원칙에 반하여 허용될 수 없다."고 판시하였다. 즉 대법원의 판결은 재산인수의 양도인도 무효를 주장할 수 있음을 전제로 하고 있다.).

그 적용을 배제할 성질이 아니라는 이유로, 정관에 규정이 없는 재산인수는 주주총회의 특별결의로 추인할 수 없다고 한다(다수설).35)

② 추인긍정설

이 학설은 정관에 미기재재산인수행위는 무권대리행위로서 민법 제130조에 의하여 추인할 수 있으며, 회사가 사후설립의 경우를 유추적용하여 주주총회의 특별결의로써 이를 추인하면 그 효과가 회사에 귀속된다고 한다(소수설).36)

라) 판례　위법한 재산인수가 사후설립의 요건을 구비한 경우에는 특별결의에 의하여 추인할 수 있다고 한다. 추인 후에는 상대방도 무효를 주장할 수 없다.37)

마) 사견　상법상 성립 후 회사가 정관에 기재가 없는 재산인수를 특별결의에 의하여 추인할 수 있다는 근거규정이 없다. 그리고 추인에 의한 무효의 치유를 인정하는 것은 상법 제290조 제3호에서 재산인수에 대하여 엄격하게 규제를 하고 있는 법의 취지에도 배치된다. 따라서 추인부정설을 지지한다.

(5) 설립비용

1) 의의

설립비용이란 발기인의 설립준비행위에서 발생한 비용을 말한다(제290조 제4호). 예를 들면, 설립에 필요한 사용인의 보수, 설립사무실의 임차료, 통신비, 정관·주식청약서 등의 인쇄비, 주주모집광고비, 납입금 취급은행의 수수료 등이 이에 해당한다. 성립 후 회사의 개업준비행위로부터 발생하는 비용 예를 들면, 공장·건물·원료 등 사업상 필요한 재산의 구입비인 開業準備費用은 이에 포함되지 아니한다(통설). 설립 후 회사사무실의 임차료, 임대보증금도 설립비용이 아니라고 본다. 개업준비를 위한 금전차입도 설립비용에 해당하지 아니한다.38)

2) 규제의 취지

설립비용은 회사를 설립하기 위하여 지출한 비용이므로 성립 후 회사의 자본으로 부담함이 원칙이다. 그러나 발기인이 권한을 남용하여 過多하게 支出할 경우에는 회사재산의 기초를 해하기 때문에 정관에 회사가 부담하는 비용을 기재하

35) 이철송(2016), 244면; 홍복기(2016), 165면; 최준선(2016), 175면; 권기범(2015), 405면; 정동윤(2012), 390면.
36) 채이식(1996), 376면; 정찬형(2014), 643면.
37) 대법원 1992. 9. 14. 선고 91다33087 판결.
38) 대법원 1965. 4. 12. 선고 64다1940 판결.

도록 하고 있다. 따라서 정관의 기재 없이 지출한 설립비용은 회사에게 구상할 수 없다. 그 대신에 발기인 개인이 책임을 져야 한다. 회사도 주주총회결의 등의 방법으로 그 지출을 추인할 수 없다. 다만, 설립등기의 등록세(자본금의 1,000분의 4)와 같이 그 산정이 객관적이고, 성질상 발기인의 권한남용의 우려가 없는 비용은 정관의 기재가 없더라도 회사가 부담한다(통설).

3) 내부관계

정관에 기재된 설립비용은 설립 중의 회사가 부담한다. 다만, 정관상 미기재 또는 기재된 금액을 초과하여 지출한 설립비용 혹은 검사인의 조사절차를 통과하지 못한 설립비용의 부담이 문제될 수 있다. 대내적으로는 정관에 기재가 없는 한 회사의 부담으로 할 수 없고 발기인이 이를 부담한다. 이 경우 발기인은 부당이득 또는 사무관리를 이유로 회사에게 설립비용을 청구할 수 없다(통설).

4) 외부관계

가) 개념   발기인이 설립비용을 이미 지출한 경우에 회사의 부담으로 귀속될 금액에 대하여는 설립 후 회사에게 구상할 수 있다. 회사의 성립당시에 발기인이 아직 거래상대방에 대하여 채무를 이행하지 않는 경우 예를 들면, 발기인(甲)이 사무실을 임차하였는데 그 임차료가 정관에 규정이 없거나 정관에서 정한 금액을 초과한 경우 임대인(乙)이 누구에게 임차료를 청구할 수 있는지의 여부가 문제될 수 있다. 이 문제는 변태설립사항뿐만이 아니라 발기인의 권한의 범위와도 연관성이 있다.

나) 학설

① 발기인전액부담설

설립비용의 지출은 발기인의 권한에 속하지 아니하지만, 설립비용은 일단 발기인이 제3자에 대하여 전액부담한 후, 정관에 기재된 범위 내에서 발기인이 회사에 구상할 수 있다는 학설이다.[39]

② 회사전액부담설

발기인전액부담설과는 달리 회사의 설립에 필요한 행위는 모두 발기인의 권한에 속한다고 보고, 제3자에 대한 권리의무는 회사의 성립과 동시에 당연히 회사에 귀속한다고 하는 학설이다. 이 경우 아직 이행되지 아니한 채무는 일단 회사가

---

39) 최기원(2012), 169면; 김건식(2015), 128면.

이행하고, 정관에 기재되지 아니한 금액은 발기인에게 구상할 수 있다(다수설).[40]

③ 회사와 발기인의 중첩부담설

설립 중 회사의 채무는 성립 후의 회사에 인계되지만, 대외적인 설립비용에 관하여는 발기인과 회사가 중첩적으로 책임을 진다고 하는 학설이다.[41]

④ 회사 · 발기인분담설

대외적 부담관계도 내부적 부담관계와 마찬가지로 정관의 기재를 기준으로 하여 회사는 정관에 기재된 금액을 부담하고, 발기인은 초과금액에 대하여 제3자에게 지급책임을 진다고 한다.[42]

다) 사견   상법이 설립 중의 회사의 개념을 인정하고 성립 후의 회사와의 관계를 동일성설에 의하여 해결하고 있기 때문에 회사전액부담설이 논리적인 일관성이 있고 거래안전의 관점에서도 타당하다. 따라서 제3자와의 관계에서의 설립비용은 일단 회사가 부담하고, 정관에 기재되지 아니한 설립비용을 회사가 지급한 경우에는 발기인에게 구상할 수 있다.

라) 판례   판례[43]는 "회사의 설립비용은 발기인이 설립 중의 회사가 기관으로서 회사설립을 위하여 지출한 비용으로서 원래 회사성립 후에는 회사가 부담해야하는 것"이라고 하여 회사전액부담설을 취하고 있다. 따라서 위 사례의 임대인(乙)은 회사에 임차료 전액을 청구할 수 있으며, 회사는 정관에 기재되지 아니한 부분에 대하여는 발기인(甲)에게 구상할 수 있다.

(6) 발기인의 보수

발기인의 보수(제290조 제4호)란 발기인이 설립사무에 종사한 勞務의 대가로서 지급되는 것을 말한다. 따라서 성립에 대한 功勞로서 주어지는 「발기인이 받을 특별이익」(제290조 제1호)과는 다르다. 즉 발기인의 보수는 설립 중의 기관으로서 제공한 노무의 대가이다. 그러므로 설립 전에 그 원인이 발생하고 설립 중의 회사가 부담해야 하는 것이다. 이에 비하여 발기인이 받을 특별이익은 會社創設의

---

40) 정동윤(2012), 391면; 정찬형(2014), 644면; 권기범(2015), 406면; 이철송(2016), 245면; 최준선(2016), 178면; 홍복기(2016), 168면.
41) 손주찬(2003), 560면.
42) 김정호(2012), 105면.
43) 대법원 1994. 3. 28. 93마1916 결정.

공로에 대하여 주어지는 것이므로 회사가 성립되었을 때 발생하고 성립 후의 회사가 그 채무를 부담하는 것이다. 발기인의 보수 역시 과다하게 지출되면 회사의 재산적 기초를 위태롭게 할 우려가 있으므로 정관에 기재하도록 하고 있다.

3. 기타의 상대적 기재사항

회사설립시 定款의 相對的 記載事項에는 變態設立事項 외에도 많은 사항이 있다. 대표적으로 명의개서대리인의 설치(제337조 제2항), 種類株式의 發行(제344조 제2항), 償還株式 및 轉換株式의 發行(제345조 제1항, 제346조 제1항), 주주총회의 권한(제361조), 資格株(제387조), 주주총회에서의 代表理事選任(제389조 제1항 但), 신주발행 사항의 결정(제416조), 이사회소집기간의 단축(제390조 제3항 단서), 제3자의 신주인수권(제418조 제1항) 등은 모두 상대적 기재사항이다.

V. 임의적 기재사항

임의적 기재사항이란 强行法規 또는 주식회사의 본질에 반하지 않는 한 정관에 기재함으로써 그 효력이 발생하는 사항을 말한다. 대표적으로는 주권의 종류, 이사·감사의 수, 영업년도 등이 있다.

VI. 정관의 효력발생

정관은 공증인의 인증을 받음으로써 효력이 생긴다(제292조). 따라서 공증인의 인증을 받지 못한 정관은 회사설립의 근거가 될 수 없다. 다만, 2009년 5월 개정법은 특례규정을 두고 있는데, 자본금 총액이 10억원 미만인 소규모회사가 발기설립을 하는 경우에 그 정관의 효력은 각 발기인이 제289조 제1항에 따라 정관을 작성하고 기명날인(또는 서명)함으로써 발생한다(제292조 단서). 이 특례규정의 취지는 영세한 회사의 설립(인증)비용을 절감시켜 회사설립을 용이하게 하는데 있다.

한편 정관변경의 효력은 주주총회의 결의시 즉시 발생한다. 따라서 설립시의 원시정관과는 달리 공증인의 인증을 요하지 아니한다.

제 3 관 자본과 기관의 구성

I. 총 설

주식회사는 그 실체를 형성하기 위하여 정관작성 후 몇 가지 절차를 추가적으로 밟게 된다. 즉 ① 회사의 구성원인 사원(주주＝출자자)의 확정, ② 회사의 물적 요소가 되는 출자의 이행, ③ 회사활동을 담당하는 기관의 구성 등이 그에 해당한다. 이러한 실체형성절차에는 발기인만이 발행주식을 전부 인수하여 자본을 구성하는「발기설립」, 발기인과 발기인 이외의 자가 주식을 함께 인수하는「모집설립」의 두 가지가 있다. 발기설립 또는 모집설립의 형태는 발기인의 합의로 선택할 수 있다. 어느 설립방법을 선택하든 주식의 발행사항을 우선적으로 결정하여야 한다.

II. 주식발행사항의 결정

1. 결정사항

주식회사의 설립시 주식발행사항 가운데 회사가 발행할 주식의 총수(제289조 제3호), 설립시에 발행하는 주식의 총수(제289조 제5호) 및 액면주식 1주의 금액(제289조 제4호)은 정관의 절대적 기재사항으로써 정관에서 미리 정해진다. 그러나 그 이외의 구체적인 주식발행사항은 정관에 정할 수도 있고, 정관작성 후 발기인이 정할 수도 있다. 그 내용에는 ① 주식의 종류와 수(제291조 제1호). ② 액면주식의 경우에 액면 이상의 주식을 발행하는 때에는 그 수와 금액(제291조 제2호), ③ 무액면주식을 발행하는 경우에는 주식의 발행가액과 주식의 발행가액 중 자본금으로 계상하는 금액(제291조 제3호) 등이 있다(2011년 개정상법). 이 중에서 ①의 주식의 종류에는 이익배당, 잔여재산분배, 주주총회에서의 의결권의 행사, 상환주식 및 전환주식 등의 종류주식(제344조)을 포함한다. 따라서 '주식의 종류와 수'는 회사가 우선주, 보통주, 열후주 또는 종류주식 등을 발행할 때에 의미가 있다.

2. 액면미달 또는 액면초과발행

회사설립시에는 액면미달발행을 하지 못한다(제330조). 이에 대하여 액면초과발행은 주식발행초과금의 계상으로 회사순자산이 증가한다. 따라서 자본충실의 이념상 바람직하다. 발행가액도 발기인이 결정한다.

3. 발기인전원의 동의 및 하자의 보완

주식발행사항은 발기인 전원의 동의로 결정한다(제291조 본문). 그것은 회사 및 이해관계자들에게 매우 중요하기 때문이다. 전원동의의 시기는 정관작성 후 발기인에 의한 주식인수 이전이어야 한다. 발기인 전원의 동의를 얻지 못하면 원칙적으로 그 주식의 인수가 무효가 되어 회사설립무효사유가 되지만 추후에 전원의 동의를 받으면 예외적으로 그 하자는 치유된다(통설). 다만, '추후'의 시기, 즉 보완시기에 관하여는 ① 설립등기 이전까지로 한정하는 견해,44) ② 설립등기 후라도 무방하다는 견해45)의 대립이 있다.

후자 ②의 학설에서는 상세한 논거가 제시되고 있지 아니하나, 설립등기 후 설립무효의 소가 제기된 경우에도 하자가 보완되면 법원은 재량기각을 할 수 있기 때문이라는 주장은 새길만하다.46) 그러나 주식발행사항(제291조)의 결정은 매우 중요사항이기 때문에 발기인 전원의 동의를 요구하고 있고, 그 결정사항의 중요성에도 불구하고 정관의 절대적 기재사항으로 하지 아니한 것은 실권주(모집설립시) 등이 발생한 경우에 기동적으로 대처하는 한편 자본충실을 기할 수 있도록 하는 데에 있다고 본다. 이러한 점을 고려하면 설립등기 이전까지를 동의의 보완시기로 보아야 한다(①설 찬성).

4. 기타의 사항

상법 제289조의 세 가지 사항을 제외한 나머지 사항 예를 들면, 주식의 청약기간, 납입기일, 납입취급은행 등은 발기인 과반수의 결의로 결정한다(민법 제706조

---

44) 이철송(2016), 247면; 최준선(2016), 181면; 최기원(2005), 169면; 송옥렬(2017), 759면; 홍복기(2016), 170면.
45) 권기범(2015), 408면; 정찬형(2014), 646면; 정동윤(2012), 393면; 안택식(2012), 128-129면.
46) 권기범(2015), 408면; 안택식(2012), 128-129면.

제2항).[47)

Ⅲ. 발기설립

1. 발기인의 주식총수의 인수

(1) 의의

발기설립은 발기인만이 설립시의 발행주식총수를 인수하여 주주를 구성하는 설립방법이다(제295조 제1항). 주식의 인수는 서면으로 하여야 한다(제293조). 설립등기를 신청하는 경우에는 주식의 인수를 증명하는 정보를 제공하여야 한다(상업등기규칙 제129조 제2호).

(2) 법적 성질

1) 서

발기인이 수인인 경우 발기인의 주식인수는 總發行株式의 안분을 전제로 하는 바, 이를 위하여는 발기인 전원의 合意가 있어야 하는데, 그 법적 성질에 대한 다툼이 있다.

2) 합동행위설

이 학설은 발기인의 주식인수는 정관의 작성과 더불어 설립행위를 이루고, 설립행위는 합동행위라는 전제 아래 또 발기인의 주식인수는 전체 발기인의 意思合致에 의하여 이루진다는 점을 근거로 合同行爲라고 한다(다수설).[48) 그러나 모집주주의 주식인수는 발기인의 주식인수와 구별하여 「설립 중의 회사」에의 入社契約이라고 설명한다. 이 학설은 설립 중의 회사의 성립시기를 발기인이 주식을 1주 이상 인수한 때라고 보고 있는 다수설과 판례를 논지로 삼기도 한다.

3) 입사계약설

이 학설은 모집주주의 주식인수나 발기인의 주식인수는 모두 성립 후 회사의 주주가 될 것을 목적으로 하며, 그로 인한 법적 효과도 동일하므로 양자 모두 설립 중의 회사에의 入社契約이라고 한다(소수설).[49)

47) 정찬형(2014), 646면; 정동윤(2012), 393면; 최준선(2016), 181면; 최기원(2005), 169면.
48) 강위두(2000), 200면; 정찬형(2014), 646면; 손주찬(2004), 566면; 최기원(2005), 170면; 서돈각·정완용(1999), 320면; 홍복기(2016), 170면.
49) 최준선(2016), 182면; 이철송(2016), 248면

4) 사견

설립 중 회사의 성립시기에 관하여 정관작성시 설을 취한다. 따라서 정관의 작성으로 설립 중의 회사가 이미 창립되었으므로 정관작성 후의 발기인의 주식인수는 입사계약이라고 보는 것이 타당하다.

(3) 인수시기

1) 통설

발기인의 주식인수시기에 관하여는 제한이 없고 현실적으로 규제할 필요도 없기 때문에 정관작성 전후를 불문한다고 하는 학설이다.[50]

2) 소수설

정관작성 전에는 발기인이란 지위가 없으려니와, 정관이 작성되지 않았다는 것은 발행할 주식도 아직 생겨나지 않았음을 의미한다. 따라서 이 단계에서는 주식인수인의 지위를 취득하는 행위가 있을 수 없고, 발기인의 주식인수는 정관작성 이후에 이루어져야 한다는 학설이다.[51]

3) 사견

생각건대 설립 중의 회사의 성립시기를, 설령 다수설과 판례의 태도와 같이 발기인이 1주 이상 인수한 때라고 보더라도, 정관작성 전에는 발기인이란 지위가 없기 때문에 주식인수인의 지위를 취득하는 일도 있을 수 없다. 따라서 주식인수의 시기는 정관작성과 동시 또는 그 이후이어야 한다(소수설).

(4) 방식

발기인의 주식인수는 서면으로 한다(제293조). '서면으로 한다'는 것은 발기인이 인수할 주식의 종류와 수, 인수가액을 기재하고 기명날인 또는 서명해야 함을 뜻한다. 이는 발기인의 주식인수내용을 대내외적으로 증명하기 위함이다. 書面에 의하지 않은 주식인수는 無效이다(통설).

---

50) 최준선, 회사법, 삼영사, 2016, 182면; 권기범, 현대회사법론, 삼영사, 2015, 409면; 손주찬, 상법(상), 박영사, 2004, 565면; 송옥렬, 상법강의, 홍문사, 2017, 759면; 서헌제(2007), 123면; 서돈각 · 정완용(1999), 320면; 안택식(2012), 129면.
51) 이철송(2016), 248면; 정찬형(2014), 647면; 정동윤(2012), 394면

2. (금전)출자의 이행

(1) 전액납입주의 및 납입장소의 지정

여기에서는 금전출자의 이행에 대하여만 기술한다. 현물출자의 이행에 대하여는 정관의 상대적 기재사항 중 '현물출자' 부분에서 기술하였다. 발기인은 설립시에 발행하는 주식의 총수를 인수한 때에는 지체 없이 각 주식에 대하여 그 인수가액의 전액을 납입하여야 한다(제295조 제1항). 이 경우 발기인은 납입을 맡을 은행 기타 금융기관과 장소를 지정하고 납입하여야 한다(제295조 제1항 후단). 이와 같이 상법은 금전출자의 이행에 대하여 전액납입주의를 취하고 있다.

상법이 전액납입주의를 채택하고 납입기관을 지정하는 것은 회사설립의 전도를 안정되게 하고 납입의 확실성을 확보하기 위함이다.

(2) 납입금보관증명서의 발급

납입금보관자에게 납입하면 보관자는 납입금보관증명서를 발급하여야 한다(제318조 제1항). 이 증명서는 납입의 불충실을 방지하는 기능을 한다. 다만, 2009년 5월 개정법은 자본금총액이 10억원 미만인 회사를 발기설립하는 때에는 납입금보관증명서를 은행이나 그 밖의 금융기관의 잔고증명서로 대체할 수 있도록 하고 있다(제318조 제3항). 이 규정은 소규모회사의 창업을 용이하게 하는데 그 목적이 있다.

(3) 납입의무불이행의 효과

발기인이 주식을 인수하고 납입의무를 이행하지 아니하는 경우 발기설립은 모집설립과 달리 실권절차(제307조)가 인정되지 아니하므로 납입의 이행을 訴求하거나 회사불성립으로 귀결된다. 그러나 이를 간과하고 설립등기가 완료되면, 납입불이행부분이 경미한 때에는 발기인이 연대하여 납입담보책임을 지고(제321조 제2항), 상당부분이 불이행된 때에는 설립무효의 사유가 된다.

3. 이사 · 감사의 선임

(1) 선임방법

발기설립의 경우 발기인이 인수한 주식에 대하여 출자의 이행이 완료되면 발기인은 지체 없이 의결권의 과반수로 이사와 감사를 선임하여야 한다(제296조 제1항).

감사위원회를 두는 경우에는 감사대신 감사위원을 선임하여야 한다(제415조의 2 제6항·제296조). 다만, 자본금의 총액이 10억원 미만인 회사의 경우에는 감사를 선임하지 아니할 수 있다(제409조 제4항). 이때의 발기인의 선임행위는 설립 중의 회사의 기관이 아니라 설립 중의 회사의 구성원의 자격, 즉 출자자로서 하는 것이다. 따라서 의결권은 持分主義에 의해 引受株式 1주에 대하여 1개로 한다(제296조 제2항).

그러나 종류주식을 발행한 회사에서 이사의 선임에 관한 의결권제한주식(제344조의 3)을 발행한 때에는 그 종류주식을 갖고 있는 발기인은 의결권을 행사할 수 없다고 본다. 발기인은 의사록을 작성하여 의사의 경과와 그 결과를 기재하고 기명날인 또는 서명하여야 한다(제297조). 이는 후일의 증거로 삼기 위함이다. 그리고 발기인의 임원선임결의는 창립총회의 결의방법[52]보다는 완화된 것이다.

(2) 이사·감사의 법적 지위

이사와 감사의 선임시부터 설립등기 전까지 누가 설립 중의 회사의 기관인지 문제된다. 이에 대하여는 학설이 나뉜다.

1) 발기인이라는 설

이사와 감사의 임기가 회사의 설립시에 개시되므로 발기인이 여전히 설립 중의 회사의 기관이고, 이사·감사는 상법에 규정된 권한만을 행사하는 일종의 감독기관에 불과하다고 한다(다수설).[53]

2) 이사·감사라는 설

이사와 감사의 선임과 동시에 회사의 실체는 형성된 것이므로 그때부터 발기인 대신에 이사와 감사가 설립 중의 회사의 기관이 된다고 한다.[54]

3) 발기인과 이사·감사라는 설

이사·감사는 선임되면 그때부터 발기인과 더불어 설립 중의 회사의 기관이 되지만,[55] 그 임무는 설립경과의 조사로 제한되고(제298조 제1항·제313조), 발기인이 여전히 업무를 결정하고 집행한다[56]고 하는 설이다.

---

52) 창립총회의 결의는 출석한 주식인수인의 의결권의 3분의 2 이상이며 인수된 주식의 총수의 과반수에 해당하는 다수로 하여야 한다(제309조).

53) 최기원(2005), 174면; 최준선(2016), 184면; 서헌제(2007), 565면; 김건식·노혁준·천경훈(2016), 116면; 안택식(2012), 131면; 강위두(2000), 202면.

54) 권기범(2015), 423면; 정동윤(2012), 395면.

55) 이철송(2016), 249면; 송옥렬(2017), 761면.

56) 이철송(2016), 249면.

4) 사견

발기인이 선임한 이사와 감사 등은 회사가 성립하면 회사의 기관이 되지만, 회사가 성립하기 이전에는 법률에서 규정한 설립에 관한 감독기관으로서의 지위만이 인정된다고 본다(다수설).

(3) 대표이사의 선임 등

발기인이 선임한 이사들은 정관에 달리 정한 바가 없으면 이사회를 개최하여 대표이사 또는 대표집행임원을 선임하여야 한다(제389조 제1항, 제317조 제2항 제9호). 이에 대하여는 후술한다. 임원은 설립등기시 별도의 절차 없이 바로 회사의 이사 또는 감사가 된다. 임원의 임기는 설립시에 개시된다.

4. 이사·감사의 설립경과조사

(1) 의의 및 취지

이사와 감사(또는 감사위원회)는 就任 후 지체 없이 회사의 설립에 관한 모든 사항이 법령 또는 정관의 규정에 위반되지 아니하는지의 여부를 조사하여 발기인에게 보고하여야 한다(제298조 제1항). 조사결과 설립절차에 위법 또는 정관위반사항이 있을 경우에는 이를 시정하여 설립절차를 속행할 수 있다. 그러나 위반사항 등이 治癒될 수 없는 흠이라면 會社不成立事由가 된다. 설립경과의 조사는 사기적 방법에 의한 회사설립을 방지하기 위한 것이다.

(2) 제척사유와 공증인의 조사

이사와 감사(또는 감사위원회 위원) 중 발기인이었던 자, 현물출자자 또는 회사성립 후 양수할 재산의 계약당사자인 자는 위의 조사·보고에 참가하지 못한다(제298조 제2항). 만약 이사와 감사(또는 감사위원회 위원)의 전원이 이 除斥事由에 해당하면 이사는 公證人으로 하여금 그 조사·보고를 하게 하여야 한다(제298조 제3항).

5. 변태설립사항의 조사

(1) 개요

변태설립사항이 있는 경우에는 자본충실을 기하기 위하여 이사·감사의 조사 외에 원칙적으로 법원이 선임한 검사인의 조사를 받아야 한다(제298조 제4항). 다만,

변태설립사항은 그 유형별로 공증인의 조사 또는 감정인의 감정으로 갈음할 수 있다. 따라서 발기인들은 간편한 절차를 선호하기 때문에 법원의 검사인제도는 사실상 사문화된 실정이다.

(2) 법원에 의한 조사
1) 검사인의 선임

변태설립사항이 있는 경우 이사는 이에 관한 조사를 하게 하기 위하여 검사인의 선임을 법원에 청구하여야 한다(제298조 제4항 본문).

2) 검사인의 조사 · 보고

검사인은 변태설립사항(제290조)과 현물출자의 이행에 관한 사항(제295조)을 조사하여 법원에 보고하여야 한다(제299조 제1항). 이 조사보고서의 謄本은 각 발기인에게 교부된다(제299조 제2항). 이 조사보고서는 설립등기시에 제공되어야 하는 서류이다(상업등기규칙 제129조 제5호). 조사보고서에 사실과 다른 사항이 있을 때에 발기인은 그에 대한 설명서를 법원에 제출할 수 있다(제299조 제4항. 2011년 개정상법). 다만, ① 변태설립사항인 현물출자와 재산인수(제290조 제2호 · 제3호)의 재산총액이 자본금의 5분의 1을 초과하지 아니하고 대통령령으로 정한 금액(5,000만원)을 초과하지 아니하는 경우, ② 현물출자와 재산이 거래소에서 시세가 있는 유가증권인 경우로서 정관에 적힌 가격이 대통령령으로 정한 방법으로 산정된 시세를 초과하지 아니하는 경우, ③ 그 밖에 대통령령으로 정하는 경우에는 법원에 보고하지 아니할 수 있다(제299조 제2항. 2011년 개정상법).

3) 법원의 변경처분

가) 의의   법원은 검사인의 조사보고서 또는 公證人의 조사보고서 또는 鑑定人의 감정결과와 발기인의 설명서를 심사하여 변태설립사항(제290조)이 부당하다고 인정한 때에는 이를 변경하여 각 발기인에게 통고할 수 있다(제300조 제1항). '부당하다'는 것은 자본충실에 반하는 것을 뜻하며, 법원의 變更處分의 사유가 되어야 한다.

나) 변경처분의 내용에 관한 학설   변경처분의 내용에 대하여는 현물출자의 평가액의 감액과 같이 소극적인 것만 가능하다는 견해(소극설)와,[57] 현물출자자에 대한 배정주식수의 축소, 설립비용 또는 재산인수대가의 감액과 같이 자본충

---

57) 정동윤(2012), 397면; 권기범(2015), 420면; 최기원(2005), 175면.

실의 견지에서 변태설립사항의 내용을 조정하는 것은 모두 포함된다는 견해가 있다(적극설).58)

생각건대 변태설립사항의 조사는 자본충실, 즉 주금납입과 현물출자의 이행 기타 모든 사항이 정관의 규정을 준수하고 있는 지를 확인하는 데에 있다고 보기 때문에 적극설에 찬성한다.

다) 변경처분의 효과   변경처분이 있는 경우 발기인과 이사는 그 처분에 따라 정관을 변경하여 설립절차를 속행하거나 또는 즉시항고(非訟事件節次法 제75조 제3항) 혹은 설립을 포기할 수도 있다. 그리고 변경처분에 불복하는 발기인(예：현물출자발기인)은 그 주식의 인수를 취소할 수 있다. 이 경우 법원은 정관을 변경하여 설립에 관한 절차를 속행할 수 있다(제300조 제2항). 법원의 변경통고가 있은 후 2주 내에 주식의 인수를 취소한 발기인이 없는 때에는 통고에 따라 정관이 변경된 것으로 본다(제300조 제3항).

(3) 공증인의 조사 또는 감정인의 감정

변태설립사항이 발기인에 대한 特別利益의 부여(제290조 제1호), 회사가 부담할 설립비용 또는 발기인이 받은 보수액에 관한 것(제290조 제4호)인 때에는 공증인의 조사로 법원의 검사인에 의한 조사를 대체할 수 있다. 이에 대하여 변태설립사항이 現物出資 또는 財産引受에 관한 것(제290조 제2호·제3호)인 때에는 공인된 감정인의 감정으로 대체할 수 있다(제298조 제4항 단서, 제299조의 2).

변태설립사항의 종류에 따라 조사자를 구분하는 것은 발기인의 특별이익, 보수 및 설립비용의 경우에는 회사자본이나 사업의 규모 등 제반사정을 참작하여 법률적 공정성을 판단하는 것이 중요하므로 공증인을 적임자로 본 것이다. 현물출자나 재산인수의 경우에는 資産의 評價와 대가의 균형을 참작하는 경제적 공정성을 확보하는 것이 중요하므로 감정인을 적임자로 본 것이다.

(4) 조사를 결여한 변태설립사항의 효력

변태설립사항을 정관에 기재하지 아니하고 검사인 등의 조사도 없이 실행한 경우에는 무효이다.59) 이때에 정관에는 기재하되 검사인 등의 조사절차를 거치지 아니한 경우 그 효력이 어떠한지 문제된다. 檢査人·公證人의 조사 또는 鑑定人

58) 이철송(2016), 251면; 송옥렬(2017), 762면; 최준선(2016), 186면.
59) 대법원 1992. 2. 14. 선고 91다31494 판결.

의 감정은 절차적인 문제로서 그 자체가 변태설립사항의 효력을 좌우한다고 볼 것은 아니다.[60] 대법원도 신주발행 검사인의 조사절차를 거치지 아니한 현물출자가 당연무효는 아니라는 입장이다.[61] 다만, 그 내용이 부당한 경우에는 그 효력을 부정하여 무효라고 하여야 할 것이다.[62]

6. 대표이사 또는 대표집행임원의 선임

대표이사 또는 대표집행임원은 설립등기시에 등기하여야 할 사항이므로(제317조 제2항 제9호), 설립 중의 회사에서는 대표이사 또는 대표집행임원을 선임하여야 한다. 代表理事 등의 선임기관에 대하여는 명문의 규정이 없으나, 존립 중의 회사는 원칙적으로 이사회가 대표이사 및 대표집행임원을 선임하는 것(제389조 제1항·제408조의 2 제3항)과 같이 설립 중의 회사에서도 이사들이 선임한다고 본다. 다만, 정관으로 달리 정할 수 있다. 예를 들면, 정관으로 발기인이 대표이사 등을 선임할 수 있도록 할 수 있다.

Ⅳ. 모집설립

1. 의의

모집설립에서는 발기설립시와 달리 발기인 이외에도 제3자(募集株主)가 주주가 된다. 그러나 설립사무는 발기인이 담당하고 모집주주는 주주모집과정의 의사결정에 관여할 수 없다. 따라서 모집설립절차에서는 모집주주를 보호하는 것이 중요하다. 그리하여 상법은 모집주주에게 회사의 개황을 알리기 위하여 소정의 사항을 기재한 주식청약서를 사용하도록 하고, 설립경과의 조사와 이사·감사의 선임시 創立總會(제308조)를 개최하도록 하여 모집주주의 의사를 반영하도록 하고 있다.

2. 발기인의 주식인수

모집설립의 경우에도 발기인은 반드시 1주 이상의 주식을 인수하여야 한다

---

60) 광주고법 1979. 12. 17. 선고 76나482 판결 참조.
61) 대법원 1980. 2. 12. 선고 79다509 판결.
62) 정동윤(2012), 397면; 이철송(2016), 252면; 송옥렬(2017), 762면; 최준선(2016), 186면.

(제293조). 발기인의 주식인수 시점은 모집주주가 주식인수를 청약하기 이전이어야 한다.

3. 주주의 모집

발기인이 인수하고 남은 주식은 인수할 자를 모집하여 배정하여야 한다. 募集株主의 인원수와 인수주식수에는 최저제한이 없다. 따라서 인원수는 1인, 인수주식수는 1주라도 무방하다. 주주모집은 반드시 일반 공중을 대상으로 할 필요는 없고, 모집방법은 公募이든 私募, 즉 緣故募集63)이든 무방하다.

상법은 모집주주를 보호하기 위하여 주식청약서주의를 채택하고 있다. 따라서 발기인은 회사의 존립기간, 납입금융기관, 절대적 기재사항과 변태설립사항 등 회사의 개황을 기재한 주식청약서를 작성하여야 한다(제302조 제2항). 모집주주는 반드시 주식청약서에 의하여서만 주식인수를 청약할 수 있다(제302조 제1항).

그러나 50인 이상의 다수인을 상대로 공모를 할 때에는 자본시장법에 의거 금융위원회에 증권신고서를 제출하는 등 별도의 절차를 밟아야 한다(동법 제9조 제7항·제9항, 제119조, 시행령 제11조 제1항 이하). 이른바 투자설명서주의, 즉 사업계획서주의를 채택하고 있는 것이다(동법 제123조). 그 결과 대부분의 회사는 연고모집, 즉 사모방법으로 주주를 모집하고 있다.

4. 주식의 인수

(1) 성질

모집주주의 주식인수는 주식을 인수하고자 하는 자(募集株主)가 인수의 청약을 하고, 발기인이 이를 배정함으로써 이루어진다. 주식인수의 성질에 관하여 통설·판례는 설립 중의 회사에의 入社契約이라고 설명한다.64) 다만, 장래 성립할 회사에 대한 입사계약이라고 하는 소수설이 있다.65)

생각건대 설립 중의 회사의 성립시기를 정관작성시(소수설. 사견)로 보든 아니면 다수설과 판례와 같이 발기인이 1주 이상의 주식을 인수한 시점으로 보든 주

---

63) 이는 新株 또는 社債를 발행할 때, 발행회사의 거래선·임원·종업원 등 연고관계에 있는 자들만을 대상으로 주주 또는 사채권자를 모집하는 방식을 말한다.

64) 대법원 2004. 2. 13. 선고 2002두7005 판결.

65) 정동윤(2012), 400면.

식의 모집 전에 발기인이 이미 주식의 일부를 인수하므로 설립 중의 회사에의 입사계약으로 보는 것이 옳다.

한편 주식인수는 附合契約[66]이다. 그리고 주식인수는 사단법상 특수한 계약이므로 상행위가 아니다. 따라서 상사소멸시효나 상사법정이율의 적용을 받지 아니한다. 또한 주식인수는 단체법상의 계약으로서 회사법률관계의 안정에 중점을 두기 때문에 일반계약에 대한 다수의 예외가 인정된다.

(2) 청약

주식인수의 청약은 발기인이 아닌 주식인수인이 되고자 하는 자가 하여야 한다(제302조 제1항). 발기인은 청약의 유인만을 할 수 있을 뿐이다. 주식인수의 청약을 하고자 하는 자는 주식청약서 2통에 인수할 주식의 종류 및 수와 주소를 기재하고 기명날인 또는 서명하여야 한다(제302조 제1항).

이와 같은 要式行爲 이외의 방식에 의한 請約은 無效이다. 주식인수가 부합계약이므로 청약자는 주식청약서에 기재된 청약조건을 변경하거나 제한을 가하여 청약할 수 없다. 이러한 변경이나 제한은 회사에 대하여 효력이 없다. 실무적으로는 청약과 동시에 납입금의 전부 또는 일부를 청약증거금으로 납입하는 것이 일반적이다.

(3) 배정

청약자가 주식인수의 청약을 하면 발기인은 배정을 한다(제303조). 배정은 일반계약에 있어서의 「承諾」에 해당한다. 따라서 配定을 하면 주식인수가 성립한다. 일반계약에서는 승낙의 내용이 청약의 내용과 일치하여야 계약이 성립하지만, 발기인이 배정함에 있어서는 청약된 수량과 달리 배정할 수 있으며, 청약인은 청약한 수량과 다른 수량이 배정되더라도 이에 구속된다. 즉 발기인에게 배정의 자유가 인정된다(配定自由의 原則). 그것은 배정을 함에 있어서는 청약비율, 인수인의 이행능력, 주주간의 보유주식수의 均衡 등을 고려할 필요가 있기 때문이다.

그러나 청약한 주식수보다 많은 수량을 배정하거나 청약한 인수가액보다 높은 가액으로 배정하는 것은 무효이다. 그것은 청약자가 감내하고자 하였던 유한책임의 수량과 금액을 초과하기 때문이다. 그리고 청약한 주식과 종류가 다른 주

---

66) 부합계약이란 계약의 형식은 취하고 있으나, 내용은 미리 당사자의 일방이 결정하고 상대방은 이에 따라야 하는 계약을 말한다. 보험약관이 대표적인 예이다.

식의 배정하는 것도 무효이다. 이는 청약자의 출자의 동기에 반하는 주식배정이기 때문이다.

(4) 주식청약인 또는 주식인수인에 대한 통지·최고

발기인은 주식청약인에 대하여는 배정결과를 통지하여야 하고, 주식인수인에 대해 納入을 催告하고, 창립총회의 소집통지를 하여야 한다. 이러한 통지나 최고는 주식인수증 또는 주식청약서에 기재한 주소 또는 그 자가 회사에 통지한 주소로 하면 된다(제304조 제1항). 이에 따른 不到達로 인한 불이익은 주식청약인 또는 주식인수인이 부담한다. 그리고 이 통지 또는 최고는 보통 그 도달할 시기에 도달한 것으로 본다(제304조 제2항).

(5) 가설인 또는 타인명의의 주식인수

설립시 가설인의 명의로 모집주식을 인수하거나 타인의 승낙 없이 그 명의로 주식을 인수한 자는 주식인수인으로서의 책임이 있다(제332조 제1항). 타인의 승낙을 얻어 그 명의로 주식을 인수한 자는 그 타인과 연대하여 납입할 책임이 있다(제332조). 이 경우 누가 진정한 주식인수인으로서 주주가 되는지에 대하여는 형식설(소수설)[67]과 실질설(다수설)이 있다. 이러한 현상은 회사성립 후 주식인수에서도 동일하게 발생하므로 후술한다(298면 이하 참조).

(6) 주식인수의 하자(무효·취소)

1) 일반원칙의 적용

주식인수는 청약과 배정의 의사표시로 이루어지는 계약이므로 법률행위와 意思表示의 무효·취소에 관한 일반원칙이 적용된다. 따라서 발기인은 청약인의 制限能力·錯誤·詐欺·强迫·通情虛僞表示·無權代理·詐害行爲(민법 제406조) 등을 이유로 인수행위의 무효·취소를 주장할 수 있다. 청약자는 발기인이 작성·배부한 주식청약서의 요건흠결(예: 의결권배제종류주식을 발행하면서 이를 청약서에 미기재)이나 착오나 무권대리 등을 이유로 취소나 무효를 주장할 수 있다. 그 예로는 50주를 청약하였는데 200주로 잘못 알고 이를 배정하거나 발기인의 대리인이 아닌 자가 주식을 배정하는 경우를 들 수 있다. 전자의 경우는 착오로 인한 취소사유에 해당하고 후자는 청약인이 추인하지 아니하는 한 무효사유에 해당한다(민법 제130조).

---

67) 대법원 2017. 3. 23. 선고 2016다251215 판결.

한편 주식인수인이 無權代理인 경우 발기인은 그 인수행위의 무효를 주장할 수 있으나, 주식인수 후 본인이 창립총회에서 의결권을 행사한 경우에는 무권대리행위를 추인한 것으로 본다.

2) 무효·취소에 관한 특칙

주식의 인수는 자본단체의 설립에 관한 행위이기 때문에 개인법상의 행위와는 달리 意思表示者의 보호만을 중시할 수 없다. 그리하여 상법은 단체법률관계의 안정과 기업유지의 이념에서 의사표시의 일반원칙에 대한 몇 가지 특칙을 두고 있다.

가) 비진의의사표시의 특례　상대방이 아는 비진의의사표시에 관한 민법 제107조 제1항 단서가 적용되지 아니한다(제302조 제3항). 따라서 청약인이 비진의의 주식청약을 한 것을 상대방(발기인)이 알았거나 알 수 있었을 경우에도 그 청약은 유효하다.

나) 주장시기의 제한　회사성립 후 또는 주식인수인은 주식청약서의 요건의 흠결을 이유로 하여 그 인수의 무효를 주장하거나 사기, 강박 또는 착오를 이유로 하여 그 인수를 취소하지 못한다(제320조 제1항). 창립총회에 출석하여 그 권리를 행사한 자는 회사의 성립 전에도 무효 또는 취소를 주장하지 못한다(제320조 제2항). 여기서의 권리는 의결권을 말한다.

한편 상법은 행위능력제한, 무권대리(민법 제130조) 및 사해행위(민법 제406조)를 이유로 하는 주식인수의 무효·취소를 제한하지 아니하므로 회사성립 후에도 이를 주장할 수 있다. 그리고 주식인수인이 주식청약서에 기명날인 또는 서명하지 아니한 경우는 인수행위가 성립하지 아니하므로 특례규정이 무효 또는 취소의 주장이 제한되지 아니한다. 또한 주식청약서에 기재된 일정한 시기까지 창립총회를 종결하지 아니한 때에도 주식인수를 취소할 수 있다(제302조 제2항 제8호).

3) 회사설립의 유효

주식인수의 하자는 바로 會社設立의 무효로 이어지지 아니한다. 주식회사는 물적회사로서 사원의 개성이 중요하지 아니하기 때문에 설립시 주관적 하자는 문제되지 아니한다. 설령 주식인수가 무효·취소되더라도 발기인이 引受擔保責任을 지기 때문에(제321조 제1항) 자본구성에도 영향이 없다. 다만, 그 하자가 발기인이 이행하기 어려운 정도라면 설립무효사유가 된다.

5. (금전)출자의 이행[68]

(1) 전액납입주의

모집설립시에도 주식인수인은 배정된 주식의 수에 따라 引受價額納入義務를 부담한다. 발기인은 주식의 총수가 인수된 때에는 지체 없이 주식인수인에 대하여 각 주식에 대한 인수가액의 전액을 납입시켜야 한다. 이른바 전액납입주의를 취하고 있다(제303조, 제305조 제1항). 납입은 회사에 금전이 현실로 제공되어야 한다. 따라서 納入義務의 免除·代物辨濟·更改 등은 허용되지 아니한다. 수표·어음 등으로 출자를 이행한 때에는 지급인에 의하여 지급되어야만 유효한 납입이 된다.[69]

(2) 납입장소의 지정 및 보관

발기인은 주식청약서에 납입을 맡을 은행 기타 금융기관과 장소를 지정하여야 한다(제302조 제2항 제9호). 그리고 금전출자의 이행은 주식청약서에 기재된 장소에서 하여야 한다(제305조 제2항). 이는 주금납입의 확실성을 확보하고 부정행위(예: 가장납입)를 방지하는데 그 취지가 있다.

납입금보관자 또는 납입장소를 변경할 때에는 법원의 허가를 얻어야 한다(제306조). 그리고 납입금보관자는 회사설립 후에 납입금을 회사에 반환하여야 한다. 이는 회사성립 전에는 납입금을 회사에 반환하지 못한다는 뜻이다.

(3) 납입금보관증명서의 발급

납입금보관자에게 납입하면 보관자는 납입금보관증명서를 발급하여야 한다(제318조 제1항). 모집설립의 경우는 일반대중이 출자한 재산의 보관상황을 명확하게 할 필요가 있기 때문이다. 이때 은행이나 그 밖의 금융기관은 증명한 보관금액에 대하여는 납입이 부실하거나 그 금액의 반환에 제한이 있다는 것을 이유로 회사에 대항하지 못한다(제318조 제2항). 발기설립과 달리 자본금총액이 10억원 미만인 회사를 모집설립하는 때에는 납입금보관증명서를 잔고증명서로 대체할 수 없다(제318조 제3항 반대해석).

---

68) 여기에서는 발기설립의 경우와 마찬가지로 금전출자의 이행에 대하여만 소개한다. 현물출자의 이행에 대하여는 정관의 상대적 기재사항 중 '현물출자' 부분에서 기술하였다.
69) 대법원 1977. 4. 12. 선고 76다943 판결.

(4) 가장납입

1) 의의

株金은 실제로 납입되어야 하는데, 이를 납입하지 아니하고 납입된 것으로 가장하고 설립등기를 하는 행위를 가장납입(가장설립)이라고 한다. 가장납입은 개인기업이 주식회사로 조직을 변경시키는 과정에서 특히 발생하기 쉽다. 가장납입의 유형에는 통모가장납입(예합)과 위장납입(견금)이 있다. 納入金保管制度는 가장납입을 방지하는데 유용하다. 그럼에도 불구하고 가장납입을 한 경우에는 각종의 형사책임이 따른다.

한편 가장납입은 회사성립 후에는 이사 또는 집행임원 등에게 적용된다(제628조 제1항·제622조 제1항).

2) 유형

가) 통모가장납입(예합)　　발기인들과 납입금보관은행이 通謀하여 납입금이 없는데도 은행이 발기인에게 출자이행이 완료된 것처럼 가장하여 납입금보관증명서를 발급하고, 발기인은 그 증명서를 가지고 설립등기를 하는 것을 통모가장납입 또는 「預合」이라고 한다.

상법은 이를 방지하기 위하여 납입금보관은행이 納入金保管證明書를 발급하여 증명한 보관금액에 대하여는 납입의 부실 또는 그 금액의 반환에 제한이 있음을 이유로 회사에 對抗하지 못한다고 규정하고 있다(제318조 제2항). 따라서 납입금보관은행은 회사성립 후 대표이사가 납입금보관증명서에 해당하는 금액의 반환을 청구하는 때에는 이를 거절하지 못한다. 그리고 가장납입행위의 관계자는 5년 이하의 징역 또는 1,500만원 이하의 벌금에 처하여지게 된다(제628조 제1항). 이러한 규정들로 인하여 통모가장납입은 현실적으로 발생하기 어렵다.

나) 위장납입(견금)　　이는 발기인이 ① 납입금보관은행 이외의 제3자로부터 금전을 차입하고, ② 이를 현실로 납입하고 납입금보관증명을 받아 설립등기를 마친 후, ③ 납입금보관은행으로부터 즉시 인출하여, ④ 이를 제3자에게 차입금을 변제하는 방식을 말한다. 위장납입은 실제로 자주 발생한다.

3) 가장납입(견금)의 효력

가) 쟁점　　통모가장납입은 무효라는데 이론의 여지가 없다. 그리고 위장납입의 경우도 위의 ① 내지 ③까지는 현실적인 자금이동이 있었고, 통상의 주금납

입 및 그 반환행위이므로 문제없다. 그러나 위 ④의 행위가 있기 때문에 그 납입
의 유효성여부가 문제된다.

나) 학설

① **무효설** : 형식상으로는 주금의 납입이 있으나 실질적인 자금유입이 없으
므로 무효라고 한다(통설).

② **유효설** : 가장납입의 경우는 자금의 이동이 현실적으로 있었다는 점, 회사
는 주주에 대하여 납입금의 상환을 청구할 수 있으며,[70] 또한 발기인들이 위장납
입한 납입대금을 인출하면 공동불법행위를 구성하여 회사에 대하여 연대하여 손
해배상책임을 지는 점(제322조)[71] 등에서 회사는 어느 정도 자본금충실을 기할 수
있으므로 유효하다고 한다(소수설).[72]

다) **판례**   진실한 납입의사의 유무는 발기인의 주관적인 문제에 불과하고,
실제 금원의 이동에 따른 현실의 납입이 있으므로 유효하다고 한다.[73] 이 경우
납입금이 회사에 없는 것은 회사가 주주의 납입금을 替當[74]하였기 때문이므로
주주에게 상환을 청구할 수 있다고 본다.[75]

라) **사견**   차입, 납입, 보관증명서의 발행 및 설립등기 등의 일련의 절차는
위법·부당하다고 할 수 없다. 그러나 전체적으로 보면, 이는 납입가장을 위하여
계획적으로 의도된 절차이다. 그리고 이를 유효하다고 하면, 회사자본금의 충실
을 기하고자 하는 법의 취지는 몰각된다. 주주권을 부당하게 유지하는 결과도 초
래한다. 따라서 무효설이 타당하다.

4) 위장납입의 판단기준

발기인의 납입행위가 위장납입에 해당하는지를 판단하기 위하여는 ① 회사
성립 후 차입금변제까지의 소요기간, ② 납입금이 회사자금으로서 운용된 사실여
부, ③ 차입금의 변제가 회사자금관계에 미치는 영향 등을 고려하여야 한다고 해
석한다.

---

70) 대법원 1985. 1. 29. 선고 84다카1823·1824 판결.
71) 대법원 1989. 9. 12. 선고 89누916 판결.
72) 정찬형(2007), 605면.
73) 대법원 1994. 3. 28. 93마1916 결정; 1998. 12. 23. 선고 97다20649 판결.
74) 나중에 상환 받기로 하고 금전이나 재물 따위를 대신 지급하는 일을 말한다.
75) 대법원 2004. 3. 26. 선고 2002다29138 판결.

5) 가장납입의 책임

판례에 따르면 僞裝納入設立行爲는 주로 발기인과 이사들의 共同不法行爲를 구성한다. 따라서 발기인과 이사들은 연대하여 회사에 대해 손해배상책임을 진다.76) 그리고 발기인 등의 행위가 상법상의 책임요건을 충족하면, 발기인의 손해배상책임(제322조) 및 이사의 회사에 대한 책임(제399조) 규정에 의거 손해배상책임을 부담한다. 그리고 판례는 僞裝納入設立도 현실에 의한 납입이 있는 것으로 보기 때문에 납입은 이루어졌으나, 납입금은 회사에 없는 것은 회사가 주주의 납입금을 替當한 것으로 보고, 회사가 주주에게 상환을 청구할 수 있다고 해석한다.77)

가장납입설립에 관여한 발기인 또는 이사 등은 형사책임을 부담한다. 그리하여 발기인 등은 상법상 납입가장죄(제628조 제1항)는 물론 공정증서원본부실기재죄(형법 제228조) 및 동행사죄(형법 제229조)의 처벌을 받는다. 다만, 업무상 횡령죄에는 해당하지 아니한다.78)

6) 회사자금에 의한 가장납입

성립한 회사가 신주를 발행하는 경우 임직원 등에게 명의상 신주인수권을 부여하고 회사자금을 융자하여 주금을 납입하게 하는 것은 외형적으로는 납입절차의 이행이 있는 것으로 볼 수 있으나, 신주발행에도 불구하고 제3자 인수주식의 액면금액에 상당하는 회사의 자본이 증가되었다고 할 수 없으므로 위와 같은 주식인수대금의 납입은 단순히 납입을 가장한 것으로써 무효이다.79)

(5) 납입의무불이행의 효과

모집설립에서 株式引受人이 금전출자를 이행하지 아니하는 경우에는 발기설립과 달리 실권절차가 인정된다. 즉 본래의 주식인수인의 지위를 박탈하고 새로운 주식인수인을 모집할 수 있는 것이다. 그리하여 주식인수인이 금전출자를 이행하지 아니한 때에 발기인은 일정한 기일을 정하여 그 기일 내에 納入하지 아니하면 인수인의 권리를 잃는다는 뜻을 기일의 2주간 전에 그 주식인수인에게 통지하여야 한다(제307조 제1항).

---

76) 대법원 1989. 9. 12. 선고 89누916 판결.
77) 대법원 2004. 3. 26. 선고 2002다29138 판결; 1985. 1. 29. 선고 84다카1823·1824 판결.
78) 대법원 2004. 6. 17. 선고 2003도7645 판결.
79) 대법원 2003. 5. 16. 선고 2001다44109 판결; 최기원(2005), 188면; 최준선(2016), 192-193면.

이러한 失權豫告附의 통지를 받은 주식인수인이 그 기일 내에 납입의 이행을 하지 아니한 때에는 실권한다. 이 경우 발기인은 다시 그 주식을 인수할 주주를 모집할 수 있다(제307조 제2항). 그리고 실권절차와는 별도로 주식인수인의 납입불이행으로 인하여 설립 중의 회사가 손해를 입은 때에는 배상을 청구할 수 있다(제307조 제3항).

6. 창립총회

(1) 의의

창립총회는 주식회사의 모집설립시 회사설립의 최종단계에서 주식인수인(발기인인 주식인수인을 포함한다)으로 구성되는 설립 중의 회사의 의결기관이다. 창립총회는 성립 후 회사의 주주총회의 전신으로써 모집설립의 주식인수인이 설립경과에 관한 보고를 받고 그 내용을 검토한 후 설립절차를 마무리하기 위하여 인정된다.

(2) 소집 및 운영

발기인은 각 주식에 대한 인수가액의 전액납입과 현물출자의 이행을 완료한 때에는 지체 없이 창립총회를 소집하여야 한다(제308조 제1항). 창립총회의 소집절차(제363조), 소집지(제364조), 의결권의 행사(제368조 제2항·제3항, 제368조의 2), 의결권수의 계산(제371조 제2항), 결의하자의 소(제376조 내지 제381조), 총회의 연기와 속행의 결의(제372조), 의사록(제373조), 종류주주총회(제435조) 기타 창립총회의 운영에 관하여는 주주총회에 관한 규정을 준용한다(제308조 제2항).

(3) 결의

창립총회의 결의대상은 임원(이사·감사)의 선임 및 설립경과의 조사 등 설립절차를 종료하는데 필요한 사항이다. 따라서 회사설립 이외의 사항 예를 들면, 영업용 부동산의 구입 등을 결의할 수는 없다. 결의요건은 주주총회와는 달리 ① 출석한 株式引受人의 의결권의 3분의 2 이상이며, 동시에 ② 인수된 주식의 총수의 과반수에 해당하는 다수로 하여야 한다(제309조). 결의요건을 주주총회의 특별결의요건(제434조)보다 가중한 것은 회사설립의 최종단계에서 결의에 신중을 기하고 발기인의 영향력을 약화시키기 위함이다.

(4) 권한

1) 창립사항의 보고청취

발기인은 서면으로 주식인수와 납입에 관한 제반상황 및 변태설립사항에 관한 實態를 명확히 기재한 서면에 의하여 회사의 創立에 관한 사항을 창립총회에 보고하여야 한다(제311조). 발기인이 부실한 보고를 하거나 사실을 은폐한 때에는 임무해태로써 손해배상책임을 지고(제322조), 벌칙이 적용된다(제625조 제1호, 제635조 제1항 제5호).

2) 이사와 감사 등의 선임

창립총회에서는 이사와 감사를 선임하여야 한다(제312조). 이는 발기설립시에는 발기인의 의결권의 과반수로 이사와 감사를 선임하여야 하는 점(제296조)과 다르다. 선임시에는 성립 후 회사와는 달리 집중투표제(제382조의 2)에 의하여서는 아니 된다. 그리고 발기설립에서와 같이 설립 중 회사에서 선임된 이사·감사는 상법에 규정된 권한만을 행사하는 일종의 감독기관에 불과하고 업무집행기관은 여전히 발기인이다(다수설).[80]

3) 설립경과의 조사

가) 조사내용　　이사와 감사(또는 감사위원회)는 취임 후 지체없이 회사의 설립에 관한 모든 사항이 법령 또는 정관의 규정에 위반되지 아니하는지의 여부를 조사하여 창립총회에 보고하여야 한다(제313조 제1항). 이는 발기설립의 경우 발기인에게 보고하여야 하는 것(제298조 제1항)과 다르다. 이사와 감사가 조사하여 보고하는 사항에는 당연히 ① 주식인수의 정확성 여부, ② 주금납입 또는 현물출자이행(제305조·제295조)의 정확성 여부, ③ 변태설립사항에 대한 내용(제310조·제290조), ④ 공증인(제298조 제4항)이나 감정인(제299조의 2)의 조사보고서(제310조 제3항)의 정확성 여부 등이 포함되어야 한다.

나) 조사절차　　理事와 監事 중 발기인이었던 자, 현물출자자 또는 회사성립 후 양수할 재산의 계약당사자(재산인수의 당사자)는 이 조사·보고에 참가하지 못한다(제313조 제2항·제298조 제2항). 이사와 감사 전원이 이러한 제척사유에 해당하는 때에는 이사는 공증인으로 하여금 설립경과를 조사·보고하도록 하여야 한다(제313

---

80) 최기원(2005), 174면; 최준선(2016), 184면; 서헌제(2007), 565면; 김건식·노혁준·천경훈 (2016), 116면; 안택식(2012), 131면; 강위두(2000), 202면.

조 제2항·제298조 제3항). 이사와 감사의 이러한 권한은 설립 중의 회사의 기관이 아닌 감독기관의 지위에서 발생하는 것으로 본다.

4) 변태설립사항의 조사

변태설립사항이 있을 때에는 발기인은 이에 관한 조사를 하게 하기 위하여 검사인의 선임을 법원에 청구하여야 한다(제310조 제1항). 이는 발기설립의 경우 이사가 법원에 대하여 검사인의 선임청구를 할 수 있는 점(제298조 제4항)과 구별된다. 검사인은 변태설립사항에 관한 보고서를 창립총회에 제출하여야 한다(제310조 제2항). 다만, 변태설립사항 중 발기인이 받을 특별이익이나 보수 또는 회사가 부담하는 설립비용(제290조 제1호·제4호)에 대하여는 공증인의 조사·보고로, 그리고 현물출자(제290조제2호), 재산인수(제290조 제3호) 혹은 현물출자의 이행(제305조 제3항)에 대하여는 감정인의 감정으로 갈음할 수 있다(제310조 제3항, 제298조 제4항, 제299조의 2). 이는 발기설립의 경우와 같고, 변태설립사항이 없을 때에는 생략된다. 그리고 공증인·감정인의 조사 또는 감정결과는 창립총회에 보고하여야 한다(제310조 제3항). 이는 발기설립의 경우 법원에 보고하여야 하는 점과 구별된다.

5) 변태설립사항의 변경

창립총회에서는 변태설립사항이 부당하다고 인정한 때에는 이를 변경할 수 있다(제314조 제1항). 이는 발기설립의 경우 법원이 변경처분을 할 수 있는 것(제300조 제1항)과 구별된다. 창립총회의 변경처분에 불복하는 발기인은 주식인수를 취소할 수 있으며, 발기설립의 경우와 같이 정관을 변경하여 설립절차를 속행할 수 있다(제314조 제1항·제2항, 제300조 제2항·제3항). 창립총회의 변경통고가 있은 후 2주 내에 주식의 인수를 취소한 발기인이 없는 때에는 정관은 변경통고에 따라서 변경된 것으로 본다(제314조 제2항·제300조 제3항).

한편 창립총회의 변경처분이 있다고 하더라도 손해가 있으면 발기인에게 별도의 손해배상을 청구할 수 있다(제315조).

6) 정관변경 또는 설립폐지

창립총회에서는 정관변경 또는 설립의 폐지를 결의할 수 있다(제316조 제1항). 이는 소집통지서에 그에 관한 기재가 없는 경우에도 가능하다(제316조 제2항). 본래 창립총회는 발기인이 창립총회의 목적으로 정한 사항만을 결의할 수 있는데, 제316조 제2항은 이 원칙에 대한 예외이다.

한편 제316조의 규정은 발기설립의 경우 발기인 전원의 동의와 공증인의 인증으로 원시정관을 변경할 수 있는 점(제289조 제1항·제292조)과 구별된다.

7. 대표이사의 선임 및 권한

모집설립시에는 발기설립의 경우와 마찬가지로 회사성립 전에 이사회를 개최하여 대표이사를 선임하여야 한다(제389조 제1항, 제317조 제2항 제9호). 다만, 설립 중 회사의 업무집행기관은 여전히 발기인이므로 선임된 대표이사는 회사의 성립 전에는 업무집행권과 대표권을 행사하지 못한다.

제 4 관   설립등기

I. 의 의

회사는 본점소재지에서 설립등기를 함으로써 성립한다(제172조). 즉 주식회사의 설립절차는 설립등기에 의하여 완료된다. 설립등기제도의 목적은 ① 회사의 설립시기를 명확히 하고, ② 대외적인 공시시점을 결정하여 거래의 안전을 도모하며, ③ 국가가 회사설립의 법정요건의 구비여부를 심사하게 함으로써 회사설립에 관한 준칙주의 채택에서 발생할 수 있는 부실설립을 방지하는데 있다.

II. 등기시기

설립등기는 발기설립의 경우에는 검사인(또는 공증인·감정인)의 변태설립사항에 관한 조사·보고(제299조)와 법원의 변태설립사항에 관한 변경처분(제300조) 절차가 종료한 날로부터 2주간 내, 모집설립의 경우에는 창립총회의 종결일 또는 변태설립사항의 변경절차(제314조)가 종료한 날로부터 2주간 내에 하여야 한다(제317조 제1항).

Ⅲ. 등기절차

주식회사의 설립등기신청은 업무집행의 일환이므로 대표이사가 담당한다. 설립등기를 신청하는 경우에는 상업등기규칙상의 정보를 제공하여야 한다(동 규칙 제129조). 발기인, 검사인, 공증인 또는 감정인 등은 설립등기를 게을리하면 500만원 이하의 과태료의 제재를 받는다(제635조 제1항 제1호). 그리고 발기인, 검사인, 공증인 또는 감정인 등이 설립등기를 위하여 주식 또는 출자의 인수나 납입, 현물출자의 이행 또는 변태설립사항(제290조)에 관하여 법원 또는 창립총회에게 부실한 보고를 하거나 사실을 은폐한 때에는 5년 이하의 징역 또는 1천 500만원 이하의 벌금에 처하여 진다(제625조 제1호). 설립등기시에는 지방세인 등록세가 부과된다.

Ⅳ. 등기사항

회사설립시의 등기사항은 공시의 목적에서 정하여 지는 것이므로 회사설립에 필요한 정관의 절대적 기재사항과는 다르다. 상법이 정하는 등기사항은 ① 목적, 상호, 발행예정주식총수, 1주의 금액, 본점소재지, 회사가 공고하는 방법, ② 자본금의 총액, ③ 발행주식의 총수, 그 종류와 각종 주식의 내용과 수, ④ 주식의 양도에 관하여 이사회의 승인을 얻도록 정한 때에는 그 규정, ⑤ 주식매수선택권을 부여하도록 정한 때에는 그 규정, ⑥ 지점의 소재지, ⑦ 회사의 존립기간 또는 해산사유를 정한 때에는 그 기간 또는 사유, ⑧ 주주에게 배당할 이익으로 주식을 소각할 것을 정한 때에는 그 규정, ⑨ 전환주식을 발행하는 경우에는 제347조 소정의 사항, ⑩ 이사, 감사 및 집행임원의 성명·주민등록번호, ⑪ 회사를 대표할 이사 또는 집행임원의 성명·주민등록번호·주소, ⑫ 공동대표이사 또는 공동대표집행임원을 둔 때에는 그 규정, ⑬ 명의개서대리인을 둔 때에는 그 상호 및 본점소재지, ⑭ 감사위원회를 설치한 때에는 감사위원회 위원의 성명 및 주민등록번호 등이 있다(제317조 제2항). 이 중 ①, ⑦, ⑪ 및 ⑫의 사항은 지점 설치 및 이전 시 지점소재지 또는 신지점소재지에서도 등기해야 한다(제317조 제3항). 그리고 지점설치나 본·지점의 이전도 등기사항이며, 위의 ① 내지 ⑭의 사항 중 변경이 있는 경우에는 변경등기를 하여야 하는데, 그 구체적인 절차는 대체로 합명회사에 관한 규정이 준용된다(제317조 제4항·제181조 내지 제183조).

V. 설립등기의 효과

1. 창설적 효력

설립등기는 법인으로서의 주식회사를 성립시키는 효력이 있다(제172조). 이른바 창설적 효력이 있다. 즉 설립등기를 함으로써 설립 중의 회사는 법인격을 취득하고, 설립 중 회사에 발생한 법률관계는 성립 후 회사로 귀속되며, 출자를 이행한 주식인수인은 주주가 된다.

2. 부수적 효력

설립등기를 하면 부수적 효력이 발생하는데 그 내용은 다음과 같다. 즉 회사가 성립하면 첫째, 주식인수인은 주식청약서의 요건의 흠결을 이유로 하여 그 인수의 무효를 주장하거나 사기, 강박 또는 착오를 이유로 하여 그 인수를 취소하지 못한다(제320조 1항).

둘째, 주식인수인이 주주가 되어 권리주상태가 종식되므로 권리주의 양도제한에 관한 규정(제319조)이 적용되지 아니한다.

셋째, 회사성립 전 주권발행금지규정이 적용되지 아니하므로 지체 없이 주권을 발행하여야 한다(제355조 제1항·제2항).

넷째, 발기인 등의 자본충실책임(제321조)과 손해배상책임(제322조)의 문제가 발생할 수 있다.

다섯째, 상호권, 즉 상호사용권과 상호전용권(제23조 제2항·제3항) 등이 발생한다.

여섯째, 설립절차에 하자가 있는 것으로 판명되어도 설립무효의 소로서만 그 무효를 주장할 수 있다(제328조 제1항).

제 5 관 설립에 관한 책임

I. 서 설

상법은 주식회사의 설립에 준칙주의를 채택하고 있기 때문에 원칙적으로는 법정요건을 충족하면 회사를 설립할 수 있다. 그러나 주식회사는 그 역사적 경험에서 알 수 있는 바와 같이 설립과정에서 과오나 부정이 개입되기 쉽고, 사기를 목적으로 설립되는 등의 폐단이 있다. 이 때문에 상법은 설립관여자들에 대하여 강행법적인 규율을 하고 있다. 그리하여 상법은 회사설립을 주도하여 온 발기인 뿐만 아니라 설립의 종결단계에서 중요한 역할을 하는 이사, 감사 또는 검사인에 대하여도 엄격한 책임을 부과함으로써 준칙주의의 채택으로 인하여 발생할 수 있는 문제점을 해소하고 있다.

이러한 설립관여자들에 대한 책임은 민사상의 책임(제321조 내지 제327조), 형사상의 책임(제622조, 제625조, 제628조 및 제630조) 또는 행정상의 책임(제635조)으로 나눌 수 있다.

II. 발기인의 책임

1. 개요

발기인의 책임은 회사가 성립한 경우와 불성립한 경우에 그 내용을 달리한다. 회사가 성립한 경우에는 회사에 대한 책임과 제3자에 대한 책임을 진다. 불성립한 경우에는 연대책임과 비용에 관한 책임을 진다.

2. 회사성립의 경우

(1) 회사에 대한 책임

1) 자본금충실책임

가) 의의   발기인은 설립시에 발행하는 주식에 대하여 引受擔保責任과 納入擔保責任을 진다. 즉 자본금충실책임은 주식인수와 주금납입에 흠결이 있는

경우 회사설립을 무효로 하지 아니하고, 발기인에게 이를 보완하도록 함으로써 자본금형성의 결함을 제거하고, 회사설립의 무효화를 방지하여 기업유지의 이념을 구현할 목적에서 인정되고 있다. 그리고 회사설립에 대한 일반주주와 회사채권자 등의 기대와 신뢰를 보호하는 것도 중요한 입법취지이다.

나) 인수담보책임

① 개념

회사설립시에 발행한 주식으로서 회사성립 후에 아직 인수되지 아니한 주식이 있거나 주식인수의 청약이 취소된 때에는 발기인이 이를 공동으로 인수한 것으로 본다(제321조 제1항). 이를 발기인의 인수담보책임이라고 한다.

② 책임의 발생원인

'아직 인수되지 아니한 주식'이 있는 예로서는 ① 등기서류를 위조하여 설립등기를 완료한 경우, ② 의사무능력, 허위표시 또는 무권대리로 인하여 주식인수가 무효가 되는 경우를 생각할 수 있다.

'주식인수의 청약이 취소된 때'와 관련하여서는 ① 회사성립 후에는 착오·사기·강박을 이유로 하는 주식인수의 취소는 허용되지 아니하므로 그 원인이 되지 아니하나(제320조 제1항), ② 제한능력자 또는 사해행위자의 주식인수는 그 원인이 될 수 있다.

③ 책임의 법적 성질

인수담보책임은 손해배상책임이 아니고 자본금충실과 기업유지이념의 구현의 요청에 따른 법정책임으로서 무과실책임이다(이설 없음). 따라서 주식이 인수되지 아니하거나 주식인수의 청약이 취소된 사실에 발기인의 과실을 요하지 아니한다. 그리고 이 책임은 총주주의 동의로도 면제시키지 못한다.

④ 책임의 형태

법문상 발기인이 수인인 경우에는 '이를 공동으로 인수한 것으로 본다.'고 규정하고 있다. 따라서 발기인간에 주식이 공유적으로 귀속한다. 즉 공동인수로 의제하고 있다. 그 결과 공동인수의제주식에 관한 발기인의 권리·의무는 민법상 공유관계규정(민법 제262조 이하)과 상법상 주식공유관계규정(제333조)이 적용된다.

⑤ **책임의 효과**

법문상 발기인의 주식인수를 의제하고 있으므로 발기인은 자기의 의사와 관계없이 또 발기인의 별도의 인수행위절차를 거치지 아니하고, 그 주식을 인수한 것으로 된다. 따라서 발기인은 지체 없이 납입의무를 부담한다. 그리고 발기인 스스로가 주주가 된다.

⑥ **설립무효와의 관계**

기술한 바와 같이 인수담보책임제도는 이미 진행된 설립절차의 효력을 유지하고, 자본금충실과 기업유지이념을 구현하기 위한 것이다. 그러므로 인수되지 아니하거나 또는 주식인수의 청약이 취소된 주식의 수가 적은 경우에 그 흠결을 치유하는데 인정된다. 그러나 그 흠결이 현저하여 발기인에게 책임을 전액 부담시키는 것이 불가능할 때에는 설립무효의 원인이 된다(통설).

그런데 인수담보책임은 설립무효판결이 확정되더라도 소멸하지 아니한다. 그것은 설립무효판결의 효력은 소급효가 제한되므로(제190조 단서) 설립등기 후 판결시까지는 사실상의 회사가 존재하기 때문이다. 즉 그 동안에 발생한 법률관계를 청산하기 위하여는 자본금이 충실하게 회사에 유보되어 있어야 하는 것이다.

다) **납입담보책임**

① **개념**

발기인은 회사설립 후 인수가액 전액의 납입을 완료하지 아니한 주식이 있는 때에는 연대하여 그 납입을 하여야 한다(제321조 제2항). 이를 발기인의 납입담보책임이라고 한다.

② **책임의 발생원인**

주식은 이미 인수되었으나 회사성립 후에도 납입이 완료되지 아니한 경우에 납입담보책임이 발생한다. 따라서 인수조차 되지 아니한 주식이 있는 때에 발기인은 인수담보책임을 부담하므로 인수인으로 의제되어 주식인수인으로서의 납입책임도 부담한다.

③ **현물출자 불이행의 책임**

현물출자 불이행의 경우에도 발기인이 자본충실책임(납입담보책임)을 지는지 문제된다. 이에 대하여는 다음과 같이 학설이 대립하고 있다.

ㄱ. 부정설 : 현물출자는 출자의 개성이 강하기 때문에 그 불이행의 경우에는 타인이 대체이행할 수 없다는 이유로 발기인의 납입담보책임을 부정하고 설립무효사유로 본다(다수설).81)

ㄴ. 긍정설 : 현물출자에도 대체가능한 것이 있고, 대체불가능한 경우에도 그 가액에 해당하는 금전을 출자시켜 사업을 하는 것이 바람직하므로 발기인의 납입담보책임을 전면적으로 인정한다(소수설).82) 이 학설에 의하게 되면 단지 현물출자가 이행되지 아니한 것은 설립무효사유에 해당하지 아니하게 된다.

ㄷ. 제한적 긍정설 : 현물출자의 목적재산이 사업목적의 수행에 불가결한 것이라면 설립무효사유로 보고, 그렇지 아니하면 발기인이 그 부분의 주식을 인수하여 금전으로 납입할 수 있다고 보는 것이 기업유지이념상 바람직하다고 한다.83)

ㄹ. 사견 : 대체가능한 현물출자 또는 회사의 사업수행에 불가결한 것이 아닌 경우에는 금전으로 환산하여 발기인에게 금전으로 납입책임을 지우는 것이 발기인의 자본금충실의 입법취지에 부합한다고 본다(제한적 긍정설).

한편 現物出資의 대상자산이 과대평가된 경우 발기인은 후술하는 바와 같이 손해배상책임을 진다.

④ 책임의 법적 성질

납입담보책임도 인수담보책임과 같이 자본금충실과 기업유지이념의 구현의 요청에 따른 법정책임으로서 무과실책임이다(이설 없음). 따라서 주금미납과 현물출자가 불이행된 사실에 발기인의 과실을 요하지 아니한다.

⑤ 책임의 형태

발기인이 수인인 경우 납입담보책임은 연대채무이다. 발기인 각자의 부담부분은 균등한 것으로 추정한다(민법 제424조). 자기의 부담부분을 초과하여 담보책임을 이행하거나 전액이행한 발기인은 다른 발기인에 대하여 구상권을 행사할 수 있다(민법 제425조).

---

81) 정찬형(2017), 695면; 손주찬(박영사), 2004, 589 - 590면; 최기원(2005), 204면; 안택식(2012), 157면; 이범찬 · 임충희 · 이영종 · 김지환(2012), 117면; 정경영(2007), 364면.

82) 정동윤(2012), 425면; 권기범(2015), 446면.

83) 최준선(2016), 206 - 207면; 이철송(2017), 267면; 홍복기(2016), 179면; 김홍기(2015), 410면; 송옥렬(2017), 775면.

⑥ 주식인수인과의 관계 및 효과

발기인이 납입담보책임을 부담한다고 하여 주식인수인의 채무가 면제되는 것이 아니고 부진정연대책임을 부담한다. 인수담보책임과 달리 발기인은 납입담보책임을 이행하더라도 스스로 주주가 될 수는 없고, 株式引受人의 채무를 이행한 것에 불과하다. 그러므로 발기인은 납입을 하지 아니한 주식인수인에 대하여 회사를 대위하여 변제를 청구할 수 있다(민법 제481조).

라) 손해배상책임과의 관계   발기인이 인수담보책임과 납입담보책임을 지더라도 발기인에 대한 회사의 손해배상청구에는 영향을 미치지 아니한다(제321조 제3항·제315조). 따라서 발기인이 임무해태로 인하여 인수되지 아니한 주식의 발생, 인수의 취소, 또는 납입이 되지 아니한 주식이 있어 회사에 손해가 생긴 때에는 발기인은 회사에 대하여 연대하여 손해배상책임을 진다.

마) 이행청구 및 책임추궁   발기인의 자본금충실책임에 관한 이행은 대표이사 또는 대표집행임원이 청구할 수 있다. 발행주식총수의 100분의 1 이상에 해당하는 주식을 가진 소수주주 역시 회사를 위하여 대표소송을 제기하여 발기인의 책임을 추궁할 수 있다(제324조·제403조 내지 제406조). 즉 소수주주는 발기인의 책임을 추궁하는 소를 제기할 것을 회사에 청구할 수 있으며, 회사가 30일 이내에 소를 제기하지 아니할 때에는 직접 대표소송을 제기하여 발기인의 책임을 추궁할 수 있다(제324조·제403조 내지 제406조). 다만, 대표이사, 대표집행임원 또는 소수주주가 발기인에 대하여 그 이행청구를 하더라도 회사의 발기인에 대한 손해배상청구에는 영향을 미치지 아니한다(제321조 제3항).

2) 손해배상책임

가) 의의   발기인이 회사의 설립에 관하여 그 임무를 해태한 때에는 그 발기인은 회사에 대하여 연대하여 손해를 배상할 책임이 있다(제322조 제1항). 본래 발기인은 설립 후의 회사와 직접적인 책임관계가 없으나, 설립 중의 회사의 기관으로서 선량한 관리자의 주의의무를 부담하므로 명문으로 이를 인정하고 있다. 그리고 설립 중의 회사가 발기인에 대하여 행사할 수 있는 손해배상청구권을 동일한 실체인 설립 후의 회사가 승계한다는 의미도 있다.[84]

---

84) 최기원(2005), 207면; 이철송(2017), 268면; 이기수·최병규, 회사법(2015), 211면.

나) **책임의 성질**   이 책임은 상법이 인정하는 특수한 손해배상책임으로써 발기인의 임무해태를 요하는 과실책임이다(통설). 이는 발기인의 자본금충실책임이 무과실책임이라는 것과 다르다. 발기인과 회사간에는 계약관계가 없으므로 계약상의 책임이나 또는 위법성을 요하지 아니하므로 불법행위책임이 성립될 여지가 없다.

다) **책임의 범위 및 설립무효와의 관계**   발기인은 선관주의의무를 부담하고, 설립행위 중에 과실이 있으면 상당인과관계가 있는 회사의 모든 손해에 대하여 손해배상책임을 부담한다. 책임의 범위는 상법상 발기인의 임무라고 명시된 정관의 작성(제288조·제289조), 주식청약서의 작성(제302조 제2항), 주식납입의 최고(제305조 제1항), 창립총회의 소집(제308조 제1항) 및 창립총회에서의 보고(제311조)에 국한되지 아니한다. 예를 들면, 설립시에 발행하는 주식총수에 대한 인수가액전액의 납입과 현물출자의 이행이 없음에도 불구하고 회사를 성립시킨 때, 납입·이행시키지 아니한 것에 과실이 있는 발기인은 기술한 자본금충실의무를 이행하더라도 일반의 납입기일로부터 회사성립일까지의 지연이자에 대한 손해배상책임이 있다(제321조 제3항·제315조). 그리고 변태설립사항(제290조)을 창립총회가 확인하거나 또는 변경한 때에 과실로 인하여 창립총회의 판단을 그르치게 한 발기인은 그로 인한 손해배상책임을 진다(제314조·제315조). 또한 발기인들이 주식인수대금을 가장납입하고 회사의 성립과 동시에 그 대금을 인출한 경우,85) 주식을 공모하면 액면초과액을 얻을 수 있음에도 불구하고 액면가액으로 가족에게 배정한 경우,86) 설립사무를 특정인에게 일임하고 그 일임받은 자가 임무를 해태한 경우에도 발기인은 회사에 대하여 손해배상책임을 진다.87) 나아가 현물출자 대상자산을 과대평가하거나 또는 설립비용을 부당하게 지출한 경우에도 마찬가지이다.88)

한편 발기인의 회사에 대한 손해배상책임은 회사가 성립한 경우에만 발생하고, 불성립된 경우에는 발생하지 아니한다. 이 책임은 회사의 성립을 전제로 하는 것이기 때문이다. 그 결과 회사가 성립한 후 설립무효가 되더라도, 사실상의

---

85) 대법원 1989. 9. 12. 선고 89누916 판결.
86) 정찬형(2017), 695면; 정동윤(2012), 426면; 최준선(2016), 208면.
87) 최준선(2016), 208면; 정찬형(2017), 695면; 정동윤(2012), 426면.
88) 이철송(2017), 269면.

회사[89])가 존재하므로 일단 발생한 발기인의 책임에는 영향이 없다(제328조 제2항·
제190조 후단).

라) 책임의 시효   발기인의 회사에 대한 손해배상책임은 회사성립시부터
인정된다. 따라서 회사설립이 무효가 되더라도 사실상 회사의 존재로 인하여 발
기인의 이 책임은 소멸하지 아니한다. 그리하여 발기인의 회사에 대한 손해배상
책임은 일반 민사채권과 같이 10년의 소멸시효(민법 제162조 제1항)에 걸린다(통설).[90])

마) 이행청구 및 책임추궁   발기인의 회사에 대한 손해배상책임의 이행은
자본금충실책임과 같이 대표이사 또는 대표집행임원이 청구할 수 있다. 그리고
발행주식총수의 100분의 1 이상에 해당하는 주식을 가진 소수주주는 대표소송을
제기하여 책임을 추궁할 수 있다(제324조·제403조 내지 제406조).

3) 책임의 면제

발기인의 자본금충실책임(인수 및 납입담보책임)은 총주주의 동의로도 면제될 수
없다(異說 없음). 이 책임은 물적회사 존립의 기초에 관한 사항이며, 기업유지이념
을 구현하고 채권자보호에 불가결하기 때문이다. 이와 달리 발기인의 회사에 대
한 손해배상책임은 총주주의 동의로 면제할 수 있다(제324조·제400조).

(2) 제3자에 대한 책임

1) 의의 및 취지

발기인이 회사의 설립에 관하여 악의 또는 중대한 과실로 인하여 그 임무를 해
태한 때에는 그 발기인은 제3자에 대하여 연대하여 손해를 배상할 책임이 있다(제
322조 제2항). 발기인은 설립 중의 회사의 기관이므로 불법행위의 경우를 제외하고는
제3자에 대하여 책임을 지지 아니하고 회사가 그 책임을 부담하는 것이 원칙이다.

그러나 상법은 발기인의 설립행위가 제3자에게 미치는 영향이 크므로 발기인
이 직접 제3자와 법률관계가 없고, 불법행위를 하지 아니하였음에도 불구하고 제

---

89) 회사의 설립절차에 하자가 있어 회사설립의 무효·취소의 소가 제기되고 또 同訴의 확정
    판결이 내려진 경우라도 동 판결의 효력은 장래에 향하여만 발생하고 소급하지 아니하므
    로 회사의 성립시부터 그 회사의 설립무효·취소의 판결이 확정될 때까지 존속하는 회사
    의 법률문제가 발생한다. 이와 같이 회사의 성립시(설립등기시)부터 설립무효·취소의 판
    결이 확정될 때까지 존속하는 회사를 '사실상의 회사'(表現會社)라고 하여 회사가 유효하
    게 성립한 경우와 동일하게 취급하고 있다.
90) 권기범(2015), 446면; 최기원(2005), 206면; 이철송(2017), 269면; 최준선(2016), 209면;
    이기수·최병규(2015), 211면; 임재연(2016), 294면; 김정호(2012), 136면.

3자를 보호하기 위하여 발기인에게 책임을 지도록 하고 있다.

2) 법적 성질

가) 서   발기인이 직접 제3자와 법률관계를 갖지 않음에도 불구하고 회사에 대한 임무해태를 이유로 제3자에게 부담하는 손해배상책임의 법적 성질에 대하여 견해가 나뉜다. 이 책임의 성질은 이사의 제3자에 대한 손해배상책임의 경우와 같다.

나) 학설   발기인의 제3자에 대한 책임의 성질에 대하여 법정책임설은 회사설립과 관련되어 제3자를 보호하기 위하여 불법행위책임과는 별개로 인정되는 회사법상의 특수한 책임이라고 설명하는데, 타당하다고 본다(통설).[91] 소수설은 발기인의 책임은 본질적으로 불법행위책임이지만, 그 요건상 경과실은 제외되고 위법성이 배제되는 특수한 불법행위책임이라고 한다.[92] 법정책임설을 취하는 한 발기인의 행위가 동시에 제3자에 대한 불법행위의 요건을 충족하는 경우에는 상법상 청구권(제322조 제2항)과 불법행위에 의한 청구권이 경합하게 된다.

3) 책임의 요건

회사설립에 대한 발기인의 임무해태가 있고 이로 인하여 제3자가 손해를 입어야 한다. 다만, 악의 또는 중과실은 발기인의 임무해태에만 있으면 족하고, 제3자의 손해에 관하여 있을 필요는 없다. 경과실을 배제한 것은 발기인이 직접 제3자와 법률관계가 없고, 불법행위가 있는 것도 아님에도 불구하고 경과실까지 포함시켜 책임을 지도록 하는 것은 가혹하기 때문이다.

4) 제3자의 범위

발기인이 책임져야 할 제3자의 범위에 대하여는 학설이 나뉜다. 소수설은 제3자의 범위에 주주를 포함하지 아니한다.[93] 그러나 제3자는 회사 이외의 모든 자를 가리키므로 사채권자는 물론 주식인수인과 주주도 이에 포함된다고 본다 (통설).[94]

---

91) 손주찬(2004), 592면; 정동윤(2012), 427면; 이철송(2017), 269면; 권기범(2015), 449면; 최기원(2005), 208면; 강위두(2000), 250면; 임홍근(2000), 159면; 안택식(2012), 160면; 김정호(2012), 136면; 송옥렬(2017), 776면; 정찬형(2017), 697면.

92) 서돈각·정완용(1999), 335면.

93) 서돈각·정완용(1999), 336면.

94) 권기범(2015), 449면; 최기원(2005), 209면; 안택식(2012), 160면; 송옥렬(2017), 777면; 정찬형(2017), 697면; 이철송(2017), 270면; 정동윤(2012), 427면.

5) 책임의 유형

발기인의 제3자에 대한 책임의 유형 중 전형적인 예로는 설립시의 발행주식 중 납입이 되지 아니한 것이 있음에도 불구하고 발기인이 악의 또는 중대한 과실로 회사를 설립시켜 설립무효가 됨으로 인하여 채권자가 입은 손해를 들 수 있다. 나아가 제3자의 범위에 관한 통설에 따르면 ① 모집설립시의 발기인이 사업설명서에 허위기재로 기재한 사실을 믿고 주주인수인이 주식을 인수함으로서 입은 손해, ② 발기인의 임무해태로 회사설립이 무효가 됨으로써 해당주식의 유통성이 상실되어 주식인수인 혹은 주주가 입은 손해, 또는 ③ 정관의 기재가 없는 재산인수계약의 무효로 말미암아 주식인수인 혹은 주주가 입은 손해에 대하여도 발기인이 책임을 져야 한다.

한편 회사가 손해를 입은 결과가 주식의 재산적 가치의 하락, 즉 주가하락에 반영되는 경우와 같이 간접손해를 입은 주주가 제3자의 범위에 포함되는지에 대하여 학설이 나뉜다. 통설은 이를 긍정하지만, 소수설은 이를 부정한다. 이는 이사의 제3자에 대한 책임과 성질을 같이 하는데, 판례는 이를 부정한다.

6) 설립무효와의 관계

발기인의 회사에 대한 손해배상책임과 같이 회사가 성립한 후 설립무효가 되더라도, 일단 발생한 발기인의 제3자에 대한 책임에는 영향이 없다(제328조 제2항·제190조 후단).

3. 회사불성립의 경우

(1) 의의

발기인은 회사가 성립하지 못한 경우 그 설립에 관한 행위에 대하여 연대하여 책임을 지며(제326조 제1항), 회사설립과 관련하여 지급한 비용을 부담한다(제326조 제2항). 이 점에서 회사가 형식적으로는 성립되었으나 설립무효 된 경우에 발기인은 제326조가 아닌 '회사성립'에 따른 책임(제321조, 제322조)을 진다.

(2) 불성립의 개념

회사의 불성립이라 함은 정관작성 후 회사설립절차에 착수하였으나 설립등기에 이르지 못하고 중도에 설립이 좌절된 경우를 말한다. 대표적으로는 설립시 발행주식의 대부분이 인수·납입되지 아니하거나 또는 창립총회에서 설립폐지를 결의한 경우(제326조 제1항)와 같이 사실상 또는 법률상 불성립이 확정되는 경우를 들 수 있다.

설립 중의 회사의 성립시기에 관한 학설상 대립에도 불구하고, 불성립의 개념과 관련하여 '정관작성 후'라고 한 것은 정관도 작성되지 아니한 경우에는 설립 중의 회사가 존재하지도 않으려니와 발기인의 책임을 물을 수 있는 법률관계가 성립되지 않기 때문이다. 그럼에도 불구하고 회사설립을 의도한 자와 제3자간에 법률관계가 성립하면, 회사법(단체법)이 아닌 개인법상의 책임원리가 적용된다.

(3) 책임의 법적 성질
1) 개요
제326조에 의거한 책임은 무과실연대책임이다. 그리하여 회사의 불성립에 관하여 발기인의 고의·과실을 요하지 않는다. 다만, 발기인이 책임을 지는 근거에 대하여는 크게 법정책임설과 당연설로 나뉜다.

2) 법정책임설
이 학설은 회사가 불성립한 경우에는 설립 중의 회사가 목적불도달로 해산한 것이므로 본래는 주식인수인의 출연재산으로 청산을 해야 하지만, 채권자와 주식인수인을 보호하기 위하여 법정책적으로 설립절차를 주관한 발기인에게 책임을 부담시키는 것이라고 한다(통설).[95]

3) 당연설
이 학설은 회사불성립의 경우는 설립 중의 회사가 처음부터 소급하여 존재하지 않은 것이 되어 발기인 이외에는 형식적으로나 실질적으로 권리·의무의 귀속주체가 존재하지 않기 때문에 발기인이 제3자에게 책임을 지는 것은 당연하다고 한다.[96]

4) 사견
회사가 불성립한 경우 설립 중의 회사는 목적을 달성할 수 없어 해산한 것으로 되기 때문에 본래는 청산하여 재산을 분배하여야 하지만, 주식인수인과 채권자를 보호하기 위하여 법정책적으로 발기인에게 특별히 부담시킨 책임이라고

95) 이철송(2017), 271면; 정찬형(2017), 698면; 정동윤(2012), 428면; 권기범(2015), 450면; 김정호(2012), 138면; 정경영(2009), 381면; 안택식(2012), 161면; 최준선(2016), 210면.
96) 최기원(2005), 210면; 송옥렬(2017), 778면; 김동훈(2010), 120면; 강위두·임재호(2009), 565면.

본다(법정책설).

(4) 책임내용

발기인은 회사설립에 관한 행위에 대하여 연대하여 책임을 지며(제326조 제1항), 회사설립 관하여 지급한 비용을 부담한다(제326조 제2항). 「설립에 관한 행위」에 대한 책임에는 ① 주식인수인에 대한 납입금의 반환, ② 회사설립에 필요한 거래행위에서 발생한 회사채권자에 대한 채무의 이행 등이 포함된다. 「설립비용」은 변태설립사항으로 정관에 기재된 것에 한하지 않고 정관의 인증수수료·광고비·사무실 임차비·인건비·납입취급사무의 위탁수수료 등 설립을 위하여 지출한 비용을 뜻한다.

(5) 주식인수인의 책임

설립 중의 회사와 주식인수인은 사단과 구성원의 관계가 성립되지 아니하므로 상호 책임관계가 발생하지 아니한다. 따라서 주식인수인의 납입대금은 설립중의 회사의 책임재산을 구성하지 아니하며, 주식인수인은 설립 중의 회사의 채무에 대하여 하등의 책임을 부담하지 아니한다. 단지 발기인만이 책임을 진다.

Ⅲ. 이사·감사·검사인·공증인·감정인의 책임

1. 이사·감사의 책임

(1) 의의

이사·감사(또는 감사위원회)가 설립절차에 관한 조사를 하여 발기인 또는 창립총회에 대한 보고의무(제298조 제1항, 제313조 제1항)를 게을리함으로써 회사 또는 제3자에게 손해를 입힌 때에는 이를 배상할 책임을 진다. 이 경우 발기인도 책임을 질 때에는 그 이사, 감사와 발기인은 서로 연대하여 손해를 배상하여야 한다(제323조).

(2) 발생요건

상법은 이사나 감사의 제3자에 대한 책임의 발생요건에 대하여 규정하지 아니하고 있다. 그러나 발기인의 제3자에 대한 책임과의 균형상 악의·중과실이 있는 경우에 한한다고 본다(제322조 제2항 유추적용)(통설).

(3) 책임의 성질 및 추궁

이사 또는 감사의 회사에 대한 책임은 과실책임이므로 발기인의 경우와 같이 총주주의 동의로 면제할 수 있다(제324조, 제400조 유추적용). 그리고 그 책임을 추궁함에 있어서는 주주의 대표소송이 인정되는 것도 발기인의 경우와 같다(제324조, 제430조 내지 제406조 유추적용).

2. 검사인의 책임

(1) 의의

법원이 선임한 검사인이 변태설립사항을 조사·보고함에 있어 악의 또는 중대한 과실로 인하여 그 임무를 해태한 때에는 회사 혹은 제3자에 대하여 손해를 배상할 책임이 있다(제325조).

(2) 책임의 특징 및 성질

검사인의 손해배상책임은 회사에 대한 책임의 경우에도 '악의 또는 중과실'을 요구하고 있다는 점에서 발기인, 이사 또는 감사의 회사에 대한 책임발생 요건과 구별된다.

한편 법원이 선임한 검사인은 회사 또는 제3자와 아무런 법률관계가 없음에도 책임을 지도록 하는 것은 제325조의 책임의 성질이 상법이 인정하는 특수한 책임, 즉 법정책임이라는 것을 의미한다(이설 없음).

3. 공증인·감정인의 책임

상법은 공증인이나 감정인이 법원이 선임하는 검사인에 갈음하여 변태설립사항을 조사·평가하는 경우에 회사 또는 제3자에 대한 손해배상책임 규정을 두지 않고 있다. 공증인과 감정인은 회사가 선임하므로 회사와 위임관계에 있다. 따라서 공증인이나 감정인이 고의 또는 과실로 회사에 손해를 입힌 때에는 일반 채무불이행책임을 물을 수 있다. 그리고 그들의 고의 또는 과실로 제3자에게 손해를 입힌 때에는 이사·감사(또는 감사위원회)의 책임에 관한 규정(제323조)을 유추적용하여야 한다(이설 없음).

공증인·감정인이 고의 또는 과실로 인하여 직접 제3자에게 불법행위를 구성하는 때에는 일반 불법행위책임을 진다.

Ⅳ. 유사발기인의 책임

1. 의의

주식청약서 기타 주식모집에 관한 서면에 성명을 기재하고 회사의 설립에 찬조하는 뜻을 기재할 것을 승낙한 자는 발기인과 동일한 책임이 있다(제327조). 이를 유사발기인의 책임이라고 한다. 주식회사의 설립에 관하여 정관에 발기인으로서 서명 또는 기명날인되지 아니한 자는 발기인이 아니다. 그러나 상법은 실질적으로 설립에 관여한 외관을 갖춘 자를 발기인으로 신뢰한 주식인수인 등을 보호하기 위하여 이 책임을 인정하고 있다.

따라서 이 책임은 외관법리 또는 금반언의 법리에 기초를 두고, 발기인개념의 형식주의를 수정하는 의미가 있다.

2. 발생요건

유사발기인의 책임은 주식청약서 기타 '주식모집에 관한 서면'에 '설립찬조의 뜻'을 기재할 것을 '승낙'한 경우에 성립한다. '주식모집에 관한 서면'은 주식청약서는 물론 주주모집광고·설립안내문 등 회사설립에 관하여 이해관계인의 판단을 유인할 수 있는 모든 서면을 의미한다.

'설립찬조의 뜻'은 설립을 지지하는 뜻을 명시하거나 설립위원·창립위원·자문위원 등의 명칭을 사용함으로써 회사설립을 간접적으로 지지하는 다양한 표현을 의미한다. 특히 지명도가 높은 자가 주주모집을 용이하게 하기 위하여 허위의 모집문서 등에 설립찬조의 뜻을 기재함으로써 인수인을 기망한 때에도 유사발기인의 책임을 진다.

'승낙'에는 명시적 승낙·묵시적 승낙 모두 포함된다. 따라서 자기명의를 서면에 사용한 것을 알고도 방치하는 것도 승낙에 해당한다.

3. 내용

유사발기인의 책임은 발기인의 책임과 동일하다(제327조). 그러나 유사발기인은 발기인과 달리 회사설립에 관한 임무를 수행하지 아니하기 때문에, 임무해태를 전제로 한 제315조(발기인에 대한 손해배상책임), 제322조(발기인의 손해배상책임)의 규정에 의거한 배상책임은 지지 아니한다.

따라서 유사발기인은 자본금충실책임(제321조 제1항·제2항)과 회사불성립시의 청약증거금 또는 납입된 주금반환의무 및 설립비용에 관한 책임(제326조)만을 부담한다(통설).

4. 면제 및 추궁

유사발기인의 책임은 임무해태를 요하지 아니하는 법정책임이다. 따라서 유사발기인의 자본금충실책임은 총주주의 동의로도 면제할 수 없다. 그리고 이 책임에 대하여는 대표이사, 집행임원 또는 소수주주에 의한 대표소송으로 추궁할 수 있음은 발기인의 경우와 같다(제324조, 제430조 내지 제406조 유추적용).

제 6 관   설립의 무효

Ⅰ. 개 요

상법은 회사의 설립에 준칙주의를 채택하고 있다. 그리하여 설립등기를 완료하여 주식회사가 성립되더라도 설립이 법정요건을 충족하지 못하는 경우에는 설립행위는 무효가 되고 회사성립효과는 발생하지 아니한다.

그러나 무효의 일반원칙에 따르면 무효주장의 방법, 상대방 및 시기 등에 제한이 없고, 판결의 대세적 효력이 인정되지 아니하기 때문에 이를 주식회사의 설립무효의 소에 적용하는 때에는 법률관계가 불안정해진다.

따라서 상법은 주식회사의 설립무효의 소에 대하여 ① 소의 원인을 한정하고, ② 그 주장방법을 제한하며, ③ 판결의 대세적 효력을 인정하고, ④ 소급효를 제한시키는 등의 특별규정을 두고 있다.

Ⅱ. 특 징

주식회사는 다른 회사들과는 달리 설립취소의 소는 인정되지 아니하고 설립무효의 소만 인정된다. 그리고 주식인수인의 개별적인 인수행위에 관한 무효·취소의 주장이 제한된다(제320조). 주식인수 또는 납입에 하자가 있더라도 발기인의 자본금충실책임(제321조)에 의하여 자본금이 구성되므로 회사설립 자체에 영향을 주지 아니한다. 발기인 각자의 설립행위, 즉 정관작성에 무효 또는 취소의 원인이 있더라도 그 발기인을 배제하는 것에 그친다. 다만, 그로 인하여 발기인이 존재하지 아니하는 때에는 설립요건의 흠결로 귀결된다.

Ⅲ. 원 인

주식회사설립의 경우에는 人的會社와 달리 주관적 무효원인은 인정되지 않고 설립절차에 중대한 객관적 하자만이 무효원인이 된다. 예를 들면 ① 정관의 절대적 기재사항의 흠결, ② 설립목적이 위법하거나 사회질서에 어긋날 때, ③ 정관에 발기인의 기명날인(또는 서명) 혹은 공증인의 인증이 없거나 무효인 때, ④ 발기인이 존재하지 아니하는 때, ⑤ 발행주식총수의 인수 또는 납입의 흠결이 현저하여 발기인의 인수·납입담보책임만으로는 치유될 수 없을 때, ⑥ 주식발행사항(제291조)에 관한 발기인 전원의 동의가 없거나 또는 그 내용이 위법한 때, ⑦ 창립총회를 소집하지 아니하였거나 조사·보고를 아니한 때 또는 총회결의가 무효인 경우, ⑧ 설립시 발행주식을 1주도 인수하지 아니한 발기인이 존재하는 때, ⑨ 설립등기가 무효인 때 등이 그에 해당한다. 다만, 설립시 발행주식수가 발행예정주식총수의 4분의 1에 미달하는 경우 과거에는 설립무효의 소의 원인이었으나(구법 제289조 제2항), 2011년 개정법은 관련 조문을 삭제하였다.

Ⅳ. 무효의 소

이에 관하여는 '회사법상의 소송'편(제2장 제6절)에서 공통의제로 기술하였으므로 여기에서는 간략히 소개한다.

1. 제소기간, 당사자 및 관할

주식회사설립의 무효의 소는 형성의 소이다. 그리하여 이 소는 회사성립의 날로부터 2년 내에 訴로써만 주장할 수 있다(제328조 제1항). 이 소의 원고는 주주·이사·감사이다. 피고는 회사이다. 이 소의 관할은 본점소재지의 지방법원의 관할에 전속한다(제328조 제2항·제186조).

2. 소제기의 공고·병합심리·재량기각

설립무효의 소가 제기된 때에는 회사는 이를 지체없이 공고하여야 한다(제328조 제2항·제187조). 수개의 설립무효의 소가 제기된 때에는 법원은 이를 병합심리하여야 한다(제328조 제2항·제188조). 그리고 설립무효의 소가 그 심리 중에 원인이 된 하자가 보완되고 회사의 현황과 제반사정을 참작하여 설립을 무효로 하는 것이 부적당하다고 인정한 때에는 법원은 그 청구를 기각할 수 있다(제328조 제2항·제189조).

3. 판결의 효과

(1) 원고승소의 경우

설립무효의 판결은 대세적 효력이 인정되어 제3자에 대하여도 그 효력이 있다. 그러나 소급효는 제한되어 판결확정 전에 생긴 회사와 사원 및 제3자간의 권리의무에 영향을 미치지 아니한다(제328조 제2항·제190조). 따라서 회사성립시부터 설립무효판결의 확정시까지는 사실상의 회사의 존재가 인정된다. 상법은 사실상의 회사를 해산의 경우에 준하여 청산하도록 하고 있다(제328조 제2항·제193조 제1항).

한편 설립무효의 판결이 확정된 때에는 본점과 지점의 소재지에서 등기하여야 한다(제328조 제2항·제192조).

(2) 원고패소의 경우

설립무효의 소를 제기한 자가 패소한 경우에 악의 또는 중대한 과실이 있는 때에는 회사에 대하여 연대하여 손해를 배상할 책임이 있다(제328조 제2항·제191조). 濫訴를 방지하기 위한 규정이다. 위의 대세적 효력과 소급효 제한규정은 적용되지 아니한다. 오직 당사자에게만 기판력이 있는 것이다(민사소송법 제218조 제1항).

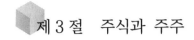

제 3 절 주식과 주주

제 1 관 주 식

I. 주식의 개념

주식회사에 있어서의 株式은 두 가지의 뜻이 있다. 그 하나는 자본금의 균등한 구성단위를 뜻하고(제329조 제2항, 제451조 제1항·제2항), 또 다른 하나는 주식회사의 사원의 지위(주주권)를 뜻한다(持分均一主義). 이 점에 있어서 주식은 인적회사에 있어서의 지분과 그 뜻이 같다. 이 주식의 소유자를 주주라고 한다. 그러나 각 주주는 인적회사의 지분권자와는 달리 주식을 복수로 소유할 수 있다(持分複數主義). 이에 따라 주주와 회사간의 집단적 법률관계를 수량적으로 간편하게 처리할 수 있다.

한편 실무계에서는 株券이라는 용어와 주식이라는 용어를 혼용하는 경우가 있으나, 상법상 주권은 주주권을 표창하는 유가증권을 의미한다(제335조 제3항, 제336조 제1항).

II. 주식의 본질(사원권)

주주의 여러 권리와 주식과의 관계에 대하여는 주식회사를 조합으로 보고 주식을 주주의 회사재산에 대한 공유지분으로 보는 株式物權說 등 여러 학설이 있었으나, 오늘날은 주식을 주주권 또는 주주의 지위를 뜻하는 사원권으로 보는 것이 일반적이다(株式社員權說). 사원권의 내용으로는 주식매수청구권·이익배당청구권·잔여재산분배청구권·명의개서청구권 등의 自益權과 주주제안권·이사의 위법행위유지청구권·이사해임청구권·의결권·각종의 소 제기권 등의 共益權이 있으며, 이러한 권리는 주식이 양도·상속될 때 포괄적으로 이전된다.

Ⅲ. 주식의 유형

1. 개설

액면주식의 액면가는 균일하여야 한다(제329조 제2항). 그러나 그 밖에 주식의 속성을 감안하여 주식을 다양하게 발행할 수 있다. 종류주식이 대표적이다.

2. 액면주식·무액면주식

(1) 의의

액면주식은 1주의 금액이 정관과 주권에 기재되는 주식이다. 즉 정관에는 액면가, 주권에는 주금액이 기재된다. 액면주식의 1주의 액면가는 100원 이상이어야 한다(제329조 제3항). 무액면주식은 1株의 금액이 정관에 기재되지 않고 주권에는 주식수만 기재되는 주식이다(제329조 제1항 후단 참조). 무액면주식은 2011년 개정시 도입되었다. 회사는 정관으로 정한 경우에만 주식의 전부를 무액면주식으로 발행할 수 있다(제329조 제1항 본문).

무액면주식을 발행하는 경우에는 액면주식을 발행할 수 없다(제329조 제1항 단서). 이는 동일 회사에서 양자를 모두 발행하였을 경우의 혼란을 방지하기 위함이다.

(2) 자본금의 구성단위

액면주식을 발행하는 회사의 자본금은 발행주식의 액면총액이다(제451조 제1항). 상법은 자본금충실의 요청에 따라 액면주식의 액면미달발행을 허용하지 아니한다(제330조 본문). 다만, 회사성립 후의 신주발행시에는 엄격한 제한 하에 액면미달발행을 허용하고 있다(제330조 단서·제417조).

회사가 무액면주식을 발행하는 경우 회사의 자본금은 주식발행가액의 2분의 1 이상의 금액으로서 이사회에서 자본금으로 계상하기로 한 금액의 총액으로 한다(제451조 제2항). 다만, 정관으로 신주발행을 주주총회에서 결정하기로 한 회사(제416조 단서)는 주주총회에서 자본금을 정한다. 무액면주식의 발행가액 중 자본금으로 계상하지 아니하는 금액은 자본준비금으로 계상하여야 한다(2011년 개정상법. 제451조 제2항 후단).

(3) 전환

1) 의의

회사는 정관으로 정하는 바에 따라 발행된 액면주식을 무액면주식으로 전환하거나 무액면주식을 액면주식으로 전환할 수 있다(제329조 제4항). 전환 후의 재전환도 가능하다. 2011년 개정 전 모든 주식회사는 액면주식만을 발행하고 있을 터이니 그 전부를 무액면주식으로 전환하는 방식으로 무액면주식을 발행할 수 있다.

2) 절차

가) 정관변경   액면주식과 무액면주식은 정관의 규정으로 하나만 선택적으로 발행할 수 있다(제329조 제1항 본문). 따라서 양 유형의 주식간 전환은 기존의 발행주식의 모두를 교체함을 뜻하므로 정관변경절차를 거쳐야 한다(제289조 제1항 제4호). 액면주식의 존재에 대한 기본적인 변화가 생기기 때문이다.

나) 전환비율과 발행주식총수   양 유형의 주식간 전환이 결정되면 정관변경절차를 거쳐야 하는데, 그 경우 발행예정주식총수의 범위 내에서(제289주 제1항 제3호) 현재 기준의 발행주식총수를 변경하는 것은 무방하다. 이 경우에는 양 유형의 주식간 전환비율에 따라 발행주식총수가 결정된다. 예를 들면, 전환비율(액면주식 : 무액면주식)이 1 : 1이면 변화가 없으나, 1 : 2이면 발행주식총수가 2배 비례적으로 증가하게 된다. 반대의 경우도 성립한다.

다) 공고

① 절차

전환을 하는 때에는 전환비율에 따라 주권의 기재사항과 주주들의 소유주식수에 변화를 가져올 수 있다. 그리하여 상법은 전환시 공고절차를 요구하고 있는데, 회사는 양 유형의 주식을 전환할 경우 1월 이상의 기간을 정하여 그 뜻과 그 기간 내에 주권을 회사에 제출할 것을 공고하고 주주명부에 기재된 주주와 질권자에 대하여는 각별로 그 통지를 하여야 한다(제329조 제5항·제440조).

② 신주권의 교부

양 유형의 주식을 전환하는 경우 액면주식은 무액면주식을, 무액면주식은 액면주식을 교부하여야 한다. 교환 전 구주권을 회사에 제출할 수 없는 자가 있는 때에는 회사는 그 자의 청구에 의하여 3월 이상의 기간을 정하고 이해관계인에 대하여 그 주권에 대한 이의가 있으면 그 기간 내에 제출할 뜻을 공고하고 그 기간이 경과한 후에 신주권을 청구자에게 교부할 수 있다. 공고의 비용은 청구자의 부담으로 한다(제329조 제5항·제442조 제1항·제2항).

3) 자본금의 불변

회사의 자본금은 액면주식을 무액면주식으로 전환하거나 무액면주식을 액면주식으로 전환함으로써 변경할 수 없다(제451조 제3항). 이는 전환으로 인하여 자본금이 감소하거나, 실제 자산의 증가 없이 장부상의 자본금만을 증가하는 것을 막기 위함이다. 따라서 전환결과는 회사채권자의 이해와 무관하고, 별도의 채권자보호절차는 필요하지 않다.

4) 효력발생시기

주식의 전환은 주주에 대한 공고기간이 만료한 때에 그 효력이 생긴다. 그러나 합병시 채권자보호절차에 관한 제232조의 규정은 준용되지 아니한다(제329조 제5항·제441조 본문). 이는 양 주식간의 전환은 자본금의 변동을 야기하지 아니하므로 별도의 채권자보호절차 없이 공고기간의 만료만으로 효력이 발생하여도 무방하기 때문이다.

3. 기명주식·무기명주식

기명주식과 무기명주식은 주식의 속성이 아니라 주권과 주주명부에 주주의 성명이 기재되는가의 여부에 따른 구분이다. 기명주식은 당연히 주주의 성명이 주권에 표시되며 주주명부에도 기재된다. 무기명주식은 그러하지 않다. 2014년 5월 개정으로 상법은 기명주식만을 인정하고 있다. 그것은 무기명주식을 발행한 사례도 없었고 조세회피 수단으로 활용될 우려도 있었기 때문이다.

회사는 주주를 인식함에 있어 주주명부에 근거하면 된다. 예를 들면, 주주에 대한 회사의 통지 또는 최고는 주주명부에 기재한 주소 또는 그 자로부터 회사에 통지한 주소로 하면 된다(제353조 제1항). 주주총회의 소집은 주주명부상의 주소로 통지를 하면 족하다(제363조). 주주가 회사에 대해 권리행사를 할 때 회사가 주주명부를 가지고 주주의 인적 동일성만 확인하면 된다. 주주는 주권불소지를 할 수 있다(제358조의 2). 주식을 양도함에 있어서는 주권의 교부만으로 양도할 수 있다(제336조 제1항). 주식의 입질에는 질권설정의 합의와 주권의 교부만으로 하는 약식입질과 주주명부에 질권의 등록, 즉 질권설정의 합의, 주권의 교부 및 주주명부에 질권자의 성명과 주소를 기재하고, 그 성명을 주권에도 기재하는 등록질도 가능하다(제340조). 주주가 주식을 양도할 경우 명의개서를 하여야만 회사에 대항할 수 있으므로 회사 측은 주식의 이동을 파악하기 용이하다.

Ⅳ. 종류주식

1. 의의 및 연혁

(1) 의의

상법상 종류주식이란 '이익의 배당, 잔여재산의 분배, 주주총회에서의 의결권의 행사, 상환 및 전환 등에 관하여 그 내용이 다른 주식'을 말한다(동법 제344조 제1항). 이처럼 종류주식이란 일정한 사항에 관하여 권리의 내용 등이 다른 주식을 말한다. 본래 주식자본을 다른 종류주식으로 구분하는 것은 영국에서 최초로 시도되었다. 영국에서는 17세기 초반이 이미 우선주식(preference shares)이 발행된 사례가 있었다.97) 이에 비하여 우리나라의 경우는 2011년 4월 개정상법을 통하여 법문상 '종류주식'이라는 표현을 사용하고 있다. 그리고 종류주식을 발행하는 경우에는 정관으로 각 종류주식의 내용과 수를 정하도록 하여(동조 제2항), 개정 전 상법에 비하여 폭넓게 정관자치를 인정하고 있다. 이는 다른 유형의 종류주식간에는 주주평등의 원칙을 관철시킬 필요가 없음을 의미한다.

(2) 연혁

1963년 1월 1일부터 시행된 제정상법98) 제344조 제1항은 '회사는 이익이나 (건설)이자의 배당 또는 잔여재산의 분배에 관하여 내용이 다른 수종의 주식을 발행할 수 있다.'라는 규정을 두어 '수종의 주식'제도를 활용할 수 있는 근거를 제공하여 왔다. 상법상 종류주식제도는 '수종의 주식'제도가 확대 개편된 것이다. 즉 2011년 개정 전에는 수종의 주식으로서 우선주·보통주·후배주·혼합주가 있었는데, 이 중 어느 특정한 주식을 '주식의 종류'라고 표현하였다(개정 전 제291조 제2호

---

97) John. H. Farrar, *Farrar's Company Law*, Butterworths(2nd ed., 1988), p.186; W. R. Scott, Joint Stock Companies to 1720, vol. 1(1921), p.129.
98) 법률 제1000호.

등). 이익배당 우선주에만 인정되는 상환주식, 전환주식 및 무의결권우선주는 수
종의 주식과 별도의 독립된 개념이 아니라 수종의 주식 내에 있어서의 다른 형태
의 개념인 '특수한 주식'으로 보았다.[99] 이에 비하여 개정상법은 종류주식에 대한
총론적인 규정을 두고, 그 유형으로서 이익배당·잔여재산분배에 관한 종류주식,
의결권배제·제한에 관한 종류주식, 상환주식 및 전환주식 등의 종류주식을 명시
하고 있다(제344조 제1항).

2. 종류주식의 유형

종류주식은 주주들의 다양한 경제적 수요를 충족시키고 회사의 효율적인 자
본조달수단을 제공하기 위하여 허용된 주식이다. 상법이 인정하는 종류주식은
① 이익배당이나 잔여재산의 분배에 관한 종류주식(제344조 제1항·제344조의 2), ②
주주총회에서 의결권행사(의결권의 배제·제한에 관한 종류주식(제344조 제1항·제344조의 3)),
③ 상환에 관한 종류주식(제344조 제1항·제345조), ④ 전환에 관한 종류주식(제344조
제1항·제346조)이 있다. 상법상 종류주식은 성질상 종류주식발행회사인 점을 전제
로 하지 아니하면 의미가 없다. 왜냐하면 다른 유형의 주식이 종류주식취득대가
로 주주에게 교부될 수 있기 때문이다. 다만, 상환에 관한 종류주식은 회사가 상
환주식취득의 대가로 주식 이외에 현금 및 현물도 주주에게 교부할 수 있으므로
엄격한 의미에서의 종류주식이라고 보기는 어렵다고 본다(제345조 제4항 본문).

상법은 곳곳에서「株式의 種類」(제290조 제1호·제302조 제1항·제317조 제2항 제3호·제
352조 제1항 제2호·제416조 제1호·제436조)라는 개념을 사용하는데, 바로 이「種類株式」
중 어떠한 것」이라는 의미이다.[100] 따라서 額面株式·無額面株式, 記名株式·無
記名株式은 주권 또는 주주권의 표창방법이 서로 다른 것에 불과하므로 종류주식
이 아니다.

3. 종류주식의 발행

(1) 정관의 기재 및 공시

회사는 定款으로 각 종류주식의 내용과 수를 정한 경우에만 종류주식을 발

---

99) 정찬형(2017), 713면; 이승환, "종류주식의 활용방안에 관한 고찰,"『법학연구』제23권
　　제1호(연세대학교 법학연구원, 2013), 42면.
100) 이철송(2017), 282면.

행할 수 있다(제344조 제2항). 회사설립시 종류주식을 발행할 때에는 상업등기부에
등기하여야 한다(제317조 제2항 제3호). 그리고 종류주식을 발행하는 때에는 주식청·
약서, 신주인수권증서, 주주명부, 株券 등에 기재하여야 한다. 종류주식을 발행
하는 것은 기존 株主나 장래 주주가 되려는 자들에게 중대한 이해관계가 있고,
경우에 따라서는 자본금충실을 해할 염려도 있기 때문에 정관의 기재 및 공시는
중요하다.

(2) 중복발행

상법은 종류주식을 다양하게 발행할 수 있도록 하고 있으므로 종류주식을 중
복하여 발행할 수도 있다. 예를 들면, 우선주를 의결권배제주식(우선주 + 의결권배제
주식) 또는 우선주를 의결권제한주식으로 하면서 전환주식으로 발행(우선주 + 의결권
제한주식 + 전환주식)할 수도 있는 것이다.

(3) 결의

종류주식은 정관에 정해진 범위 내에서 회사설립시에는 발기인 전원의 동의
로 그 종류와 수량을 정하여 발행할 수 있다(제291조 제1호). 신주발행시에는 이사회
가 발행할 수 있다(제416조 제1호).

4. 종류주식에 관한 특칙

(1) 주주평등의 원칙에 대한 예외

정관자치가 폭넓게 인정되는 종류주식 상호간에는 주주평등의 원칙이 적용
되지 아니한다. 그리하여 종류주식을 발행한 때에는 정관에 다른 정함이 없는 경
우에도 회사는 株式의 종류에 따라 신주의 인수, 신주의 병합·분할·소각 또는
합병·분할로 인한 주식의 배정에 관하여 특수하게 정할 수 있다(제344조 제3항). 예
를 들면, 신주발행시 보통주와 우선주간 新株引受權에 차등을 둔다든지, 주식소
각시 의결권이 있는 주식과 의결권이 배제된 주식간에 차등을 둔다든지 또는 합
병시 소멸회사의 보통주와 우선주간 차등을 두어 존속회사의 주식을 배정하는 것
등이 정관에 규정이 없는 경우에도 가능하다. 즉 이러한 사항은 이사회 또는 주
주총회의 결의로 가능한 것이다.

구체적으로는 신주발행에 관한 이사회결의(제416조), 준비금의 자본전입에 관

한 이사회결의(제461조), 주식의 병합·소각 등을 통한 자본금 감소나 주식의 분할에 관한 주주총회의 결의(제438조 이하), 회사합병이나 분할에 관한 주주총회의 결의(제522조 이하) 등으로 정하면 된다.

(2) 종류주주총회

회사가 종류주식을 발행한 경우에 정관을 변경함으로써 어느 종류의 주주에게 손해를 미치게 될 경우에는 관련 이사회나 주주총회의 결의 외에 그 종류의 주주만의 총회인 種類株主總會의 決議를 거쳐야 한다(제435조 제1항·제436조).[101] 이러한 점에서 종류주식간 차등을 둘 수 있는 것은 종류주식의 주주들의 호의적 양보를 전제로 한다. 종류주주총회의 결의는 출석주주의 의결권의 3분의 2 이상의 수와 그 종류의 발행주식총수의 3분의 1 이상의 수로써 하여야 한다(제435조 제2항). 이 결의요건은 주주총회의 특별결의 요건과 유사하다(제434조 참조). 다만, 종류주주총회의 경우에는 의결권이 배제되는 종류주식 또는 의결권이 제한되는 종류주식도 발행주식총수에는 물론 의결권의 수에도 포함된다는 점(제435조 제3항)은 주주총회의 특별결의요건과 다르다(제371조 제1항 참조).

5. 이익배당 또는 잔여재산분배에 관한 종류주식

(1) 의의

회사는 이익의 배당 또는 잔여재산의 분배에 관하여 내용이 다른 종류주식을 발행할 수 있다(제344조의 2 제1항·제2항). '내용이 다르다'는 것은 일반적으로 이익배당 또는 잔여재산의 분배에 관하여 보통주식보다 우선순위의 권리를 부여하거나 또는 후순위의 지위를 부여함을 뜻하지만, 반드시 배당의 순서에 국한하는 것은 아니다. 예를 들면, 해당종류주주에게 교부할 배당재산·잔여재산가액의 결정방법 또는 이익배당에 관한 조건을 달리 정하는 것도 포함된다고 본다.

2011년 改正法은 이익배당에 관하여 현물배당도 가능하게 하였는데(제462조의 4), 큰 변화의 하나이다. 따라서 종류주식에 대하여 배당을 할 때에는 정관이 정하는 바에 따라 금전배당, 주식배당 또는 현물배당을 할 수 있다.

---

101) 대법원 2006. 1. 27. 선고 2004다44575·44582 판결.

(2) 정관으로 정할 사항

1) 이익배당에 관한 종류주식

회사가 이익배당에 관한 종류주식을 발행하는 경우에는 정관에 그 종류주식의 주주에게 교부하는 배당재산의 종류, 배당재산의 가액의 결정방법, 이익을 배당하는 조건 등 이익배당에 관한 내용을 정하여야 한다(제344조의 2 제1항).

'배당재산의 종류'란 금전배당, 주식배당 또는 현물배당 중 회사가 채택할 종류를 말한다. 현물배당을 할 때에는 배당대상재산을 말한다. 다만, 이익배당에 관하여 우선적 내용이 있는 종류주식(우선주)에 대하여는 정관으로 최저배당률을 정하도록 한 규정(구상법 제344조 제2항 후단)은 2011년 개정시 폐지되었다.[102]

'배당재산 가액의 결정방법'이란 시가평가 또는 장부가평가 방법 등을 의미한다. 다만, 이러한 평가방법은 관계법령에 위배되어서는 아니 된다.

'이익배당의 조건'이란 보통주식의 주주 대비 해당종류주식의 주주의 배당순위 및 배당의 내용 등을 의미한다.

2) 잔여재산분배에 관한 종류주식

회사가 잔여재산의 분배에 관한 종류주식을 발행하는 경우에도 정관에 잔여재산의 종류, 잔여재산가액의 결정방법, 그 밖에 잔여재산분배에 관한 내용을 정하여야 한다(제344조의 2 제2항). 잔여재산분배에 관한 종류주식에 대하여도 이익배당에 있어서와 마찬가지로 주주권의 내용을 차별화할 수 있는데, 잔여재산분배에 대한 참여의 선후, 즉 우선적 참여인지 열후적 참여인지를 정하는 것도 가능하다(제538조).

잔여재산의 분배시에는 주식으로 분배하는 일은 있을 수 없고, 일본 회사법 제504조 및 제505조와 같이 현물분배를 할 수 있는 근거가 없기 때문(제538조 참조)에 잔여재산의 종류와 가액의 결정방법을 정관으로 정하도록 하는 것은 의미가 없는 규정이라고 본다.[103] 따라서 잔여재산분배에 관하여는 단지 종류주식에 대한 분배의 순위와 내용에 관하여 명시하여야 한다.

그러나 환가비용을 절감하기 위하여 현물로 분배할 수 있으면 현물로 분배할 수 있다고 보고, 그 구체적인 내용을 정하는 것은 의미가 있다는 주장도 있다.[104]

---

102) 이 규정은 1995. 12. 29. 개정시 도입되었으나, 2011년 개정법에서 폐지되었다.

103) 이철송(2017), 286면; 권기범(2015), 492 – 493면.

104) 임재연(2016), 379면.”; 정수용·김광복, “개정상법상 종류주식의 다양화,”『BFL』, 제51호

한편 회사는 회사채권자보다 선순위로 잔여재산의 분배에 참여할 수 있는 권리가 부여된 우선주식을 발행할 수 없다(제542조 제1항 · 제260조).

(3) 유형

이익배당에 관하여 내용이 다른 주식을 발행할 때 그에 대하여 표준이 되는 주식을 보통주식이라고 한다. 회사는 기술한 바와 같이 보통주식과 다른 내용의 주식을 다양하게 발행할 수 있으나, 실무상으로는 다음과 같이 유형화할 수 있다.

1) 보통주

가) 의의 보통주(common share; Stammaktie)는 이익배당 또는 잔여재산분배시 어떠한 제한이나 優先權이 없는 株式이다. 보통주의 주주에 대하여는 회사에 이익이 있다고 하여 반드시 배당을 하여야 하는 것은 아니며, 주주가 배당을 청구할 수도 없다. 보통주의 주주는 회사채권자와 우선주의 주주가 권리를 행사하고서야 잔여회사재산에 대한 잔여의 권리(residual claim)를 갖는다. 상법은 「普通株」를 明文化하지는 아니하고 있는데, 이는 보통주가 주식의 원형(prototype)임을 전제로 하기 때문이다. 즉 보통주는 優先株와 後配株의 표준이 되는 주식이므로 보통주를 발행하지 아니한 상태에서 우선주나 후배주를 발행할 수는 없다.

나) 보통주식의 종류주식성

① 서

현행법상 보통주가 제344조의 종류주식에 해당하는지의 여부에 대하여는 크게 ① 종류주식성을 부정하는 견해, ② 종류주식성을 긍정하는 견해로 나뉜다.

② 부정설

종류주식성을 부정하는 견해의 논지는 주로 현행법이 보통주식이라는 개념을 종류주식이 아닌 주식을 지칭하는 용어로 사용하고, 종류주식은 이익배당이나 잔여재산분배에 관하여 보통주식과 내용이 다른 주식, 의결권이 없거나 제한되는 주식, 상환주식, 전환주식을 포함하는 개념으로 사용하고 있다고 한다.[105]

③ 긍정설

종류주식성을 긍정하는 견해는 주로 현행법은 보통주가 종류주식임을 전제

(서울대학교 금융법센터, 2012), 103면.

105) 김건식(2015), 156면; 홍복기(2016), 203면; 이철송(2017), 283 − 284면; 송옥렬(2017), 788 − 789면; 김홍기(2015), 419 − 420면; 권기범(2015), 485 − 487면.

로 한 규정을 명문으로 두고 있음에 착안하고 있다. 그리고 그 근거로서 전환주식에 관한 제346조의 규정을 들고 있다. 즉 보통주를 종류주식으로 보지 아니하면 실무상 발행되는 전환주식의 대부분인, 보통주로 전환되는 전환주식의 근거를 찾을 수 없다고 한다.[106]

④ 사견

보통주의 종류주식성을 인정하는 견해는 당위론적인 성격이 강하고 현행법 제344조의 문리해석상 보통주를 종류주식의 한 유형으로 보기는 어렵다. 그리고 전환주식에 관한 제346조 역시 종래 상법에서 허용하던 우선주의 보통주로의 전환을 부정할 이유는 없고, 또한 그렇게 해석론이 입법과정에서 논의된 적도 없다. 이 문제는 종래의 '수종의 주식'이라는 표현을 '종류주식'으로 단순전환한 데에서 나오는 것으로 판단된다.[107]

따라서 상법 제346조 제1항의 '다른 종류주식'은 '다른 주식'으로 해석하여 종류주식이 보통주로 전환하는 것을 인정할 수 있다.[108]

2) 우선주

가) 개념   우선주식(preference share; Vorzugsaktie)은 이익배당 또는 잔여재산분배에 관하여 다른 종류의 주식보다 우선적 지위가 인정된 주식이다. 그러나 회사 채권자에 대하여는 열후하다.[109]

나) 참가적 우선주와 누적적 우선주   우선주에 대하여 고정배당률 또는 정기예금이자율 등으로 배당률을 정하는 경우 영업실적이 양호한 경우에는 보통주에 대한 배당이 우선주보다 높을 수 있다. 이 경우 우선주가 보통주의 배당액과의 차액에 대하여 참가할 수 있는 우선주를 참가적 우선주(participating shares)라고 한다. 참가할 수 없는 우선주는 비참가적 우선주(non-participating shares)라고 한다.

누적적 우선주(cumulative preferred stock)는 어느 결산기의 부족한 배당금을 차기로 이월시켜서 차기의 배당금과 합산하여 받을 수 있게 하는 우선주를 말한

---

106) 최준선(2016), 230-231면; 임재연(2016), 373면."; 정동윤, "보통주와 종류주식의 개념에 관하여," 상사법연구 제31권 제1호(한국상사법학회, 2012), 50면; 송종준, "상장회사의 자기자본질서의 변화와 법적과제." 상사법연구 제31권 제2호(한국상사법학회, 2012), 232면; 장덕조(2014), 119면.
107) 송옥렬(2017), 788면. 801면.
108) 홍복기(2016), 213면.
109) 권기범(2015), 488면.

다. 차기로 이월시킬 수 없는 우선주를 비누적적 우선주(non-participating shares)라
고 한다.

회사는 참가 여부와 누적 여부를 결합하여 참가적·비누적적 우선주식 등을
발행할 수 있다. 이 경우에는 경제적으로 사채와 매우 흡사하게 된다.

다) 1% 우선주 배당률, 변동배당률부 우선주, 배당률조정 우선주 **또는** 수익률
경매우선주 등   2011년 개정 전 상법은 최저배당률 조항을 두고 있었다. 이는
보통주의 배당금액에 액면가의 1%에 해당하는 금액을 더하여 배당하는 이른바
+1% 우선주와 같이 우선주에 우선배당을 하지 아니하고, 보통주에 비하여 일정
비율을 가산하여 배당하는 종류주식의 발행을 금지하기 위하여 입법되었다. 그러
나 개정법 하에서는 무의결권주식을 우선주에만 발행할 수 있는 것은 아니므로
이른바 +1%의 (우선)주식을 무의결권주식으로 발행할 수 있다.110)

2011년 개정상법은 최저배당률 조항(구상법 제344조 제2항 후단)을 삭제하였기 때
문에 변동배당률부 우선주, 배당률을 국채금리 또는 LIBOR금리111)에 일정금리를
가산하는 방식의 우선주를 발행하는 것도 가능하다.112) 다만, 정관으로 우선배당
률의 상한선과 하한선을 정하는 방식으로 규정하는 경우 변동배당률부 우선주는
발행할 수 없다.113)

일정 기간마다 배당이 재조정되는 배당률조정 우선주(adjustable-rate preferred
stock), 배당률을 경매방식으로 재조정하는 화폐시장 우선주(money market preferred
stock), 경매에 의하여 배당금이 유동적으로 정해지는 경매배당률 우선주(auction-
rate preferred stock) 등도 정관에 구체적인 내용이 기재되어 있다면 발행이 가능하
다.114) 그리고 보통주에 대하여는 연 1회의 배당만 하고, 우선주의 경우에는 중간
배당을 포함하여 연 2회, 상장법인의 경우는 자본시장법상 분기배당이 가능하므로
(동법 제165조) 우선주주에게만 분기배당을 할 수 있는 우선주도 발행할 수 있다.115)

---

110) 법무부유권해석, 상사법무과-446, 2012. 2.16.
111) 영국 런던에서 우량은행간 단기자금을 거래할 때 적용하는 금리를 말한다. 런던은행간
    금리(London inter-bank offered rates)의 머리글자를 따서 라이보(LIBOR)라고 부른다.
112) 同旨 한국상사법학회, 주식회사법대계Ⅰ, "종류주식(김순석 집필)," 법문사, 2016, 536
    면.; 권재열, "개정상법상 주식관련제도의 개선내용과 향후과제," 선진상사법률 제56호
    (법무부, 2011), 10면.
113) 同旨 임재연(2016), 377면.
114) 同旨 임재연(2016), 377면; 정수용·김광복, 전게 논문, 100면.
115) 이철송(2011 축조), 190-191, 204-206면.

한편 우선주가 영구적으로 존속하는 경우 회사의 재정상의 부담을 주게 되므로 우선주의 우선권을 一定한 조건의 성취 또는 기한의 도래로 소멸하도록 하여 우선주가 자동적으로 보통주로 전환되게 할 수도 있다.[116]

3) 후배주

후배주(deferred share; Nachzugsaktie)는 이익(利子)배당이나 잔여재산분배에 있어 보통주보다 불리하게 차등을 둔 주식이다. 그러나 실제 발행되는 예는 드물다.

4) 혼합주

어떤 권리에 있어서는 우선적 지위를 갖고, 다른 권리에 있어서는 열후적 지위를 갖는 주식이다, 예를 들면, 이익배당에서는 보통주에 우선하고, 잔여재산분배에 있어서는 열후한 것과 같다. 역시 실제 발행되는 예는 거의 없다.

5) 특정사업연동주식

가) 개념   이는 회사의 자회사 또는 독립채산으로 운영하고 있는 특정사업부문의 실적과 배당금액이 연동되는 주식을 말한다. 예를 들면, 모회사의 주식이 모회사가 아닌 특정자회사의 업적에 연동되어 있는 주식의 경우 해당자회사가 자회사 주주에게 지급하는 액과 같은 금액의 배당금을 받게 되는데 이를 트래킹주식(tracking stock)이라고 한다. 그리고 어느 백화점회사가 호텔사업에 진출하고자 하는 때에 백화점부문 보다 호텔업부문의 수익성이 훨씬 양호할 것으로 예상되는 경우 주주들에 대한 配當財源을 구분하여 백화점부문의 수익은 구주주들에게, 호텔업부문의 수익은 신규로 호텔업부문에 투자한 자에게 배타적으로 배당하기로 하는 조건의 주식을 발행하는 경우에도 역시 트래킹주식의 일종이다.

6) 학설

특정사업연동주식이 상법상 허용되는 것인지에 대하여는 학설이 대립한다.

가) 긍정설   배당재원의 차별화는 주주평등의 원칙에 어긋나는 문제점이 있지만, 종류주식(제344조 제1항)의 하나로 봄으로써 해소할 수 있다고 한다.[117]

나) 부정설   이 주식은 자회사나 특정사업부문의 실적에 연동하여 이익배당이 결정되므로 회사 전체의 의사를 결정함에 있어서 다른 주식과 동일하게 1개의 의결권을 부여하기 어렵고, 명확한 법적 근거 없이 주주간의 차별을 허용하는 결

---

116) 표준정관 제8조의 2 제7항.
117) 이철송(2017), 288면; 권기범(2015), 491면; 임재연(2016), 378면; 정수용·김광복, 전게논문, 102면; 송옥렬(2017), 792면; 김건식(2015), 164면; 최준선(2016), 225 – 226면.

과를 가져오므로 '1주 1의결권의 원칙'(제369조 제1항)에 위배될 수 있다고 한다.118)

다) 사견   2011년 상법개정시 회사법개정위원회에서는 이 주식의 도입을 보류하기로 하였다.119) 실제로 미국에서도 이익상반거래를 통하여 자회사의 실적을 조작하는 등의 문제점 등으로 많이 이용되지는 아니하고 있다.120) 따라서 굳이 해석상 허용된다할 필요는 없다고 본다(부정설). 다만, 이러한 논란을 해소하기 위하여는 보다 세밀한 입법조치가 필요하다.

6. 의결권의 배제 또는 제한에 관한 종류주식

(1) 의의

회사는 의결권이 없는 종류주식이나 의결권이 제한되는 종류주식을 발행할 수 있다. 다만, 이 경우에는 정관에 의결권을 행사할 수 없는 사항과, 의결권행사 또는 부활의 조건을 정한 경우에는 그 조건 등을 정하여야 한다(제344조의 3 제1항).

(2) 효용성

의결권이 없거나 제한되는 주식은 소유와 경영의 분리를 촉진하고 주주총회에 관심이 없는 주주들을 주주총회의 정족수계산에서 제외시킴으로써 정족수 미달로 인한 주주총회의 불성립을 방지하는데 유용하다(제371조 제1항 참조). 그리고 중소기업의 공동경영자간 또는 합병회사의 상대방의 입장에서는 주식소유비율은 달리하지만(예를 들어, 5.5 : 4.5 등) 의결권비율은 동등하게 하여 자본다수결에 따르지 아니하는 대등한 지배권분배를 바라는 수요가 있다. 이 종류주식은 그러한 수요에 부합한다. 그리고 자본금산정에 있어서는 의결권이 있는 주식과 동일하므로 자본조달에는 영향을 받지 아니하면서 경영권유지·방어수단으로써의 효용성이 높은 주식이라고 하겠다.

(3) 특징

2011년 의결권의 배제 또는 제한주식에 관한 개정상법의 특징은 개정 전에는 이익배당우선주에 대하여만 무의결권주식을 발행할 수 있었다(개정 전 제370조). 그러나 현행법은 이익배당우선여부와 무관하게 이 종류주식을 발행할 수 있다. 즉

---

118) 김홍기(2015), 423면; 정찬형(2017), 718면; 정동윤(2012), 450면.
119) 법무부(2011), 133-134면.
120) 정동윤(2012), 450면.

보통주도 의결권이 배제 또는 제한되는 주식으로 발행할 수 있게 하였다. 개정법은 의결권이 일부 제한되는 주식 또는 일체의 사항에 대하여 의결권을 행사할 수 없는 주식을 발행할 수 있게 되었다. 이 역시 개정 전에는 이익배당우선주의 의결권을 모두 제거하는 주식만을 발행할 수 있었다는 점과 다르다.

개정 전의 의결권 없는 주식은 우선배당을 받는 한에서는 의결권이 전면적으로 제거되는 것이었으나, 개정법에서는 의결권을 부분적으로만 제한하는 주식도 발행할 수 있으며, 해석에 따라서는 의결권에 관하여 보다 폭넓은 내용을 부여할 수 있는 주식을 발행할 수 있다는 주장이 제기될 소지도 남겼다.

(4) 유형

상법은 ① 의결권이 없는 종류주식이나 ② 의결권이 제한되는 종류주식을 발행할 수 있다고 규정하고 있다(제344조의 3 제1항). ①의 유형은 주주총회에서의 일체의 사항에 대하여 의결권이 제거되는 주식을 말한다. ②의 유형은 주주총회 결의의 일부 사항에 대하여 의결권을 행사할 수 없는 주식을 말한다. 따라서 이러한 주식을 발행하고자 하면 정관에 의결권행사를 할 수 없는 의안을 열거하라는 뜻이다. 예를 들면, 이사·감사의 선임, 정관의 변경 등에 한하여 의결권이 없다는 사항을 정하라는 것이다. 의결권의 수량을 축소하는 주식 예를 들면, 5주에 1개의 의결권을 부여하는 주식의 발행은 주주총회의 일부의안에 관한 의결권행사를 제거하고자 하는 상법의 취지를 감안하면, 의결권제한주식에 해당하지 아니한다.

의결권이 배제 또는 제한되는 주식은 개정 전과 같이 우선주식으로 발행할 수 있음은 물론 보통주식도 이러한 종류주식으로 발행할 수 있다.

한편 상법이 명문으로 위와 같은 규정을 두고 있으므로 거부권부주식이나 차등의결권주식은 발행할 수 없다.[121]

(5) 정관의 규정과 의결권행사·부활의 조건

회사가 의결권이 배제 또는 제한되는 종류주식을 발행할 경우에는 정관에 그 규정을 명시하여야 한다(제344조의 3 제1항). 그리고 정관에 ① '의결권을 행사할 수 없는 사항'과 ② '의결권행사의 조건' 또는 ③ '의결권부활의 조건'을 명시한 경우

---

121) 이형규, "상법개정안상 거부권부주식의 도입에 관한 검토," 상사법연구 제25권 제4호 (한국상사법학회, 2007), 134-135면.

에는 그 조건 등을 정하여야 한다. ①의 '의결권을 행사할 수 없는 사항'이란 앞에서 기술한 바와 같이 주주총회에서 의결권이 일부 제거되는 사항을 말한다. ②의 '의결권행사의 조건'이란 이 유형의 종류주주에게 특정 주주총회 또는 특정 의안에 대하여 의결권의 행사를 허용할 수 있는 조건을 정하라는 의미이다. 예를 들면, 무의결권우선주를 발행하였는데, 주주가 우선배당을 포기하면, 의결권을 행사할 수 있도록 하는 것과 같다. ③의 '의결권의 부활의 조건'이란 이 유형의 종류주식의 의결권을 회복할 수 있는 조건을 의미한다. 대표적으로는 2011년 개정 전 "의결권 없는 우선주의 경우, 정관에 정한 우선적 배당을 받지 아니한다는 결의가 있는 총회의 다음 총회부터 그 우선적 배당을 받는다는 결의가 있는 총회의 종료시까지에는 의결권이 있다."(개정 전 제370조 제1항 단서)는 내용을 정관으로 정할 수 있을 것이다. 그 밖에도 다양한 조건을 붙일 수 있다.

한편 이 유형의 종류주식을 소유한 주주는 창립총회, 종류주주총회, 총주주의 동의 또는 결의가 필요한 경우, 회사의 분할·합병승인총회(제530조의 3 제3항)에서는 예외적으로 의결권을 행사할 수 있다.

(6) 발행의 제한

회사가 의결권이 없거나 제한되는 종류주식을 발행하는 경우 그 총수는 발행주식총수의 4분의 1을 초과하지 못한다(제344조의 3 제2항 전단). 이는 출자와 지배가 왜곡될 수 있을 정도로 지나치게 과소한 수량의 의결권 있는 주식으로 회사를 지배하는 폐단을 방지하기 위한 규정이다. 의결권이 없거나 제한되는 종류주식이 발행주식총수의 4분의 1을 초과하여 발행된 경우에 회사는 지체 없이 그 제한을 초과하지 아니하도록 하기 위하여 필요한 조치를 하여야 한다(제344조의 3 제2항 후단). 이는 설령 4분의 1를 초과하여 이 유형의 종류주식이 발행되더라도 무효가 아님을 전제로 한 규정이다. 그 대신에 이 유형의 종류주식의 일부를 소각하거나, 반대로 의결권 있는 주식을 신주발행하여 이 유형의 종류주식의 비율을 4분의 1 이하가 되도록 '필요한 조치'를 하여야 한다.

한편 주권상장법인의 경우에는 그 비율이 2분의 1을 초과하지 못한다(자본시장법 제165조의 15 제2항).

7. 상환주식

(1) 의의

償還株式(redeemable stock, callable stock)이란 발행시부터 회사가 스스로 또는 주주의 청구에 의하여 회사의 이익으로써 상환하여 소멸(소각)시킬 것이 예정된 종류주식이다(제345조). 회사는 정관으로 정하는 바에 따라 상환종류주식을 발행할 수 있다. 이 유형에는 회사가 스스로 상환할 수 있는 주식(회사상환주식)과 주주가 회사에 대하여 상환을 청구할 수 있는 주식(주주상환주식)이 있다(제345조 제1항·제3항). 즉 회사상환주식은 회사가 매수선택권(call option)을 행사할 수 있는 주식이고, 주주상환주식은 주주가 해당주식을 발행한 회사에 대하여 매도선택권(put option)을 행사할 수 있는 주식이다.

한편 상환주식은 그 종류주식에게만 소각이 예정되어 있는 주식이므로 모든 주식을 평등하게 소각하는 주식의 소각(제343조)과 다르다.[122]

(2) 효용성

회사상환주식은 ① 주식의 분산·양도대책으로 이용할 수 있고, ② 우호적이지 아니한 주주로부터 주식을 강제로 취득하여 경영권을 보호하고, ③ 중소기업의 사업승계수단으로서도 활용될 수 있다. 그리고 회사가 주식을 발행하여 필요한 자금을 조달하며, 자금사정이 호전되었을 때 그 주식을 상환함으로써 발행 전의 주식소유구조를 회복하는데 유용하다.

주주상환주식은 주주가 상환기간 내에 회사의 현재와 미래의 경영성과를 가늠하여 봄으로써 기동적으로 투자자금을 회수하는데 유용하다. 즉 자본이득을 높일 수 있는 수단으로써의 효용성이 있다. 그리고 회사에 의한 매수가 일단은 보장되므로 주주는 장래의 제약 없이 출자할 수 있고, 회사로서도 용이하게 자금을 조달할 수 있다.

한편 상환주식과 사채는 일시적인 자금조달수단이라는 점에서 경제적 효용성이 유사하다. 그러나 ① 상환주식은 자기자본이고, 사채는 타인자본이라는 점, ② 상환주식은 이익으로써만 상환하여야 하기 때문에 이익이 없으면 상환이 지연되지만, 사채는 이익의 유무와는 무관하게 만기 상환하여야 한다는 점에서 다르다.

---

122) 김홍기(2015), 425면.

(3) 특징

현행 상법상 상환주식에 관한 규정은 2011년 개정 전 규정과 비교하여 중요한 변화가 있다. 그 내용은 다음 세 가지로 나눌 수 있다.

첫째, 종래에는 우선주만 상환주식으로 발행할 수 있었으나, 현행법 하에서는 우선주 아닌 종류주식 예를 들면, 의결권 없는 보통주식도 상환주식으로 발행할 수 있다.

둘째, 종래에는 회사가 상환할 권리를 갖는 주식, 이른바 회사상환주식만을 발행할 수 있었으나, 현행법은 주주가 상환할 권리를 갖는 주식, 즉 주주상환주식도 발행할 수 있다.

셋째, 종래의 상환주식은 우선주식에 상환조항이 부가된 것에 불과하다고 보아 주식의 종류로 보지 아니하였으나, 현행법은 상환주식을 별도의 종류주식으로 취급하고 있다(제344조 제1항). 따라서 상환주식의 주주만의 종류주주총회도 가능하다.[123]

(4) 대상과 유형

1) 보통주와 상환주식

상법은 2011년 개정 전과 달리 상환주식을 우선주에 국한하지 않고, 상환주식과 전환주식을 제외한 다른 종류주식에 대해서도 발행할 수 있도록 하고 있다 (제345조 제5항). 이와 같이 상환주식은 종류주식에 한정하여 발행할 수 있기 때문에 의결권이 있는 보통주식은 상환주식으로 할 수 없다. 이는 보통주식을 상환주식으로 발행하는 경우에는 사실상 경영권방어를 위한 포이즌필과 유사한 기능을 하게 되어 종류주식이 적대적 M&A에 대한 방어수단으로 활용되는 것을 금지하는 입법정책에 배치되기 때문이다.[124] 다만, 보통주를 종류주식의 일종으로 해석하는 일부에서는 보통주식도 상환주식으로 발행할 수 있다고 한다.[125]

한편 앞에서 기술한 바와 같이 의결권이 배제 또는 제한되는 보통주에 대하

---

123) 이철송(2017), 294면.
124) 법무부(2011), 148면; 권종호, "2006년 회사법개정시안의 주요내용," 「商事法研究」 제51호(2006), 322면; 김순석. "주식제도의 개선 −종류주식을 중심으로−," 「商事法研究」 제63호(2009), 12면; 송종준, "방어적 주식제도의 국제적 입법동향과 도입과제−2006년 회사법 개정안을 중심으로−," 「경영법률」 제17집 2호(2007), 133면; 최준선(2016), 230면; 권기범(2015), 499면; 송옥렬(2017), 796면; 장덕조(2014), 124면; 김홍기(2015), 427면.
125) 정동윤(2012), 454면.

여는 상환주식으로 발행할 수 있음은 물론이다.

2) 발행가능유형

상법상 상환주식과 전환주식을 제외한 종류주식이란 이익배당, 잔여재산분배, 의결권의 배제·제한에 관한 종류주식을 말한다(제345조 제5항 참조). 이 개념을 회사상환주식(제345조 제1항)과 결부시키면 ① 회사가 상환할 수 있는 이익배당 또는 잔여재산분배에 관한 종류주식, ② 회사가 상환할 수 있는 의결권배제 또는 제한되는 종류주식을 발행할 수 있게 된다. 그리고 주주상환주식(제345조 제3항)과 결부시키면 ① 주주가 상환을 청구를 할 수 있는 이익배당 또는 잔여재산분배에 관한 종류주식, ② 주주가 상환을 청구를 할 수 있는 의결권배제 또는 제한되는 종류주식을 발행할 수 있다. 이 가운데 잔여재산분배 또는 회사상환주식 중 의결권행사에 관한 종류주식은 발행되는 사례가 드물 것으로 판단된다. 해당권리를 소각당할 것을 覺悟하고 그 상환주식을 인수할 자가 거의 없을 것이기 때문이다.

상환주식은 상환의 강제성여부에 따라 강제상환주식과 임의상환주식이 있다. 회사상환주식은 상환조항의 정함에 따라 주주의 의사와 무관한 강제상환주식과 주주의 의사를 존중한 임의상환주식을 발행할 수 있다. 이에 대하여 주주상환주식은 임의상환은 성립하지 아니하고, 주주의 청구가 있으면 회사가 반드시 상환하여야 하는 강제상환주식만을 발행할 수 있다.

(5) 발행

1) 정관규정 및 발행가능범위

상환주식을 발행하기 위하여는 정관에 償還條項이 있어야 한다. 그리하여 회사상환주식의 경우 회사의 이익으로써 소각할 수 있다는 뜻을 기재하고, 상환가액, 상환기간, 상환의 방법과 상환할 주식의 수를 정하여야 한다(제345조 제1항). 주주상환주식을 발행할 때에는 정관에 주주가 회사에 대하여 상환을 청구할 수 있다는 뜻, 상환가액, 상환청구기간, 상환의 방법을 정하여야 한다(제345조 제3항).

주식의 상환은 회사의 이익으로써 하기 때문에 다른 주주의 배당가능이익을 감소시킨다. 이로 인하여 정관에서 정하는 바에 따라서만 이를 허용하는 것이다. 그리고 당연히 회사의 발행예정주식총수(제289조 제1항 제3호)의 범위 내에서만 발행할 수 있다.

2) 발행시기

상환주식의 발행시기에 대하여는 제한이 없다. 그러므로 회사설립시는 물론 설립 후에도 발행할 수 있다. 따라서 설립시에는 발기인 전원의 동의(제291조 제1호), 그리고 설립 후에는 신주발행절차에 따라 정관에 다른 정함이 없으면 이사회의 결의로 발행할 수 있다(제416조 제1항).

3) 상환조항의 내용

정관에 기재하여야 할 償還條項 중 '상환가액'이란 주식의 상환대가로서 회사가 주주에게 지급하는 금액을 말한다. 특정금액이나 額面價額, 發行價額 또는 상환시점의 時價 등과 같은 산정기준으로 정할 수도 있다. 상법은 상환가액에 대한 제한을 두지 않고 있지만, 지나치게 고액상환을 하는 경우에는 다른 주주들의 이익배당청구권을 해하게 되므로 당해 상환주식의 발행무효사유가 될 수 있다(제429조 참조).[126]

'상환기간'은 회사상환주식의 경우 정관에 정하여져야 하는데(제345조 제1항), 상환이 이루어져야 할 기간으로써 통상 始期와 終期를 뜻한다. 회사의 입장에서는 자금을 활용한다는 측면에서 시기의 설정이 보다 중요하다. 예를 들면, '발행 후 3년 이후 10년 내에 배당금의 支給時 상환한다.'는 것과 같다. 終期는 상환의무의 이행 기한을 뜻하지만 회사의 이익(배당가능이익)이 없는 경우에는 강제성이 인정되지 아니한다.

'상환청구기간'은 주주상환주식의 경우 정관에 기재되어야 하는데(제345조 제3항), 해당기간에 상환청구를 하지 않으면 원칙적으로 상환청구권이 소멸하는 기간을 뜻한다. 다만, 주주가 상환청구를 하더라도 상환자금에 사용될 이익(배당가능이익)이 없으면 상환이 불가능할 수도 있다.

'상환방법'으로는 회사상환주식의 경우 ① 강제상환 또는 임의상환, ② 일시상환 또는 분할상환의 선택, 그리고 ③ 2011년 개정법은 현물상환을 허용하므로 현물상환 대상자산도 정관에 기재하여야 한다.

상환조항은 주식청약서(제302조 제2항 제7호·제420조 제2호) 및 주권(제356조 제6호)에 기재하여야 하며, 또 등기하여야 한다(제317조 제2항 제6호).

---

126) 이철송(2017), 296면.

(6) 상환절차

1) 상환결정

상환결정에 관한 절차는 회사상환주식과 주주상환주식이 서로 다르다.

가) 회사상환주식   회사상환주식은 定款의 규정에 따르는 한, 理事會의 결의로써 상환결정을 할 수 있다. 그러나 상환에 사용되는 자금에 대하여는 주주총회 또는 이사회의 재무제표 승인절차를 요한다(제449조 제1항·제462조 제2항).

나) 주주상환주식   주주상환주식은 주주가 상환을 청구하면 그 자체로 회사를 구속한다. 따라서 회사의 의사결정이나 승낙절차, 재무제표의 승인절차는 불필요하고, 회사는 상환의무를 진다. 이러한 점에서 주주의 상환청구는 形成權이다. 그러나 주주의 청구시에도 회사에 배당가능이익이 없으면, 상환이 지연될 수 있다. 영업년도 중간에 주주가 상환을 청구하는 경우에도 마찬가지이다.

2) 주주에 대한 통지 또는 공고

주주에 대한 통지 또는 공고는 회사상환주식의 경우 행하여진다. 즉 회사상환주식의 상환을 결정하는 경우 회사는 상환대상인 주식의 취득일부터 2주 전에 그 사실을 그 주식의 주주 및 주주명부에 적힌 권리자에게 따로 통지하여야 한다. 다만, 통지는 공고로 갈음할 수 있다(제345조 제2항). 여기서 '그 주식의 주주'란 주주명부상의 주주를, '주주명부에 적힌 권리자'란 질권자를 뜻하는 것으로 풀이한다.

한편 주주상환주식의 경우에는 주주에 대한 최고 또는 공고는 요구되지 아니한다.

3) 상환재원

2011년 개정 전과 같이 상환은 이익으로써만 할 수 있다(제345조 제1항). 여기서의 '이익'은 배당가능이익(제462조 제1항)을 뜻한다. 다만, 주주상환주식에 대하여는 이러한 규정이 없기 때문에(제345조 제3항) 문리적으로는 회사의 기본재산으로도 할 수 있는 것처럼 해석할 수 있으나, 이는 회사의 자본금감소절차(제438조 이하)와의 관계에서 보면 무의미한 해석이다.

따라서 주주상환주식도 이익으로써 상환할 수 있다.

4) 상환시기

회사상환주식은 정관으로 정한 상환기간 내에, 주주상환주식은 주주가 청구한 때에 상환하여야 하지만, 이익이 없으면 지연될 수도 있다. 설령 이러한 이유로 지연되더라도 회사 또는 제3자에 대한 이사의 손해배상책임(제399조·제401조)은 발생하지 아니한다.

5) 현물상환

가) 상법규정 2011년 개정법은 회사상환주식이든 주주상환주식이든 현물상환을 허용하고 있다. 그리하여 회사는 주식의 취득의 대가로 현금 외에 유가증권(다른 종류주식은 제외한다)이나 그 밖의 자산을 교부할 수 있다(제345조 제4항 본문). 다른 종류주식을 교부대상자산에서 제외한 것은 회사가 스스로의 편의에 따라 상환주식을 이용하여 회사의 지배구조 또는 배당구조를 왜곡시키는 것을 방지하기 위한 것으로 풀이된다.

나) 현물상환의 개념 현물상환이란 금전에 갈음하여 주식취득의 대가로 다른 재산을 교부하는 것을 말한다. 정관에서 정하는 바가 없이 회사가 상환을 결정한 단계 혹은 주주의 상환청구를 받은 단계에서 주주와 협의하여 현물로 급부하는 것은 단순한 代物辨濟이며, 여기서의 현물상환에 해당하지 아니한다.

다) 현물의 범위 상법은 금전 외의 다른 종류의 주식을 제외한 유가증권이나 그 밖의 자산으로 교부할 수 있다고 하고 있다. 따라서 현물상환에 사용할 수 있는 교부자산의 범위는 발행회사의 종류주식을 제외하고는 제한이 없다(제345조 제4항 괄호). 상법은 발행회사의 다른 종류주식(예: 이익배당, 잔여재산분배 또는 의결권행사에 관한 종류주식)만 제외하고 있으므로, 자기주식인 보통주식으로 상환하는 것은 가능하다. 보통주식은 종류주주에 해당하지 아니한다고 보기 때문이다.

일반적으로는 발행회사의 사채 또는 모회사·자회사·계열회사의 주식이나 사채와 같은 유가증권이 교부될 것이다. 그것은 다수의 상환주주에게 상환주식의 대가로 지급하려면 소규모로 단위화되어 있는 자산이어야 하기 때문이다. 물론 제품과 같은 것도 교부할 수 있다.

신주발행의 방식으로 보통주식을 상환대가로 교부하는 경우에는 이는 전환주식에 해당한다. 따라서 전환주식의 발행절차를 밟아야 한다. 그리고 제345조 제5항과의 관계에서 보면, 회사는 상환의 대가로 상환과 전환에 관한 종류주식을 발행할 수 없다. 상환가액의 일부는 금전으로, 다른 일부는 그 밖의 재산으로 급부하는 것도 가능하다고 본다.

한편 상환대가로 지급하는 자산의 장부가액은 제462조에 따른 배당가능이익을 초과하여서는 아니 된다(제345조 제4항 단서). 이 규정은 日本會社法 제166조 제1항 단서·제465조 제1항 제4호 및 제170조 제5항과 유사하지만, 일본의 경우는 상환대가로서 발행회사의 다른 주식을 교부할 수 있고(동법 제166조 제1항), 이러한 경우에는 이 규제의 적용을 받지 아니한다는 점에서 우리 법 규정과는 차이가 있다. 그리고 장부가액과 배당가능이익은 서로 다른 개념임을 감안하면 제345조 제4항 단서규정은 몇 가지 문제점이 있다.

이 규정을 문리적으로 해석하면, 지급자산의 장부가액이 15,000원인 주식일지라도 배당가능이익이 10,000원에 불과한 때에는 10,000원의 범위 내에서 상환하여야 한다. 이 규정은 장부가가 시가를 하회하는 경우에도 문제된다. 예를 들면, 시가가 10,000인 주식의 장부가액이 8,000원인 경우에는 실제가치보다 1주당 2,000원의 손실을 초래한 상태로 배당가능이익과 비교하여 지급하여야 하기 때문이다. 반대의 경우는 장부가액이 시가보다 과대평가되어 지급되는 문제점도 발생한다.

그런데 제345조 제1항에서 이미 상환은 배당가능범위 내에서만 가능함을 명시하였고, 현물상환의 경우 역시 이 규정의 적용을 받기 때문에 동조 제4항은 불필요한 규정으로 보인다.

6) 주식불가분의 원칙과 주식평등의 원칙의 적용

주식불가분의 원칙에 따라 株金額의 일부에 대한 상환은 인정되지 아니한다. 그리고 주식평등의 원칙에 따라 상환주식 상호간에는 持株數에 비례하여 상환되어야 한다.

7) 주식병합절차의 준용

회사가 임의상환을 하는 경우에는 주주의 의사에 따라 개별적으로 주식을 취득하여야 하고, 강제상환을 하는 경우에는 모든 주주를 획일적으로 구속하므로 자본감소에서의 주식병합절차에 관한 규정을 준용하여야 한다(제440조·제441조). 다만, 상환주식의 소각은 자본금에는 영향이 없기 때문에 채권자이의절차에 관한 규정은 준용되지 아니한다(제441조 단서·제232조).

(7) 상환의 효과

1) 자본금 등에 미치는 영향[127]

상환주식의 상환의 효력은 크게 다음과 같이 분설할 수 있다. 우선, 상환주식의 상환은 회사의 이익으로써 소각을 하고, 자본금감소절차(제438조 이하)에 의한 주식의 소각이 아니므로 자본금이 감소하지 아니한다. 따라서 자본감소시의 채권자보호절차를 밟을 필요가 없고(제441조 단서 · 제232조 참조), '자본은 발행주식의 액면총액으로 한다.'는 규정(제451조)의 예외적 현상이 발생한다.

둘째, 회사의 발행주식총수는 상환된 주식수만큼 감소한다. 따라서 상환의 효력이 발생한 후 회사는 지체 없이 변경등기 절차를 밟아야 한다(제317조 제2항 제3호 · 제4항, 제183조).

셋째, 상환주식에 설정된 질권의 효력은 상환대가에 미친다(제339조).

2) 자기주식취득과 실효절차

상환주식의 상환시 상법상 자기주식취득 절차를 거쳐야 하는지에 대하여는 긍정설과 부정설로 나뉜다. 긍정설은 상환의 경우 회사는 자기주식을 취득한 것이므로 그에 따른 절차를 거쳐야 한다(제341조)는 견해를 피력하고 있다.[128] 부정설은 상환주식의 상환의 효력은 ① 임의상환의 경우에는 회사가 주주로부터 주식을 취득한 때, ② 강제상환의 경우는 회사가 설정한 주권제출기간이 경과한 때(제440조 · 제441조)에 발생하는데, 이 경우 주식은 실효하므로 상환을 위하여 회사가 자기주식을 취득 · 보유하는 일은 없다고 한다.[129] 따라서 자기주식취득과 소각에 필요한 이사회결의(제343조 제1항) 등 별도의 법적 절차를 밟을 필요가 없다.[130]

부정설이 옳다고 본다. 단지 상환의 회계처리기준에서는 자기주식의 취득 · 소각으로 다루고 있을 뿐이다.

3) 현물상환에 따른 지위변동

현물상환을 하는 경우 예를 들면, 사채나 주식을 상환대가로 지급하는 경우에는 새로운 사채권자 또는 주주의 지위를 취득하게 된다. 이 경우에는 사채권자

---

127) 이 부분은 오성근, "상법상 종류주식에 관한 고찰 – 영국회사법과의 비교를 중심으로," 증권법연구 제17권 제1호(한국증권법학회, 2016), 14면을 일부 수정한 것이다.
128) 정동윤(2012), 456면.
129) 이철송(2017), 299면.
130) 임재연(2016), 398면.

또는 주주가 되는 시점이 중요한데, 이에 대하여는 관련규정이 없어 향후 異論이 예상된다. 명문의 규정으로 해결하는 것이 바람직하다.

4) 수권주식총수에 미치는 영향(재발행가능여부)[131]

상환주식의 상환의 효력 중에서 수권주식총수에 미치는 영향은 다음과 같다. 우선, 상환주식의 상환은 회사가 발행할 주식총수, 즉 수권주식총수에는 변동을 초래하지 아니한다. 이는 정관변경에 의하여만 가능하기 때문이다(제289조 제1항 제3호).

둘째, 주식을 상환하면 상환으로 인하여 발행예정주식총수 중 미발행주식의 수가 증가한다. 이때 상환된 주식수 만큼의 상환주식을 재발행할 수 있는지에 관하여 학설이 나뉜다. 통설은 재발행을 허용하는 것은 이사회에 대한 2중수권이기 때문에 인정할 수 없다고 하여 재발행불가설을 취하고 있다.[132] 이에 대하여 소수설은 재발행을 허용하여야 한다고 주장한다.[133]

셋째, 위의 재발행불가설 중에서도 예외적으로 정관에 상환된 주식수만큼 보통주를 발행할 수 있다는 이른바 재발행에 관한 수권규정을 명시적으로 둔 경우에는 이를 긍정하는 견해[134]와 부정하는 견해[135]가 대립하고 있다.

생각건대 재발행을 허용하는 것은 이사회에 대한 2중수권 내지는 무한수권의 폐단이 있고, 회사의 자본준비금을 감소시켜 주주의 이익배당권이 침해될 수 있기 때문에 인정될 수 없다고 본다(재발행불가설).

8. 전환주식

(1) 의의

轉換株式(convertible share)이란 회사가 종류주식을 발행하는 경우 정관이 정하

---

131) 이 부분은 오성근, 전게 논문, 14-15면을 일부 수정한 것이다.
132) 정찬형(2017), 725면; 정동윤(2012), 456-457면; 홍복기(2016), 212면; 권기범(2015), 503-504면; 안택식(2012), 192면; 김홍기(2016), 427면; 장덕조(2014), 126면; 임재연(2016), 399면; 김정호(2012), 148면; 정경영(2007), 373-374면; 최기원(2012), 243면; 손주찬(2003), 626면; 강위두(2000), 283면.
133) 이철송(2017), 299-300면; 한국상사법학회, 주식회사법대계 I , "종류주식,"(김순석 집필), 법문사, 2016, 565면; 최준선(2016), 234면; 송옥렬(2017), 800면; 김건식 · 노혁준 · 천경훈(2016), 175면.
134) 정찬형(2017), 725면; 권기범(2015), 504면.
135) 최준선(2016), 234면.

는 바에 따라 株主의 청구에 의하여 주주가 인수한 주식을 다른 종류주식으로 전
환하거나(주주전환주식)(제346조 제1항) 또는 정관에서 정한 일정한 사유가 발생할 때
회사가 주주의 인수주식을 다른 종류의 주식으로 전환할 수 있는 권리가 부여된
주식(회사전환주식)(제346조 제2항)을 말한다. 예를 들면, 우선주를 보통주로, 보통주를
우선주로 전환하는 것과 같다.

따라서 주식의 종류의 교체가 아닌 단순히 액면주식을 무액면주식으로, 무액
면주식을 액면주식으로 전환하는 것은(제329조 제4항) 전환주식의 전환이 아니다.
定款의 규정으로 일정한 기한의 도래, 조건의 성취에 의하여 자동으로 다른 종류
의 주식으로 전환되는 기한부 우선주 또는 조건부 우선주는 상법상의 전환주식이
아니다.136)

한편 2011년 개정 전은 이른바 주주전환주식의 발행만 허용하였으나, 현행법
은 회사전환주식의 발행도 허용하고 있다.

(2) 효용 및 상환주식과의 이동

전환주식은 상환주식과 유사하게 회사의 자금조달을 용이하게 한다. 그것은
우선주의 배당성향과 보통주의 투자성이 가미되어 투자매력도가 높기 때문이다.
그리고 재무관리를 탄력적으로 할 수 있다. 또한 보통주를 무의결권우선주로 전
환하는 등의 방법을 활용하는 경우 적대적 M&A로부터 경영권을 방어하는 수단
으로 유용하다.

한편 상환주식과 전환주식은 회사가 주주로부터 주식을 매입하여 소멸시키
는 점에서는 같다. 그러나 전자는 회사가 그 대가로 금전 또는 유가증권을 포함
한 자산을 교부하는데 비하여 후자는 회사가 발행한 주식을 교부한다는 점에서
차이가 있다.

(3) 발행
1) 정관의 규정

전환주식을 발행하기 위하여는 정관에 근거규정이 있어야 한다(제346조 제1항·
제2항). 우선 주주전환주식은 정관에 전환의 조건, 전환의 청구기간, 전환으로 인
하여 발행할 주식의 수와 내용을 정하여야 한다(제346조 제1항 후단). 회사전환주식

---

136) 정찬형(2017), 726면; 이철송(2017), 300면; 정동윤(2012), 457면.

의 경우 회사는 전환의 사유, 전환의 조건, 전환의 기간, 전환으로 인하여 발행할 주식의 수와 내용을 정관에 정하여야 한다(제346조 제2항 후단). 특히 회사전환주식은 정관으로 정하는 사유가 발생한 때에만 전환할 수 있으므로 정관으로 전환의 사유를 정하여야 한다(제346조 제2항 전단).

위와 같은 내용이 정관에 정하여져 있으면, 전환주식의 발행은 통상의 신주발행에 해당하므로 이사회가 그 발행사항을 결정할 수 있다(제416조).

2) 공시

전환주식을 발행할 때에는 주식청약서 또는 신주인수권증서(제347조)에 ① 주식을 다른 종류의 주식으로 전환할 수 있다는 뜻, ② 전환의 조건, ③ 전환으로 인하여 발행할 株式의 내용, ④ 전환을 청구할 수 있는 기간을 기재하여야 한다(제347조). 그리고 해당사항을 등기하여야 하며(제317조 제2항 제7호), 株主名簿(제352조 제2항·제347조)와 株券(제356조 제6호)에도 기재하여야 한다. 다만, 회사전환주식의 경우에는 정관으로 정하는 '일정한 사유'가 발생한 때에만 전환권을 행사할 수 있는데, 공시사항에서는 이를 누락시키고 있다(제317조 제2항 제7호·제347조 참조). 이 사유는 회사의 주식취득사유로써 주주의 입장에서 보면, 중대한 이해관계가 있다. 실무적으로는 주식청약서 및 신주인수권증권증서에 기재하여야 하고, 또 등기하여야 한다고 본다.

3) 새로 발행할 주식수의 확보

전환주식의 전환으로 인하여 새로 발행할 주식의 수는 전환청구기간 또는 전환의 기간 내에는 그 발행을 유보(留保)하여야 한다(제346조 제4항). 따라서 장차 定款을 변경하여 발행예정주식수를 확대할 것을 예정하고 전환주식을 발행하여서는 아니 된다.

(4) 전환절차

1) 주주전환주식

가) 청구서와 주권의 제출   이 주식의 전환절차는 주주의 전환청구시 개시된다. 우선 전환주식의 전환을 청구하고자 하는 주주는 청구서 2통에 주권을 첨부하여 회사에 제출하여야 한다(제349조 제1항). 이 청구서에는 전환하고자 하는 주식의 종류, 수와 청구년월일을 기재하고 기명날인 또는 서명하여야 한다(제349조 제2항). 전환청구기간에 대하여는 명문의 규정이 없기 때문에 정관으로 정하면 된

다. 일반적으로는 始期와 終期가 될 것이다. 다만, 終期가 없으면 회사는 장기간 불안정한 자본구조를 갖게 되므로 전환청구기간을 무기한으로 하거나 통념상 무기한이나 다름없는 장기로 하는 것은 허용될 수 없다.[137]

나) 효력발생시기　　株主의 전환청구권은 株主의 상환청구권과 같이 形成權이다. 따라서 전환청구를 한 때에 그 효력이 발생한다(제350조 제1항). 이처럼 주주의 전환청구는 주주의 권리이지 의무가 아니다. 이 점 주주가 전환청구를 하지 않을 수도 있음을 의미한다. 그리고 주주명부의 폐쇄기간 중에도 전환청구를 할 수 있다(1995년 개정시 제349조 제3항 삭제).

2) 회사전환주식

이 주식의 전환절차는 회사가 전환을 결정함으로써 개시된다. 다만, 다음과 같은 점은 주주전환주식과 차이가 있다.

가) 일정한 전환사유의 발생　　회사전환주식은 정관에서 정한 일정한 사유가 발생할 때에 한하여 회사가 주주의 인수주식을 다른 종류의 주식으로 전환할 수 있다(제346조 제2항). 그러나 상법은 정관으로 정할 '일정한 사유'의 내용에 관하여 규정하지 않고 있다. 따라서 특별히 불합리하지 않는 한 어떠한 사유이든지 정할 수 있다고 본다.[138] 그리하여 자의적이지 아니하고 확정성, 객관성 및 명확성이 있으면 적법하다고 보는 견해가 있지만,[139] 특별히 불합리하지 아니하는 한 이에 국한할 필요는 없다.

대표적으로는 회사가 적대적 매수의 대상이 되어 경영권의 방어가 필요한 경우를 들 수 있고,[140] 전환주식의 유형별로 필요한 사유를 정하여도 무방하다. 그리고 보통주식이 교부되는 때에는 '주식의 상장결정' 등과 같은 정지조건형, 우선주식이 교부되는 때에는 '특정한 일자의 도래'과 같은 기한형을 일정한 사유로 정하는 것도 가능하다.

이 밖에도 전환주식의 효용성 중의 하나가 탄력적인 재무관리에 있기 때문에 일정한 사유를 '재무적 상황의 호전' 등과 같은 부정확한 개념을 정한 후, 이에 대한 판단은 회사의 결정에 맡기는 것도 무방하다고 본다.

---

137) 이철송(2017), 304면.
138) 이철송(2017), 304면.
139) 한국상사법학회, 주식회사법대계 I , "종류주식,"(김순석 집필), 법문사, 2016, 568면.
140) 이철송,(2017), 304면; 송옥렬(2017), 802면.

나) **전환의사결정**   회사전환주식의 경우 정관에서 정한 전환사유가 발생하면 전환할 수 있으나(제346조 제2항), 자동으로 전환되는 것은 아니고, 이사회에서 의사결정을 하여야 한다. 따라서 상법 제346조 제3항의 이사회의 주주 등에 대한 통지규정은 이사회가 전환결정권을 아울러 갖고 있음을 뜻한다.

다) **통지 또는 공고**   회사가 전환할 것을 결정하면, 이사회는 ① 전환할 주식, ② 2주 이상의 일정한 기간 내에 그 주권을 회사에 제출하여야 한다는 뜻, ③ 그 기간 내에 주권을 제출하지 아니할 때에는 그 주권이 무효로 된다는 뜻을 전환주식의 주주 및 주주명부상의 권리자에게 통지하여야 한다(제346조 제3항 본문). 다만, 통지는 공고로 갈음할 수 있다(제346조 제3항 단서).

주권제출기간 내에 주권을 제출하지 아니하면 명문의 규정과 같이 그 주권은 무효가 되지만, 주주가 전환으로 인하여 새로 발행되는 新株式에 관한 권리를 잃는 것은 아니다.

라) **효력발생시기**   전환의 효력은 2주 이상으로 정한 주권제출기간이 종료되는 시점에서 발생한다(제350조 제1항).

(5) 신주식의 발행가액

상법 제348조는 전환으로 인하여 新株式을 발행하는 경우에는 전환 전의 주식의 발행가액을 신주식의 발행가액으로 한다고 규정하고 있다. 이 규정은 전환주식의 발행가액의 총액과 신주식의 발행가액의 總額이 같아야 한다는 의미이다. 이 규정은 액면주식의 액면미달발행금지규정(제417조)과 관련하여 보면 전환조건, 즉 전환비율을 제한하는 효과가 있다. 예를 들면, 액면가액이 8,000원인 우선주를 1주당 발행가 10,000원에 100주를 이미 발행하였다고 하면, 전환 전 주식의 발행가액의 총액은 1,000,000원이 된다. 따라서 전환으로 인하여 발행할 수 있는 보통주의 총발행가액도 1,000,000원이 되어야 한다. 보통주의 액면가액은 이미 8,000원이므로 1주당 발행가액을 20,000원으로 하면 전환비율(우선주 : 보통주)은 2 : 1이 되어야 한다. 만약 전환비율에서 보통주의 비율을 상향시키면(예 : 2 : 1.3) 강행규정인 제417조에 반하는 현상이 발생한다.

이와 같이 전환 전후의 총발행가액이 같아야 한다는 것은 전환조건을 제한함으로써 이사회가 무모한 조건으로 전환주식을 발행하여 資本金充實을 해치는 것을 방지하는 취지도 있다.

한편 제348조는 액면주식의 경우 의미가 있고 자본금을 이사회에서 정하도록 하는 무액면주식에 대하여는 의미 없는 규정이다.

(6) 전환의 효과

1) 자동전환 및 제한

가) 효력발생 및 자동제한　　주주전환주식의 경우 株主의 전환청구권은 形成權이므로 전환청구를 한 때에 그 효력이 발생한다(제350조 제1항). 즉 회사의 승낙이나 신주발행절차를 거치지 아니하고 주주는 전환으로 인하여 발행하는 신주의 주주가 된다. 따라서 신주식을 가지고 주주권을 행사할 수 있다. 전환의 청구와 동시에 舊株式은 소멸하고 舊株券은 실효하므로 주주는 舊株券을 회사에 제출하여야 한다(제349조 제1항).

한편 상법은 주주가 신주식의 권리를 행사함에 있어 다음과 같은 제한을 두고 있다.

나) 의결권의 행사　　주주명부의 폐쇄기간 중에도 전환을 할 수 있으나(1995년 개정시 제349조 제3항 삭제), 주주명부폐쇄기간 중에 전환된 신주식의 주주는 그 기간 중의 주주총회의 결의에 관하여는 신주식을 가지고 의결권을 행사할 수 없다(350조 2항). 따라서 전환 전 舊株式을 가지고 의결권을 행사하여야 한다.

다) 이익배당

① 원칙 및 취지

전환에 의하여 발행된 주식의 이익배당에 관하여는 ① 주주전환주식의 경우에는 주주가 전환을 청구한 때 또는 ② 회사전환주식의 경우에는 주권제출기간(제346조 제3항 제2호)이 끝난 때가 속하는 영업연도말에 전환된 것으로 본다(제350조 제3항 전단). 이는 전환년도의 이익배당을 구주식으로 할지 아니면 신주식으로 할지를 일률적으로 정함으로써 회사의 재무관리에 혼란을 주지 않기 위한 특칙이다. 그리고 전환으로 인한 주식발행가액이 실제로 해당년도의 회사의 이익창출에 기여하지 아니하는 것으로 간주하는 뜻도 있다.

이는 법무부의 유권해석[141]에 따라 1974년부터 인정되어 온 유상신주에 대

---

141) 법무 810-25466, 1974. 11. 25(주식회사의 이익배당에 관한 질의); 한편 법무 810-11582, 1974. 5. 25(자산재평가적립금 및 준비금자본전입에 따라 발행하는 신주의 배당기산일에 관한 질의)에서 법무부는 무상신주의 경우에는 균등배당이나 일할배당 여부를 이사회나 주주총회결의로 선택하여 실행할 수 있는 것으로 해석하였다.

한 日割配當制度를 적용하더라도 같은 결론에 도달한다. 이에 따라 전환해당연도는 구주식으로 이익배당을 받게 된다. 예를 들면, 영업년도말이 12월 31일인 A회사가 2017년 8월 1일에 전환으로 인한 신주식이 발행되었다고 하더라도 2017년 12월 31일 전환된 것으로 보아 2018년 2월 28일 주주총회에서의 이익배당은 전환 전의 구주식을 기준으로 확정된다.

② 예외

상법은 신주에 대한 이익배당에 관하여 ① 주주전환주식의 경우에는 정관으로 정하는 바에 따라 그 청구를 한 때 또는, ② 회사전환주식의 경우에는 주권제출기간(제346조 제3항 제2호)이 끝난 때가 속하는 영업연도의 직전 영업연도말에 전환된 것으로 정할 수 있도록 하고 있다(제350조 제3항 후단). 이는 주주가 아닌 회사가 부담을 감수하는 것은 무방하므로 정관으로 정할 수 있도록 한 것이다. 이 경우에는 해당전환년도부터 신주식으로 이익배당을 받게 된다. 예를 들면, 영업년도말이 12월 31일인 A회사가 2017년 8월 1일에 전환으로 인한 신주식이 발행되었다고 하더라도, 이를 2016년 12월 31일에 전환된 것으로 정하면 2018년 2월 28일 주주총회에서의 이익배당은 전환 후의 신주식을 기준으로 확정된다.

라) 중간배당　　　전환이 이루어진 영업연도에 중간배당이 실시될 경우에는 특칙이 적용된다. 즉 제462조의 3 제5항은 '中間配當'을 제350조 제3항이 규정하는 '利益配當'으로, '중간배당의 기준일'을 제350조 제3항이 규정하는 '營業年度末'로 본다고 규정하고 있다. 이에 따라 중간배당과 관련하여 제350조 제3항은 "① 전환에 의하여 발행된 주식의 중간배당에 관하여는 주주전환주식의 경우는 그 청구를 한 때 또는 회사전환주식의 경우에는 주권제출기간이 끝난 때가 속하는 중간배당기준일에 전환된 것으로 볼 수 있다. ② 이 경우 신주에 대한 중간배당에 관하여는 정관이 정하는 바에 따라 주주전환주식의 경우는 그 청구를 한 때 또는 회사전환주식의 경우에는 주권제출기간이 끝난 때가 속하는 영업년도의 직전 중간배당기준일에 전환된 것으로 할 수 있다."고 재구성할 수 있다.

2) 자본금의 증감

가) 전환조건과 자본금의 변동　　　전환조건이 1 : 1(우선주 : 보통주)인 경우에는 전환으로 인한 자본금의 변동은 없다. 그러나 전환조건이 1 : 1이 아닌 경우에는 자본금이 변동된다. 즉 전환조건이 1 : 1을 초과하면 발행주식총수가 증가하여 자

본금도 증액되고, 반대인 경우에는 발행주식총수가 줄어들어 자본금이 감소한다.

3) 자본금 감소의 허용여부

전환조건이 1 : 1에 미달할 때에는 자본금이 감소한다. 이로 인하여 상법이 자본금 감소를 초래하는 전환이 허용되는 지에 대하여는 학설이 대립한다. 우선 긍정설은 자본금이 감소되는 경우에는 채권자보호절차를 밟으면 되므로 허용된다고 한다. 그러나 부정설은 상법은 자본금 감소절차를 엄격하게 규제하고 있기 때문에 허용되지 아니한다고 한다(통설).[142]

자본금 감소 또는 증가 어느 경우에나 발행가액에서 액면가액을 공제한 금액은 자본준비금으로 적립하여야 한다.

4) 발행예정주식총수

전환주식이 전환을 하는 경우 舊株式의 종류에 관하여는 전환된 주식수만큼 발행예정주식총수 중 未發行部分이 증가한다. 이 부분에서 다시 新株를 발행할 수 있느냐에 관하여 이론이 있다. 통설은 재발행을 인정하더라도 理事會에 대한 수권주식의 한계는 준수되므로 발행할 수 있다고 한다. 다만, 재발행은 종전의 전환권이 없는 전환 전 주식의 종류에 한정되며 다시 전환주식으로 할 수 없다. 그 이유는 이미 전환권을 행사하였기 때문이다.[143]

5) 질권의 물상대위 효력

전환주식의 전환이 있는 때에는 이로 인하여 종전의 주주가 받을 주식에 대하여도 종전의 주식을 목적으로 한 질권을 행사할 수 있다(제339조). 즉 종전의 전환주식에 설정된 질권의 효력은 전환으로 인하여 발행된 新株式에 미치는 것이다.

6) 변경등기

주식의 전환으로 인한 변경등기는 주주전환주식의 경우에는 전환을 청구한 날 또는 회사전환주식의 경우에는 주권제출기간(제346조 제3항 제2호)이 끝난 날이 속하는 달의 마지막 날부터 2주 내에 본점소재지에서 하여야 한다.

---

142) 정찬형(2017), 729면; 최기원(2012), 245면; 정동윤(2012), 459면; 손주찬(2003), 628-629면; 권기범(2015), 509면; 최준선(2016), 237면; 김정호(2012), 150면; 홍복기(2016), 215면; 송옥렬(2017), 803면.
143) 정동윤(2012), 459면; 이철송(2017), 308면; 김홍기(2015), 432면; 안택식(2012), 196면.

제 2 관 주주의 권리의무

Ⅰ. 주주의 의의 및 자격

1. 개념

주식회사의 사원을 주주(shareholder)라고 한다. 즉 주식회사에서는 다른 회사와 달리 출자시점이 아닌 주식 취득시 사원(주주)이 된다. 따라서 주식의 취득이 아닌 다른 원인으로 주주가 될 수 있는 약정은 무효이다.[144]

2. 주주의 자격 및 인원

주주가 될 수 있는 자격에는 원칙적으로 아무런 제한이 없다. 자연인, 법인, 내국인, 외국인 또는 행위능력의 유무를 묻지 아니한다. 다만, 상법상 자기주식취득(제341조) 및 상호주보유제한(제342조의 2 제1항)의 경우와 이 밖에 특별법에서 제한을 가하는 경우가 있다(자본시장법 제172조, 공정거래법 제7조 제1항).

한편 상법은 1인회사를 인정하므로(제517조 제1호·제227조 제3호) 1인주주도 가능하며 최고한의 수적 제한도 없다.

Ⅱ. 주주의 권리

1. 주주의 권리와 주주권

주주의 권리란 주주의 지위에서 회사에 대하여 가지는 단체법상의 개별적인 권리를 말한다. 따라서 주주의 지위를 전제로 인정된다. 다만, 개별적인 권리라는 점에서 주주의 사원권적 지위를 포괄적으로 표현하는 개념인 주주권과 다르다. 즉 주주의 권리는 주주권의 내용이 되는 권리이다.

2. 특성

주식에 내재되어 있는 각종의 추상적인 주주의 권리는 그 자체로서 분리, 양

---

144) 대법원 1967. 6. 13. 선고 67다302 판결.

도 담보 또는 압류의 목적이 될 수 없다. 독립적으로 시효에도 걸리지 아니한다. 그리고 주주의 권리는 주식이 양도되면 당연히 양수인에게 이전한다. 대표적으로 는 주주의 의결권, 회계장부열람청구권 및 대표소송제기권 등의 권리가 그러하다.

주주의 권리는 주주가 주주의 지위에서 분리되어 통상의 채권자로서 갖는 권리, 즉 債權者的 權利와 구별된다. 예를 들면, 주주총회의 승인에 의하여 구체화 된 이익배당청구권(제449조 제1항·제464조의 2 제1항)은 ① 본래는 주주권의 내용인 이익배당청구권에서 생기는 권리이지만, 구체화됨으로써 보통의 債權化하여 금전 채권이 된다. 그리하여 ② 주식과 분리되어 양도, 담보 또는 압류의 대상이 되며, 독립적으로 시효에도 걸린다. 그리고 ③ 이익배당청구권과 같은 채권자적 권리는 주식이 양도되더라도 자동적으로 양수인에게 이전하지 아니한다.

3. 권리의 제한 및 한계

주주의 권리는 법률상 주어지는 권리이므로 정관의 규정, 주주총회의 결의 또는 이사회의 결의로 박탈·제한하거나 변경할 수 없다. 예를 들면, 이사회의 결의로 주주권을 제한하거나, 같은 종류주주간의 배당률을 달리 정하는 정관규정은 효력이 없다. 다만, 신주인수권의 제한규정(제418조 제2항)과 같이 명문으로 유보하는 때에는 예외이지만, 이 경우에도 주식평등의 원칙에 따른 제한이어야 하며, 특정 주주의 권리를 박탈하거나 제한하여서는 아니 된다.

4. 권리의 분류

(1) 자익권·공익권

1) 자익권

자익권이란 주주가 회사로부터 경제적 이익이나 출자금의 회수 기타 편익을 제공받는 것을 목적으로 하는 권리를 말한다. 예를 들면, 이익배당청구권(제462조), 중간배당청구권(제462조의 3), 신주인수권(제418조), 주주전환주식의 전환청구권(제346조 제1항), 잔여재산분배청구권(제538조), 주식매수청구권,145) 주식양도의 자유(제335조 제1항 본문), 명의개서청구권(제337조) 및 주권교부청구권(제355조) 등이 있다. 자익권행사의 효과는 해당주주에게만 미친다.

---

145) 제360조의 5, 제360조의 22, 제374조의 2, 제522조의 3, 제530조의 11 제2항.

2) 공익권

공익권이란 회사의 관리·운영 및 이사회의 행위를 감독·시정할 것을 목적으로 하는 권리를 말한다. 이사의 부당한 업무집행행위의 예방, 부당운영에 대한 사후구제 또는 이와 관련하여 행사하는 권리도 공익권이다. 예를 들면, 주주총회결의 무효·취소·부존재확인의 소권(제376조, 제380조), 임시주주총회소집청구권(제366조), 주식이전무효소권(제360조의 23), 집중투표청구권(제382조의 2, 제547조의 7), 설립무효의 소 등 각종의 소 제기권,[146] 의결권(제369조), 이사의 위법행위유지청구권(제402조), 대표소송제기권(제403조), 회계장부열람권(제466조), 이사·감사의 해임청구권(제385조, 제415조), 회사의 업무 및 재산상태의 검사청구권(제467조), 신주발행무효의 소권(제429조), 해산판결청구권(제520조) 등이 있다.

한편, 공익권행사의 효과는 자익권과 달리 다른 주주에게 미친다.

3) 자익권적 공익권

신주발행유지청구권은 단순히 공익권으로 분류할 수도 있겠으나,[147] 자익권적 공익권으로 보는 것이 합리적이다.[148] 공익권은 그 성질상 주주가 직접 불이익을 입지 않더라도 행사할 수 있는 것인데, 신주발행유지청구권은 직접 불이익을 입을 염려가 있는 주주만이 행사할 수 있기 때문이다(제424조).

(2) 단독주주권·소수주주권

1) 구분의 취지

자익권은 모두 독자적으로 행사할 수 있는 단독주주권이다. 그러나 공익권은 그 행사의 효과가 다른 주주에게도 미치기 때문에 단독주주권 이외에 발행주식총수의 일정한 비율에 해당하는 주주에게만 인정되는 소수주주권에 관한 규정을 별도로 두고 있다.

2) 단독주주권

자익권은 모두 단독주주권이며, 공익권의 대부분은 단독주주권이다. 예를 들면, 설립무효의 소권(제328조), 주식이전무효의 소권(제360조의 23), 신주발행무효의 소권(제429조), 의결권(제369조), 주주총회결의 무효·취소·부존재확인의 소권(제376

---

146) 제328조, 제429조, 제445조, 제529조 등.
147) 정찬형(2017), 707면; 최준선(2016), 248면; 홍복기(2016), 222면; 정동윤(2012), 444면.
148) 同旨 권기범(2015), 463면.

조, 제380조), 감자무효의 소권(제445조), 주식교환무효의 소권(제360조의 14), 합병무효의 소권(제529조), 분할무효의 소권(제530조의 11 제1항) 등이 이에 해당한다.

3) 소수주주권

가) 취지　상법이 공익권의 일부를 소수주주권으로 한 것은 대주주나 경영자의 독선적인 경영을 방지하는 한편, 단독주주권으로 하였을 경우에 발생할 수 있는 주주권의 남용을 방지하기 위함이다.

나) 일반규정(지주요건별 소수주주권)

① 100분의 3 이상을 요하는 소수주주권

발행주식총수의 100분의 3 이상을 요하는 소수주주권으로는 주주제안권(제363조의 2 제1항), 주주총회소집청구권(제366조), 집중투표청구권(제382조의 2 제1항), 이사·감사 이사해임청구권(제385조 제2항), 회계장부열람청구(제466조 제1항), 업무·재산상태검사청구권(제467조 제1항) 등이 있다.

② 100분의 1 이상을 요하는 소수주주권

이사, 집행임원 또는 감사위원회의 위법행위유지청구권(제402조·제408조의 9·제415조의 2), 대표소송제기권(제403조) 및 총회검사인선임권(제367조 제2항) 등이 이에 해당한다.

③ 100분의 10 이상을 요하는 소수주주권

발행주식총수의 100분의 10 이상을 요하는 소수주주권으로는 해산판결청구권(제520조)이 있다.

다) 상장회사의 특례

① 지주요건의 완화

상장회사의 주식은 대중투자자들에게 분산 소유되기 때문에 영세주주들이 세력화하여 지배주주나 경영진의 전횡을 막기가 어렵다. 그리하여 상법은 2009년 개정을 통하여 상장회사의 소수주주권의 행사요건을 크게 완화하고 있다(제542조의 6, 제542조의 7 제2항). 뿐만 아니라 자본금이 1천억원 이상인 상장회사에 대하여는 시행령으로 행사요건을 2분의 1로 완화시키고 있다(제542조의 6·시행령 제32조).[149]

---

149) 참고로 ① 금융회사의 지배구조에 관한 법률(제33조)과 ② 자본시장법(제29조)에서는 소수주주권행사요건을 다시 낮추고 있다.

[일방규정과 특례규정의 비교]

소수주주권	일반규정	상장회사특례규정	
		자본금 1000억원 미만	자본금 1000억원 이상
총회검사인선임청구권	100분의 1 (제367조 제2항)	–	–
대표소송	100분의 1 (제403조)	1만분의 1 (제542조의 6 제6항)	–
이익공여관련대표소송	100분의 1 (제467조의 2)	1만분의 1 (제542조의 6 제6항)	–
불공정인수관련대표소송	100분의 1 (제424조의 2)	1만분의 1 (제542조의 6 제6항)	–
발기인책임추궁대표소송	100분의 1 (제324조)	1만분의 1 (제542조의 6 제6항)	–
청산인책임추궁대표소송	100분의 1 (제542조)	1만분의 1 (제542조의 6 제6항)	–
이사의 위법행위유지 청구권	100분의 1 (제402조)	10만분의 50 (제542조의 6 제5항)	10만분의 25 (시행령 제32조)
이사·감사해임청구권	100분의 3 (제385조 제2항·제415조)	1만분의 50 (제542조의 6 제3항)	10만분의 25 (시행령 제32조)
청산인해임청구권	100분의 3 (제539조 제2항)	1만분의 50 (제542조의 6 제3항)	10만분의 25 (시행령 제32조)
회계장부열람청구권	100분의 3 (제466조)	1만분의 10 (제542조의 6 제4항)	10만분의 5 (시행령 제32조)
주주총회소집청구권	100분의 3 (제366조)	1,000분의 15 (제542조의 6 제1항)	–
업무·재산상태를 검사하기 위한 검사인선임청구권	100분의 3 (제467조)	1,000분의 15 (제542조의 6 제1항)	–
주주제안권 (무의결권주식제외)	100분의 3 (제363조의 2)	1,000분의 10 (542조의 6 제2항)	1,000분의 5 (시행령 제32조)
집중투표청구권	100분의 3 (제382조의 2)	–	100분의 1 (제542조의 7 제2항·시행령 제33조): **자산 규모 2조원 이상**
해산판결청구권	100분의 10 (제520조)	–	–

② 지주요건의 계속성

비상장회사의 소수주주권 행사에 필요한 지주비율은 행사하는 시점에서 충족시키면 된다. 이에 대하여 상장회사의 소수주주가 그 권리를 행사하기 위하여는 행사시점에서 소급하여 6개월 전부터 행사에 요구되는 지주비율에 해당하는 주식을 계속 보유하여야 한다(제542조의 6 제6항).

6개월이라는 기간을 설정한 것은 상당기간 회사와의 이해관계가 안착되어 있는 주주에 한하여 소수주주권 행사에 필요한 지주요건을 완화할 실익이 있기 때문이다. 다만, 제542조의 제2항은 '상장회사에 대한 특례규정은 제4장 주식회사에 대한 다른 규정에 우선하여 적용한다.'고 하고 있어 해석상 문제될 수 있다. 그리하여 일부 지방법원에서는 특례규정들이 일반규정을 배척하여 배타적으로 적용된다고 해석한 바도 있다.150)

그러나 상장회사에 대한 특례규정은 일반규정에 보충적으로 적용된다. 따라서 상장회사의 주주가 일반규정에서 요구하는 지주비율 이상을 보유하는 경우에는 6개월이라는 보유기간을 충족하지 못하더라도 당연히 소수주주권을 행사할 수 있다. 대법원의 판단 역시 동일하다.151)

4) 요건의 완화

상장회사는 정관으로 소수주주권 행사에 필요한 6개월이란 보유기간보다 단기의 주식 보유기간을 정하거나 낮은 주식 보유비율을 정할 수 있다(제542조의 6 제7항). 반대로 정관으로 소수주주권 행사에 필요한 기간을 늘리거나 지주비율을 높이는 것은 허용되지 아니한다. 비상장회사의 경우도 소수주주권 행사요건을 완화할 수 있지만, 강화할 수는 없다.

따라서 소수주주권 행사요건의 완화는 회사의 양보를 전제로 하는 것이어야 하며 소수주주의 양보를 전제로 하는 것이어서는 아니 된다.

5) 지주요건의 구비방법

소수주주권 행사에 필요한 지주요건은 1인주주가 충족시켜야 되는 것은 아니다. 수인의 소유주식을 합하여 지주요건을 충족하면 그 수인의 명의로 소수주

---

150) 인천지법 2010. 3. 4. 2010카합159 결정; 2010. 12. 27. 2010비합512 결정; 2011. 1. 13. 2010카합3847 결정.
151) 대법원 2004. 12. 10. 선고 2003다41715 판결; 그리고 위 지방법원의 판결 이후에 나온 고등법원의 판결도 대법원과 같은 판단을 내렸다(서울고법 2011. 4. 1. 2011라123 결정).

주권을 행사할 수 있다. 상법 제542조의 6 제8항은 지주요건과 관련하여 '주식을 보유한 자'란 주식을 소유한 자, 주주권 행사에 관한 위임을 받은 자, 2명 이상 주주의 주주권을 공동으로 행사하는 자를 말한다고 규정하고 있는데, 바로 위의 뜻이다.

(3) 고유권 · 비고유권

고유권은 해당주주의 동의 없이는 정관의 규정 또는 주주총회의 결의로서도 박탈하거나 제한할 수 없는 주주의 권리를 말한다. 비고유권은 정관의 규정 또는 주주총회의 결의로 박탈할 수 있는 주주의 권리를 말한다.

이러한 구분은 주주의 권리를 보장하기 위한 법 규정이 불비한 시대에는 의의가 있었으나, 법 규정이 정비된 오늘날에는 실익이 없다. 따라서 주주의 권리에 관한 규정은 강행법규로써 다른 주주 전원의 일치로써도 이를 박탈할 수 없다(이설 없음). 그리하여 주주의 권리는 법률에서 정한 사유로 인하여만 상실되고, 당사자 사이의 특약이나 주주의 권리포기 의사표시만으로는 상실되지 아니한다.152)

(4) 비례적 권리 · 비비례적 권리

比例的 權利는 출자의 크기, 즉 소유주식수에 비례하여 행사할 수 있는 권리를 말한다. 대표적으로는 이익배당청구권(제462조), 의결권(제369조), 잔여재산분배청구권(제538조), 신주인수권(제418조) 또는 준비금의 자본금전입시의 신주배정청구권(제461조) 등이 이에 해당한다.

非比例的 權利는 출자의 크기와는 무관하게, 지주요건을 충족하는 경우 균등하게 행사할 수 있는 주주의 권리를 말한다. 대표적으로는 소수주주권이 있다.

아래의 주주평등의 원칙을 적용하는 경우 비례적 권리에 대하여는 비례적 평등이 준수되어야 한다. 이에 대하여 비비례적 권리에 관하여는 일정요건을 갖춘 주주에게 균등한 내용의 권리가 절대적으로 주어진다. 예를 들면, 집중투표청구권의 행사에 필요한 지주요건은 100분의 3(제382조의 2) 이상인 바, 100분의 3을 가진 주주이든, 100분의 10을 가진 주주이든 균등하게 집중투표청구권을 행사할 수 있는 것이다.

---

152) 대법원 2002. 12. 24. 선고 2002다54691 판결.

Ⅲ. 주주평등의 원칙

1. 의의

주주평등의 원칙은 주주의 법률상의 지위가 균등한 주식으로 단위화되어 있으므로 주주를 그 보유주식의 수에 따라 평등하게 취급하여야 한다는 원칙이다. 회사가 발행한 주식의 종류가 다양할 때에는 같은 종류의 주식은 평등한 권리를 갖는다는 뜻에서 종류적 평등을 뜻하기도 한다.

상법은 이 원칙에 관한 일반규정을 두지 않고 있고, 종류주식제도가 확대되었음에도 불구하고, 여전히 우리 회사법을 관통하는 최고원리이다.

2. 근거

주주평등의 원칙은 18세기의 정치적·법적 평등사상이 주식회사에 반영된 것이다. 이 원칙은 합명회사나 합자회사의 무한책임사원과는 달리 주주에 대한 '기회와 위험의 비례적 균등'을 제도화한 것이다. 무한책임사원은 위험부담과 기회는 출자액에 비례하지 아니하기 때문이다.

외국의 경우 이 원칙을 반영한 입법례도 있다. 독일 주식법에서는 '주주는 동일한 조건 하에서는 평등하게 취급된다.'고 규정하고 있다(제53조a). 일본 회사법도 2005년 제정시부터 '주식회사는 주주가 소유하는 주식의 내용 및 그 수에 따라 평등하게 취급하여야 한다.'고 규정하고 있다(제109조 제1항).

3. 적용범위

주주평등은 어떠한 방법으로 평등을 실현하느냐에 따라 절대적 평등, 비례적 평등 또는 종류적 평등으로 나누어 볼 수 있다. 非比例的 權利에 대하여는 절대적 평등의 원칙이 적용되고, 比例的 權利에는 비례적 평등의 원칙이 적용된다.

따라서 주주평등의 원칙은 주로 비례적 권리에 관하여 논할 실익이 있다. 종류적 평등은 원칙적으로는 주주평등원칙의 예외에 해당하지만, 회사가 종류주식을 발행한 경우에는 동일 종류주식의 주주에 대하여는 지주수에 따라 비례적으로 평등하게 대우를 하여야 한다.

4. 내용

주주평등의 원칙은 기본적으로 회사의 수익, 순재산, 그리고 회사지배에 대한 비례적 이익(권리)으로 구체화된다.153) 수익에 대한 비례적 이익은 신주인수(제418조 제1항)·이익배당(제464조 본문)에서의 각 주주가 가진 주식의 수에 따른 평등(신주인수권·이익배당청구권), 순재산에 대한 비례적 이익은 잔여재산분배에서의 각 주주가 가진 주식의 수에 따른 평등을 뜻한다(잔여재산분배청구권, 제538조 본문). 회사지배에서의 비례적 이익은 1주 1의결권의 평등(제369조 제1항)을 뜻한다.

그 밖의 주주평등에 관한 여러 규정은 위의 세 가지 비례적 이익에서 파생하거나, 이를 유지·실현하기 위한 것이다.

5. 예외

주주평등의 원칙에 대하여는 법률에 규정을 두어 이 원칙에 대한 예외를 인정할 수 있다.154) 상법상 이러한 예외규정으로는 다음과 같은 것이 있다.

첫째, 정관의 규정으로 종류주식을 발행한 경우 회사는 이익배당, 잔여재산의 분배, 주주총회에서의 의결권의 행사, 상환 및 전환 등에 관하여 내용이 서로 다른 주식을 발행할 수 있다(제344조 제1항). 그리고 정관으로 각 종류주식의 내용과 수를 정하여야 한다(제344조 제2항). 이들 다른 유형의 종류주식간(예 : 이익배당우선주 vs 의결권제한보통주)에는 주주평등의 원칙이 적용되지 아니한다. 다만, 같은 종류주식간에는 적용된다. 따라서 회사가 종류주식을 발행한 경우에 정관을 변경함으로써 어느 종류주식의 주주에게 손해를 미치게 될 때에는 주주총회의 결의 외에 그 종류주식의 주주총회결의가 있어야 한다(제435조 제1항). 각각의 종류주주총회는 주주평등의 원칙이 지켜져야 한다.

둘째, 회사가 종류주식을 발행하는 때에는 정관에 다른 정함이 없는 경우에도 주식의 종류에 따라 신주의 인수, 주식의 병합·분할·소각 또는 회사의 합병·분할로 인한 주식의 배정에 관하여 특수하게 정할 수 있다(제344조 제3항). 이 범위 내에서도 주주평등의 원칙이 적용되지 아니한다. 이 경우에도 종류주주총회의 결의

---

153) 이철송(2017), 316면; 同旨 송옥렬(2017), 514면; 정동윤(2012), 440면.
154) 대법원 2009. 11. 26. 선고 2009다51820 판결.

를 거쳐야 하는 수가 있다(제436조).

셋째, 모든 상장회사가 사내이사인 감사위원의 선임과 해임시(제542조의 12 제3항), 최근 사업연도말 현재 자산총액이 2조원 이상인 상장회사는 사외이사를 변경하려는 경우(제542조의 12 제4항), 정관으로 집중투표제를 배제하거나 배제된 정관을 변경하려는 경우(제542의 7 제3항)에는 의결권이 없는 주식을 제외한 발행주식총수의 100분의 3을 초과하는 수의 주식을 가진 주주는 그 초과분에 대하여 의결권을 행사할 수 없다.

넷째, 감사의 선임시(상장회사는 해임시에도 동일기준으로 적용(제542조의 12 제3항)) 100분의 3을 초과하는 수의 주식을 가진 주주의 의결권제한(제409조), 소수주주권(제366조 등), 단주의 처리(제443조) 등에 관한 규정에 대하여도 주주평등의 원칙이 적용되지 아니한다.

그러나 이러한 법률상 예외규정은 형식적 평등을 구현하는 것은 아니지만, 주식평등의 원칙을 실질적·내용적으로 구현하는 법 기술적 표현이다.

6. 위반의 효과

상법은 주주평등의 원칙에 관한 일반규정을 두지 아니하고, 개개의 권리별로 이를 규정하고 있을 뿐이지만, 이 원칙은 주주와 회사간의 모든 법률관계에 적용되는 기본원칙이다. 따라서 주주평등의 원칙은 재산권인 주주권의 내용을 이루는 것으로서 강행규범이며, 이에 반하는 정관의 규정, 주주총회의 결의, 이사회의 결의 또는 업무집행은 회사의 선의·악의를 불문하고 무효이다.[155] 예를 들면, 회사가 직원들을 유상증자에 참여시키면서 퇴직시 출자손실금을 보전해 주기로 약정한 것은 직원주주들에게만 우월한 권리를 부여한 것으로써 주주평등의 원칙에 위배되어 무효이다.[156]

---

155) 대법원 2009. 11. 26. 선고 2009다51820 판결; 제주지법 2008. 6. 12. 선고 2007가합1636 판결.
156) 대법원 2007. 6. 28. 선고 2006다38161·38178 판결.

IV. 주주의 의무(출자의무)

1. 의의

주주는 회사에 대하여 주식의 인수가액을 한도로 하는 출자의무를 부담한다(제331조). 그러나 주식의 인수가액에 대한 납입은 회사설립 전 또는 신주발행 전, 즉 주주의 지위를 취득(제423조)하기 전에 전액 이행하여야 하므로(제295조, 제303조, 제421조) 출자의무란 엄밀히 말하면 주주의 의무가 아니라 주식인수인의 의무라고 할 수 있다(통설).157)

주주는 출자의무만을 부담하고, 그 밖의 의무는 없다. 따라서 회사채권자에 대하여 직접·유한책임을 지는 합자회사의 유한책임사원의 의무와 다르다.

2. 유한책임원칙과의 관계

주주의 출자의무는 주주유한책임의 전제로써 주식회사의 본질적인 요소이기 때문에 정관의 규정 또는 주주총회의 결의로 추가부담하게 할 수 없다. 즉 주주는 출자의무를 한도로 유한책임을 부담한다. 이러한 주주유한책임원칙은 주주의 의사에 반하여 새로운 부담을 가중시킬 수 없다는 원칙이므로 주주들의 동의 아래 회사채무를 주주들이 분담하는 것까지 금하지는 아니한다.158) 이러한 행위는 개인법적인 약정에 해당하기 때문이다. 다만, 주주의 동의를 얻지 아니하고, 유한책임원칙에 대한 예외법리로는 법인격부인이론이 있다.

3. 상계제한의 폐지

2011년 개정 전 상법은 주주는 납입에 관하여 상계로써 회사에 대항하지 못한다고 규정하였다(구상법 제334조). 상계를 허용하면 회사재산으로부터 주주가 회사채권자보다 우선변제를 받는 결과가 되기 때문이다.

그러나 자본금충실을 해치지 아니하는 한 회사가 하는 상계나 상호합의에 따른 상계는 허용되어야 한다는 주장이 제기되어 왔다. 그리하여 대법원예규는

---

157) 정찬형(2017), 734면; 정동윤(2012), 460면; 이철송(2017), 317면; 최기원(2012), 286면; 이기수·최병규(2015), 238면; 장덕조(2014), 137면; 안택식(2012), 182면; 김홍기(2015), 440면.
158) 대법원 1989. 9. 12. 선고 89다카890 판결; 1983. 12. 31. 선고 82도735 판결.

금융기관이 회사에 대하여 갖는 채권을 출자전환하는 경우에는 상계를 허용하여 왔다.159) 이를 반영하여 2011년 개정상법은 주주가 주금납입시 회사의 동의를 얻은 경우 납입채무와 주식회사에 대한 채권을 상계할 수 있도록 하여(제421조 제2항), 종래의 상계금지규정을 폐지하였다.

4. 회사의 대위변제

주주의 유한책임은 주식회사의 본질적인 요소이므로, 회사는 이를 가중·감경하거나 주주에 대한 납입청구권을 포기하여서는 아니 된다. 따라서 회사는 주주의 주금납입의무를 대신하여 이행할 수 없다.160) 회사의 대위변제는 주주에 대한 금전채권을 행사할 수는 있지만, 현실적인 출자의 효과를 거둘 수 없기 때문이다.

회사가 제3자에게 주식인수자금을 대여하고 제3자는 그 대여금으로 주식인수대금을 납입한 경우 그 신주발행은 무효이다.161) 제3자가 인수한 주식의 액면금액에 상당하는 회사의 자본이 증가되었다고 할 수 없으므로 이러한 주식인수대금의 납입은 가장납입이기 때문이다.

5. 이행방법

출자는 재산출자에 한정되며 인적회사의 무한책임사원에게 인정되는 노무출자나 신용출자는 인정되지 아니한다. 재산출자는 금전출자가 원칙이고, 현물출자는 예외적으로 인정되나, 엄격한 절차를 요한다(제290조 제2호). 따라서 법정절차에 의하지 아니하는 代物辨濟는 인정되지 아니한다. 어음이나 수표로 금전출자를 이행한 때에는 어음금이나 수표금이 지급되는 때에 납입이 있는 것으로 본다.162)

6. 출자의무의 예외

상법은 회사의 성립 후 또는 신주발행의 효력발생 후 주주가 예외적으로 출자의무를 부담하는 경우를 명시하고 있다. 먼저, 회사의 성립 후 또는 신주발행으로

---

159) 대법원 1999. 1. 25, 등기예규 제960조 참조.
160) 대법원 1963. 10. 22. 선고 63다494 판결.
161) 대법원 2003. 5. 16. 선고 2001다44109 판결.
162) 대법원 1977. 4. 12. 선고 76다943 판결.

인한 변경등기 후 아직 인수되지 아니한 주식이 있거나 주식인수의 청약이 취소된 때에는 발기인 또는 이사는 공동으로 그 주식을 인수하여(제321조 제1항·제428조 제1항) 주주가 되고, 그 주식에 대하여 연대하여 납입할 책임이 있다(제333조 제1항).

둘째, 회사의 성립 후 납입을 완료하지 아니한 주식이 있는 때에는 발기인은 연대하여 그 납입을 하여야 한다(제321조 제2항). 이는 주주로서의 출자의무는 아니다.

셋째, 이사와 통모하여 현저하게 불공정한 발행가액으로 주식을 인수한 자는 회사에 대하여 공정한 발행가액과의 차액에 상당한 금액을 지급할 의무가 있는데(제424조의 2 제1항). 이 역시 실질적인 추가출자의무이다.

Ⅴ. 주식불가분의 원칙과 주식의 공유

1. 주식불가분의 원칙

주식은 자본금의 균등한 구성단위이면서(제329조 제2항, 제451조 제1항·제2항), 주식회사의 사원의 지위(주주권)를 뜻하므로 이를 단위 미만으로 세분화할 수 없다. 이를 주식불가분의 원칙이라고 한다.

2. 공유의 원인

(1) 공유의 인정근거

주식불가분의 원칙에 따라 주주가 1개의 주식을 분할하여 수인이 소유하는 것은 불가능하다. 그러나 1개 또는 수개의 주식을 수인이 공유하는 것은 가능하다(제333조 제1항). 이는 주식자체를 세분화하는 것이 아니라 수인이 공유하는 것에 불과하기 때문이다.

(2) 공유의 원인

주식의 공유는 ① 수인이 주식을 공동으로 인수한 경우(제333조 제1항), ② 수인이 주식을 공동으로 상속(민법 제1006조)하거나 공동으로 양수하는 경우, ③ 발기인 또는 이사가 未引受株式에 대한 인수담보책임을 부담하는 경우(제321조 제1항, 제428조 제1항) 등을 원인으로 발생한다. 자본시장법에서도 공유의 원인이 될 수 있는 규정을 두고 있는데, 예탁자의 투자자와 예탁자는 각각 같은 종류·종목 및 수량에 따라 예탁증권에 대한 공유지분을 가지는 것으로 추정한다(동법 제312조 제1항).

　이 가운데 주로 문제가 될 수 있는 것이 공동상속의 경우이다. 주식이 상속되는 경우, 주식은 금전채권과 다르고, 可分給付[163]를 목적으로 하는 채권이라고는 할 수 없다. 이 때문에 상속대상주식이 분할되기 전까지는 주식전부에 대하여 상속분에 따른 준공유관계가 성립한다고 본다.

3. 공유주식의 권리행사

(1) 회사에 대한 권리관계

　주식은 소유권이 아니라 주주의 지위 내지는 주주권을 뜻하므로, 주식의 공유관계는 정확히 표현하면 준공유관계를 뜻한다. 준공유에 대하여는 공유규정을 준용하도록 하고 있으므로(민법 제278조), 주식공유의 법률관계에 대하여도 민법의 공유관계에 대한 규정(제262조(물건의 공유) 내지 제270조(분할로 인한 담보책임))이 준용된다.

　나아가 상법은 공유자에 의한 권리행사에 관한 특별규정을 두고 있다. 우선 수인의 주식공유자는 주주의 권리를 행사할 자, 즉 주주권리의 행사자 1인을 정하여야 한다(제333조 제2항). 주주의 권리행사자가 없는 때에는 공유자에 대한 통지나 최고는 그 1인에 대하여 하면 된다(제333조 제3항). 이러한 주주의 권리행사자가 선정되면, 이익배당청구권·의결권·각종의 소수주주권 및 총회결의취소나 무효의 소와 같은 소 제기권 등 주주로서의 모든 권리는 권리행사자가 행사하게 되고, 공유자가 공유지분에 따라 행사할 수는 없다.

　따라서 권리행사자는 단독명의로 권리를 행사할 수 있으며, 공유자 전원의 공동명의로 할 필요는 없다. 다만, 회사에 대하여 공유관계를 주장하려면 공유자 전원의 성명·주소와 공유사실이 주주명부에 등재되어야 한다.[164]

　한편 예탁결제원에 예탁한 주식에 대하여는 예탁자와 투자자가 공유관계가 아니라 각자의 지분에 상당하는 주식의 수만큼 단독으로 주주권을 행사한다(자본

---

163) 성질이나 가치를 해치지 않고 분할할 수 있는 급부를 말한다. 예를 들면, 금전 50만원, 쌀 200가마와 같이 2회, 3회 또는 4회 등으로 분할급부하여도 전체를 합치면 가치나 성질 면에서 아무런 변동이 일어나지 않는 경우이다. 이에 비하여 甲이 乙에게 소 한 마리를 갚아야 할 경우, 급부목적물인 소는 분할할 수 없으므로 이것은 不可分給付가 된다. 다만, 당사자가 분할하여 급부하지 못한다고 계약을 하면, 성질상으로는 가분급부일지라도 불가분급부가 된다.
164) 권기범(2015), 480면; 최기원(2012), 264-268면.

시장법 제315조 제1항). 그것은 실질주주명부에의 기재는 주주명부에의 기재와 같은 효력을 가지기 때문이다(동법 제316조 제2항).

(2) 제3자에 대한 권리관계

주주의 권리행사자는 회사에 대한 권리관계에서 권리를 행사하는 자에 불과하므로 제3자에 대한 관계에서는 다른 공유자도 권리를 행사할 수 있다. 그리하여 공유자는 자기의 지분을 처분할 수 있지만(민법 제263조), 권리행사자가 임의로 주식을 처분하거나 주식의 종류를 변경할 권한은 없다(민법 제264조). 공유지분을 양도하는 때에는 명의개서를 할 수 있다.165)

4. 권리능력 없는 사단·조합과 주식공유

상법 제333조는 '공유', '공유자'라는 표현만을 사용하고 있다. 그리하여 다른 공동소유형태인 총유와 합유에도 동 규정이 적용되는지의 여부가 문제될 수 있다. 동조의 규정취지에 비추어 주식의 '공유'를 '공동소유'로 해석하여 동조를 적용하는 것이 타당하다.166) 먼저, 민법은 조합의 소유형태를 합유(민법 제704조)로 하고 있으나, 상법 제333조의 취지가 동일한 주식에 관하여 수인이 권리를 행사함으로 인하여 생기는 단체법률관계의 혼란을 막기 위한 데에 있기 때문에, 조합의 명의로 주주명부에 등재되어 있는 경우에도 조합원이 공동소유하는 동조를 적용하는 것이 옳다고 본다.167) 그리고 권리능력 없는 사단이 소유하는 주식은 대표자의 개인명의가 주주명부에 등재되어 있으면 그 대표자가 대표권을 행사할 수 있다(제337조). 그러나 사단명의로 주주명부에 등재되어 있는 때에는 그 단체의 공동소유로 보고, 총유에 관한 일반규정(민법 제275조)이 아닌 상법 제333조를 준용하는 것이 옳다고 본다.

따라서 조합명의의 주식이나 권리능력이 없는 사단명의의 주식에 대하여는 권리행사자 1인을 정하여야 한다(제332조 제2항).

---

165) 서울민사지법 1968. 9. 5. 선고 68가7597 판결.
166) 박상근, "공유주식의 권리행사," 강원법학 제10권(1998), 268면 이하; 최기원(2012), 264면.
167) 이철송(2017), 320면.

Ⅵ. 타인명의의 주식인수

1. 서

주식을 인수하는 경우 자신의 진실한 성명을 사용하지 않고 지인, 가족 또는 종업원 등 타인의 명의로 인수하거나, 나아가 死者나 虛無人의 명의로 인수하는 사례도 있다. 이러한 경우 누가 인수주식에 대한 주금납입의무를 부담하는지 또 주주의 지위를 갖는 자가 누구인지 문제된다.

2. 주금납입의무

타인명의에 의한 주식인수에 대하여 상법은 두 가지로 구분하여 규정하고 있다. 첫 번째는 가설인의 명의로 주식을 인수하거나 타인의 승낙 없이 그 명의로 주식을 인수한 경우이다. 이 경우에는 실질적인 주식인수인이 납입책임을 부담한다(제332조 제1항).

두 번째는 타인의 승낙을 얻어 그 명의로 주식을 인수한 경우이다. 이 경우에는 실질적인 주식인수인과 명의대여자가 연대하여 납입할 책임을 진다(제332조 제2항). 상법 제332조의 규정은 타인명의의 주식인수가 유효함을 전제로 한 것이다.

따라서 이 범위 내에서는 발기인과 이사의 주식인수담보책임(제321조 제1항, 제428조 제1항)은 성립하지 아니한다.

3. 주주의 확정

(1) 의의

타인명의로 주식을 인수한 경우, 특히 타인의 승낙을 얻어 타인명의로 주식을 청약하고 그 후 그 타인에게 주식이 배정된 경우 명의상의 주식인수인과 실질적인 주식인수인 중 누가 주주의 지위를 갖는 지 문제된다. 이는 회사와의 관계에서 잔여재산분배청구권·이익배당청구권·신주인수권·의결권 등의 주주권 행사주체와도 연계된 문제이다.

(2) 학설

타인명의의 주식인수로 인한 주주권의 귀속에 대하여는 실질설과 형식설이 대립한다.

1) 실질설

명의차용자인 실질적인 주식인수인을 주주로 본다. 행위의 명의자가 누구냐에 관계없이 사실상 행위를 한 자가 권리·의무의 주체가 되어야 한다는 의사주의를 바탕으로 한 견해이다(다수설). 그리고 제332조 제2항은 통모자의 연대책임을 규정하고 있을 뿐 명의대여자가 주주권을 취득한다는 취지의 규정은 아니라고 한다. 또한 동조 제1항과의 균형상 당연히 제2항의 경우에도 명의차용인을 주주로 취급하여야 한다고 설명한다. 이 밖에도 실질적인 투자자를 보호할 필요가 있다는 점도 하나의 논거이다.[168]

2) 형식설

명의대여자인 명의상의 주식인수인을 주주로 본다. 형식설은 거래의 안전을 고려한 견해이다. 그 주요 논지는 ① 회사법상 행위는 집단적으로 행하여지므로 법적 안정성이 무엇보다 중요하고, 따라서 그 처리는 객관적·획일적으로 이루어져야 하는데, 이 점은 주식인수인의 확정에서도 마찬가지이다. ② 회사 측으로서는 실질적인 주주가 누구인지를 조사하는 것이 불가능하다는 점을 든다(소수설).[169] 이 학설 중에서도 명의차용자가 스스로 주식인수행위를 함을 거래상대방인 회사가 알고 이를 승낙하거나 양해한 경우에는 명의차용자를 주주로 보는 견해가 있으나,[170] 타당한지 의문이다.

3) 사견

실질설에 의하면 회사는 명의주주와 실질주주를 구별하여야 하고 그 구별에 대한 위험부담은 회사가 진다. 이는 명의차용자가 창출한 외관으로 인하여 회사의 법률관계가 주주명부제도와 다르게 되어 회사의 법률관계에 혼란을 야기하고 부담을 주므로 부당하다. 그리고 주식의 양수자, 질권의 취득자 또는 명의주주의 압류채권자와 같은 제3자의 이해를 고려하면 형식설이 타당하다.

---

168) 강위두·임재호(2009), 534면; 정찬형(2017), 676–677면; 최준선(2016), 188–189면; 정동윤(2012), 399면; 송옥렬(2017), 809면; 이기수·최병규(2015), 182면; 정경영(2016), 19면; 최기원(2012), 186면; 권기범(2015), 456면.

169) 정대익, "타인명의 주식인수시 주주결정에 관한 새로운 해석론," 비교사법 제21권 제1호 (한국비교사법학회, 2014), 267–276면; 손주찬(2004), 575면; 이철송(2017), 323면; 채이식(1996), 593면.

170) 정대익, 상게 논문, 269면.

(3) 판례

종래의 판례는 실질설을 취하여 왔다.[171] 그러나 최근의 판례는 기존의 입장을 변경하여 "주식을 인수하거나 양수하려는 자가 타인의 명의를 빌려 회사의 주식을 인수하거나 양수하면서 그 타인의 명의로 주주명부에 기재까지 마치는 경우, 주주명부상 주주 외에 실제 주식을 인수하거나 양수하고자 하였던 자가 따로 존재한다는 사실이 증명되었다고 하더라도 회사에 대한 관계에서는 주주명부상 주주만이 주주권을 행사할 수 있다."고 판시하였다(형식설).[172]

제3관   주권과 주주명부

I. 주 권

1. 주권의 개념 및 기능

주권(share certificate, Aktienurkunde)이란 주식, 즉 주주의 지위를 표창하는 유가증권을 말한다. 주권은 ① 주식의 유통을 편리하게 하고, ② 그 소지인을 권리자로 추정함으로써(제336조 제2항) 주주권을 증명하는 수단이 되고, ③ 주주의 입장에서는 투하자본을 쉽게 회수할 수 있으며, ④ 회사의 입장에서는 자본조달을 용이하게 하는 기능을 한다. 주식회사의 경우에는 합명회사와 달리 사원의 성명이 정관에 기재되지 아니하고 퇴사제도도 없기 때문에 주식의 유가증권제도가 도입되었다.

---

171) 대법원 2011. 5. 26. 선고 2010다22552 판결; 1975. 9. 23. 선고 74다804 판결; 2004. 3. 26. 선고 2002다29138 판결; 1998. 9. 8. 선고 96다45818 판결(이 사건에서 대법원은 '회사가 주주명부상 주주가 형식주주에 불과하다는 것을 알았거나 중대한 과실로 알지 못하였고 또한 이를 용이하게 증명하여 의결권 행사를 거절할 수 있었음에도 의결권 행사를 용인하거나 의결권을 행사하게 한 경우에 그 의결권 행사가 위법하게 된다.'는 취지로 판시하였다.')

172) 대법원 2017. 3. 23. 선고 2015다248342 판결(전원합의체 판결); 이 판결은 타인명의에 의한 주식인수시의 주주의 확정뿐만 아니라 ① 이사 및 감사 등 임원의 지위확정시기, ② 명의개서미필주주의 지위, ③ 하자있는 주주총회에 대한 제소권자, ③ 수탁주식에 대한 1인주주의 확정 등 여러 가지 분야에 영향을 미치고 있다. 이에 대한 상세한 내용은 박수영, "형식주주의 주주권 – 대법원 2017. 3. 23. 선고," 2017년 한국경제법학회 하계학술대회 발제자료(2017. 6. 9), 67면 이하.

따라서 주권의 기능을 다하기 위하여는 공시방법이 중요한데, 상법은 주식의 양도시 주권을 교부하도록 하고(제336조 제1항), 주권에는 법정사항을 기재하도록 하고 있다(제356조).

한편 2011년 개정상법은 회사가 주권을 발행하는 대신 정관으로 정하는 바에 따라 전자등록기관173)의 전자등록부에 주식을 등록할 수 있도록 하였다(제256조의 2). 이는 무주권주식(uncerticificated shares), 즉 주권이 없는 주식을 발행할 수 있음을 뜻한다.

2. 주권의 성질

주권은 이미 존재하는 주식이나 주주권을 표창하므로, 즉 주권의 원인관계인 주식이나 주주권의 존재를 전제로 하므로 要因證券이며, 주권의 작성과 발행에 의하여 주주권이 생기는 것이 아니므로 非設權證券이다. 주권은 주주권의 발생하는 무관하지만, 권리의 이전에는 주권의 소지를 요하므로 不完全有價證券이다.

주권에는 법정사항과 번호를 기재하고 대표이사 또는 대표집행임원이 기명날인 또는 서명하여야 하므로(제356조, 제408조의 5 제2항) 일응 要式證券이다. 그러나 대표이사 또는 대표집행임원의 기명날인 또는 서명과 같이 본질적인 것이 아닌 한 법정사항의 기재가 없거나 사실과 다르더라도 유효한 주권이다. 예를 들면, 대표이사가 주권발행에 관한 주주총회나 이사회의 결의 없이 주주명의와 발행일의 기재를 누락한 채 단독으로 주권을 발행하더라도 유효하다.174) 대표이사가 정관에서 정한 병합주권의 종류와 다른 종류의 주권을 발행하였더라도 마찬가지이다.175) 이러한 점에서 주권은 어음·수표 보다 요식성이 완화된 유가증권이다. 그리고 주주권을 행사하는 때에 주주는 주권에 기재되고 이를 회사에 제시함으로써 확정되는 것이 아니라 주주명부에 의하여 확정되므로 提示證券이 아니다. 또한 주주권을 행사하는 때에 주권을 회사에 교부하지 않기 때문에 相換證券이 아니다. 나아가 주주권은 주권상의 기재사항이 아닌 정관규정과 주주총회의 결의에 의하여 정하여지므로 非文言證券이다.

이러한 주권의 법적 성질은 어음·수표와는 구분되는데, 이는 주권에 대하여

---

173) 유가증권 등의 전자등록 업무를 취급하는 것으로 지정된 기관을 말한다.
174) 대법원 1996. 1. 26. 선고 94다24039 판결.
175) 대법원 1996. 1. 26. 선고 94다24039 판결.

는 주식회사라는 사단의 법리가 적용되는 결과이다.

3. 주권의 발행

(1) 주권의 기재사항

주권은 요식증권으로서 법정사항과 번호를 기재하고 대표이사 또는 대표집행임원이 기명날인 또는 서명하여야 한다(제356조, 제408조의 5 제2항). 법정사항에는 ① 회사의 상호, ② 회사의 성립연월일, ③ 회사가 발행할 주식의 총수, ④ 액면주식을 발행하는 경우 1주의 금액, ⑤ 회사의 성립 후 발행된 주식에 관하여는 발행연월일, ⑥ 종류주식이 있는 때에는 그 주식의 종류와 내용, ⑦ 주식의 양도에 관하여 이사회의 승인을 얻도록 정한 때에는 그 규정 등이 해당한다. 그리고 주권에 표창되는 주식의 수량(예: 10주권, 100주권, 1000주권)과 주주의 성명을 기재하여야 한다. 1주권에 1주식을 표창하는 단일주권, 1주권에 2주 이상의 주식을 표창하는 병합주권의 발행은 회사의 정관에 따른다.

대표이사나 대표집행임원이 주권을 발행하지 아니한다고 하여 다른 임원(예: 전무이사 또는 상무이사)의 명의로 주권을 발행한 것은 무효이다.[176] 따라서 그 주식의 양도는 주권발행 전의 양도로써 회사에 대하여 그 효력이 없다(제335조 제3항).[177] 그리고 주권의 발행은 대표이사나 대표집행임원의 권한에 속하므로 주주총회나 이사회의 결의를 요하지 아니한다.[178]

한편 효력발생과는 무관하게 주권에 법정사항을 기재하지 아니하거나 부실기재를 한 때에는 이사와 집행임원은 회사(제399조, 제408조의 8 제1항) 및 제3자(제401조, 제408조의 8 제2항)에게 손해배상책임을 진다. 또 과태료의 제재도 받는다(제635조 제1항 제6호).

(2) 주권의 발행의무와 제한

1) 강제발행

회사는 성립 후 또는 신주의 납입기일 후 지체 없이 주권을 발행하여야 한다(제355조 제1항). 주식의 양도에 있어서는 주권을 교부하여야 하는데(제336조 제1항),

---

176) 대법원 1970. 3. 10. 선고 69다1812 판결.
177) 대법원 1970. 3. 10. 선고 69다1812 판결.
178) 대법원 1996. 1. 26. 선고 94다24039 판결.

주권을 발행하지 아니하면 주식양도의 자유(제335조 제1항)를 부당하게 제약하게 되므로 주권의 발행을 강제하고 있다.

따라서 이 규정은 회사성립시의 주식발행은 물론 회사존속 중의 신주발행(제416조), 전환주식의 전환, 주식배당, 준비금의 자본전입, 전환사채의 전환 또는 합병에 의한 존속회사의 신주발행 등 모든 주식발행시[179]에 적용된다.

2) 교부청구권

회사가 주권발행의무를 부담하는 결과 주주는 회사에 대하여 주권의 발행 및 교부청구권을 갖는다. 상속인은 주주명부에 등재되어 있지 아니하더라도, 상속사실을 증명하고 자기명의로 주권의 발행교부를 청구할 수 있다.[180] 이와 같이 주권의 교부청구권은 일신전속적인 권리가 아니므로 주주의 채권자가 대위행사(민법 제404조 제1항)할 수 있다.[181]

3) 발행시기의 제한

주권은 회사의 성립 후 또는 신주의 납입기일 후가 아니면 발행하지 못한다(제355조 제2항). 회사의 성립 전이나 납입기일 전에는 아직 주주가 아니고 주식인수인으로서의 권리만이 있기 때문이다. 이에 위반하여 발행한 주권은 무효이고(제355조 제3항 본문), 이를 발행한 발기인, 이사 또는 집행임원 등은 손해를 입은 자에게 손해배상책임을 진다(제355조 제3항 단서, 제322조 제2항·제401조·제408조의 8 제2항).

한편 주권의 발행시기를 제한하는 것은 권리주의 양도제한(제319조)의 취지에 따라 주식인수인의 지위, 즉 權利株의 有價證券化를 억제하여 투기를 방지하는 데 그 목적이 있다.

4. 주권의 효력발생시기

(1) 의의

주권은 발행에 관한 회사내부의 의사결정이 이루어지고 주권에 일련번호, 법정사항 및 주주의 이름을 기재하고 대표이사 또는 대표집행임원이 기명날인 또는 서명함으로써 주권의 외형을 갖춘 후 이를 주주에게 교부한다. 주권이 외형을 갖추게 되면, 도난·분실되어 유통될 수도 있고, 주주 아닌 자에게 주권을 잘못 교

---

179) 제348조, 제442조, 제461조, 제462조의 2, 제515조, 제523조 제3호.
180) 대법원 1966. 9. 6. 선고 66다798 판결.
181) 대법원 1982. 9. 28. 선고 82다카21 판결.

부할 수도 있다.

따라서 어느 단계에서 주권의 효력이 발생하는 지의 여부는 선의취득의 시점, 적법한 공시와 양도시점, 주주의 채권자가 주권을 압류할 수 있는 시점을 결정하는데 있어 중요하다. 이에 대하여는 다음과 같은 세 가지 학설이 있다.

(2) 학설

가) 교부시설   이 학설은 회사가 주권을 작성하고, 그 의사에 기하여 주권을 주주에게 교부한 때에 주권으로서의 효력이 발생한다고 한다(통설). 이 견해에 따르면 주권이 주주에게 교부되기 전에는 제3자의 선의취득, 압류 또는 제권판결은 불가능하게 된다.

나) 작성시설(창조설)   이 학설은 회사가 주권을 작성하면 그 시점부터 주권으로서의 효력이 발생하고 주주에 대한 교부는 권리자에 대한 인도에 지나지 않는다고 한다. 이 견해에 따르면 제3자의 선의취득이 성립하며, 주권을 회사에 보관 중인 때에도 주주의 채권자가 이를 압류할 수 있으며, 유출된 주권에 대하여 제권판결을 받지 아니하면 주주는 주권의 재발행을 청구할 수 없다.

다) 발행시설   이 학설은 교부시설과 작성시설의 절충적 견해로서 회사가 주권을 작성하고 주주에게 교부한다는 의사로써 누구에게든(주주 또는 그 외의 누구에게든) 교부하면 주권으로서의 효력이 발생한다. 이에 따르면 회사의 의사에 의하지 아니하고 주권을 교부하는 때에는 제3자의 선의취득은 인정되지 아니한다.

라) 사견   주권은 어음·수표와는 달리 不完全有價證券이고, 要因證券性을 가지므로 진정한 권리자를 보호할 필요가 있다. 따라서 교부시설이 타당하다. 이에 따라 주권이 작성되었더라도 주주에게 교부되기 전에는 종이조각에 불가하므로 제3자의 선의취득이 성립할 수 없고, 공시최고에 의한 제권판결의 대상도 될 수 없다. 다만, 주주의 채권자는 주권의 발행 및 교부청구권을 압류할 수 있다.

(3) 판례

판례는 "주권발행은 상법 제356조 소정의 형식을 구비한 문서를 작성하여 이를 주주에게 교부하는 것을 말하고 위 문서가 주주에게 교부된 때에 비로소 주권으로서의 효력을 발생하는 것이므로 회사가 주주권을 표창하는 문서를 작성하여 이를 주주가 아닌 제3자에게 교부하여 주었다 할지라도 위 문서는 아직 회사의

주권으로서의 효력을 가지지 못한다."고 하여 교부시설을 취하고 있다.[182]

5. 주권불소지제도

(1) 의의

주식의 양도는 주권의 교부에 의하므로(제336조 제1항) 주권의 발행이 필요하다. 그러나 주주의 회사에 대한 권리행사는 주주명부의 기재내용에 따르며(주주명부의 자격수여적 효력 또는 권리추정력) 주권의 제시가 불필요하다. 따라서 주권의 발행은 유통은 원활하게 알 수 있지만, 분실·도난의 우려가 있고, 제3자의 선의취득으로 인한 권리상실의 위험도 있다. 그리하여 1984년 개정상법은 주주의 신고에 따른 주권불소지제도를 도입하였다(제358조의 2).

(2) 불소지신고의 절차
1) 정관상 미기재

주주의 회사에 대한 주권불소지신고는 정관에 이를 금지하는 규정이 없어야 한다(제358조의 2 제1항).

2) 신고자격

주권불소지신고는 주주명부상의 주주만이 할 수 있다(제358조의 2 제1항). 따라서 명의개서를 하지 않은 주주나 질권자(등록질권자)는 불소지신고자격이 없다. 회사설립시 또는 성립 후 신주발행시의 주식인수인도 사전에 주권불소지신고를 할 수 있다.[183]

3) 신고시기

주권불소지신고는 회사의 주권발행 전·후를 불문하고 할 수 있다(제358조의 2 제2항). 그리고 주주는 주주명부폐쇄기간 중이라도 주권불소지신고를 할 수 있다. 주권불소지신고로 주주나 주주권의 내용이 변동되지는 아니하기 때문이다.

4) 일부신고

주주 또는 주식인수인은 자기의 소유주식 중 일부에 대하여만 불소지신고를 할 수 있다.[184] 이는 소유주식을 구분 관리할 필요성에서 인정된다.

---

182) 대법원 2000. 3. 23. 선고 99다67529 판결; 1987. 5. 26. 선고 86다카982·983 판결.
183) 정찬형(2017), 748면; 정동윤(2012), 467면; 이기수·최병규(2015), 250면; 장덕조(2014), 149면; 최준선(2016), 260면.
184) 이철송(2017), 331면; 권기범(2015), 614면; 정동윤(2012), 467면;

5) 신고의 상대방

주권불소지신고의 상대방은 회사인 것이 원칙이지만, 회사가 명의개서대리인 (제337조 제2항)을 두는 때에는 명의개서대리인에게도 신고할 수 있다.[185]

6) 신고방법 : 주권제출

주주는 회사가 이미 주권을 발행한 후에 신고할 때에는 이를 회사에 제출하여야 한다(제358조의 2 제3항). 따라서 입질된 주식에 대한 주권은 주주가 이를 회사에 제출할 수 없으므로 불소지신고를 할 수 없다.

(3) 신고의 효력

1) 주권발행 전

주권이 발행되기 전에 불소지신고가 있는 때에는 회사는 지체 없이 주권을 발행하지 아니한다는 뜻을 주주명부와 그 복본에 기재하고, 그 사실을 주주에게 통보하여야 한다(제358조의 2 제2항 전단). 이 경우 회사는 불소지신고된 주권을 발행하지 못한다(제358조의 2 제2항 후단). 회사가 불소지신고된 주권을 발행하더라도 효력이 없고, 설령 그 주권이 유통되더라도 제3자는 선의취득을 할 수 없다.

2) 주권발행 후

가) 상법의 규정   이미 주권이 발행된 상태에서 주권불소지신고를 할 때에는 이를 회사에 제출하여야 한다. 그리고 회사는 ① 제출된 주권을 무효로 하거나 또는 ② 명의개서대리인에게 임치하여야 한다(제358조의 2 제3항).

위 ①의 경우는 주권을 폐기함과 아울러 주권발행 전 신고의 효력과 같이 주주명부와 그 복본에 株券不發行의 뜻을 기재하는 것을 의미한다.[186] 따라서 그 주권이 유통되더라도 제3자의 선의취득이나 입질은 불가능하다. 다만, 상속이나 합병 등을 원인으로 주식을 포괄승계하는 것은 가능하다. 이 경우에는 주권의 교부가 전제되지 아니하기 때문이다(제336조 제1항).

위 ②의 경우는 그 주권이 여전히 유효한 주권이므로 주주명부와 그 복본에 주권불발행의 뜻을 기재하여서는 아니 된다. 그 결과 해당주권이 유통되면 제3자의 선의취득도 가능하다. 이로 인하여 주주는 회사에 대하여 손해배상을 청구할

---

185) 최기원(2012), 306면; 최준선(2016), 260면; 정동윤(2012), 467-468면; 정찬형(2017), 748-749면; 송옥렬(2017), 822면; 이기수·최병규(2015), 250면; 장덕조(2014), 149면.
186) 이철송(2017), 332면; 송옥렬(2017), 822면; 권기범(2015), 616면.

수 있을 뿐(민법 제756조) 주권의 점유를 회복할 수 없는 문제점이 발생한다.

한편 임치는 회사의 사무관리의 편의를 위한 것이기 때문에 그 비용은 회사가 부담한다. 그리고 회사가 제출 받은 주권을 무효로 하거나 임치한 때에는 주주에게 그 사실을 알려야 한다.[187]

(4) 주주의 주권발행청구

주주가 주권불소지신고를 경우에도 주식을 양도하거나 입질하기 위하여는 주권이 필요하게 된다. 그러므로 주주는 언제든지 회사에 대하여 주권의 발행 또는 반환을 청구할 수 있다(제358조의 2 제4항). 이 규정의 '언제든지'란 주주명부폐쇄기간 중에도 청구가 가능함을 의미한다.

주권보관에 관한 임치계약은 주주가 아닌 회사와 명의개서대리인간에 체결된다. 따라서 주주는 명의개서대리인에게 직접 주권의 반환청구를 할 수 없고, 회사에 대하여 하여야 한다.

6. 주권의 실효와 재발행

(1) 의의

주권은 주식, 즉 주주의 지위를 표창하는 유가증권이므로 주주권 또는 증권으로서의 물리적 존재의 소멸로 인하여 그 효력을 상실한다.

(2) 실효의 유형

주권의 실효의 유형에 대하여는 세 가지로 대별할 수 있다. 첫째, 주권은 非設權證券이므로 주주권이 소멸함으로써 실효한다. 예를 들면, 회사의 해산으로 인한 법인격의 소멸, 주식의 소각(제343조), 상환주식의 상환(제345조), 주식의 전환(제346조)과 같은 요인으로 주식이 소멸하는 경우, 그 주권도 실효한다. 다만, 당사자간의 특약이나 주식포기 의사표시만으로는 주식이 소멸되지 아니한다.[188]

둘째, 합병에 따른 주식의 병합(제530조 제3항·제440조), 주식의 분할(제329조의 2·제440조), 주식의 교환(제360조의 2·제360조의 8) 또는 주식의 이전(제360조의 15·제360조의 19) 등으로 舊株券과 新株券을 交換하는 때에는 구주권은 실효한다. 주권불소지신고에 의하여 회사에 제출된 주권도 실효한다(제358조의 2).

---

187) 정찬형(2017), 749면.
188) 대법원 1999. 7. 23. 선고 99다14808 판결.

셋째, 주권이 도난·분실·멸실 등으로 인하여 상실된 경우 공시최고절차에 의하여 이를 무효로 할 수 있다(제360조 제1항).

이 가운데 셋째의 유형은 제3자와의 권리관계에서 문제가 발생할 수 있다. 왜냐하면 상실된 주권을 제3자가 선의취득하는 경우(제359조·수표법 제21조), 종래의 주주는 주주권을 행사하지 못하는 문제점이 발생할 수 있기 때문이다.

따라서 셋째 유형의 경우에는 주권을 상실한 주주에게 상실한 주권을 실효시키고 주권을 재발행하는 절차가 필요하다.

(3) 공시최고

1) 취지

주권이 상실된 경우에는 그 주권에 대한 새로운 법률관계가 형성될 수 있다. 그리하여 상법은 이를 방지하기 위하여 공시최고절차를 두고 있으며, 나아가 제권판결을 얻은 후에만 상실된 주권을 재발행할 수 있도록 강제하고 있다(제360조 제2항).189)

2) 절차

도난·분실되거나 없어진 주권, 그 밖에 상법에서 무효로 할 수 있다고 규정한 증서에 대하여는 민사소송법상 증권의 무효선고를 위한 공시최고절차에 관한 규정인 동법 제493조 내지 제497조를 적용한다(동법 제492조 제1항). 그 내용은 다음과 같다.

첫째, 공시최고절차를 신청할 수 있는 자는 상실된 주권의 최종소지인이다(동법 제493조). 예를 들면, 주주명부상의 주주 또는 최종의 주식양수인인 주주 등이 그에 해당한다.

둘째, 신청인은 신청근거로서 주권의 등본을 제출하거나 또는 증서의 존재 및 그 중요한 취지를 충분히 알리는데 필요한 사항을 제시하여야 한다(동법 제494조 제1항). 그리고 신청인은 도난·분실되거나 없어진 사실과, 그 밖에 공시최고절차를 신청할 수 있는 이유가 되는 사실 등을 소명하여야 한다(동조 제2항).

셋째, 전속관할법원은 주권에 표시된 이행지, 즉 주권발행회사의 본점소재지의 지방법원이다(동법 제476조 제2항).

넷째, 공시최고의 신청이 있으면 대법원규칙이 정하는 바에 따라 공고하여야

---

189) 대법원 1981. 9. 8. 선고 81다141 판결.

한다(동법 제480조). 공시최고의 기간은 공고가 끝난 날부터 3월 뒤로 정하여야 한다(동법 제481조).

다섯째, 공시최고에는 공시최고기일까지 권리 또는 청구의 신고를 하고 그 주권을 제출하도록 최고하고, 이를 게을리 하면 권리를 잃게 되어 주권무효가 선고된다는 것을 경고하여야 한다(동법 제495조·제479조 제2항).

여섯째, 공시최고기간(동법 제481조) 동안에는 공시최고를 신청한 자와 권리를 다투고자 하는 자는 그 취지 및 자기의 권리를 신고하여야 한다. 이 경우 법원은 그 권리에 대한 재판이 확정될 때까지 공시최고절차를 중지하거나, 신고한 권리를 유보하고 제권판결을 하여야 한다. 신고자가 없는 때에는 제권판결을 선고하여야 한다(동법 제485조).

(4) 제권판결의 효력

1) 신청인의 지위

제권판결에서는 주권의 무효를 선고하여야 한다. 이는 형성판결로써 신청인의 지위와 관련하여 두 가지의 효력이 있다.

가) 소극적 효력　除權判決의 消極的 效力으로서 해당주권은 장래에 대하여 효력을 상실한다(민사소송법 제496조). 따라서 판결당시의 주권소지인은 권리자로서의 추정력을 상실하고, 회사는 면책력을 상실한다. 그리고 해당주권에 대한 선의취득은 인정되지 아니하며, 제3자가 그 주권을 양도받았다고 할지라도 어떠한 권리도 취득할 수 없다.

나) 적극적 효력　除權判決의 積極的 效力으로서 신청인, 즉 주권상실자는 주권을 소지하는 것과 동일한 지위를 회복하고 회사에 대하여 주권에 따른 권리를 주장할 수 있다(민사소송법 제497조). 그러나 제권판결의 효력은 주권을 소지하는 것과 동일한 지위를 회복시키는데 그치므로 실체적 권리관계를 창설하거나 확정하는 것은 아니다.

따라서 제권판결은 주주로서의 형식적 자격을 회복하는데 그치며, 신청인이 정당한 소지인임을 인정하거나 주권 또는 그 표창하는 주식의 내용까지 확정하는 것은 아니다(통설·판례).[190] 주주권의 내용이나 존재 자체 또는 신청인이 정당한

---

190) 대법원 1993. 11. 9. 선고 93다32934 판결.

소지인인지의 여부는 별개의 소로 다투어져야 한다.[191] 즉 주권의 정당한 권리자는 제권판결로 인하여 바로 실질적 권리를 상실하는 것이 아니라 주권이 무효가 되었기 때문에 주권에 따른 권리를 행사할 수 없을 뿐이다.

2) 선의취득자와 신청인의 지위

가) 제권판결 전 주권의 선의취득자가 권리신고를 한 경우   제권판결이 확정되면 주권은 무효가 된다(민사소송법 제496조). 따라서 제권판결 이후에는 그 주권을 제3자가 선의취득하더라도 보호받을 수 없다. 그러나 제권판결 전에는 상실된 주권을 선의취득할 수 있고, 선의취득자는 공시최고에 의한 공고가 있다고 하더라도 악의나 중과실이 의제되는 것은 아니므로 권리신고에 따른 보호를 받을 수 있다(민사소송법 제495조·제479조 제2항). 그러므로 회사는 선의취득자가 주권에 의하여 명의개서를 청구하는 경우 이를 거절할 수 없고, 선의취득자는 주주로서의 권리를 행사할 수 있다.

나) 제권판결 전 주권의 선의취득자가 권리신고를 하지 않은 경우   제권판결 전에 주권을 선의취득한 자가 권리신고를 하지 아니한 경우에는 제권판결에 의하여 그 주권이 무효가 되지만(민사소송법 제496조), 선의취득자가 제권판결에 의하여 주주로서의 권리도 상실하는 지에 대하여 학설과 판례가 나뉜다.

① 학설

A. 권리상실설(제권판결취득자우선설)   이 학설은 선의취득자일지라도 권리신고를 하지 아니하는 한 제권판결에 의하여 권리를 상실한다고 한다. 그 주요 논거로서는 ① 제권판결은 신청인에게 주권의 점유를 회복시켜 주는 것과 같은 효과를 갖기 때문에 선의취득자는 주권을 반환하는 것과 같은 상태가 되어 권리를 상실한다는 점, ② 제권판결에 의하여 주권이 무효로 되기 때문에 선의취득자가 그 주권에 따른 권리를 증명하는 것은 허용될 수 없다는 점을 든다(소수설).[192]

B. 변형된 권리상실설   이 학설은 소수설과 같은 입장을 취한다. 다만, 선의취득자가 법원에 권리신고는 하지 아니하고 회사에 명의개서를 청구하여 명의개서를 마친 주권은 법적으로 신주권이므로 제권판결의 효력은 이에 미치지 아니한다

고 본다(절충설). 이에 따르면 선의취득자가 우선적으로 보호되는 결론에 이른다.[193]

C. **권리유지설**(선의취득자우선설)　　이 학설은 선의취득자가 권리신고를 하지 아니하더라도 그 권리를 잃지 않는다고 한다(다수설).[194] 그 주요 논거로서는 ① 공시최고에 대한 공고방법이 불완전하여 소수설과 같이 해석한다면 주권의 유통성 보호에 문제가 발생한다는 점, ② 제권판결의 효력은 신청인에게 형식적 자격을 회복시켜주는데 그치고, 실체적 권리관계를 창설하거나 확정하는 것은 아니므로 제권판결 후에도 선의취득자의 주주권이 보호되어야 한다는 점 등을 들고 있다.

D. **사견**　　다수설은 주권의 유통성보호에 중점을 두어 선의취득자를 제권판결취득자보다 우선하여 보호하여야 한다는 입장인데, 제권판결제도는 신청인과 주권의 유통성을 보호하기 위한 타협적 수단으로서 권리신고(공시최고)규정을 두고 있다고 본다. 따라서 공시최고기간 중에 선의취득자가 권리신고를 하지 아니하면 그 권리를 상실한다고 본다(권리상실설).

② 판례

대법원은 선의취득자도 권리신고를 하지 아니하면 제권판결에 의하여 주권소지인으로서의 권리를 상실한다고 해석하고 있다(권리상실설).[195]

(5) 주권의 재발행

주권을 상실한 자는 제권판결을 얻지 아니하면 회사에 대하여 주권의 재발행을 청구할 수 없다(제360조 제2항). 이는 회사가 임의대로 주권을 재발행하면 1개의 주식에 복수의 주권이 존재하여 권리가 충돌하는 것을 방지하기 위한 규정이다. 동일한 이유로 주권을 분실한 것이 주주가 아니라 주권발행회사가 보관하던 중 분실한 경우에도 제권판결이 없는 이상 주주는 동 회사에 대하여 재발행을 청구할 수 없다.[196]

한편 주권재발행의 청구자가 주주명부상의 주주일 경우에는 회사가 그에게

---

193) 권기범(2015), 614면; 송상현·박익환(2011), 833면; 박우동, "제권판결취득자와 선의취득자와의 관계," 법조 제26권 제8호(법조협회, 1977), 76면.

194) 김정호(2012), 194면; 이기수·최병규(2015), 253면; 정동윤(2012), 471면; 손주찬(2004), 640면; 강위두·임재호(2009), 607면; 김동훈(2010), 160면; 김건식(2015), 194면; 정경영(2016), 39면.

195) 대법원 1993. 11. 9. 선고 93다32934 판결; 1990. 4. 27. 선고 89다카16215 판결; 1976. 6. 22. 선고 75다1010 판결.

196) 대법원 1981. 9. 8. 선고 81다141 판결.

신주권을 교부하면 면책된다(민사소송법 제497조). 다만, 청구자가 실질적으로 무권리자라는 사실을 회사가 알았을 경우에는 그러하지 않다는 견해가 있다.[197] 판례도 이러한 맥락위에 있었는데,[198] 최근에는 그 입장을 바꾸어 주주명부상의 주주가 진정한 주주가 아니더라도 면책된다고 한다.[199]

(6) 불복의 소 및 재발행주권의 무효

제권판결에 대하여는 원칙적으로 상소를 하지 못한다(민사소송법 제490조 제1항). 그러나 ① 공시최고기간을 지키지 아니한 때, ② 거짓 또는 부정한 방법으로 제권판결을 받은 때 등 일정한 사유가 있으면 상소할 수 있다(동조 제2항). 상소권자의 범위에는 주권의 실질적인 권리자는 물론 그 밖의 주권의 소지인은 그가 실질적인 권리자가 아닌 이해관계인이라고 할지라도 포함된다.[200]

따라서 불복의 소가 제기되어 제권판결을 취소하는 판결이 확정되면 제권판결은 소급하여 효력을 상실하고, 정당한 권리자가 소지하고 있던 주권도 소급하여 그 효력을 회복하게 된다. 그리고 제권판결에 따라 재발행된 주권은 소급하여 무효가 되고 그 소지인이 그 후에 이를 선의취득할 수 없다. 이러한 효력은 제권판결의 효력이 실체적인 권리를 새롭게 부여하지 못하는 한계에서 나오는 것이다.

7. 주식의 전자등록

(1) 의의

2011년 개정상법은 주식의 전자등록제도를 도입하였다. 이에 따르면 회사는 주권을 발행하는 대신 정관으로 정하는 바에 따라 전자등록기관(유가증권 등의 전자등록업무를 취급하는 기관을 말한다)의 전자등록부에 주식을 등록할 수 있다(제356조의 2 제1항).

(2) 제도의 채택

전자등록제도는 정관에 관련 규정을 두어 채택할 수 있다(제356조의 2 제1항). 이는 사채의 등록의 경우 사채등록부와 같다.

---

197) 이기수·최병규(2015), 254면; 정동윤(2012), 471면.
198) 대법원 1998. 9. 8. 선고 96다45818 판결.
199) 대법원 2017. 3. 23. 선고 2015다248342 판결.
200) 대법원 2011. 11. 10. 선고 2009다73868 판결.

(3) 등록의 효력

전자등록부에 등록된 주식의 양도나 入質은 전자등록부에 등록하여야 효력이 발생한다(제356조의 2 제2항). 따라서 지명채권양도방식에 의한 양도(민법 제450조) 또는 지명채권입질방식(민법 제349조·제450조)에 의한 입질은 무효이다. 그리고 전자등록제는 주권발행을 대신하는 것이므로 이 제도를 채택한 회사는 주권을 발행할 수 없다(제356조의 2 제1항).

(4) 등록의 효과

전자등록부에 주식을 등록한 자는 그 등록된 주식에 대한 권리를 적법하게 보유한 것으로 추정하며, 이러한 전자등록부를 선의로, 그리고 중대한 과실 없이 신뢰하고 제356조의 2 제2항의 등록에 따라 권리를 취득한 자는 그 권리를 적법하게 취득한다(제356조의 2 제3항). 이는 전자등록부에 주식을 등록한 주주에게 자격수여적 효력을 부여하고, 제3자의 선의취득을 가능하게 하는 규정이다.

Ⅱ. 주주명부

1. 의의

주주명부(Shareholders' list)는 주주를 기초로 하여 주주 및 주권에 관한 사항을 명확히 하기 위하여 상법의 규정에 따라 회사가 작성하고 비치하는 장부이다(제396조 제1항). 그러나 회사의 영업에 관한 회계처리를 한 문서는 아니므로 상업장부가 아니다. 회사는 주주명부를 활용함으로써 주주를 대상으로 하는 법률관계를 원활하고 안정적으로 처리할 수 있기 때문에 상법은 이를 작성·비치하게 하고 있다.

2. 기능 및 한계

주식을 양수한 자가 주주명부의 명의개서를 하지 아니하고서는 회사에 대하여 주주임을 주장하지 못한다. 그리고 주식을 양수하려는 자 또는 제3자는 주주명부에 기재된 대로 주주임을 인식하게 된다. 이와 같이 주주명부는 회사에 대하여 진정한 주주라는 별도의 증명 없이 주주권을 주장할 수 있는 형식적 자격의 근거가 되며, 공시적 기능도 수행한다.

한편 주주명부의 기재가 형식적 자격의 근거가 된다는 것은 주주권 자체를 변동시키는 것이 아니며, 본질적인 권리소재의 근거가 되는 것도 아니라는 뜻이다.

3. 작성 · 비치 · 공시 · 열람

주주명부[201)는 사채원부와 마찬가지로 본점에 비치하여야 한다(제396조 제1항 전단). 다만, 명의개서대리인을 둔 때에는 주주명부나 그 복본을 명의개서대리인의 영업소에 비치할 수 있다(제396조 제1항 후단). 주주 및 회사채권자는 영업시간 내에는 언제든지 주주명부 또는 그 복본의 열람이나 등사를 청구할 수 있다(제396조 제2항).

4. 기재사항

회사가 주식을 발행한 때에는 주주명부에 다음의 사항을 기재하여야 한다. 즉 ① 주주의 성명과 주소, ② 각 주주가 가진 주식의 종류와 그 수, ③ 각 주주가 가진 주식의 주권을 발행한 때에는 그 주권의 번호, ④ 각 주식의 취득년월일을 기재한다(제352조 제1항).

회사가 轉換株式을 發行한 때에는 제352조 제1항의 기재사항 이외에도 ① 주식을 다른 종류의 주식으로 전환할 수 있다는 뜻, ② 전환의 조건, ③ 전환으로 인하여 발행할 주식의 내용, ④ 전환청구기간 또는 전환의 기간 등도 추가적으로 기재하여야 한다.

이 밖에 주주명부에는 登錄質權者의 성명과 주소(제340조 제1항), 주식공유시 주주권행사자(제333조 제2항) 등도 기재하여야 한다. 발기인, 이사 또는 집행임원 등은 주주명부에 기재하여야 할 사항을 기재하지 아니하거나, 부실기재를 한 때에 과태료처분을 받는다(제635조 제1항 제9호).

5. 주주명부의 효력

(1) 주주권의 대항요건

주주명부에 주주의 성명과 소유주식의 종류와 수량을 기재하는 것은 회사에 대하여 주주권을 주장하는데 필요한 요건이다. 따라서 상법상 주식의 적법한 양

---

201) 그 복본이 아니다.

도방법이 株券의 交付節次를 밝고 주식을 양수하였더라도(제336조 제1항) 양수자의
성명과 주소를 주주명부에 기재(名義改書)하지 아니하면 회사에 대항하지 못한다
(제337조 제1항).

(2) 자격수여적 효력(권리추정력)
1) 개념
주주명부의 資格授與的 效力 또는 權利推定力이라 함은 주주명부에 주주로
서 기재된 자는 적법한 주주로 추정되기 때문에 회사에 대하여 자신의 실질적인
권리를 증명함이 없이 단순히 주주명부상의 기재만으로 주주임을 주장할 수 있는
것을 말한다.202) 따라서 주권을 별도로 제시할 필요도 없다.

2) 근거
상법상 주주명부의 자격수여적 효력을 명시한 규정은 없지만, 명의개서의 대
항력(제337조 제1항)을 그 근거로 삼을 수 있다. 주권점유의 권리추정력도 하나의 논
거로 삼는 견해가 있을 수 있지만, 이는 주권의 소지가 적법하다는 의미이다(제336
조 제2항). 주권은 권리의 이전에는 그 소지를 요하지만, 주주권의 발생과는 무관한
不完全有價證券이다.

따라서 주권의 점유를 주주명부의 자격수여적 효력의 근거로 삼는 것은 타당
하지 않다.

3) 반증과 입증책임
위와 같이 주주명부의 기재는 자격수여적 효력만이 인정되고, 창설적 효력을
인정받는 것은 아니므로, 반증에 의하여 실질상 주식을 취득하지 못하였다고 인
정되는 자가 명의개서를 하였다고 하여 株主權을 취득하는 것은 아니다. 그러므
로 명의개서 된 자가 무권리자라는 사실이 증명되면 당연히 그 자의 주주권이 부
인된다.203) 이 경우 입증책임은 주주명부에 주주로 기재된 자의 주주권을 부인하
는 측에 있다.204) 그리고 주주명부의 기재에는 자격수여적 효력이 인정되지만, 주
주명부에 주주로 등재되어 있다는 사실 그 자체는 주주권을 주장하는 측에 입증
책임이 있다.205)

---

202) 대법원 2006. 9. 14. 선고 2005다45537 판결.
203) 대법원 2006. 9. 14. 선고 2005다45537 판결; 1989. 7. 11. 선고 89다카5345 판결.
204) 대법원 2010. 3. 11. 선고 2007다51505 판결; 1985. 3. 26. 선고 84다카2082 판결.
205) 대법원 1993. 1. 26. 선고 92다카11008 판결.

4) 전자등록제도

이에 대하여는 주식의 전자등록에서 기술하였다.

(3) 회사의 면책적 효력

주주명부의 기재에 자격수여적 효력이 인정되는 결과 회사는 주주명부에 주주로 기재된 자를 주주로 보고 권리를 인정하는 경우, 가령 그 자가의 진정한 주주가 아닐지라도 면책된다. 예를 들면, 이익배당금청구권, 의결권의 행사 또는 신주인수권 등의 권리를 인정하는 경우에 그러하다. 다만, 종래의 판결은 회사가 명부상의 주주가 진정한 주주가 아님을 알았거나 중대한 과실로 알지 못한 경우에는 회사는 책임을 면하지 못한다고 판시하여 왔으나,[206] 현행 판결은 기존의 입장을 변경하여 주주명부상의 주주가 진정한 주주가 아니더라도 면책된다고 하고 있다.[207]

회사의 면책적 효력은 주주의 확정은 물론 주주의 주소 등 다른 기재 사항에 관해서도 주어진다. 그리하여 주주 또는 질권자에 대한 회사의 통지 또는 최고는 주주명부에 기재된 주소나 그 자가 회사에 통지한 주소로 하면 된다(제353조 제1항). 명부상의 주소변경 또는 주소의 신고오류 등의 경우에는 주주 또는 질권자에게 통지 혹은 최고가 도달하지 못하더라도 회사는 면책되는 것이다. 주식상속시 상속인으로 명의개서가 이루어지지 아니하는 한 피상속인에게 통지 또는 최고된다.

(4) 주권불발행과 주주명부의 효력

주주가 주권불소지신고를 하고(제358조의 2 제1항), 회사가 주주명부에 주권을 발행하지 아니한다는 뜻을 기재하면 주권을 발행할 수 없고(동조 제2항), 주주가 회사에 제출한 주권은 무효로 한다(동조 제3항). 이 규정도 주주명부의 효력으로 볼 수 있다.

6. 주주명부의 폐쇄와 기준일

(1) 의의 및 취지

株式은 전전유통됨에 따라 주주명부상의 주주 역시 바뀌므로 이익배당이나 주주총회의 소집(제365조)과 같이 주주의 권리를 행사함에 있어 해당 권리를 행사

---

206) 대법원 1998. 9. 8. 선고 96다45818 판결.
207) 대법원 2017. 3. 23. 선고 2015다248342 판결.

할 자를 특정시점으로 고정시킬 필요가 있다. '주주명부의 폐쇄'와 '기준일'제도는 이러한 요청에서 도입되었다(제354조). 주주명부의 폐쇄는 일정 기간 주주명부에 권리변동사항의 기재를 금지하는 것이고, 기준일은 특정일의 주주를 주주권행사 자로 확정하는 제도이다. 이러한 제도는 강제되는 것이 아니고, 회사의 주식사무 처리의 편의를 추구하기 위한 것이다. 그러나 일단 회사에서 도입하면, 상법규정 에 따라야 한다.

(2) 주주명부의 폐쇄

이는 의결권행사자, 이익배당권자 그 밖에 주주 또는 질권자로서 권리를 행 사할 자를 확정하기 위하여 일정기간 주주명부상의 권리변동에 관한 기재를 금지 하는 것을 말한다. 주주명부를 폐쇄하면 명의개서가 금지되기 때문에 주주권을 행사할 자는 폐쇄시점의 주주명부상의 주주이다.

1) 목적사항

주주명부의 폐쇄는 의결권행사, 이익배당청구 또는 신주인수권의 부여 등 주 주권을 행사할 자를 특정할 필요가 있을 때에는 언제든지 인정된다. 다만, 주주명 부의 폐쇄는 주주권이 일시에 모든 주주에게 획일적으로 인정되는 경우에만 가능 하고, 소수주주권의 행사 또는 각종의 소 제기권 같이 권리의 행사여부가 개별적 인 주주의 의사에 좌우되는 때에는 인정되지 아니한다. 그리고 주주권의 행사와 는 관계없는 다른 사정이나 목적 그리고 주식사무 이외의 회사의 업무처리의 편 의를 위하여 폐쇄할 수는 없다.

2) 효력

주주명부의 폐쇄기간 중에는 명의개서가 금지되고, 질권의 등록이나 말소, 신 탁재산의 표시나 말소 등 주주 또는 질권자의 권리변동에 관한 사항을 기재할 수 없다. 그 결과 권리변동과 관계없는 사항 예를 들면, 주주·질권자의 주소에 대하 여는 변경기재하거나 정정할 수 있다(통설).

3) 폐쇄기간 중의 명의개서

주주명부폐쇄기간 중에 株主 또는 質權者의 청구를 받아들여 회사가 자의로 명의개서를 하는 것은 주주평등의 원칙에도 반할 수 있고, 다른 주주의 권리를 침해할 수도 있기 때문에 허용될 수 없다(통설). 예를 들면, 정기주주총회에서 의 결권을 행사할 주주를 정하기 위하여 주주명부를 폐쇄한 후, 폐쇄기간 중 주식양수인의 청구를 받아들여 회사가 명의개서를 하게 되면 양도인이 행사하여야 할 의결권을 양수인이 행사하게 되어 부당하다.

4) 기간제한 및 예고

주주명부의 폐쇄기간 중에는 名義改書를 할 수 없으므로 주식의 유통에 제약을 준다. 그리하여 상법은 주주 또는 질권자로서 권리를 행사할 날에 앞선 3월 내의 날로 폐쇄기간을 정하도록 하여(제354조 제3항) 주주명부폐쇄기간을 제한하고, 폐쇄기간 2주간 전에 이를 공고하도록 함으로써 주주 또는 질권자에 대한 예고절차를 두고 있다(제354조 제4항 본문). 정관으로 그 기간을 지정한 때에는 공고를 요하지 아니한다(동조 제4항 단서).

(3) 기준일

1) 의의

회사는 의결권을 행사하거나 배당을 받을 자 기타 주주 또는 질권자로서 권리를 행사할 자를 확정하기 위하여 '일정한 날'에 주주명부에 기재된 주주 혹은 질권자를 그 권리를 행사할 주주 또는 질권자로 볼 수 있는데, 여기서의 일정한 날을 기준일(fixed date)이라고 한다. 예를 들면, 2017 사업연도의 配當金支給은 2017년 12월 31일 18시 현재의 株主로 하는 것과 같다.

2) 주주명부폐쇄와의 비교

기준일은 주주명부의 기재를 정지하지 아니하고도 주주를 확정할 수 있다는 점에서 주주명부의 폐쇄와 다르다. 그리고 기준일은 특정한 '日'을 기준으로 하는 데 비하여 주주명부의 폐쇄는 특정한 '期間'을 기준으로 한다.

3) 기간제한 및 예고

기준일도 주주명부의 폐쇄와 같이 주주 기타 이해관계인의 권리관계에 영향을 미치므로 상법은 기간제한 및 예고에 관한 규정을 두고 있다. 그리하여 주주 또는 질권자로서 권리를 행사할 날에 앞선 3월 내의 날로 '기준일'을 정하여야 하고(제354조 제3항), 기준일 2주간 전에 이를 공고하여야 한다(동조 제4항 본문). 공고를 할 때에는 그 목적도 기재하여야 한다. 다만, 정관으로 그 기간을 지정한 때에는 공고를 요하지 아니한다(동조 제4항 단서).

(4) 양자의 병용

실무에서는 주주명부의 폐쇄와 기준일을 병용하는 사례가 많다. 이는 주주총회의 소집과 배당금지급이 서로 다른 시기에 이루어진다는 점에 착안한 업무처리 방식이다. 즉 정기주주총회에서의 의결권을 행사하여 재무제표를 승인결의할 주주와 배당금을 수령할 주주를 일치시키기 위하여 양자를 병용하는 것이다. 예를 들면, 영업년도말이 12월 31인 甲회사가 2017년 결산주주총회를 2018년 2월 28일에 개최하고, 4월 15일에 배당금을 지급하는 경우, 甲회사의 주주명부는 2018년 1월 1일부터 2월 28일까지 폐쇄하고 배당금은 기준일인 12월 31일의 주주에게 지급한다고 하면, 甲회사의 2017년 사업년도에 관한 2월 28일 정기주주총회에서 의결권을 행사하는 자와 4월 15일 배당금을 수령하는 주주가 일치하게 된다.

한편 주주명부폐쇄기간 중에 신주가 발행되는 경우 새로운 발행주식의 주주가 주주총회에서 의결권을 행사하지 못하게 하기 위하여는 주주명부의 폐쇄와는 별도의 기준일을 설정하여야 하는 것은 당연하다.

(5) 위법한 폐쇄 · 기준일의 효력

1) 위법한 폐쇄 · 기준일의 효력

회사가 상법규정에 위반하여 주주명부를 폐쇄하거나 기준일을 정하는 경우의 효력은 우선, 주주명부의 법정폐쇄기간인 3월을 초과하는 제한기간을 설정하였을 때에는 초과하는 일부 기간만이 무효이다. 그리고 기준일이 권리를 행사할 날보다 3월 이전의 날로 정하여지거나 폐쇄 및 기준일의 공고기간인 2주간 전을 위반한 경우의 폐쇄 또는 기준일은 무효이다(통설).

2) 무효인 폐쇄 · 기준일의 후속적 효력

주주명부의 폐쇄 또는 기준일이 무효가 되면 주주명부의 폐쇄나 기준일은 없었던 것으로 된다. 이 때문에 위법한 주주명부의 폐쇄와 기준일로 인하여 권리행사자로 정하여졌던 주주 또는 질권자는 권리를 행사할 수 없다. 설령 권리행사자로 정하여졌던 주주가 주주총회에서 의결권을 행사하였다면 그 결의는 방법상 하자가 있으므로 그 輕重에 따라 결의취소 또는 결의부존재사유에 해당하며, 그 자에 대한 이익배당이나 신주배정도 무효이다.

결국 주주명부의 폐쇄가 무효인 경우에는 명의개서를 거부당한 주주 · 질권자를, 그리고 기준일이 무효인 경우에는 권리를 행사할 날의 주주명부상의 주주 ·

질권자를 권리행사자로 보아야 한다.

7. 전자주주명부

(1) 의의

상법은 전자문서가 종이문서를 대체하는 경향에 따라 2009년 개정시 전자주주명부제도를 도입하였다. 주주명부의 유형은 주주에게 중대한 이해가 있으므로 전자문서로 주주명부를 작성할 경우에는 정관으로 정하는 바에 따라야 한다(제352조의 2 제1항). 여기서의 전자문서란 전자거래기본법상 정보처리시스템에 의하여 전자적 형태로 작성, 송신·수신 또는 저장된 정보를 말한다(동법 제2조 제1호).

(2) 효력

정관으로 정하는 바에 따라 전자문서로 주주명부를 작성한 경우(제352조의 2 제1항)에는 그 전자문서가 유일한 주주명부로서의 효력을 갖는다. 따라서 회사가 정관이 정하는 바에 따라 주주명부를 전자문서로 작성하고, 동시에 서면의 주주명부를 작성하였는데, 그 내용이 상이한 때에는 전자주주명부의 내용이 우선하고, 그에 따라 자격수여적 효력이 발생한다.

전자주주명부에는 위에서 기술한 '주주명부의 기재사항'(제352조 제1항) 이외에 전자우편주소를 적어야 한다(제352조의 2 제2항).

한편 주주 또는 질권자에 대한 회사의 통지 혹은 최고는 주주명부에 기재된 주소나 그 자가 회사에 통지한 주소로 하면, 회사는 면책된다(제352조의 2 제2항). 그런데 주주명부의 효력에 관한 제353조 제1항의 규정에서의 주소는 전자우편주소에도 그대로 적용시킬 수는 없다. 다만, 주주 자신이 통지 또는 최고받을 주소로서 전자우편주소를 회사에 통지하는 경우 회사가 그 전자우편주소로 통지하면 제353조 제1항에 의하여 면책된다고 본다.

(3) 비치·공시·열람

주주명부는 회사의 본점 또는 명의개서대리인의 영업소에 비치하여야 하는데(제396조 제1항), 회사가 전자주주명부를 작성하는 경우에 회사의 본점 혹은 명의개서대리인의 영업소에서 전자주주명부의 내용을 서면으로 인쇄할 수 있으면 상법 제396조 제1항에 따라 주주명부를 갖추어 둔 것으로 본다(시행령 제11조 제1항).

주주와 회사채권자는 영업시간 내에 언제든지 서면 또는 파일의 형태로 전자주주명부에 기록된 사항의 열람이나 복사를 청구할 수 있다(시행령 제11조 제2항 전단). 이 과정에서 다른 주주들의 개인정보가 유출될 수 있기 때문에 회사는 다른 주주의 전자우편주소가 열람 또는 복사의 대상에서 제외하는 조치를 취하여야 한다(동조 제2항 후단).

8. 실질주주명부과 주주권

증권회사 등의 투자중개회사는 자기계산으로 매수한 대부분의 주식의 주권과 고객이 예탁한 주권을 예탁결제원에 예탁한다. 예탁결제원은 자신에게 예탁된 이러한 주권들을 자기의 명의로 명의개서를 한다(자본시장법 제314조 제2항). 그리고 예탁결제원은 그 주식의 실질주주의 명단을 주권발행회사에 통지한다. 주권발행회사는 이에 근거하여 '실질주주명부'를 작성한다(자본시장법 제315조 제5항·제316조 제1항). 실질주주명부에의 기재는 주주명부에 기재된 것과 효력이 같다(자본시장법 제316조 제2항). 그 결과 실질주주가 주주권을 행사한다.

참고문헌

[국내]

1. 단행본 저자 · 서명 · 출판사 · 발행연도　　　　　　　　　　인용약어

강위두 · 임재호, 상법강의(상), 형설출판사, 2009.　　　　　강위두 · 임재호(2009)

강위두, 전정판 회사법, 형설출판사, 2000.　　　　　　　　　　강위두(2000)

강희갑, 회사법강의, 책과 사람들, 2004.　　　　　　　　　　　강희갑(2004)

권기범, 현대회사법론, 삼영사, 2015.　　　　　　　　　　　　　권기범(2015)

권기범, 현대회사법론, 삼영사, 2014.　　　　　　　　　　　　　권기범(2014)

권기범, 현대회사법론, 삼영사, 2012.　　　　　　　　　　　　　권기범(2012)

김건식 · 노혁준 · 천경훈, 회사법, 박영사, 2016.　　　김건식 · 노혁준 · 천경훈(2016)

김건식, 회사법, 박영사, 2015.　　　　　　　　　　　　　　　　김건식(2015)

김동훈, 회사법, 한국외대출판부, 2010.　　　　　　　　　　　김동훈(2010)

김정호, 회사법, 법문사, 2015.　　　　　　　　　　　　　　　　김정호(2015)

김정호, 회사법, 법문사, 2012.　　　　　　　　　　　　　　　　김정호(2012)

김홍기, 상법강의, 박영사, 2015.　　　　　　　　　　　　　　　김홍기(2015)

법무부, 상법회사편해설(2011 개정내용).　　　　　　　　　　　법무부(2011)

서돈각 · 정완용, 상법강의(상), 법문사, 1999.　　　　　　　서돈각 · 정완용(1999)

서헌제, 사례중심체계상법강의(상), 법문사, 2007.　　　　　　서헌제(2007)

송상현 · 박익환, 민사소송법, 박영사, 2011.　　　　　　　송상현 · 박익환(2011)

손주찬, 상법(상), 박영사, 2004.　　　　　　　　　　　　　　　손주찬(2004)

손주찬, 상법(상), 박영사, 2003.　　　　　　　　　　　　　　　손주찬(2003)

송옥렬, 상법강의, 홍문사, 2017.　　　　　　　　　　　　　　　송옥렬(2017)

송옥렬, 상법강의, 홍문사, 2015.　　　　　　　　　　　　　　　송옥렬(2015)

송옥렬, 상법강의, 홍문사, 2012.　　　　　　　　　　　　　　　송옥렬(2012)

안택식, 회사법강의, 형설출판사, 2012.　　　　　　　　　　　　안택식(2012)

이기수·최병규, 회사법, 박영사, 2015.　　　　　　　　　이기수·최병규(2015)

이기수·최병규·조지현, 회사법, 박영사, 2009.　　　이기수·최병규·조지현(2009)

이범찬·임충희·이영종·김지환, 회사법, 삼영사, 2012.

　　　　　　　　　　　　　　　　이범찬·임충희·이영종·김지환(2012)

이철송, 회사법강의, 박영사, 2017.　　　　　　　　　　　　　이철송(2017)

이철송, 회사법강의, 박영사, 2016.　　　　　　　　　　　　　이철송(2016)

이철송, 회사법강의, 박영사, 2015.　　　　　　　　　　　　　이철송(2015)

이철송, 2011 개정상법 축조해설, 박영사, 2011.　　　　　　이철송(2011 축조)

이철송, 회사법강의, 박영사, 2008.　　　　　　　　　　　　　이철송(2008)

임재연, 회사법Ⅰ, 박영사, 2016.　　　　　　　　　　　　　　임재연(2016)

임홍근, 회사법, 법문사, 2000.　　　　　　　　　　　　　　　임홍근(2000)

장덕조, 회사법, 법문사, 2014.　　　　　　　　　　　　　　　장덕조(2014)

정경영, 상법학쟁점, 박영사, 2016.　　　　　　　　　　　　　정경영(2016)

정경영, 상법학강의, 박영사, 2009.　　　　　　　　　　　　　정경영(2009)

정경영, 상법학강의, 박영사, 2007.　　　　　　　　　　　　　정경영(2007)

정동윤, 상법(상), 법문사, 2012.　　　　　　　　　　　　　　정동윤(2012)

정동윤, 제7판 회사법, 법문사, 2001.　　　　　　　　　　　　정동윤(2001)

정무동, 상법강의(상), 박영사, 1996.　　　　　　　　　　　　정무동(1996)

정찬형, 상법강의(상), 박영사, 2017.　　　　　　　　　　　　정찬형(2017)

정찬형, 상법강의(상), 박영사, 2014.　　　　　　　　　　　　정찬형(2014)

정찬형, 상법강의(상), 박영사, 2007.　　　　　　　　　　　　정찬형(2007)

정희철, 상법학(상), 박영사, 1989.　　　　　　　　　　　　　정희철(1989)

채이식, 상법강의(상), 박영사, 1996.　　　　　　　　　　　　채이식(1996)

최기원, 신회사법론, 박영사, 2012.　　　　　　　　　　　　　최기원(2012)

최기원, 신회사법론, 박영사, 2009.　　　　　　　　　　　　　최기원(2009)

최기원, 신회사법, 박영사, 2005.　　　　　　　　　　　　　　최기원(2005)

최준선, 회사법, 삼영사, 2016.　　　　　　　　　　　　　　　최준선(2016)

홍복기, 회사법강의, 법문사, 2016.　　　　　　　　　　　　　홍복기(2016)

2. 논문 등

권재열, "개정상법상 주식관련제도의 개선내용과 향후과제," 선진상사법률 제56호 (법무부, 2011).

권종호, "2006년 회사법개정시안의 주요내용,"「商事法研究」제51호(2006).

김순석. "주식제도의 개선 – 종류주식을 중심으로–,"「商事法研究」제63호(2009).

박수영, "형식주주의 주주권– 대법원 2017. 3. 23. 선고," 2017년 한국경제법학회 하계학술대회 발제자료(2017. 6. 9).

박상근, "공유주식의 권리행사," 강원법학 제10권(1998).

박우동, "제권판결취득자와 선의취득자와의 관계," 법조 제26권 제8호(법조협회, 1977).

법무부유권해석, 상사법무과– 446, 2012. 2.16.

송종준, "상장회사의 자기자본질서의 변화와 법적과제," 상사법연구 제31권 제2호 (한국상사법학회, 2012).

송종준, "방어적 주식제도의 국제적 입법동향과 도입과제– 2006년 회사법 개정안을 중심으로–,"「경영법률」제17집 2호(2007).

이승환, "종류주식의 활용방안에 관한 고찰,"『법학연구』제23권 제1호(연세대학교 법학연구원, 2013).

이형규, "상법개정안상 거부권부주식의 도입에 관한 검토," 상사법연구 제25권 제4호 (한국상사법학회, 2007).

정대익, "타인명의 주식인수 시 주주결정에 관한 새로운 해석론," 비교사법 제21권 제1호(한국비교사법학회, 2014).

정수용·김광복, "개정상법상 종류주식의 다양화,"『BFL』, 제51호(서울대학교 금융 법센터, 2012).

한국상사법학회, 주식회사법대계 I, "종류주식(김순석 집필)," 법문사, 2016.

[외국]

John. H. Farrar, *Farrar's Company Law*, Butterworths(2nd ed., 1988), p.186; W. R. Scott, Joint Stock Companies to 1720, vol. 1(1921).

鈴木竹雄, "歷史はくり返す", ジュリスト No.578.

石山卓麿,『現代会社法講義』第2版, 成文堂(2013).

竹内昭夫, 会社法の根本的改正の問題点, ジュリスト No.573.

조문색인

판례색인

사항색인

[저자약력]

■ 오성근(吳性根)
한양대학교 법대졸업
한양대학교 법학석사
한양대학교 법학박사
현재) 제주대학교 법학전문대학원 교수

■ 주요경력
일본 고베(神戸)대학 대학원 법학연구과 초빙연구원
일본 와세다(早稲田)대학 Law School 초빙교수
영국 BBSI Diploma
영국 케임브리지대학교 Faculty of Law 초빙교수
영국 킹스컬리지런던 The Dickson Poon School of Law 초빙교수
일본 동경(東京)대학 대학원 법학정치연구과 객원연구원
일본 교토(京都)대학 Law School 초빙교수

■ 입법고시 및 세무사시험 출제·채점위원

회사법총설

초판발행   2017년 8월 15일

지은이   오성근
펴낸이   안종만

편 집   한두희
기획/마케팅   조성호
표지디자인   조아라
제 작   우인도·고철민

펴낸곳   (주) 박영사
            서울특별시 종로구 새문안로3길 36, 1601
            등록 1959. 3. 11. 제300-1959-1호(倫)
전 화   02)733-6771
f a x   02)736-4818
e-mail   pys@pybook.co.kr
homepage   www.pybook.co.kr
ISBN   979-11-303-3079-2   93360